# 클라우드 여행

A Manager's Guide
for Cloud Transformation

# 기업 혁신을 위한
# 클라우드 여행

초판 인쇄일 _ 2015년 1월 10일
초판 발행일 _ 2015년 1월 20일
지은이 _ 이영훈
발행인 _ 박정모
등록번호 _ 제9-295호
발행처 _ 도서출판 혜지원
주소 _ 경기도 파주시 회동길 445-4(문발동 638)
전화 _ 031)955-9221~5    팩스 _ 031)955-9220
홈페이지 _ www.hyejiwon.co.kr

기획·진행 _ 엄진영, 배윤주
디자인 _ 이미소
영업마케팅 _ 김남권, 황대일, 서지영
ISBN _ 978-89-8379-842-8
정가 _ 22,000원





이 도서의 국립중앙도서관 출판예정도서목록(CIP)은 서지정보유통지원시스템 홈페이지(http://seoji.nl.go.kr)와
국가자료공동목록시스템(http://www.nl.go.kr/kolisnet)에서 이용하실 수 있습니다.(CIP제어번호: CIP2014038303)

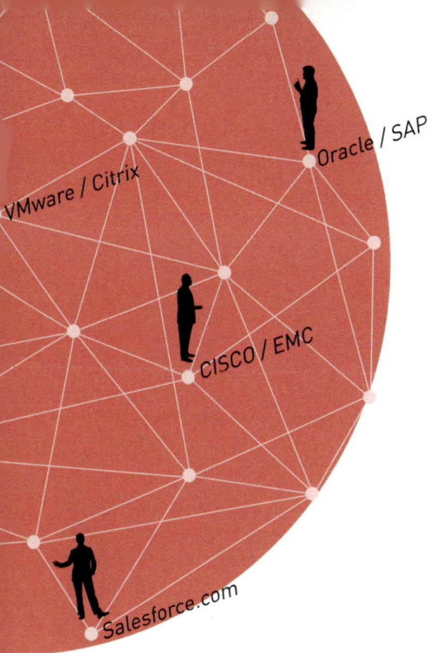


# 기업 혁신을 위한
# 클라우드 여행

## A Manager's Guide
## for Cloud Transformation

혜지원

　클라우드 컴퓨팅은 인터넷 기술을 활용하여 인프라, 플랫폼, 어플리케이션 등의 IT 자원을 서비스 형태로 제공하는 컴퓨팅 패러다임으로 IT 자원을 필요한 만큼 빌려서 사용하고 서비스 사용 부하에 따라 실시간 확장성을 지원받고 사용한 만큼 그비용을 지불하는 컴퓨팅 패러다임이다. 많은 기업들은 대규모 투자 없이 IT 자원을 신속하게 공급받아 기업의 IT 비용을 절감하여 기업 경쟁력 제고의 수단으로 클라우드 컴퓨팅을 도입해왔다. 그러나, 많은 기업들이 클라우드 컴퓨팅의 도입과 활용에 많은 어려움을 겪고 있다. 이는 단편적인 인프라 자원의 최적화와 표준화를 통한 비용 절감을 추구하였고, 무엇보다도 전사 아키텍처에 기반하여 프로세스, 어플리케이션, 데이터 그리고 인프라가 비즈니스 전략과 맞물려 클라우드 전환되면서 더 나아가 시장의 변화에 빠르게 대응하고 신규 가치를 창출하기 위한 서비스 혁신과 비즈니스 모델 혁신의 수단으로 활용되지 못했기 때문이다.

　많은 기업들은 클라우드 솔루션/서비스 공급자들이 제시하는 기술 및 솔루션을 도입 적용하여 전사 클라우드 혁신을 추진하면서 기업의 전사 아키텍처에 대한 포괄적인 조망 없이 비용 절감 차원에서의 단순 인프라 전환을 시도해왔다. 이는 비즈니스 현장 업무단에서의 효율성과 효과성을 배제하고, 기술과 시장의 변화에 대하여 고객 서비스 혁신을 감안하지 않은 방식으로 무엇 때문에 클라우드를 추진했는가라는 자기반문에 귀착하게 된다. 많은 클라우드 서비스 공급자는 기술적 관점에서 클라우드의 중요성을 강조하고 있으나 기업 IT의 목표 아키텍처를 도출하고 이를 구현하기 위한 클라우드 도입 전략을 구사하지 못하고 있는 것이 현실이다.

지금은 초기 클라우드 1.0에서 추구했던 인프라 중심의 비용 절감에서 개인의 삶, 기업의 비즈니스 환경 그리고 산업 구조 자체를 변화시키는 혁신의 수단으로 클라우드를 제대로 활용하는 클라우드 2.0으로의 여정을 시작해야 하는 시점이다. 클라우드 2.0은 전사적 아키텍처 관점에서 제대로 된 클라우드 기술/솔루션/서비스를 도입 운영하고 클라우드의 본질인 서비스 적기 공급을 실현하면서 고객 가치 증진과 신규 산업 창출을 위한 혁신의 수단으로 활용하는 것을 의미한다. 무엇보다도 클라우드 공급자 관점이 아닌 클라우드 수요자 관점에서 클라우드 가치를 재조명하고 도입과 활용 방식을 재정립해야 한다. 이를 위해서는 기업의 전사 아키텍처(Enterprise Architecture, EA) 측면에서 클라우드 이용 및 거버넌스를 고찰하고 EA 계획 관점에서 클라우드 도입 계획을 수립해야 한다. 즉, 비즈니스 혁신의 수단으로 비즈니스 민첩성을 확보한 애자일 기업(Agile Enterprise)으로의 혁신 전환은 단순하게 가상화와 같은 클라우드 기술 도입 수준으로는 달성될 수 없으며 전사 관점에서 프로세스, 어플리케이션, 데이터, 인프라, 기술표준 등에 대하여 클라우드의 사상을 접목하여 IT 서비스 체계를 혁신하는 전략을 구사해야 한다.

빠르게 변화하는 글로벌 시장 환경에서 민첩하게 대응하기 위하여 비즈니스 전략과 목표에 연계된 정보화 수단으로 활용되어야 하는 클라우드 서비스 도입이 원칙과 기준 그리고 프로세스 체계 없이 도입되는 경우, 클라우드 가치를 제대로 확보할 수 없는 상황이 존재한다. 왜냐하면, 클라우드 서비스의 경우 현업 주도로 현장에서 도입이 검토되기 때문이다. 즉, 글로벌 경영이 시작되고 다양한 IT 아키텍처가 공존하는 시점에서 현장 부서의 다양한 IT 요구 채널 통합, IT 포트폴리오 구성, 정보화 과제 관리와 성과 관리 등을 체계적으로 수행할 수 있는 클라우드 거버넌스로의 변화가 요구된다. 이를 위해서 클라우드 환경에서의 IT 조직은 IT 자원의 운영 관리에서 IT 서비스의 공급관리 관점으로 그 역할이 전환되어야 한다.

향후 모든 IT 환경은 클라우드 구조에 기반하여 재정의되고, 클라우드 서비스 방식으로 전환될 것이다. 장기적으로는 클라우드 구조상의 원천 기술에 대한 개발 노력이 요구되지만 고품질의 클라우드 서비스를 적시에 빠르게 제공할 수 있는 서비스 역량 확보가 시급하게 요구된다. 클라우드는 클라우드밖에서 의미 부여가 되어야 하며 일단 해보자는 식의 접근 방식은 지양해야 한다. 일류 기업에게 일류 서비스를 제공하기 이전에 고객의 요구 사항이 무엇이고 이를 얼마나 어떻게 충족하는가가 더욱 중요하다. 비싼 식자재를 사용하여 비싼 가격에 판매한다고 해서 일류 서비스를 제공하는 것이 아니기 때문이다.

클라우드 컴퓨팅은 개인의 삶, 기업의 비즈니스 환경 그리고 산업 구조에 큰 영향을 미치고 있는 혁신의 토대로 활용되어야 한다. 즉 클라우드 컴퓨팅 그자체로 모든 IT를 대체하는 컴퓨팅 패러다임으로 간주하기보다는 최근 주목받는 소셜, 모바일, 빅데이터, 사물인터넷 등의 기술 패러다임과 맞물려 컴퓨팅 모델과 아키텍처의 기저를 형성하는 토대로 인식되어야 한다. 클라우드에 연결되고 접속되는 클라이언트는 기존 인터넷 환경에 접속된 데스크톱외에 유무선 통신으로 접속이 가능한 다양한 스마트 디바이스(예: PC, 모바일, 태블릿, TV, 시계, 사물인터넷 단말로의 가전제품 등)으로 확장될 수 있고, 궁극적인 사물인터넷 컴퓨팅 환경으로 구축된다. 즉, 클라이언트 환경은 모바일 플랫폼 환경이 될 수 있고, 자체적인 어플리케이션 웹 환경이 될 수 있고 TV 플랫폼 환경이 될 수 있고, 사물인터넷의 독자적인 플랫폼 및 어플리케이션이 될 수 있다. 클라이언트 영역의 컴퓨팅 환경이 클라우드 영역으로 빠르게 전이될 수 있도록 클라우드 영역에서 클라이언트 어플리케이션을 위한 플랫폼 서비스가 보다 강화되어야 하고, 클라우드-클라이언트 영역에 대기업과 중소기업간의 선순환적인 상생의 생태계가 구축될 수 있다.


필자가 이 책을 통하여 강조하고 싶은 것은 클라우드 서비스의 첫 번째 개념은 클라우드가 아니라 서비스라는 점이다. 지난 클라우드 1.0에서 강조한 공급자 중심의 클라우드 기술에서 수요자 중심의 클라우드 서비스 즉 클라우드 2.0으로 발전시켜야 한다. 구름안에서의 안개(기술, 아키텍처) 속에서 벗어나 구름밖에서의 클라우드를 제대로 인지하여 기업 혁신의 토대로서 제대로 활용할 시점인 것이다. 클라우드를 기존 비즈니스의 디지털화를 통한 비용 최적화와 더불어 서비스와 비즈니스 모델 혁신의 도구로 활용하여 고객가치와 신시장 창출을 도모해야 기업이 생존할 수 있는 상황이 된 것이다.

이 책의 Part I에서는 클라우드 컴퓨팅, 클라우드 생태계에 대하여 살펴보고, Part II에서는 클라우드 실체로서 클라우드 서비스 오퍼링, 클라우드 서비스 기술 그리고 클라우드 플랫폼 서비스에 대하여 살펴보았다. Part III에서는 전사 아키텍처 기반의 클라우드 도입과 전환 전략을 구사하기 위하여 기존 전사 아키텍처 프레임워크를 어떻게 보완 활용될 수 있는지를 고찰하고 아키텍처 기반 클라우드 혁신 전환을 위한 IT 거버넌스와 IT 운영 관리 체계를 살펴보았다. Part IV에서는 신규 가치 및 시장 창출을 위한 클라우드 2.0의 응용 영역으로 클라우드 기반 SW 융합에 대하여 살펴보고 클라우드 산업 활성화를 위한 제언도 몇가지 제시하였다.

이 책의 많은 부분들은 앞서 발간된 여러 기술 보고서와 도서자료들을 인용하면서 그 저자분들의 연구 결과를 토대로 작성되었다. 무엇보다도 그분들의 혜안과 통찰이 없었다면 이 책의 발간은 어려웠을 것이며 마음속 깊이 감사드립니다. 마지막으로 이 책이 출판되기까지 관심을 가지고 도움을 주신 혜지원 출판사 관계자분들께도 감사의 마음을 전합니다.

기업 혁신을 위한 클라우드 여행을 출발하기 전에 가지게 되는 설레임이 여정상의 어려움과 피곤함에 점점 묻혀가도 함께 이해하고 배려하면서 정진하여 여행의 목표를 꼭 실현하시기를 기원합니다.

이영훈

키워드 : 클라우드 컴퓨팅, 클라우드 서비스, 클라우드 혁신, 플랫폼 서비스, 전사 아키텍처, IT 거버넌스, 클라우드 전환, ICT 생태계, ICT 융합, 비즈니스모델, Cloud Computing, Cloud Service, Platform Service, Enterprise Architecture, IT Governance, Cloud Transformation, Business Innovation, ICT Ecosystem, ICT Convergence, Research & Business Development

# 클라우드와 ICT 서비스 혁신

# PART Ⅳ

## 클라우드의 미래

# PART 1

# 클라우드 패러다임

# 클라우드 컴퓨팅

# 1. 클라우드 컴퓨팅 패러다임

최근 스마트폰, 스마트 TV, 스마트 태블릿 등을 활발하게 이용하게 되면서 일반 개인 사용자에게 클라우드 컴퓨팅은 서비스 인프라로 많이 친숙해지고 있으며, 많은 기업들이 고객들을 대상으로 한 서비스 인프라로서 클라우드 컴퓨팅 도입을 우선적으로 검토하고 있다. 더불어, 기업 내부 업무 영역에 대해서도 클라우드 컴퓨팅을 활용하여 비즈니스 혁신을 실현하는 사례들이 많아지고 있다. 클라우드 컴퓨팅은 개인의 삶과 기업의 비즈니스 환경 자체를 변화시키는 혁신의 수단으로 활용되고 있으며, 특히 ICT 서비스 산업의 지속적인 혁신과 성장의 토대인 플랫폼 기반 생태계를 구축하고 SW 융합 시장에서의 비즈니스 민첩성을 확보하는데 클라우드 서비스를 많이 활용하고 있다.

클라우드 컴퓨팅(cloud computing)은 사용하고자 하는 서버, 스토리지, 네트워크, 데스크톱 등의 IT 자원을 구매 소유하여 자신의 IT 인프라를 구축하지 않고, 필요할 때마다 서비스 제공자의 IT 인프라를 이용하여 마치 구름 속에서 자신의 컴퓨팅 자원으로 자유롭게 사용하고 그 이용 대가를 지불하는 컴퓨팅 패러다임이다[1]. 즉, 클라우드 컴퓨팅은 인터넷 기술을 활용하여 IT 자원을 서비스로 제공하는 컴퓨팅 패러다임으로 IT 자원을 필요한 만큼 빌려서 사용하고 서비스 사용 부하에 따라 실시간으로 확장성을 지원받고 사용한 만큼 그 비용을 지불하는 특성으로 정의된다. 이러한 IT 자원 즉 서버, 스토리지, 네트워크, 데스크톱 등을 전기나 수도처럼 이용하는 것은 그 동안 유틸리티 컴퓨팅(utility computing)[2] 기반 종량제 방식으로 일부 제공해왔다. 클라우드 컴퓨팅은 유틸리티 컴퓨팅에 네트워

---

**1** 클라우드 컴퓨팅의 정의
  IEEE : 정보가 인터넷 상의 서버에 영구적으로 저장되고 데스크톱이나 노트북, 휴대용기기 등의 클라이언트에 일시적으로 보관될 수 있는 컴퓨팅 형태
  Forrester Research : 표준화된 IT 기반 기능들이 IP를 통해 제공되며, 언제나 접근이 허용되고, 수요의 변화에 따라 가변적이며, 사용량이나 광고를 기반한 과금 모형을 제공하며, 웹 또는 프로그램적인 인터페이스를 제공하는 컴퓨팅 형태
  Gartner Research : 인터넷 기술을 활용하여 다수의 고객들에게 높은 수준의 확장성을 가진 IT 자원들을 서비스로 제공하는 컴퓨팅 형태
**2** 유틸리티 컴퓨팅(utility computing) : 컴퓨팅 리소스를 구매하거나 소유하지 않고 가스 전기 등과 같이 유틸리티(utility)로 필요할 때마다 사용하는 컴퓨팅 패러다임

크상의 IT 자원을 묶어 활용하고자 했던 그리드 컴퓨팅(grid computing)[3]을 결합하고, 기술적으로는 가상화(virtualization), 분산 컴퓨팅(distributed computing) 그리고 자동화(automation) 기술을 더하여, 보다 완전한 서비스형 IT 제공 모델(delivery model)로 진화된 것이다[M17].

●● 그림 1.1 컴퓨팅 패러다임의 변화

| | 메인프레임 컴퓨팅 (80년대) | 클라이언트/서버 컴퓨팅(90년대) | 웹 컴퓨팅 (2000년대) | 클라우드 컴퓨팅 (2010년대) |
|---|---|---|---|---|
| 특징 | • 중앙 메인프레임에서의 처리<br>  – 데이터, 어플리케이션의 중앙 처리<br>  – 단순히 단말 접속하여 사용 | • 클라이언트단에서의 분산 처리<br>  – 주요 데이터, 어플리케이션이 클라이언트에 배치<br>  – 현장에서의 분산 처리 | • 서버 단에서의 집중 처리<br>• 웹 브라우저 사용 | • IT 서비스 이용 및 제공 방식의 변화<br>  – 소유에서 이용으로<br>  – 필요시 즉시 제공<br>  – Pay-as-you-go |
| 가치 요인 | • 안정성있는 고가의 컴퓨팅 자원 | • 개방형 기술 확산<br>• 클라이언트 단말 PC 보편화 | • 컴퓨팅 파워의 향상<br>• 네트워크 속도 향상<br>• PC, Mobile 등 단말의 다양화 | • 가상화 / 자동화 기술 발전<br>• 분산 컴퓨팅 기술의 활용<br>• 네트워크 컴퓨팅, 그리드 컴퓨팅, 유틸리티 컴퓨팅의 진화 |

인터넷 서비스 사업자(ISP, Internet Service Provider)의 IDC(Internet Data Center) 서비스 모델은 소프트웨어/인프라/플랫폼을 서비스로 제공하는 모델로 진화하고 있으며 이는 현재의 클라우드 컴퓨팅 모델로 지칭되고 있다.

---

3 그리드 컴퓨팅(grid computing) : 높은 컴퓨팅 리소스를 필요로 하는 작업의 수행을 위해, 인터넷상의 분산된 다양한 시스템과 자원들을 공유하여 가상의 슈퍼컴퓨터와 같이 활용하는 컴퓨팅 패러다임

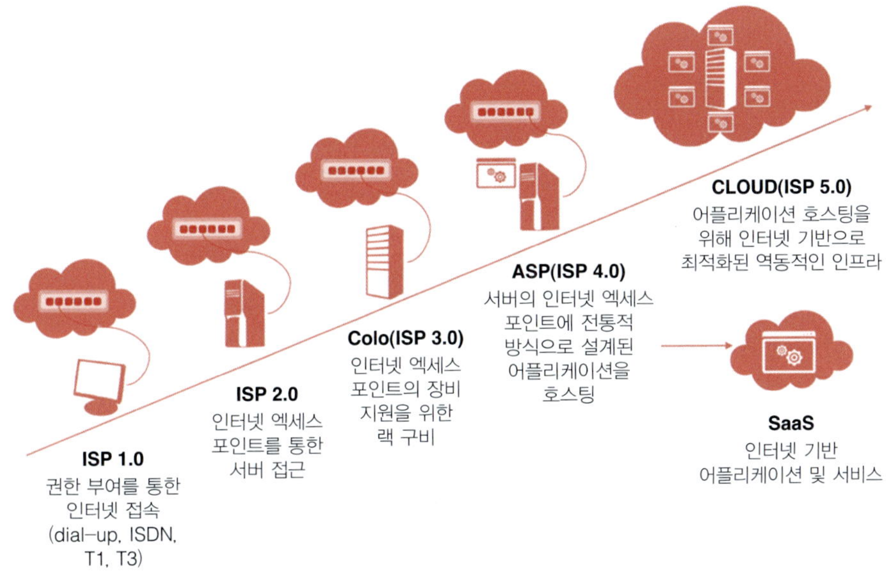


인터넷 기반하에서 분산된 다양한 시스템과 자원을 공유하여 사용량을 기반으로 과금하는 클라우드 컴퓨팅은 IT 비용 절감과 자원의 확장성 측면에서 중요성이 더욱 커지고 있으며 클라우드 컴퓨팅은 IT 환경 자체를 근본적으로 바꾸는 IT 혁명의 핵심 동력으로서 IT 산업 자체뿐만 아니라 개인의 삶, 기업의 비즈니스 환경 그리고 산업 경제 전체를 변화시키는 혁신의 수단이 되어가고 있다. IT 기업들은 향후 사업의 성패를 판가름 짓는 결정적 요소로 작용할 것이라고 전망하고 있으며 글로벌 대형 IT 기업들은 클라우드 관련 투자를 확대하고 사업 역량 확보를 위하여 M&A를 활발하게 전개하고 있다.

클라우드 컴퓨팅은 광대역(broadband) 인터넷망 보급과 웹 2.0 서비스의 발전에 따라 IT 서비스 환경의 기본 패러다임이 제공자 관점에서 이용자 관점으로 변화한 것에 그 의미가 있다. 즉, 클라우드 컴퓨팅은 기하급수적으로 늘어나는 데이터에 대하여 시간과 공간의

---

4 출처 : Forrester Research

제약을 받지 않고 빠르게 서비스를 제공 또는 이용해야 하는 요구에 부합할 수 있는 최적의 대안으로 부각되고 있다. 또한 기존 ICT 서비스 및 솔루션 제공자의 관점에서도 기존 HW 중심에서 SW 중심으로 고부가 가치를 창출하고, 지속적이고 안정적인 수익원을 창출하는 서비스 제공 방식으로 진화하는데 그 토대로서 중요성이 점점 커지고 있다.

클라우드 컴퓨팅을 기업의 비즈니스 환경을 변화시키는 혁신의 수단으로 활용함에 있어 기술이 아닌 비즈니스 관점에서 살펴볼 필요가 있다. 클라우드 컴퓨팅은 필요할 때 IT 자원을 요청하고, 요청 자원을 확장성 있게 즉시 제공하고 사용한 만큼 비용을 지불하는 IT 서비스 모델로 진화된 것이다. 이러한 관점에서 비즈니스와 연계된 클라우드 컴퓨팅은 비즈니스 민첩성(agility), 업무 효율성(efficiency), 인프라 안정성(availability)의 3대 가치를 확보할 수 있다. 즉 빠르게 변화하는 시장 환경에 적시에 대응할 수 있도록 서비스의 적기 공급(time-to-market)이 가능하고 언제 어디서든 업무를 수행할 수 있도록 데스크톱/서버 인프라를 제공받고, IT 인프라의 안정성을 통하여 지속적인 비즈니스를 추구한다.

클라우드 컴퓨팅 및 서비스 모델은 최근 미래 경제의 키워드로 주목 받고 있는 공유 경제(shared economy)[5]와 같은 맥락에서 개인의 삶과 기업의 IT에 영향을 미치고 있다. 즉, 재화의 소유에서 숙박, 자동차, 설비 장치에 이르기까지 다양한 공유 서비스를 통하여 비용 절감과 부가 가치 창출을 얻고자 하는 공유 경제와 그 맥락을 같이 하지만 클라우드 컴퓨팅도 제도적 한계와 서비스 품질상의 문제점을 동일하게 극복해야 한다.

---

[5] 공유 경제는 생산과 소비 중심의 상업 경제(commercial economy)와 대치되어, 공유 경제는 생산된 재화를 구성원간에 공유하는 경제 활동이다. 최근 스마트폰, 소셜 네트워크 등의 정보통신 기술의 발달에 따른 상호 거래 비용의 감소로 신사업으로의 성장 가능성에 대하여 높이 평가되고 있다. 〈출처 : Lawlence Lessig 하버드 교수의 REMIX〉

## 2. 클라우드 서비스 모델

클라우드 컴퓨팅에 대한 많은 정의 중에서 미국 국립표준기술연구소 NIST(National Institute of Standards and Technology)의 정의가 가장 많이 인용되고 있다[6].

"클라우드 컴퓨팅은 IT 자원(HW 자원, SW 플랫폼, 응용 어플리케이션)을 필요한 만큼 빌려서 사용하고, 서비스 부하에 따라서 실시간 확장성을 지원받으며 사용한 만큼 비용을 지불하는 컴퓨팅 패러다임이다."

미국 국립표준기술연구소(NIST, National Institute of Standards and Technology)가 정의한 클라우드의 5대 특징은 "주문형 셀프서비스, 광대역망 접속, 지원 풀링, 신속한 확장성, 서비스 측정"으로 클라우드 컴퓨팅의 본질적 특성을 잘 표현하고 있다[L44]. 첫 번째 특성으로 주문형 셀프 서비스(On-demand self-service)이다. 필요할 때 서비스 제공자와의 상호 작용 없이 온라인으로 컴퓨팅 자원을 즉시 공급받을 수 있다. 둘째, 광대역망 접속(Broad network access)을 통하여 다양한 클라이언트 플랫폼으로 표준 네트워크에 접근하고 서비스 자원을 가용할 수 있다. 세 번째, 자원 풀링(Resource pooling)으로 서비스 제공자의 컴퓨팅 자원은 다중임대 모델(multi-tenant model)을 통해 공동 관리되며 서비스 사용자의 요구에 따라 지역 소재에 관계없이 동적으로 물리 또는 가상 자원이 제공된다. 네 번째, 신속한 확장성(Rapid elasticity)으로 비즈니스 상황에 따라 빠르게 탄력적으로 컴퓨팅 자원을 제공한다. 마지막으로, 서비스 측정(Measured service)을 통하여 사용한 만큼 서비스 비용을 지불하며 이를 위하여 자원 사용량은 서비스 제공자와 사용자 모두에게 투명하게 모니터링, 제어, 보고된다.

---

6 클라우드 컴퓨팅을 정의함에 있어, 클라우드 컴퓨팅 기술과 서비스를 독자적인 실체로서 인정하는 관점과 기존 기술과 서비스 개념상에 진화된 하나의 개념으로 보는 관점이 존재한다[L53]. 저자는 클라우드 서비스의 클라우드 개념은 가치 측면에서 독자성을 인정하지만 궁극적인 서비스는 기존 체계의 범주안에서 논의되어야 함을 피력하고자 한다.

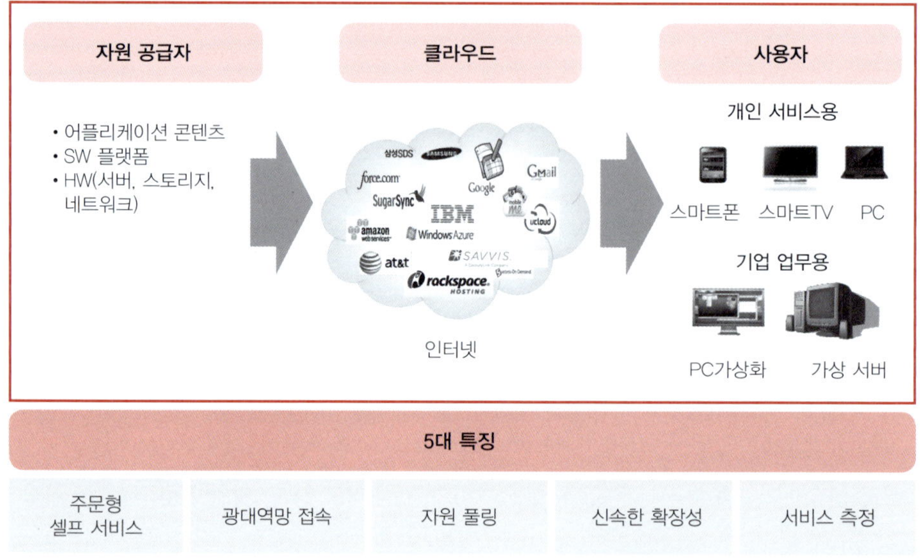


클라우드 컴퓨팅은 서비스 방식과 자원의 공유 수준에 따라 공용 클라우드(public cloud)와 전용 클라우드(private cloud)로 구분된다. 불특정 다수의 고객을 대상으로 공용 자원 풀(resource pool)에서 클라우드 서비스를 제공하는 모델을 공용 클라우드로 그리고 단일 고객을 위한 전용(dedicated) 자원 풀에서 클라우드 서비스를 제공 또는 구현하는 모델을 전용 클라우드로 구분한다. 전용 클라우드의 경우 클라우드 컴퓨팅 본연의 규모의 경제 효과를 얻기가 어려우며, IT 자원 투자 방식이 기존 방식과 유사하여 사용한 만큼 비용을 지불하여 얻고자 하는 장점이 다소 희석되는 단점이 있다. 또한 공용 클라우드의 경우, 개인과 기업의 중요 데이터가 제3자 클라우드 사업자의 서버에 보관되는 것에 대한 정보 보안 불안감이 존재하는 단점이 있다. 비즈니스 중요도와 서비스 여건에 따라 공용 클라우드와 전용 클라우드를 함께 이용/제공하는 하이브리드(hybrid cloud) 운영 모델이 대안으로 많이 사용되고 있다.

•• **그림 1.4** 클라우드 배치 모델

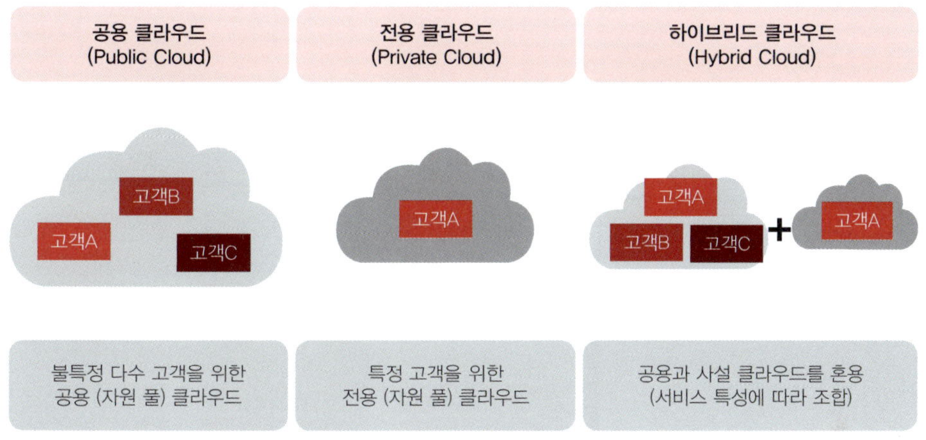

클라우드 컴퓨팅은 어플리케이션 시스템의 구조[7]를 소프트웨어 영역(어플리케이션, 데이터/콘텐츠), 플랫폼 영역(OS, 미들웨어, 런타임 플랫폼) 그리고 인프라 영역(서버, 스토리지, 네트워크, 가상화)으로 구분하고, 각각에 대하여 SaaS(Software as a Service), PaaS(Platform as a Service), IaaS(Infrastructure as a Service) 서비스 모델(service model)로 설정한다. IaaS는 이용자에게 서버, 스토리지, 네트워크 등의 하드웨어 인프라 자원을 임대하여 제공하는 서비스이다. 이용자는 CPU, 메모리, 하드디스크의 성능과 용량을 주문 요청하고 서비스 제공자는 이용자가 요구하는 사양에 맞추어 가상화된 자원을 구성하여 제공한다. PaaS는 이용자에게 소프트웨어 개발/테스트/운영에 필요한 플랫폼을 임대 제공하는 서비스이다. 이용자는 소프트웨어 개발에 필요한 SW, 프레임워크, API 툴킷과 운영에 필요한 미들웨어(Web-WAS-DBMS)를 주문 요청하여, 해당 환경에서 응용 프로그램을 개발하거나, 실행 운영하여 다른 이용자에게 서비스로 제공할 수 있다. SaaS는 이용자가 원하는 응용 어플리케이션을 임대 제공하는 서비스로서 이용자는 어플리케이션을

---

[7] SPI 모델은 Software - Platform -Infrastructure의 3 레이어로 구분한다.

주문 요청하고, 서비스 제공자는 클라우드에 설치된 해당 SW를 서비스로 제공한다.

●● 그림 1.5 클라우드 서비스 모델

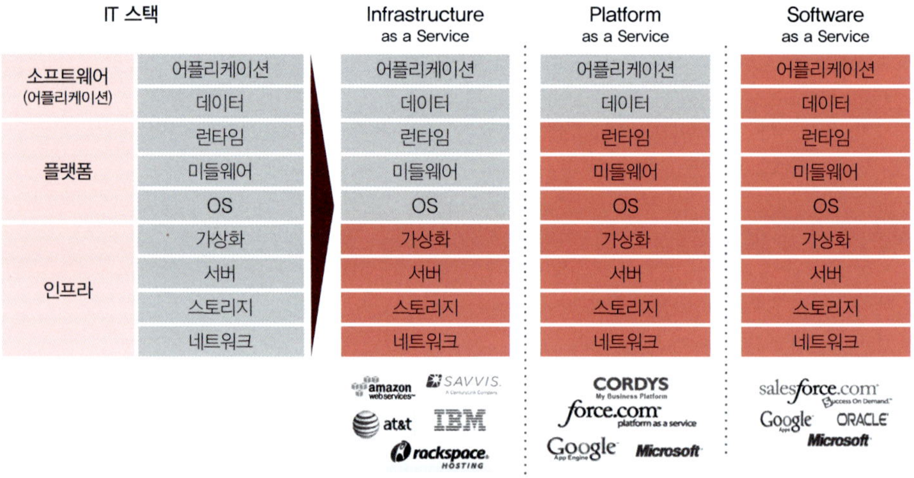

클라우드 서비스 시장은 B2B 시장에서의 기업을 대상으로 한 기업 클라우드(enterprise cloud) 시장과 B2C 시장에서의 일반 개인소비자를 대상으로 하는 컨슈머 클라우드(consumer cloud) 시장으로 구분된다. 최근 모바일 디바이스에서의 미디어 콘텐츠 서비스는『글로벌, 대용량, 확장가능』인프라 요구사항을 가지고 있다. 즉 글로벌(global) 시장에서 대용량(big data)의 콘텐츠를 서비스 사용자 집단이 급격하게 증가하여도 확장성있게 지원하는 구조를 요구하고 있다. 이러한 요구사항에 적시 대응하기 위하여 클라우드 서비스[8]를 많이 도입하고 적용하고 있으며 대부분의 모바일 어플리케이션들은 클라우드 서비스를 사용하고 있다고 해도 과언이 아니다.

---

8 퍼스널 클라우드(Personal Cloud)로서, 언제 어디서나 다양한 디바이스에서 다양한 포맷의 콘텐츠를 저장, 공유, 동기화, 스트리밍을 제공한다. Apple의 iCloud, 삼성전자의 sCloud가 이에 해당된다[L12]. 또한 스마트 홈 서비스를 위하여 제공되는 멀티미디어 셋톱박스도 퍼스널 클라우드 서비스 기기로 재편되고 있다.

●● **표 1.1** 개인향 클라우드 vs. 기업향 클라우드

|  | 개인향(B2C) 클라우드 | 기업향(B2B) 클라우드 |
|---|---|---|
| 서비스 시장 | B2C 시장 | B2B 시장 기업 사용자 (Enterprise) |
| 서비스 | 개인용 플랫폼/콘텐츠 서비스 | 기업용 인프라/어플리케이션 서비스 |
| 요구사항 | 저비용, 편의성, 이동성 | 정보 보안, 성능, 안정성 |
| 구현방식 | 저가 HW 장비 오픈소스 소프트웨어 | 고가 HW 장비 상용 소프트웨어 |
| 주요 사업자 | Apple, Google, Dropbox | Amazon, IBM, Microsoft |

# 3. 클라우드 서비스 가치

클라우드 컴퓨팅은 개인, 기업, 산업에 걸쳐서 언제 어디서나 IT 자원과 데이터를 접근하여 실시간으로 저렴하게 사용할 수 있는 환경을 제공함에 따라, 기존에 불가능했던 서비스 및 디바이스가 출현하여 개인 삶을 향상시킬 뿐만 아니라, 기업에게는 업무 효율성과 비즈니스 민첩성을 제공하면서 신규 사업에 대한 기회도 창출하고 있다.

## 3.1 업무 효율성 제고 및 비즈니스 민첩성

기업에서의 클라우드 컴퓨팅은 필요시 IT 자원을 요청하고 확장성 있게 즉시 공급받아 사용한 만큼 비용을 지불함에 따른 IT 서비스 공급 방식의 변화에서 그 가치를 찾아볼 수 있다. 현재 많은 CIO들이 고민하고 있는 중장기적인 IT 전략 방향성인 신속한 IT 서비스 제공, 인프라의 효율적 운영 그리고 업무 생산성 향상 등의 이슈에 대하여 클라우드 컴퓨팅이 대안으로서 검토 적용되고 있는 것이다. 기업은 불필요한 IT 자원을 구매하지 않고 필요한 만큼 자원을 사용함에 따라 IT 비용을 절감할 수 있으며 서비스 출시가 가능한 IT 환경을 빠르게 구축하여 시장 변화에 민첩하게 대응할 수 있다. 또한 언제 어디서든 업무를 수행할 수 있는 데스크톱 인프라를 제공받아 업무 생산성도 향상시킨다.

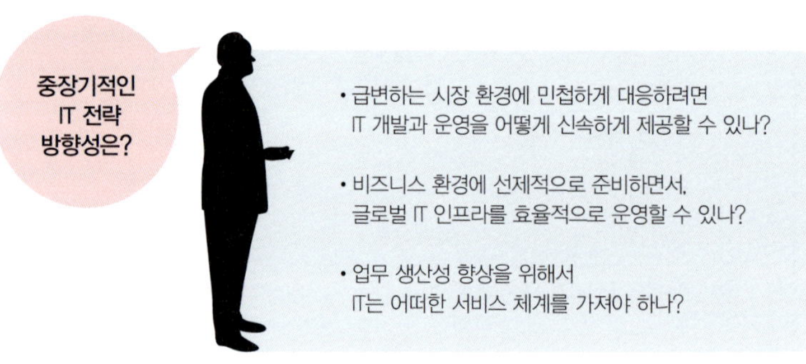


•• **그림 1.6** 기업 CIO의 고민

클라우드는 비즈니스 혁신을 위한 IT 역량(capability)상의 차이를 메워줄 수 있는 솔루션으로서 활용될 수 있다. 기술과 시장의 변화에 대한 기업 혁신 대응에 IT가 연계 지원되지 못하는 것 중의 하나가 IT 용량(capacity)이다. IT 자원의 용량과 수요 사이의 차이가 발생하는 경우, 시스템을 비효율적으로 운영하거나 비즈니스 수요에 제대로 대처하지 못하는 경우가 발생한다. 이와 같이 IT 용량 계획은 서비스 부하의 변동을 적시에 예측해야 최적화할 수 있으나, 예측 자체가 어렵고 예측된 최대 예상 부하를 충족하는 IT 자원을 사전에 확보하는 것도 예산 및 일정을 감안하면 쉽지 않다. 기업 내외부적 요인에 의해서 발생하는 변화에 빠르고 성공적으로 대응하기 위해서는 IT가 보다 민첩하게 대처해주어야 한다. 특히 IT 정보화 계획상 예측하고 계획했던 범위를 벗어나서 IT 자원을 요구하는 상황에서도, IT 용량을 능동적으로 확장하여 해당 변화에 민첩하게 대응해야 한다. 즉, 시장 변화에 대한 민첩한 대응과 기업의 전략적 목표 달성에 있어, IT 역할이 단순한 비즈니스 지원을 위한 전술적 수단이 아니라, 비즈니스 목표 달성을 위하여 보다 빠르고 민첩하게 서비스를 제공할 수 있게 하는 전략적 수단이 바로 클라우드 컴퓨팅이다.

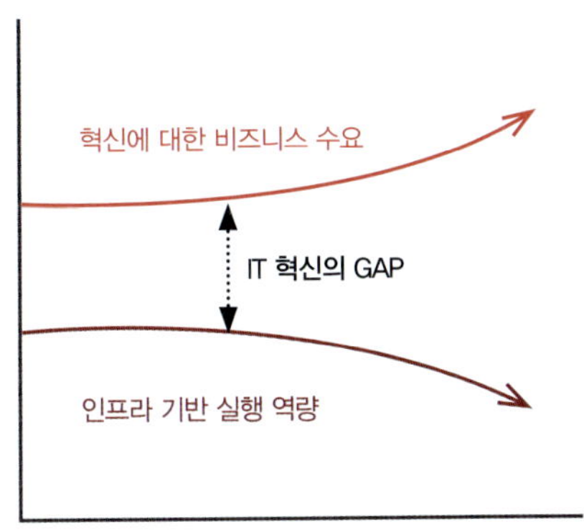


McKinsey사의 조사 결과에 따르면, 클라우드 도입에 따른 IT 서비스의 총소유비용(TCO, Total Cost of Ownership)은 각 IT 워크로드에 최적의 플랫폼 컴퓨팅 모델을 적용할 경우 인력, 시간 등 모든 요소를 평가했을 때 최대 23%의 비용 절감 효과를 얻을 수 있다. 또한 VMware사의 설문 조사에 따르면 클라우드 도입으로 IT 운영 관리를 위한 인건비가 30% 절감되고, 하드웨어 유지보수 비용도 절반 수준으로 감소하는 것으로 밝혀졌다[10]. 또한 '98년부터 '09년까지 VMware사의 솔루션을 이용하여 가상화된 전세계 워크로드에서 약 56억 KWH의 전기료가 절약되었다고 한다. 사실, 클라우드 컴퓨팅은 '08년 글로벌 금융위기로 기업들이 비용 절감과 구조 조정을 추진하는 과정에서 IT 투자에 대한 효율성을 근본적으로 재검토하였으며, 이 과정에서 적극적인 대안으로 검토되었던 것이다. 기존 IT 시스템 및 IT 인프라에 대한 비용 절감을 목적으로 추진된 클라우드 컴퓨팅은 기존 레거시(legacy) 시스템의 경우보다는 신규 시스템의 경우에 실효적인 비용 절감을 얻을 수 있었다. 이와 같이 단기적인 비용 절감의 대안으로서 클라우드 컴퓨팅을 도입하고 활용하였으나, 현재는 기술과 시장 변화에 빠르게 신규 서비스를 시장에 출시하기 위하여 IT 개발,

---

9 출처 : Red Hat사 마케팅 자료
10 출처 : 전자신문 CIO BIZ+/글로벌리포트, http://www.etnews.com/20140611000103

테스트, 배포, 운영 등의 IT 활동체계 전반에 걸쳐 클라우드 컴퓨팅 패러다임을 적용하는 단계로 진화하고 있다.

클라우드 도입에 따른 단기적인 비용절감도 중요하지만 장기적인 신규 가치창출의 토대로서 클라우드 전환을 추진해야 한다. 클라우드 컴퓨팅에 기반한 변동 비용 비즈니스 모델은 기업이 막대한 자본 투자 없이도 불확실한 글로벌 서비스 시장 변화에 신속하게 대응하여 신규 상품/서비스를 개발하고 신규 시장의 개척을 가능하게 한다. 시장과 고객으로부터의 요구 대응과 신규 가치 창출에 IT 민첩성이 더욱 더 중요해짐에 따라 클라우드의 중요성은 더욱 더 커지고 있다. 즉 현장에서의 현업이 가지는 비즈니스 통찰력이 클라우드를 통해서 보다 빠르게 가치 전환할 수 있는 것이다.

클라우드의 진정한 가치는 신규 시장 개척 및 신규 제품 출시를 통하여 기존에 없던 가치를 창출하고 지속화하는 것에 있다. 이는 IT 산업과 타 산업과의 융합[11], 특히 SW 융합(SW convergence) 영역에서 불확실한 글로벌 시장을 상대로 신규 서비스를 출시하고자 할 때 가장 유용하다. SW 융합 영역은 타 산업의 고도화/스마트화(예: 스마트 생산, 스마트 빌딩, 스마트 홈/가전, 스마트 카 등)와 개인의 삶의 가치 증진(예: 의료, 교육, 민원, 관광, 교통 등) 등에 대한 영역으로, SW 융합생태계를 엮는 과정에서 필수적인 플랫폼의 토대가 바로 클라우드 컴퓨팅이다. 빠르게 변화하는 SW 융합 시장에서 비즈니스 가치를 제대로 확보하기 위해서는 기반 인프라뿐만 아니라 어플리케이션단에서의 민첩성을 동시에 추구해야 한다. 즉, SW 융합 시장에서의 비즈니스 기회를 적시에 사업화하고 확산시키기 위해서는 빠른 시장 대응이 필요하며, 이를 위해서는 인프라뿐만 아니라 조직과 프로세스와 맞물려 민첩한 어플리케이션 개발과 배치를 가능하게 하는 매개체가 바로 클라우드 서비스이다.

실제 클라우드를 도입한 기업들의 일부는 초기에 목표한 클라우드 도입에 대한 기대 효

---

과를 많이 얻지 못하였다. 클라우드를 통하여 얻고자 했던 비용절감, 보안강화, 재해복구 등에 대하여 효과는 얻었지만 초기에 수반되는 전환 비용과 부가적인 운영 관리 부담이 커지고 있기 때문이다. 기업이 클라우드 특히 사내 전용 클라우드를 구축하는 경우, 클라우드에 대한 운영 관리 플랫폼 및 인프라에 대한 추가적인 투자와 운영, 내부 및 외부 클라우드 연동을 위한 추가적인 작업, 기존 어플리케이션과 데이터를 목표 클라우드 기반 표준 환경으로 전환할 때의 비용 그리고 일부 업무 프로세스의 변경, 운영 관리 인력의 구조 조정과 업무 전환에 따른 초기 부담 등이 클라우드 자체의 운영 효과를 감쇄시키고 있기 때문이다. 특히, 클라우드 전환을 위한 목표 아키텍처와 전환 전략 수립 등의 사전 준비가 철저해야 하고 전체 시스템을 대상으로 수행하다 보면 많은 시간이 소요되고, 또한 개념 검증(PoC, Proof of Concept) 및 파일럿 시스템 구축에 대한 비용도 전체 클라우드의 총소유비용(TCO) 비용을 상승시킨다.

신규 사업 및 서비스가 글로벌 시장에 빨리 출시되어야 하는 경우에는 민첩성이 매우 중요한 사항으로, 이 경우에 내부 클라우드 인프라 구축 및 운영을 통한 대응보다는 외부 클라우드 서비스 사업자와의 제휴를 통한 서비스 이용이 시장 대응을 보다 빠르게 하고, 초기 클라우드 도입 및 적용에 따른 투자 위험과 서비스 위험을 피하면서 제반 비용을 보다 절감할 수 있다. 물론, 해당 서비스가 정착되어 확산되는 속도에 따라서는 외부 서비스 이용보다는 내부적인 자체 구현이 보다 효율적이다.

## 3.2 신규 비즈니스 기회 창출

클라우드 컴퓨팅은 빠르게 변화하는 시장에 민첩하게 대응하고, 나아가 새로운 시장을 창출하는 혁신의 수단으로 사용되고 있다. 즉 클라우드 컴퓨팅에 기반한 변동비용 비즈니스 모델은 막대한 자본 투자 없이도 불확실한 글로벌 서비스 시장에 신속하게 대응하여 신규 상품 개발, 신규 시장 개척, 신규 산업 육성을 가능하게 한다. 전력 공급 체계가 일반화/보편화되면서 기업의 운영 방식뿐만 아니라 기업의 제품 개발에서도 혁신이 진행된 바 있었다. 즉, 전기 모터, 진공관 등의 기술들이 수천 개의 신규 제품 개발로 이어졌다. 또한 과거 초고속 인터넷망 구축 및 보편적 사용이 신규 전자상거래 및 온라인 비즈니스를 창출하고 디지털 경제로의 진화를 촉진시킨 것과 같은 맥락이다[M11].

마찬가지로 클라우드 컴퓨팅의 활성화 및 보편적 접근으로 기업과 개인 소비자가 언제 어디서나 쉽게 서비스를 이용할 수 있게 된다면 많은 신규 상품/서비스 혁신을 이루고 신규 가치를 창출할 수 있다. 클라우드를 통하여 개인의 삶과 소비 생활의 맥락(context)에 맞춤형으로 분석 정보를 제공할 수 있으며 차량 네비게이션, CCTV 방범, 질병 패턴 분석, 스마트 홈 가전 제어, 스마트 헬스케어 서비스가 그 예다. 유전자 분석에 필요한 HW 자원을 설치하고 가동하는데 8~12주 소요되는 것이 10~60분 내외로 줄고, 방대한 데이터양의 분석을 저비용으로 빠르고 쉽게 처리할 수 있다. 또한, 대용량 서버를 소유하여 이용하지 않으면 불가능했던 서비스들이 저사양 단말기기에서도 이용 가능하다. Google사의 음성 검색, 번역 서비스가 대표적인 예다. 더 나아가, 대용량 데이터 처리를 클라우드 기반 서버 사이드에서의 처리가 가능해짐에 따라, 클라이언트 사이드에서 사용자가 이용할 수 있는 단말들이 다양한 행태로 나타났다. 스마트폰, 태블릿, 고해상도 TV, 사물인터넷 기기가 그 예다. 이는 중앙의 클라우드 자원을 활용하여 제공되는 콘텐츠 서비스가 다양한 단말기기에 최적화된 형태로 제공될 수 있기 때문이다.

이러한 서비스들은 대규모 자산 투자가 수반되는 신규 서비스 사업이지만 중소기업과 벤처기업은 클라우드로 필요 IT 자원을 신속하고 저렴하게 구축하여 창업을 준비하고, 글로벌 기업과 소비자를 대상으로 서비스를 제공할 수 있다. 클라우드의 산업 가치는 클라우드와 업종 산업과의 SW 융합(software convergence)을 통하여 신규 사업/산업을 발굴하고 지속적인 가치 창출의 토대 형성에 있다. 다음은 클라우드 서비스를 통하여 얻을 수 있는 경제적 파급효과에 대하여 경제적 가치를 표현한 것이다[M29].

●● **표 1.2** 클라우드 서비스 산업의 경제적 파급효과[12]

(단위: 10억원, 명)

| 구분 | 2011 | 2012 | 2013 | 2014 | 2015 | 2016 | 2017 | 2018 | 2019 | 2020 | 합 |
|---|---|---|---|---|---|---|---|---|---|---|---|
| 생산 유발액 | 1,506 | 1,877 | 2,256 | 2,933 | 3,824 | 4,985 | 6,500 | 8,475 | 11,050 | 14,408 | 57,814 |
| 부가가치 유발액 | 782 | 974 | 1,171 | 1,522 | 1,984 | 2,587 | 3,374 | 4,399 | 5,735 | 7,478 | 30,006 |
| 고용 유발인원 | 14,246 | 17,753 | 21,341 | 27,739 | 36,166 | 47,155 | 61,483 | 80,164 | 104,523 | 136,284 | 546,855 |

· 출처 : ETRI, 클라우드 서비스의 경제적 가치와 소비자 니즈 분석, 2011

　　최근 시장을 주도하는 비즈니스 모델에서는 플랫폼 기반의 생태계(ecosystem)가 강조되고 있다. 운영체계 플랫폼 기반의 IT 생태계, 모바일 앱 생태계 등이 가장 대표적인 예다. 플랫폼 비즈니스는 ICT 산업뿐만 아니라 다른 제조/서비스 산업 영역에서도 매우 중요하고, 지속적인 혁신과 성장을 위해서는 파트너, 소비자 등 다양한 이해관계자가 함께 가치를 만들어 갈 수 있는 생태계를 지원한다. 클라우드 컴퓨팅은 이러한 IT 서비스의 플랫폼화뿐만 아니라, SW 융합 비즈니스의 기초 플랫폼으로 활용된다.

　　기업 정보시스템의 클라우드화를 추진하는 대기업의 경우, 클라우드 도입에 따른 단기적인 비용절감도 중요하지만 장기적인 가치창출의 토대로서 클라우드 전환을 검토해야 한다. 클라우드 도입에 따른 당장의 상대적 득실이 크지 않더라도 장기적인 관점에서 더 큰 비즈니스 기회를 확보할 수 있기 때문이다. 특히 기업 정보시스템의 아키텍처가 내부 업무시스템과 외부 사업시스템으로 이원화된 것이 하나의 시스템 체계로 통합 연동되는 구조로 진화됨에 따라 시장과 고객으로부터의 요구 대응과 신규 가치 창출에 IT의 민첩성이 더욱더 중요해지고 있다. 기업은 클라우드로 인한 미래사회의 변화와 비즈니스의 변화 모습을 예측하고, 동시에 현행 비즈니스 전략과 IT 아키텍처에 대한 분석을 통해 무엇이 클라우드화가 가능하고 어떠한 비즈니스 기회를 창출할 것인지에 대하여 고민해야 한다.

---

12 출처 : 한국전자통신연구원, 클라우드 서비스의 경제적 가치와 소비자 니즈 분석, 2011

# 4. IT 서비스 공급 방식의 변화

클라우드 서비스는 빠르게 변화하는 시장에서 비즈니스 민첩성을 제공하기 위하여 온프레미스(on-premise) 방식에서 오프프레미스(off-premise) 방식으로 그리고 IT 자원에 대하여 자산 구매 방식에서 서비스 이용 방식으로 IT 자원 공급 패러다임을 변화시키고 있다. 이용자(/제공자)의 이용(/공급) 방식의 변화는 IT 자원에 대한 투자 불확실성을 근원적으로 제거한다. 즉 IT 자원의 이용자는 최근 급격하게 변화하는 비즈니스 상황에 대하여 사용하고자 하는 IT 자원의 용량에 대한 수요를 정확하게 예측하기 어려운 상황에서 일정 기간 동안 사용할 IT 자원을 미리 구매해 왔다. 아래 그림에서와 같이 이러한 투자 불확실성의 상황에서 발생하는 수요 예측 볼륨과 실사용 볼륨과의 차이로 인한 용량 악몽(capacity nightmare)을 어떻게 제거할 것인가가 더욱 더 중요해지고 있었다[13]. 즉 수요 불확실성에 따른 과다 투자를 줄이고, 실사용 증가에 대한 서비스 성능 저하와 고객 불만을 어떻게 사전에 막을 수 있는 가이다.

●● **그림 1.10** 인프라 용량 vs. 실사용량 비교

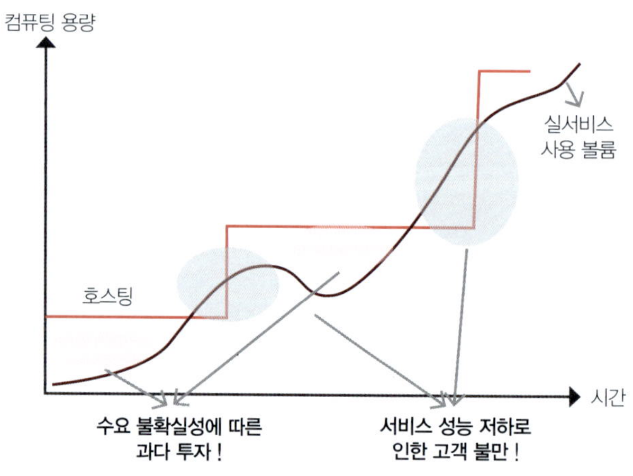


13 아마존 웹서비스 (www.amazonwebservice.com)

전통적인 IT 운영 모델(operation model)에서 IT 용량 비용은 고정적이며 실제 수요와는 대략적으로만 부합해왔다. 그림에서도 볼수 있듯이 수요 변동에 따라서는 용량 초과 공급 상태와 용량 공급 부족 상태를 겪을 수 있다. 그러나 클라우드가 기반하고 있는 변동 비용(variable cost) IT 운영 모델에서는 기업들은 IT 용량을 실수요에 근접하여 일치시킬 수 있고 IT 비용을 기업의 활동과 수익에 연결시킬 수 있다. 즉, 시장 환경과 고객 수요에 능동적으로 반응하는 민첩한 기업으로 진화되는 것이다[M11].

### 4.1 호스팅, 종량제 그리고 클라우드

IT 서비스 이용자들은 IDC(internet data center) 센터 기반의 호스팅 서비스를 많이 이용하였으며 대기업 사용자의 경우 IT 서비스 제공자로부터 IT 인프라 자원을 종량제 서비스 형태로 공급받았다. 기존 인프라 호스팅 서비스는 IaaS 서비스로, 웹 서버, 어플리케이션 서버, 데이터베이스 서버 등의 미들웨어를 포함하여 제공하는 웹 호스팅 서비스는 PaaS 서비스로 그리고 ASP(Application Service Provider) 서비스는 SaaS 서비스 형태로 전환하고 있다[M03][14]. 다음은 기존 호스팅, 종량제 그리고 클라우드와의 서비스 모델 비교이다.

---

14 기존 IDC 호스팅 사업자는 기존 사업을 점진적으로 클라우드 서비스 사업으로 전환하고 있다. 글로벌 대형 사업자인 Savvis, Rackspace 등이 대표적 예이다. 신규 클라우드 사업자로 GoGrid, AWS 업체 등이 시장에서 선전하고 있는 상황에서 기존 IDC 호스팅 사업자는 기존 사업에 대한 매출 감소(Cannibalization) 등을 고려하여 다소 소극적이었으나 최근에는 서비스 커버리지 및 가격 경쟁력 등을 토대로 공격적으로 시장에 접근하고 있다.

●● **표 1.3** 호스팅 vs. 클라우드

| 구분 | 호스팅 | 클라우드 |
|---|---|---|
| 사업 모델 | 웹 서비스/어플리케이션의 인프라자원 임대 (및 운영) 서비스 | 컴퓨팅 자원 (인프라, 플랫폼, 소프트웨어) 임대 + 운영 서비스 |
| 서비스 모델 | 고객의 요구사항에 맞게 구성한 컴퓨팅 자원 제공 및 위탁 운영 | 고객에게 표준화된(기성품화된) 컴퓨팅 자원 제공 및 운영 서비스 |
| 계약 및 과금 | 다년 계약 및 월 단위 과금/청구 | 실사용량에 대한 월 단위 과금 |
| 자원 소유 주체 | 고객사 또는 호스팅사 | 서비스 제공자 |
| 자원 공급 방식 | 계약에 따른 자원 구매 및 공급 (개별 계약건별 필요 볼륨 구매 및 공급) | 수요 예측에 따른 대량 구매 및 공급 (개별 계약 건에 무관한 구매 및 공급) |
| 가격 대가 체계 | 비용(cost) 기반 | 고객 효용성(value) 기반 |
| 자원 운영 방식 | 다양한 기종에 대한 개별 관리 | 표준화 및 자동화로 운영 효율화 |
| SW 서비스 | 상용 소프트웨어 플랫폼 중심 | 오픈소스 소프트웨어 플랫폼 중심 |

●● **표 1.4** 종량제 vs. 클라우드

| 구분 | | 종량제 | 클라우드 |
|---|---|---|---|
| 서버 | 취급 기종 | 여러 벤더의 다양한 서버 | 표준 x86 서버 중심 |
| | 할당 자원 | 물리코어 | 논리코어(가상 코어) |
| | 대가 기준 | 할당량 기준 | 사용량 기준 |
| 저장 장치 | 취급 기종 | Enterprise급 스토리지 사용 | Entry급 스토리지 사용 |
| | 대가 기준 | 할당량 기준 | 사용량 기준(일부 할당량 기준 적용) |
| | 저장 위치 | 서버 근접 | 전세계 지역으로 분산 |
| 공통 | 대가 항목 | 자원, 유지보수, 상면, 전기, 운영서비스 | 포괄적인 서비스 가격으로 통합 |
| | 증설 시간 | 수일/수주 내 | 수시간 내 |
| | 관리 서비스 | 관리 서비스(DB 관리 등) 강화 | 관리 서비스 영역은 별도 제공 |

이와 같은 ICT 서비스 모델의 변화 과정에서 서비스 대가 비용 자체가 저렴해지고 있으며 이는 대규모 자원 풀(resource pool)을 이용한 원가 절감과 불필요한 사용 등의 비효율성 제거에 기인한다. 그러나 이용자는 정당한 서비스 대가를 치르고 이용자가 희망하는 서비스 수준으로 제공받지 못하는 경우가 있다. 이는 기존 호스팅 또는 종량제 서비스에서 제공되었던 관리 서비스[15]가 가격 경쟁 상황에서 선택 사항[16]으로 제공되고 기존 관리 서비스 모델을 지원해 왔던 서비스 사업자의 조직 구조가 클라우드 서비스 범주에서 인프라, 플랫폼, 서비스를 관리 서비스로 제공하기 위한 구조로 진화되지 못했기 때문이다.

### 4.2 소프트웨어 유통체계의 변화

클라우드 기반의 IT 서비스 제공 과정에서 또 하나의 주요한 변화로 SW 라이선스 체계의 변화이다. 최근 SW 벤더들이 라이선스 정책을 기존 영구 라이선스에서 기간 라이선스 정책으로 전환하고 있다. 즉 클라우드 서비스 동향 및 공개 SW 시장의 활성화에 맞물려 대세적인 정책 변화로 인식되고 있고,[A38][A15] SW 구매 및 공급 방식이 영구 구매(one-time purchase) 방식에서 주기적인 유지보수[17] 방식으로 바뀌고 있다.

SW 라이선스는 기존 SW 제품의 판매 및 구매 중심에서 SW 서비스의 제공과 이용 관점으로 전환되고 있으며 클라우드 서비스도 SW 라이선스 변화와 맞물려 대가 체계가 형성되고 있다[18]. 구체적으로는 SW 서비스의 대가 구조는 기존 제품 라이선스에서 서비스 비용 구조로 변화되고 있다. 즉 SW 제품에 대한 사용권을 탑재한 하드웨어 기반으로 영구 구매하여 사용하는 방식에서 가입(subscription) 및 사용량(pay-per-use) 기반의 대가 모델로 사용한 만큼 사용료를 지불하는 방식으로 변화되고 있다. 이는 SW 제

---

15 클라우드 서비스 운영과 관련하여 기업용 서비스를 위한 전담 운영 및 기술 인력 구성, 헬프 데스크 체계 가동 등이 매우 중요하다.

16 AWS의 경우, 별도의 서비스 비용으로 전체 서비스 상품 비용의 10-20%를 추가적으로 지불해야 하며, 현지 언어로의 서비스 지원은 다소 미흡하다.

17 단순 제품 구입과 그에 대한 하자 보수 서비스로 이루어지는 HW와는 달리, SW는 라이선스 제품 구매 후 제품 업그레이드 및 교육 등의 지속적인 서비스가 필요하다.

18 일부 패키지 SW 벤더들이 기존 제품 판매 방식의 라이선스 정책을 고수함에 따라 서비스 방식으로 해당 소프트웨어를 제공하지 못하는 현상도 발생하고 있다.

품 공급자의 관점에서는 제품 판매에 부가적으로 따라오는 유지보수 서비스를 상대적으로 더 강화한 개념이기도 하다. 이를 통하여 SW 제품 공급자는 기존 불법복제로 인한 피해를 줄이고, 패키지 SW 유통 비용을 줄이면서 보다 더 안정적으로 서비스 매출을 확보할 수 있다. SW 서비스 이용자는 CAPEX(capital expenditure) 중심의 SW 자산 구매에서 OPEX(operational expenditure) 중심의 SW 서비스 비용 지출로 투자 및 비용 관리 효율성을 얻을 수 있고, 온라인상에서 빠르고 쉽게 구매하고 필요시 SW 업데이트 및 업그레이드를 쉽게 받을 수 있는 장점을 얻게 된다.

SW 공급자의 입장에서는 초기 영구 구매 중심의 비즈니스보다는 유지보수 중심의 비즈니스 모델이 보다 더 안정적인 현금 흐름을 제공하고, 이에 기반한 지속적인 SW 연구개발 추진도 가능하다. 또한 시장에 빠르게 대응하기 위하여 베타 버전을 출시하고 이를 점진적으로 개선하는 개발 방법론을 채택할 수 있다. SW 수요자의 입장에서는 SW 제품을 단순하게 그대로 사용하기 보다는 명확한 요구사항과 수요에 맞게 맞춤형 SW 컴포넌트를 구성하여 도입하고자 하고, SW 도입 비용과 유지보수 비용을 감안한 총소유비용(TCO)을 감안하고자 하는 추세와 맞물려 유지보수 중심의 SW 비즈니스 모델을 검토할 가치가 있는 것이다. 즉, 기존 제품 및 솔루션 중심의 SW 비즈니스 모델이 SW 벤더가 요구하는 비용과 수요 기업의 가치 수준을 맞추지 못하는 상황에서 서비스 그리고 아웃소싱 체계로의 전이가 이루어지고 있다[19]. 또한 이러한 변화는 SW 라이선스 위험관리 및 자산관리 부담을 근본적으로 해결한다.

SW 벤더의 서비스 중심 비즈니스 전략은 라이선스 판매 중심에서 유지보수 서비스 중심으로 사업방향이 전환되고 있다. 그 대표적인 예가 영구 라이선스 모델 방식에서 기간 라이선스 방식으로의 전환이다. 벤더들은 기간 라이선스를 통해 유지보수 관련 서비스 비용을 일정 기간동안 책정하게 되고 이를 통한 안정적인 현금 흐름을 보장받게 된다. 반면,

---

19 수요 기업의 관점에서도 포괄적인 라이선스 구매 계약 방식이 SW 사용에 대한 효용성보다 크게 비용이 증가하고 있어 불만이 커지고 있다. 또한 유지보수 계약은 사용에 따라 매년 체결하고 있으나, 유지보수를 통하여 제공받는 서비스가 명확하지 않고, 특히 유상과 무상의 유지보수 서비스의 구분이 애매 모호한 경우가 많다. 실제적으로는 기술지원 및 교육지원 보다는 SW 업그레이드를 감안하여 유지보수 계약을 추진하는 경우가 많다.

고객들은 기간 라이선스 방식을 통해 SW 관련 비용 예측을 보다 용이하게 할 수 있는 이점을 갖는다.



●● **표 1.5** SW 비즈니스 모델의 변화

| 가격 정책 | 제품 구매에서 서비스 비용으로<br>• 사용량기반 지불<br>• 가입기반 라이선싱 / 기간 라이선싱<br>• 오픈소스 SW 저변 확대 |
| --- | --- |
| 제공 방식 | 오프라인에서 온라인 방식으로<br>• 소프트웨어/어플리케이션 가상화 확대<br>• 서비스 계약 방식<br>• 온라인상에서의 SW 이용 환경 제공 |
| 자산 관리 | 투자/자산 관리에서 서비스 비용 관리로<br>• SW 라이선스 비용 관리<br>• SW 서비스 이용 관리 |

　클라우드의 확산과 함께 기존 글로벌 SW 벤더들은 기존 패키지 SW를 가입 및 구독 기반의 연 단위 계약 및 월정액 사용료 기반의 서비스 방식으로 제공하기 시작하였다. 최근에는 온라인상에서의 파일 공유 및 협업 작업이 가능한 수준으로의 SW 서비스로 발전하고 있으며, Microsoft사의 Office 365[20], Adobe사의 Creative Cloud[21]가 대표적인 예다. 서비스 방식으로 전환하여 판매 및 유통 비용을 줄일 수 있고, 장기적이며 지속적인 수익을 보장받을 수 있기 때문이다. 이를 통하여 인터넷을 통한 배포 방법과 결제 방법도 다양하게 이루어지고 있으며, SW 유지보수 및 보안 등이 서비스 제공자에 의해서 손쉽게 이루어

---

20 http://office.microsoft.com/ko-kr/
21 http://creative.adobe.com/ : Adobe사는 기존의 패키지 소프트웨어를 판매하던 제품을 클라우드를 통해서만 제공하겠다는 전략과 함께 'Creative Cloud'로 소프트웨어 배포 창구를 일원화하겠다고 계획을 발표하였다.

지고 있다. 또한 대부분의 SW 제품 라이선스가 설치 HW에 종속적이지만 서비스 방식의 SW의 경우 해당 계정을 통해서 웹과 인터넷을 통하여 자유롭게 사용할 수 있다.

　Microsoft사는 패키지 형태의 오피스 제품을 클라우드 기반 구독 방식의 Office 365 서비스로도 병행 판매하고 있다[22]. 최근 Yamaha사는 전세계 각 지사의 3만여 명에게 Office 365를 도입하였다. Adobe사는 포토샵 등의 주요 패키지 SW를 온라인으로 제공하는 Creative Cloud 서비스를 제공하고 있다[23]. 기업용 대표 소프트웨어인 SAP도 중견 및 중소기업을 대상으로 하는 ERP에 사용자 수에 따른 월정액제 서비스(SaaS) 형태를 제공하고 있다.

## 4.3 서비스 대가 체계의 변화

　클라우드 서비스의 대가 체계는 공급자 중심의 대가 체계에서 수요자 중심의 대가 체계로서 보다 발전된 형태를 지닌다. 기존의 전통적인 IT 서비스(제품 솔루션 포함) 시장에서는 공급자/제공자가 오퍼링의 가격을 결정하고 이를 수요자/이용자와 협상하는 형태였으며, 제시되는 가격은 공급자의 원가를 산정하고 적정 이윤을 덧붙이는 방식이었다. 그러나 클라우드 서비스 시장에서는 근본적으로 수요자와 이용자가 해당 수요와 요구사항에 대한 충족과 효용성에 대하여 적정 가치를 부여하면, 공급자와 제공자는 이에 대하여 적정의 서비스 가격을 책정하여 제공하는 방식이다. 이러한 개념에서 클라우드 서비스 대가는 가입자 기반(subscription-based)에 사용량(pay-per-use)을 바탕으로 설정되고 있다. 최근 일부 모바일 클라우드 서비스의 경우, 가입자 확보를 위하여 "Pay-as-you-wish" 대가 전략 또는 무료화 전략을 구사하였다.

---

22 http://www.dt.co.kr/contents.html?article_no=201404140201022790002
　기업용 오피스 패키지 제품(Office Home & Business 2013) 가격은 28만원대이나 서비스 방식의 Office 365 가격(Office 365 중소기업 프리미엄)은 월 1만 4300원, 1년에 17만 1600원이다.
23 '14년 1분기 CC 유료 가입자수는 184만 명 이상으로 활발하게 사용 중이다.

| 기존 제품 판매 방식 | 클라우드 서비스 방식 |
|---|---|
| • 공급자/제공자가 가격 결정<br>• 비용 기반의 대가 체계 경쟁 가격 체계<br>• 1회 구매(One-Time Purchasing) | • 수요자/이용자가 가격 결정<br>• 가치기반 대가 체계<br>• 사용량기반(Pay-per-Use)<br>　가입자기반(Subscription) |

기존 유사 서비스로 ASP(application service provider) 서비스가 있었다. 10여 년 전에 국내 시장에서도 ASP 열풍이 불었으나 시장 활성화가 안된 상황에서 가격 경쟁이 심화되면서, 이에 많은 ASP 사업자들이 사업을 접는 악순환이 전개되었다. 기존 ASP 서비스 사업이 SaaS 서비스 및 클라우드 서비스 사업으로 진화되고 있는 상황에서 가격 정책은 기존 방식과 달리 가치 중심으로 전개되는 시장 활성화 분위기가 시급하다.[24] 비즈니스 과정에서의 우수 사례가 자산화되고 이를 고품질의 서비스로 제공하는 것에 대하여 가치를 제대로 인정하는 시장 풍토가 필요하다.

---

[24] ASP 서비스는 Web Service, Business Process Mgmt. Service Oriented Architecture 기술의 발전하고 함께 적용되면서, 온디맨드 서비스형 사업으로 진화되어 왔다. 최근에는 클라우드 기반 SaaS 서비스 방식으로 전개되고 있다. ASP 서비스와 SaaS 서비스의 가장 큰 차이점은 서비스를 수정하여 사용해야 하는 경우, 수정의 주체가 각각 서비스 제공자인 경우와 사용자인 경우이다.

# 클라우드 생태계

# 1. 클라우드 산업 전망

## 1.1 클라우드 시장 전망

글로벌 클라우드 서비스 시장은 연평균 30% 내외로 지속 성장하고 있으며[1], 국내 시장의 경우 향후 25% 내외의 성장이 전망된다[L08]. 공용 클라우드(public cloud) 시장은 게임, 웹서비스 등 검증된 영역에서 벤처 및 중소기업에서의 도입이 확대되고, 전용 클라우드(private cloud) 시장은 x86 서버로의 전환, 데스크톱 가상화(VDI, Virtual Desktop Infrastructure) 도입이 확대 등이 예상된다. 현재 Amazon, Google, Salesforce.com 등 초기 선도 사업자가 시장을 주도하고 있으나, IBM, HP 등의 기존 ICT 사업자 및 호스팅 사업자와 Google, Microsoft사의 클라우드 시장 진입으로 경쟁이 더욱 더 가속화될 것이다.

KPMG사의 시장 조사 결과 클라우드 서비스 도입 수요는 개인용(B2C) 클라우드 시장보다는 기업용(B2B) 클라우드 시장의 비중이 1:3 비중으로 분석되고 있다[A05]. 기업 시장에서의 클라우드는 기존 IT 시스템의 전환과 신규 IT 시스템의 도입으로 구분되며 많은 부분은 기존 IT 시스템의 전환에 관심이 많다. ICT 산업과 전자 하이테크 산업 영역에서 서비스 대상인 개인 소비자를 대상으로 한 콘텐츠 서비스와 정보 제공 서비스 분야에서의 클라우드 전환과 적용이 많았고 앞으로도 많을 것으로 예상된다. 또한 미디어, 공공, 교육, 의료 등 온라인 고객 접점에서의 서비스 산업 수요가 늘고 있고 빅데이터와 사물인터넷과 같은 ICT 신기술 기반 융합서비스 확산으로 클라우드 서비스 수요가 증가하고 있다. 그러나 의료와 금융 영역에서의 정보 보안 및 보호 이슈로 수요 대비 클라우드 실전환과 적용은 많지 않고 있으며 법제도 부문의 개선이 병행되어야 클라우드 서비스가 활성화될 것으로 전망된다.

---

[1] 클라우드 시장 규모는 리서치 기관이 클라우드 시장 범주를 어떻게 정의하는 가에 따라서 매우 다르게 추정되고 있으며, 클라우드 시장의 변화 방향에 맞는 실현 속도가 예상과 달리 빠르지 않은 점을 감안해서 시장 규모 및 시장 성장율을 해석해야 한다. 다만, 클라우드 산업의 지속적인 성장 전망에는 이견이 없다는 것이다. IDC 리서치 기관의 보고서에 따르면 2014년 전세계 공용 클라우드 서비스 시장 규모는 566억 달러에서 2018년 1,270억 달러 규모에 이를 것으로 전망되고 있다. 또한 CISCO사의 리서치 보고서에 따르면 클라우드 트래픽은 2013년 대비 2018년에는 4배로 증가하고, 클라우드 기반 워크로드가 전체 워크로드의 78%를 차지할 것으로 전망되고 있다. 〈출처 : CISCO Global Cloud Index : Forecast and Methodology, 2013~2018〉

Google, Amazon사와 같은 인터넷 서비스 사업자 중심의 B2C 서비스가 증가하고 IBM, SAP, Oracle사의 B2B 비즈니스 솔루션의 클라우드 서비스화가 가속되는 가운데 Samsung, Apple사의 최근 스마트 기기를 위한 신규 클라우드 서비스 및 콘텐츠가 증가되고 있다. PaaS는 시장규모는 작으나 클라우드 사업을 위한 필수 역량으로 높은 성장 예상이 되며, SW 개발 및 운영 환경을 지원하는 클라우드로의 서비스화가 활발하게 진행되고 있다. IaaS는 기존 IT인프라의 가상화와 서비스형 전환이 활발하게 추진되고 최근 대용량 데이터의 저장, 관리 및 처리를 위한 서버와 스토리지의 수요 증가로 이에 따른 IaaS 서비스 도입이 증가할 것이다.

IaaS, PaaS, SaaS 시장은 기업 고객군에 의해 시장이 형성되고 있으며 개인 고객군은 SaaS 시장을 중심으로 수요가 발생하고 있다. IaaS 시장의 경우, 중소기업 및 대기업 중심의 시장이 형성되고 있으며 서버 및 스토리지 인프라에 대한 수요가 지속적으로 증가하고 있는 상황에서 기존 인터넷 데이터센터(Internet Data Center, IDC) 호스팅과 기업 종량제 서비스를 대체 전환할 것으로 전망된다. PaaS 시장의 경우 시장 성장율은 높으나 자체 솔루션 및 서비스 시장은 상대적으로 크지 않다. PaaS 서비스는 기업 내 어플리케이션 서비스 및 공용 SaaS 서비스의 플랫폼화 그리고 IaaS의 부가 서비스로 제공 등으로 지속 성장할 것이다. PaaS 시장은 자체 서비스로 수익을 도출하기 보다는 IaaS와 SaaS 사업을 촉진하고 혁신적 신규 서비스의 플랫폼으로 수익 창출의 토대로서 발전될 것으로 전망된다. SaaS 시장의 경우, 중소 및 중견 기업을 중심으로 비용 절감 및 서비스 혁신을 위하여 도입 활용되고 있었으나 점차적으로 대기업을 중심으로도 상대적으로 큰 시장을 형성하고 있다[2].

대기업과 중견기업의 경우 공용 클라우드가 제공하는 SaaS/PaaS/IaaS 서비스가 도입 기업의 경영 환경과 업무 환경에 딱 맞아 떨어지는 경우가 많지 않아 클라우드 도입이 빠르게 확산되지 못하고 있다. 이는 기업내 ERP(Enterprise Resource Planning) 도입에 있

---

2 BCG(Boston Consulting Group)은 '12년 미국내 80여명의 CIO를 대상으로 설문조사한 결과, 소프트웨어 예산의 35~60% 정도로 SaaS 서비스 이용하는 것을 검토하고 있다. 〈출처 : https://www.bcgperspectives.com/content/articles/pricing_technology_software_profiting_from_the_cloud/〉

어 기존 SAP사와 Oracle사의 패키지를 많이 도입하는 사례에서 볼 수 있듯이 글로벌 수준의 어플리케이션 서비스 표준화가 클라우드에 정착된다면 보다 많이 활성화될 것으로 전망된다. 한 예로, Salesforce.com과 같은 SaaS 업체의 CRM(Customer Relationship Management) 서비스는 많은 대기업과 중견기업들이 글로벌 비즈니스에 널리 사용하고 있다는 것이다.

국내 클라우드 시장은 일부 대기업을 중심으로 기업 내 IT 자원을 통합하고 표준화하는 내부 전용 클라우드의 인프라 구축 사업이 진행되고 있으며 중견기업과 중소기업은 자사 IT 자원을 외부 공용 클라우드로부터 빌려 이용하는 시도가 이루어지고 있다. 또한 통신서비스 기업을 중심으로 자사서비스를 이용하는 고객에게 일정량의 클라우드 스토리지 서비스를 제공하고 있다. 앞으로 대기업의 경우 내부 업무시스템 중심의 전용 클라우드 구축 운영, 외부 서비스 중심의 공용 클라우드 사용이 활성화되고, 전사 입장에서 이를 거버넌스하고 운영 관리하기 위한 하이브리드 운영 관리 체계가 보편화될 것으로 전망된다. 또한 중소기업의 경우 고품질의 어플리케이션 및 인프라 서비스를 공용 클라우드 서비스로 이용하는 방식이 보다 보편화될 것으로 전망된다.

## 1.2 클라우드 사업자 현황

기업향 클라우드 사업자는 기존 SW 벤더 등을 포함하여 플랫폼 벤더(예: Microsoft, Google, Facebook), 통신서비스 사업자(예: Verizon), 하드웨어 벤더(예: Dell, EMC), 어플리케이션 벤더(예: SAP, Oracle), SI & 컨설팅 서비스 사업자(예: Accenture, Capgemini), IaaS 서비스 사업자(예: Amazon, IBM) 그리고 개인 소비자 시장 벤더(예: Google, Box.net)들이 개인과 기업 사용자를 대상으로 클라우드 솔루션 및 서비스를 제공하고 있다.

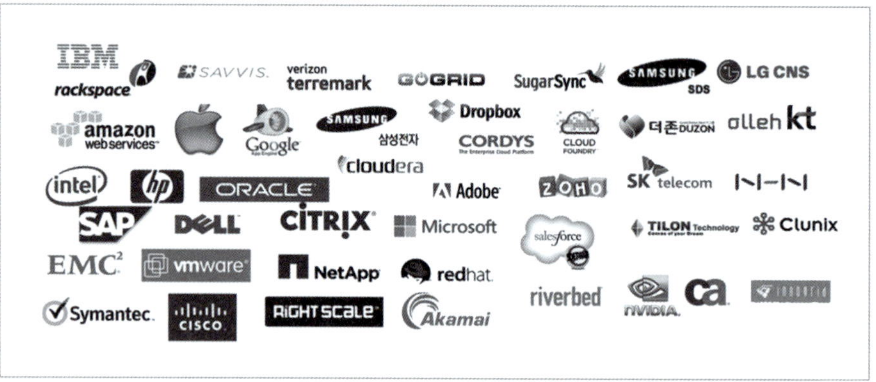

Amazon과 Salesforce.com사는 클라우드 선도 사업자로서 각각 IaaS와 SaaS 서비스를 제공하고 있으며 IBM사는 서비스 모델 전체 영역에 대하여 솔루션과 서비스를 제공하고 있으며 최근에는 SoftLayer사를 인수하여 글로벌 클라우드 서비스를 제공하고 있다. Oracle사의 경우, 초기 시장에서는 클라우드 전환에 대한 미온적인 전략을 구사하였으나 아키텍처 관점에서 기존 Oracle사의 솔루션에 서비스를 추가적으로 구성하고 어플라이언스(appliance)[3] 형태의 상품과 서비스를 제공하고 있다.

AWS사는 IaaS 시장에서의 혁신적인 리더 역할을 수행하면서 동시에 공용 클라우드 시장에서 지배적인 선도 사업자로서 클라우드 사업을 전개하고 있다. 후발 주자인 Google과 Microsoft사가 이에 맞서 치열한 경쟁을 벌이고 있다. 특히 스토리지 서비스의 가격 인하 경쟁은 매우 치열하다. IBM사는 기존 공공시장에서의 아웃소싱 사업을 수성하기 위하여 공격적으로 공용 클라우드 서비스 사업을 전개하고 있다.

---

3 어플라이언스 제품은 하드웨어와 소프트웨어의 일체형 제품을 의미한다.

## 1.3 클라우드 컴퓨팅 역량

국내 클라우드 컴퓨팅 기술은 원천 하드웨어 및 소프트웨어 기술을 바탕으로 소셜 네트워크(social network), 빅데이터 분석(big data analysis) 그리고 SW 융합(sw convergence) 서비스 영역에서의 통합 기반 기술로 진화되고 있다. 한국산업기술평가관리원(KEIT)의 분석 보고서[L19]에 의거하면 국내 클라우드 기술은 선진국 대비 평균 4년 이상의 격차가 존재하며 고성능 대용량 서버 및 스토리지 제품 기술 분야는 대부분 외산 업체가 주도하고 있다[L19]. 고성능 서버, 대용량 무정전 전원 장치, 하이퍼바이저, 클라우드 운영체계, 빅데이터 플랫폼 분야는 기술 난이도가 높고 경험 인력 부족으로 독자적 기술 확보도 쉽지 않다. 클라우드의 활성화에 걸림돌 이슈가 되고 있는 클라우드 보안 및 관제기술 분야는 국내 업체들이 클라우드 특화 기술을 확보하지 못하였으나 글로벌 선진 업체와의 기술 경쟁력 차는 크지 않다.

IBM, Google, EMC, Oracle, Cisco, Microsoft 등과 같은 글로벌 서비스 사업자들은 글로벌 시장에서의 클라우드 선도 포지셔닝 확보를 위하여 솔루션 및 서비스 업체에 대한 인수합병(M&A) 활동을 지속적으로 수행해오고 있다. 기존 통신 미디어사는 클라우드 서비스 기업을 인수하고, 기존 ICT 서비스사는 고부가가치 SW 기업 인수를 추진하거나, 통신미디어사와의 전략적 제휴를 추진해왔다[4][L09]. 국내 클라우드 서비스 시장은 글로벌 시장과 달리 다소 시장 활성화가 늦게 이루어지고 있다. 이는 클라우드 서비스 도입의 큰 장벽인 정보 보안 및 보호 이슈 외에도 문화 정서적 관점에서 IT 시스템을 자산이 아닌 비용으로 확보하고 이를 외부 사업자에게 위탁 수행하는 기업 문화에 대한 거부감이 존재하고, 이를 해소하는 데에 많은 시간이 소요되기 때문으로 판단된다. 국내 기업의 클라우드 제공 수준은 클라우드 자원의 배치 적용 단계 수준이며, 오픈소스 소프트웨어 기반의 클라우드 운영 관리 플랫폼의 개발 역량 내재화에 집중하고 있다.

클라우드 서비스 사용자(기업 포함)의 입장에서는 공급자에 대한 신뢰가 매우 중요함을 간과해서는 안된다. 공급자는 클라우드 서비스를 제공함에 있어 클라우드 기술도 중요하

---

4 AT&T사는 IBM사와의 공동사업 제휴를 추진하였고, Verizon사는 Terremark사를 인수하였다.

지만 고객이 요구하고 요청한 서비스 품질 특히 가용성, 보안, 성능 품질을 충족시키면서 적시 제공하는 것이 더욱 더 중요하기 때문이다. 그러나 많은 서비스 공급자는 서비스 제공 및 지원에 앞서 클라우드 운영 관리 기술 확보와 플랫폼 설계 역량을 확보하는 수준이 기에 다소 차이가 존재한다. 시장과 고객의 요구에 적시에 대응하기 위해서는 클라우드는 그 자체가 목적이 아닌 수단으로서 장기적인 관점에서 오픈소스 플랫폼 역량을 확보해 가면서도 서비스 역량을 조기에 갖추고 적시에 솔루션과 서비스를 제공하는 것이 중요하다.

### 1.4 클라우드 서비스 도입

클라우드의 다양한 장점에도 불구하고 보안 이슈 및 비용 절감에 대한 불확실성, 서비스 품질 이슈 등이 클라우드 도입에 장애요인으로 제시되고 있다[K23]. 클라우드 도입에 따른 총소유비용과 투자효과에 대한 분석이 어렵고, 기존 시스템의 매몰 비용(sunk cost) 발생으로 비용 절감 효과가 많이 반감하고 있다. 클라우드 컴퓨팅 및 서비스의 규범적 표준 또는 사실상 표준이 미흡한 상황에서, 신기술 적용 관점에서 클라우드를 도입하는 경우 이종 클라우드 간의 호환성 문제도 발생할 수 있다. 또한, 기업과 개인의 정보가 클라우드상에 중앙집중적으로 관리되는 상황에서 외부 보안 침해 사고가 발생할 수도 있고 또한 내부 요인에 의하여 예상하지 못한 정보 유출이 발생할 수도 있다.

초기 IT서비스 업체들은 "모든 것이 클라우드로 해결된다"라고 주장하고 있으나, 현재는 성숙도와 역량 그리고 미래 기술 관점에서 클라우드로 지향해야 할 것과 지양해야 할 것을 구분하고 있다. 즉 기업 내 목표 아키텍처의 방향성과 정보화 비용 모델에 따라서 워크로드 상황에 맞게 클라우드 서비스 오퍼링을 선택적으로 도입하고 있다.

대부분의 대기업에서 클라우드를 이용한 어플리케이션 및 서비스 개발은 쉽지 않다. 왜냐하면, 개발 시스템을 운영으로 전환하기 위해서는 운영부서의 동의가 필요하고, 운영부서는 장애, 보안 등의 이슈에 대하여 상당히 보수적이기 때문에 기존 운영방식과 다른 클라우드 도입에 다소 부정적이다. 개발부서의 경우, 클라우드를 이용하여 빠른 개발을 원하면서도, 운영부서와 운영체계에 대해서는 합의점을 쉽게 도출하지 못하고 있다. 특히 오픈소스 기반의 SW 개발 및 운영이 전제되거나 통합 데이터베이스의 구조가 변경되는 경우에는 더욱더 그러하다. 이에, 운영부서를 초기 클라우드 전환 계획 수립 및 운영체계 정비 작업에 적극적으로 참여시키고, 신규 아키텍처에 대한 사전 역량 준비 등의 시간을 명시적으로 제공해야 한다. 또한 기존 IT 영역을 모두 일시에 클라우드에 전환하는 것은 현실적으로 불가능하다. 즉, 기존 IT 자산에 대한 감가상각(depreciation)이 남아있는 상황에서 이를 무시하고 클라우드로 전환하기 쉽지 않고, 또한 IT 시스템의 특성상 업무 크리티칼 데이터베이스 통합 서버, ERP 시스템 등을 클라우드 아키텍처로 전환하기는 쉽지 않다[5]. 많은 클라우드 서비스 사업자는 클라우드 구조로의 전환과 서비스 제공만을 제시하고 있으나, 전체 IT 시스템의 아키텍처 관점에서 Non-클라우드 영역과의 연동 및 연계 등을 포함한 포괄적인 대안을 제시할 필요가 있다[L36].

클라우드 사업자는 기존 IT 시스템의 운영 효율성을 제고하고, 신규 시스템을 적시 제공함에 있어, 클라우드 적용 영역과 미적용 영역 모두를 하나의 오퍼링으로 제공하는 하이브리드 서비스 오퍼링 전략을 구사하면서 아키텍처 컨설팅과 오퍼링 맵을 제공해야 한다. 서비스 이용 기업은 클라우드에 대한 블루프린트로서 전사 아키텍처(enterprise architecture, EA) 기반 정보 전략 계획(information strategy planning, ISP) 수립을 통하여 클라우드 전환 계획을 수립해야 한다. 고객 이용자도 단순하게 기존 인프라와 플랫폼을 클라우드로 이동하는 것이 아니라, 명확한 목적과 목표를 가지고 혁신의 전환으로서 클라우드를 이용해야 한다[6]. 인프라단의 클라우드 이동으로는 얻고자 하는 비용 효율성과 서비스 혁신 효과가 크지 않으며, 혁신의 관점에서 어떻게 어플리케이션단을 클라우드로 전환할 것인지에 대하여 검토 고민해야 한다. SW와 관련된 모든 이해 관계자 특히 기업 CIO의 당면 과제이다.

---

5 클라우드 컴퓨팅의 원천기술은 오래전부터 연구되고 시도되었던 것으로, 기술적 관점보다는 클라우드 서비스의 본질적 특성과 가치에 충실한 접근 관점이 더욱 더 필요하다[L36].
6 기업 내부 어플리케이션의 클라우드 전환에 있어, 공용 클라우드 서비스에 해당 어플리케이션을 적용 시 기존 어플리케이션이 가지는 아키텍처 특성(예: 성능, 가용성, 보안성)을 모두 충족할 수 없는 상황이 많다[A03].

## 1.5 클라우드 산업 현황

클라우드를 도입하여 얻고자 하는 것은 매우 명확하지만 클라우드 서비스를 제대로 제공해주어야 이용자의 관점에서 서비스 구매로 이어질 것이다. 현재 시장에서는 IaaS 중심의 서비스 제공과 이용에 많이 치우쳐 있다. 실제로 서버 및 스토리지를 클라우드 방식으로 공급하는 것은 클라우드 서비스 산업 자체의 볼륨을 증대할 수 있으나, 이는 기존 산업 활동을 대체하는 것으로 전체적인 경제적 가치 볼륨을 크게 늘리지는 못하고 오히려 감소시킬 수 있다. 그러나 클라우드를 통하여 기존에 불가능했거나 어려웠던 기술 융합과 산업 융합 서비스 영역을 보다 쉽게 구현할 수 있어 효율성 확보 차원에서 감소했던 가치 볼륨을 확대시킬 수 있다. 즉 모바일, 빅데이터, 소셜 그리고 최근 사물인터넷까지 포함한 신기술과 타산업과의 융합서비스 영역이다. 이러한 영역에서는 기존 IT를 대체하는 개념이 아니며, 빠른 IT 서비스 제공이 요구되는 영역이고 또한 개인 소비자 대상으로 네트워크 효과를 얻을 수도 있는 영역이다. 이 영역에서 응용 서비스를 제공하고자 하는 기업은 민첩성이 최우선 과제이며 이에 대한 최적안이 바로 클라우드이다.

한 예로 기업 IT 인프라의 효율성을 위하여 클라우드를 원론적으로 활용한다면 IT 인력 구조의 개편으로 IT 일자리는 줄어들 수 있다. 물론 이러한 IT 인력을 타 융합서비스 영역으로 재배치하여 활용함으로써 부의 창출을 도모할 수 있다. 이러한 관점에서도 고객 기업의 IT 인프라 영역에 대한 접근보다는 플랫폼과 어플리케이션 영역에 대한 효율성 추구가 기업의 민첩성 목표와 더 연계될 수 있다. 즉, 서비스 영역을 확장하는 계기로 시장 확대 및 창출의 발판으로 활용할 수 있다.

가트너 리서치사는 '18년에는 모든 컴퓨팅이 클라우드로 불릴 것이며 모든 ICT 서비스는 클라우드 방식의 서비스로 재정의될 것으로 전망하고 있다. 장기적으로는 클라우드 종속성 탈피 및 헤게모니 확보를 위한 원천 기술 확보 노력이 매우 중요하고, 단기적으로는 고품질의 클라우드 서비스를 적시에 제공할 수 있는 서비스 역량 확보도 필요하다. 이를 위해서는 클라우드를 보다 빠르게 도입하고 이용할 수 있는 전략적인 가이드가 절대적으로 필요하다. 클라우드를 너무 어렵게 접근하는 것은 원천 기술이 가지는 속성(어려우면 가치 부여가 잘 되기 때문)에 기인하며 클라우드는 비즈니스 관점에서 쉽게 접근할 수 있다.

이를 위하여 제공자는 제공자 입장에서 확보한 기술 중심으로 마케팅 영업활동을 전개하기보다는 사용자, 수요자, 이용자의 애로점, 필요사항, 문제점과 이슈를 시간과 공간 그리고 투자/비용 관점에서 최적의 대안으로 클라우드를 접근하게 해야 한다.

## 2. 클라우드 생태계와 융합 비즈니스

### 2.1 SW 산업 생태계의 변화

SW 산업[7]은 클라우드 컴퓨팅과 맞물려 온라인 기반의 제공 방식, 광고 기반의 사업 모델, 모바일 활성화에 따른 SW 기반 컴퓨팅 자원의 활동 증가 등 큰 변화를 겪고 있다. 인터넷상의 SW 서비스는 플랫폼 기반하에 독자적으로 제공 가능한 서비스 기능 요소들의 조합으로 정립된다. 클라우드 사업자는 플랫폼이라는 컴퓨팅 레고(lego) 박스를 제공하고, 개발자는 주어진 레고 조립 방식을 통하여 어플리케이션/프로그램/소프트웨어를 개발하게 되는 것이다. SW는 단말 및 서버에 분배된 컴포넌트 간의 통신으로 기능이 완성된다.

SW 산업 환경이 클라우드 패러다임으로 진화하는 것은 SW 개발 및 이용을 획기적으로 진화시킬 것이다. 클라우드/플랫폼 기반의 어플리케이션 개발자는 패키지 소프트웨어를 개발할 필요 없이 일부 기능 요소만 개발하면 되므로 프로그래밍 개념도 변화하게 된다. 다음 그림에서와 같이 기존 개발 방식에서는 SW 개발자가 개발에 필요한 제반적인 SW 툴과 인프라 요소들에 대해서도 고려를 해야 했으나, 클라우드 기반 개발 방식에서는 인프라 및 플랫폼 서비스를 받아서 개발–통합–운영을 일시에 해결할 수 있게 된다. 즉 일정 수준의 기초 교육만 받으면, 누구나 프로그램 및 어플리케이션을 쉽게 개발

---

**7** 위키피디아, '13년 10월 : SW 산업은 SW 라이선스 또는 클라우드 기반 비즈니스 모델을 통하여 SW의 개발, 유지, 제공을 하는 분야이다.

할 수 있다[8]. 특히 글로벌 시장을 대상으로 한 창업 또는 신규 서비스에 대한 사업 아이디어가 글로벌 인프라와 개발 환경을 제공하는 클라우드를 통해서 쉽게 실현할 수 있는 것이다.



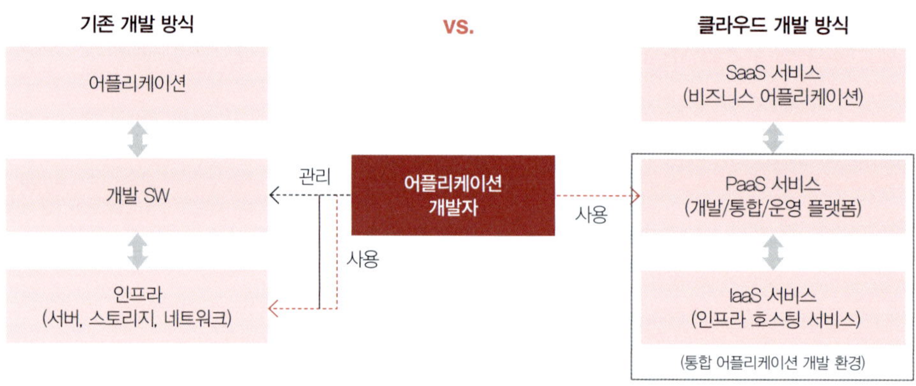


클라우드 기반 소프트웨어 비즈니스는 기존 제품 중심에서 서비스 중심으로 이동하는 것으로 비즈니스 모델도 기존의 SW 제품구매에 대한 대가 지급에서 서비스 이용료 또는 제3자 광고 기반의 대가모델을 적용할 수 있다. 그 예로 Google사의 지도도 인터넷상에서 온라인 서비스로 제공하고 있는 것이 대표적이다. 사실상 많은 소프트웨어들이 온라인 형태의 서비스로 제공하고 있으며, 디지털 콘텐츠의 배포와 이용의 개념으로 접근되고 있다[10]. 또한, Salesforce.com사는 SAP ERP와 같은 수준의 규모로 기업 시장을 대상으로한 어플리케이션 서비스를 제공하고 있다.

클라우드 서비스 제공자는 다양한 프로그램의 공급자 및 관리자로서 다양한 서비스의

---

8 Democratization of Programming
9 출처 : KPMG, "The Cloud : Changing the Business Ecosystem", KPMG in India, 2011
10 사실상 디지털 콘텐츠는 서비스로 제공되는 SW의 한 범주로 정의될 수도 있다.

플랫폼을 형성하게 될 것이며, 클라우드 제공자의 자체 표준과 도구는 어플리케이션 개발 및 이용상의 의존도를 높일 것이다.

클라우드 제공 기업 간의 공정한 경쟁이 생태계 발전에 매우 중요하다. 즉 평등의 개념보다는 정의 개념에서 보편적 서비스도 추구되어야 한다. 개인과 기업은 차별화된 클라우드간에 다양한 선택의 기회가 존재하여야 하며, 특히 클라우드 플랫폼간 이동 시 데이터 이동성이 장기적으로 중요한 이슈가 될 것이다. 개인 및 기업 고객을 통하여 축적된 데이터가 클라우드 제공자 전환 시 이동성이 보장되지 않으면 기존 제공자로의 고착화 효과가 발생하기 때문이다.

●● 그림 2.3 클라우드 서비스 산업 현황

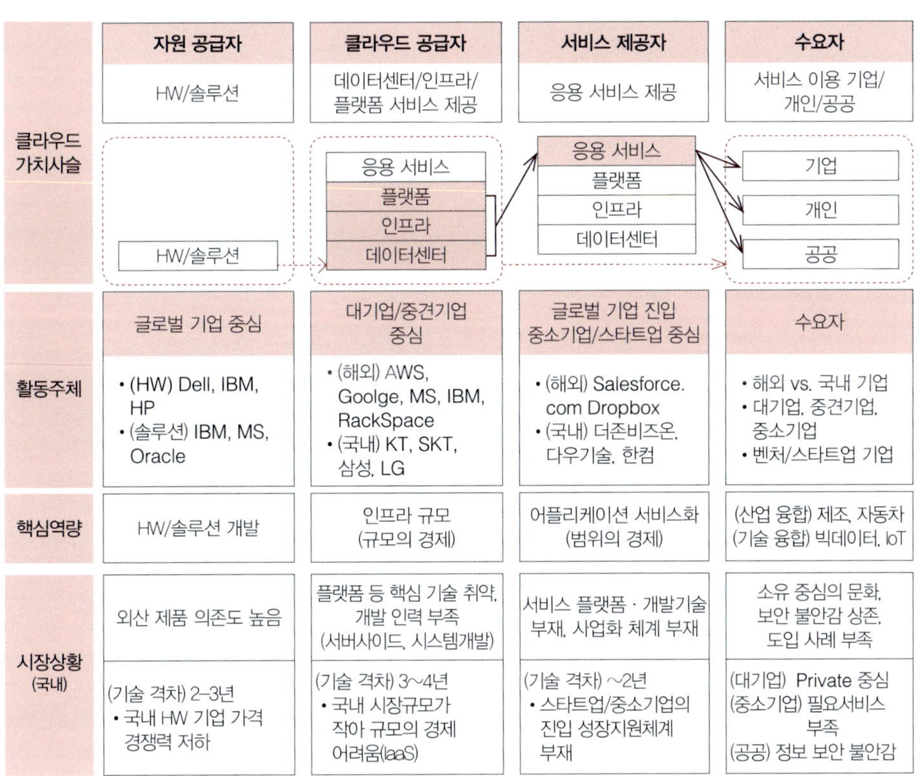



| 구분 | 자원 공급자 | 클라우드 공급자 | 서비스 제공자 | 수요자 |
|---|---|---|---|---|
| 활동주체 | 글로벌 기업 중심<br><br>• (HW) Dell, IBM, HP<br>• (솔루션) IBM, MS, Oracle | 대기업/중견기업 중심<br><br>• (해외) AWS, Goolge, MS, IBM, RackSpace<br>• (국내) KT, SKT, 삼성, LG | 글로벌 기업 진입 중소기업/스타트업 중심<br><br>• (해외) Salesforce.com Dropbox<br>• (국내) 더존비즈온, 다우기술, 한컴 | 수요자<br><br>• 해외 vs. 국내 기업<br>• 대기업, 중견기업, 중소기업<br>• 벤처/스타트업 기업 |
| 핵심역량 | HW/솔루션 개발 | 인프라 규모<br>(규모의 경제) | 어플리케이션 서비스화<br>(범위의 경제) | (산업 융합) 제조, 자동차<br>(기술 융합) 빅데이터, IoT |
| 시장상황<br>(국내) | 외산 제품 의존도 높음<br><br>(기술 격차) 2~3년<br>• 국내 HW 기업 가격 경쟁력 저하 | 플랫폼 등 핵심 기술 취약, 개발 인력 부족<br>(서버사이드, 시스템개발)<br><br>(기술 격차) 3~4년<br>• 국내 시장규모가 작아 규모의 경제 어려움(IaaS) | 서비스 플랫폼 · 개발기술 부재, 사업화 체계 부재<br><br>(기술 격차) ~2년<br>• 스타트업/중소기업의 진입 성장지원체계 부재 | 소유 중심의 문화, 보안 불안감 상존, 도입 사례 부족<br><br>(대기업) Private 중심<br>(중소기업) 필요서비스 부족<br>(공공) 정보 보안 불안감 |

그림에서와 같이 클라우드 산업은 자원 공급자, 클라우드 공급자, 서비스 제공자, 수요자들 간의 가치사슬로 묶여져 있다. 자원 공급자는 대부분 HW 및 SW를 공급하는 글로벌 기업이며, 클라우드 공급자는 서버 및 스토리지 그리고 SW 자원을 클라우드화하여 플랫폼 및 인프라 서비스를 제공하는 대기업 및 중견기업들로서 많은 클라우드 사업자가 이에 해당된다. 서비스 제공자는 클라우드 인프라 및 플랫폼에 기반하여 어플리케이션을 개발하고 서비스를 제공하는 중소기업 및 벤처/스타트업 기업들이다. 수요자는 클라우드 서비스를 최종 이용하는 개인, 공공기관, 기업들로서 이들 수요자들은 혁신의 관점에서 신규 가치를 창출하기 위하여 사물인터넷, 빅데이터, 소셜 컴퓨팅 등을 기존 산업에 융합함에 클라우드에 대한 수요를 가지고 있다.

클라우드 산업의 가치사슬상에 핵심 요소는 클라우드 공급자가 제공하는 플랫폼으로서 이를 중심으로 클라우드 산업의 생태계가 구성된다고 볼 수 있다. 플랫폼에 참여하는 모든 기업이 공통의 시스템 아키텍처에 따라 생태계를 형성하고 이들 생태계 기업군 간의 경쟁이 시장구도를 형성하게 될 것이며, 개별 산업의 생태계화가 진행되면서 ICT 기반 벤처기업의 역할이 증대되고 해당 산업의 경쟁력 제고 및 고용 창출이 가능하다.

## 2.2 클라우드 서비스의 플랫폼화

클라우드의 진정한 가치는 신규 시장 개척 및 신규 제품 출시를 통하여 기존에 없던 가치를 창출하고 지속화하는 것에 있다. 이는 IT 산업과 타 산업과의 융합[11], 특히 SW 융합 영역에서 불확실한 글로벌 시장을 상대로 신규 서비스를 출시하고자 할 때 가장 유용하다. 이러한 유즈케이스(use case)는 대기업보다는 투자 여력이 적은 중견기업 또는 중소기업 나아가 벤처기업에 더욱 더 유효하다. SW 융합 영역은 타산업의 고도화/스마트화(예: 스마트 생산, 스마트 빌딩, 스마트 홈/가전, 스마트 카 등)와 개인의 삶의 가치 증진(예: 의료, 교육, 민원, 관광, 교통 등) 등에 대한 영역으로서 하나의 큰 생태계로 엮는 과정에서 개방형 플랫폼이 절대적으로 필요하다.

---

11 참고 : 이인식 저, 기술의 대융합[M18]

SW 융합 영역의 클라우드 적용은 대기업과 중소기업과의 생태계 구축에 매우 유용하다. 대기업은 자원 풀 확보 또는 글로벌 데이터센터 확보 등 글로벌 인프라를 확보하고, 중견기업은 SW 융합 영역에서 업종 자산을 플랫폼화하고 이를 클라우드 인프라에 탑재시켜 글로벌 플랫폼으로 진화시킬 수 있다. 또한 중소기업은 클라우드 기반 글로벌 플랫폼 상에서 다양한 어플리케이션 및 서비스를 발굴 개발하고 이용자에게 제공하는 생태계를 구축할 수 있다. 특히 오픈소스 기반의 개방형 클라우드 인프라와 플랫폼을 제공 활용하는 과정에서 생태계의 자생적 구축을 촉진할 수 있다.

클라우드를 통한 IT 생태계 구축에 플랫폼화가 매우 중요하다. 클라우드 제공자 관점에서 클라우드 자체의 플랫폼화를 통하여 클라우드 기술 역량 기반의 생태계를 구축하고, 클라우드 사용자 관점에서는 기존 타산업 영역에서의 업종 플랫폼의 클라우드화를 추진할 필요가 있다. 클라우드의 플랫폼화는 자생적 생태계 구축을 위하여 개방형으로 접근되는 것이 필요하며, 클라우드 운영 관리 플랫폼과 응용 서비스 개발 및 운영을 위한 어플리케이션 플랫폼이 그 대상이다. 업종 플랫폼의 클라우드화는 SW 융합 영역에서의 업종자산 또는 기존 플랫폼을 클라우드를 통하여 개방형으로 유도하고 플랫폼화하여 서비스로 제공하는 것으로 SW 융합을 촉진시킨다.

빠르게 변화하는 SW 융합 시장에서 비즈니스 가치를 제대로 확보하기 위해서는 기반 인프라뿐만 아니라 어플리케이션단에서의 민첩성을 동시에 추구해야 한다. 즉, SW 융합 시장에서의 비즈니스 기회를 적시에 사업화하고 확산시키기 위해서는 빠른 시장 대응이 필요하며, 인프라뿐만 아니라 조직과 프로세스와 맞물려 애자일(Agile) 어플리케이션 개발과 배치를 공통 플랫폼 기반하에서 추진해야 한다. 이를 가능하게 하는 영역이 클라우드 플랫폼이다.

## 2.3 클라우드 기반 IT 융합

정보화 시대를 넘어 기술과 기술, 제조와 서비스 등의 결합으로 새로운 부가 가치를 창출하는 융합의 시대로 진화되는 과정에서 기업 차원의 기술 혁신과 경영 혁신으로는 생존과 성장을 추구하기에는 다소 한계가 있다. 왜냐하면, 신기술 등장과 융합화/복합화에 따른 기술 진보의 가속화로 정치, 경제, 사회, 문화의 모든 영역에 대한 변화가 일어나는 상황에서 기업 차원의 혁신을 넘어선 융합 혁신이 필요하다[L48]. 즉 기존 기업 및 산업 차원의 단편적인 혁신보다는 신시장 및 신가치 창출을 위하여 산업 차원의 융합 혁신이 필요하다. 특히 IT 융합은 BT, NT 등의 다양한 이종 기술과 IT 기술 간의 융합을 통해 새로운 제품 및 서비스를 발굴하고 나아가 신규 산업을 창출해내는 기술로서, 종래의 기술과 시장의 한계를 극복하는 혁신 토대가 될 수 있다[L48]. 이를 위해서는 융합형 연구개발 및 융합형 플랫폼 확보를 위한 정책이 요구된다. 전사적인 융합형 연구개발 과제를 발굴하고, 상호교류 및 정보 공유 그리고 협업을 지원하는 커뮤니티 플랫폼을 지원하면서, 공격적인 연구개발 활동을 권장하고 지원하는 체계가 필요하다. 이러한 상황에서 클라우드는 IT 융합 기술의 토대 기술 및 솔루션으로서 활용이 가능하다.

IT 융합은 장기적으로는 클라우드, 빅데이터, 모바일, 소셜, 사물인터넷 등 사람과 사람, 사람과 사물, 사물과 사물 간의 연결이 전체 산업계에서 일반화되고 생태계가 고도화되는 방향으로 진화될 것이다. 저렴한 클라우드 서비스가 존재하지 않을 경우 사물 간 연결에서 발생하는 막대한 데이터의 저장과 흐름 관리를 위한 인프라는 존재하지 않을 것이며 개별 시스템/기업별로 별도의 인프라를 구축하여 사용해야 하는 막대한 비용이 발생할 것이다. 데이터의 저장과 흐름 관리는 빅데이터, 모바일, 소셜, 사물인터넷 기술의 허브로서 클라우드를 활용할 때 궁극적인 부와 가치 창출이 가능하다.

클라우드 컴퓨팅은 IT 융합 전략에 새로운 기술 플랫폼으로 활성화될 것이며 클라우드 서비스도 앞으로 모바일화, 개인화, 개방화의 IT 산업 트랜드에 맞춰 다양한 신규 서비스가 등장하면서 더욱 활성화될 것이다. 각 부처/기관/사업부 간 단절을 극복하기 위하여 공동 연계 사업(Golden Bridge Program)을 추진해야 한다[12]. 기존 연구개발 단계에서의 많은 단절에서 사업화/상용화/확산을 포함한 끊임없는 R&BD(Research & Business Development) 프로세스 연계를 통하여 기술 융합과 산업 융합에 따른 신사업 발굴 및 신시장 창출 등의 근본적인 변화를 유도할 수 있다.

## 3. 클라우드 서비스 이슈

최근 많은 기업들은 클라우드 서비스를 도입함에 있어 기존 IT 자원(특히 서버)을 어떻게 클라우드화할 것인가 그리고 글로벌 서비스를 위하여 외부 사업자의 공용 클라우드 서비스를 제공받을 것인가에 대하여 심도 있게 검토하고 있다. 그러나 클라우드 도입 과정에서 기술 및 운영 품질이 미성숙되어 몇 가지 부정적인 요소가 발생하였고[13], 클라우드 전환 및 도입에 따른 총소유비용(TCO) 관점에서 비용 절감과 혁신 성과에 대하여 확신을 가지고 못하고 있다. 이는 클라우드 서비스를 도입/제공함에 있어서의 비즈니스 전략 이슈가 존재하지만, 다른 신기술 도입 과정에서와 같이 기술 중심의 전환과 도입을 검토했기 때문이다. IT 서비스 공급 체계의 혁신 관점에서 클라우드를 어떻게 도입하여 활용할 것인가를 전사적인 관점에서 전역적으로 검토해야 하고, 도입 과정에서의 부정적인 이슈 및 위험 요소에 대한 대안도 사전 준비해야 한다.

---

13 시장조사기관 ReRez는 29개 국 3,236개 기업을 대상으로 설문조사 결과 IT 부서 허가 없이 무단으로 클라우드 서비스를 도입하여 사용하는 경우, 클라우드 백업 및 복구가 복잡하고 비용이 증가하는 경우, 클라우드 컴플라이언스 준수 여부에 대한 우려 등이 그 예이다.

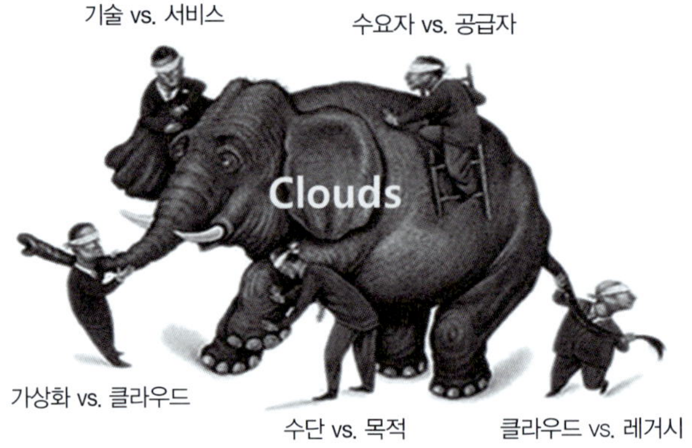


## 3.1 클라우드 추진 전략

기업 정보시스템의 클라우드화를 검토하는 경우 클라우드 도입에 따른 단기적인 비용 절감도 중요하지만 장기적인 신규 가치 창출의 토대로서 클라우드 전환을 시행해야 한다. 클라우드 도입에 따른 당장의 상대적 득실이 크지 않더라도 장기적인 관점에서 더 큰 비즈니스 기회를 가져다줄 수 있기 때문이다. 최근 기업 정보시스템은 이원화되었던 내부 업무시스템과 외부 사업시스템이 하나의 통합 아키텍처로 연동되는 구조로 진화됨에 따라 시장과 고객으로부터의 요구 대응과 신규 가치 창출에 IT 민첩성이 더욱 더 중요해지고 있다. 기업은 비즈니스의 변화 모습을 예측하고 동시에 현행 비즈니스 전략과 IT 아키텍처에 대한 분석을 통해 무엇이 클라우드화가 가능하고, 어떠한 비즈니스 기회를 창출할 것인지에 대하여 우선적으로 고찰한다.

클라우드 도입 및 전환은 그 목적과 목표가 비용 절감 또는 서비스 혁신이든 간에 기본적으로 기업의 비즈니스 요구사항을 충족할 수 있는 전략하에서 추진되어야 한다. 즉 서비스 제공자의 기술 전문가가 주도하기보다는 서비스 사용자 관점에서의 비즈니스 이슈로부터 출발되어야 한다. 이는 클라우드 컴퓨팅의 효익을 제대로 확보하기 위해서는 실체적인 도입과 전환 경험 그리고 기업과 시장에 대한 환경이 매우 중요하기 때문이다. 또한 장기적인 로드맵하에서 활동 단계별로 그 성과를 측정하고 평가하면서 진행한다.

### 3.2 전사 아키텍처 관리

기업내 전용 클라우드를 구축하거나 외부 클라우드 서비스를 도입하여 사용하는 경우 기존 레거시 시스템 및 아키텍처와 클라우드 시스템 및 아키텍처가 이원화되어 이중적으로 관리되는 경우가 많다. 현행 시스템을 구성하는 IT 자원을 클라우드로 전환하기에 앞서, 기술 표준 수립, 목표 아키텍처 도출 그리고 클라우드 전환 전략 수립이 전사적인 관점에서 요구된다. 이를 위해서는 IT 자원 표준화 및 통합화에 대한 IT 정보화 계획을 바탕으로 클라우드 전환 대상과 비대상을 구분하고, 전사 표준 아키텍처에 기반하여 클라우드로 전환하고, 이를 하나의 운영 관리 체계하에서 관리되어야 한다. 그렇지 않으면 IT 자원 공급망 자체가 복잡해지고, 이를 운영 관리 체계가 레거시 vs. 클라우드, 2가지 영역에 대하여 이중적으로 이루어지기 때문이다.

기업 IT의 혁신의 관점에서 클라우드를 도입하고 활용하기 위해서는 『Strategy to Execution』의 틀로서 전사 아키텍처 사상과 기법을 적용해야 한다. 전사 아키텍처 관점에서의 클라우드 서비스 도입과 전환 그리고 이에 기반한 클라우드 서비스 이용 및 운영에 대한 거버넌스 체계와 전략이 필요하다.

### 3.3 서비스 이용 거버넌스

많은 기업들은 클라우드 서비스를 도입하여 사용함에, 필요한 예산을 책정하고 이에 맞추어 서비스 비용을 지불하고 있다. 기업 내 IT 부서가 아닌 현업 부서에서 주도하여 클라우드 서비스를 도입하여 사용하는 경우 해당 IT 예산과 비용에 대하여 전사적으로 관리 통제가 안되어 예상과 다르게 많은 IT 예산이 집행되고 사용하지 않아도 되는 서비스 비용이 지불될 수도 있다. 또한 전사 정보보호 및 보안 규정에 부합하지 않은 제3자 클라우드 서비스를 현업 부서에서 도입하여 사용하는 경우가 있을 수 있다. 이에, 전사 차원의 IT 컴플라이언스 및 IT 위험 관리 관점에서 전사 보안 원칙/정책/절차에 따라 클라우드 서비스가 도입되고 이용될 수 있도록 관리해야 한다.

- 현장에서 클라우드 서비스를 예산/비용에 대한 규제 및 통제 없이 마구 사용한다면?
- 정보화 과제(계획, 착수, 개발, 운영) 수행 시, 전사 표준 없이 또는 표준과 부합하지 않은 HW와 SW를 사용하면?
- 사업용 시스템이 전사 통제 없이 IT 자산에 중복 투자되고, 유휴자산이 방치된다면?
- 전사 정보 보호 및 보안 규정에 부합하지 않은 제3자 클라우드 서비스를 이용한다면?

### 3.4 정보 보안 및 보호

많은 설문조사와 리서치 결과에서 언급되었듯이 기술적/관리적 보안 사고 가능성이 클라우드 서비스 활성화도 가로막았지만 실제 서비스 운영상에서도 가장 큰 위험 요소이다. 클라우드 내에서의 사용자 집단들이 서비스를 제공 받으면서 타 집단의 서비스 경계를 넘어선 데이터 접근 및 노출이 이루어지는 경우 심각한 보안 사고를 초래할 수 있다. 이러한 상황은 공용 클라우드에서의 서비스 경계가 의도하지 않게 중첩되어 서비스를 제공하는 경우에 발생할 수 있다.

클라우드 서비스 제공자는 저렴하면서 운영 관리가 효율적인 데이터센터를 글로벌 지역내에 구축할 것이며, 서비스 사용자는 클라우드 특히 공용 클라우드가 제공하는 IT 자원과 데이터의 물리적 위치를 인식하지 못할 것이다. 정부기관의 정보 보호 정책과 규제를 고려할 때, 기업 비즈니스상의 데이터 보관 및 처리 구조는 클라우드 서비스 자체에 이슈가 될 수 있다. 예를 들면, 영국의 경우 영국 국민에게 해당되는 개인정보는 영국 내에서 보관되어야 한다는 규제가 있다. 또한 데이터 접근성 및 공개 의무가 있는 법 제도도 고려사항이다. 예를 들면 미국에 위치한 클라우드를 사용하는 유럽의 클라우드 소비자들의 데이터는 미국 정부기관에 의해 쉽게 접근될 수도 있다. 실제로 미국 국가안보국(NSA)의 해외정보감시법(FISA)와 애국자법(Patriot Act)에 의거한 보안 검열에 대한 여파로 클라우드 시장 축소가 우려되는 상황이 일시적으로 발생하기도 하였다[14]. 미국 클라우드 컴퓨팅 산업은 글로벌 시장을 선도하는 위치에 있었으나, 프리즘(PRISM) 감청 프로그램 폭로로, 미국 IT 기업과 정부기관이 해외정보감시법(FISA)와 애국자법(Patriot Act)에 근거하여 데이터를 공유할 수 있다는 우려가 현실화되었고, 기존 미국 기업과의 서비스 계약이 파기되거나 단축된 경우도 있었다.

---

14 미국 ITIF(Information Technology & Innovation Foundation)은 미국 NSA(National Security Agency)의 PRISM 프로그램에 대한 파문으로 미국 클라우드 컴퓨팅 산업이 막대한 손실을 입게 될 것으로 발표하였다.

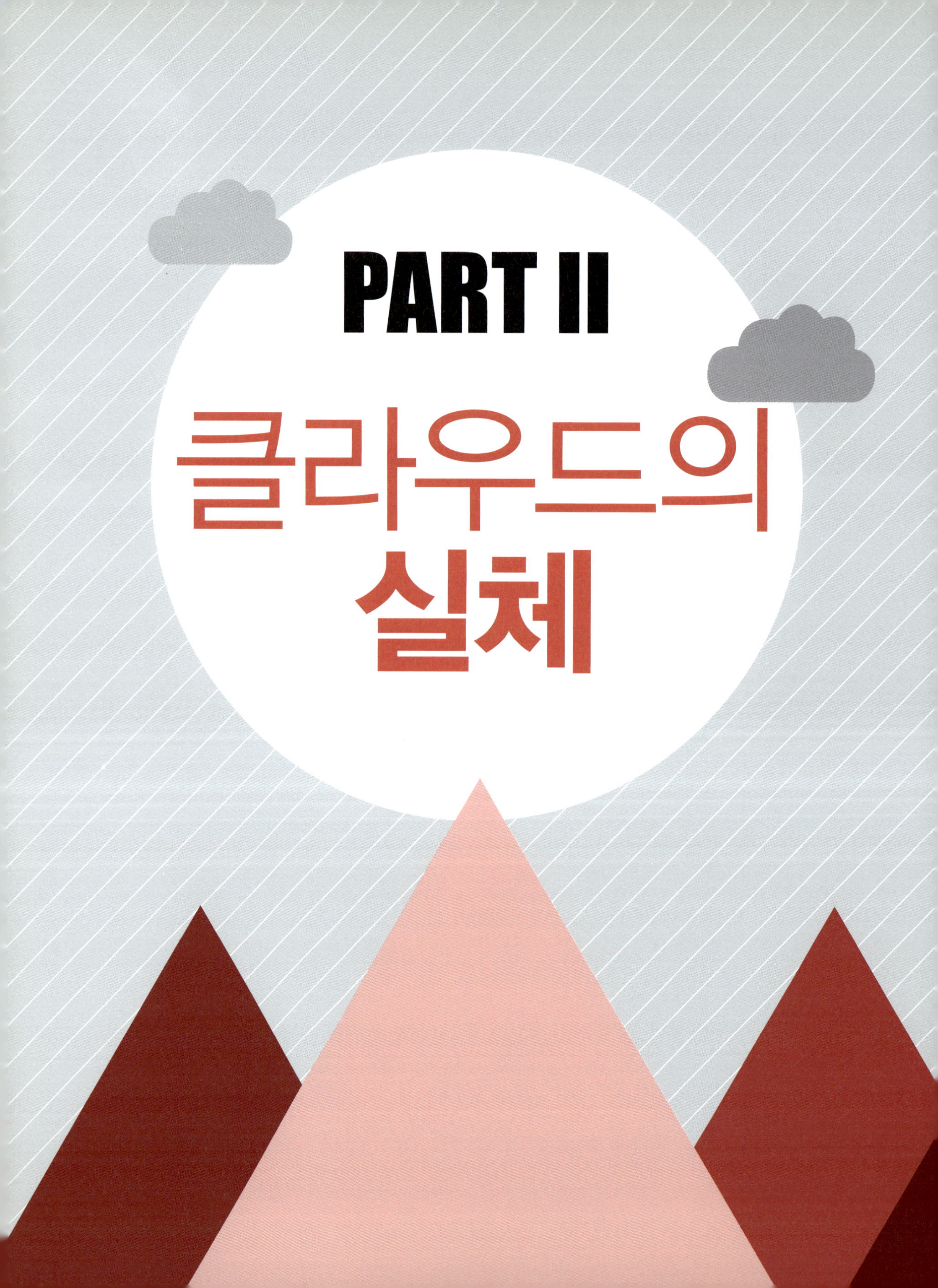
PART II
클라우드의
실체

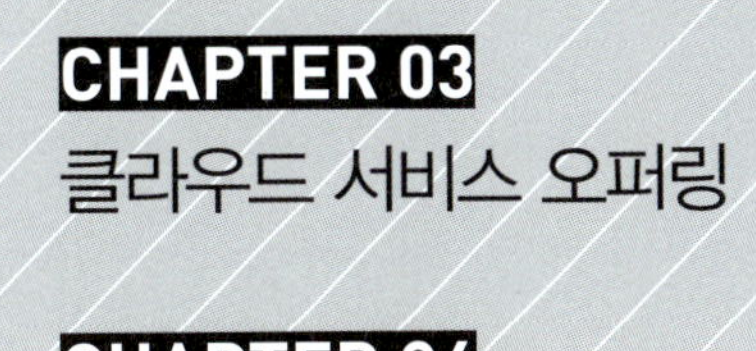

# 클라우드 서비스 오퍼링

# 1. 클라우드 서비스 오퍼링

클라우드 서비스 오퍼링은 아래 그림에서와 같이 크게 개인향 클라우드(B2C 클라우드)와 기업향 클라우드(B2B 클라우드)로 구분된다.

●● 그림 3.1 클라우드 서비스 오퍼링 (예)

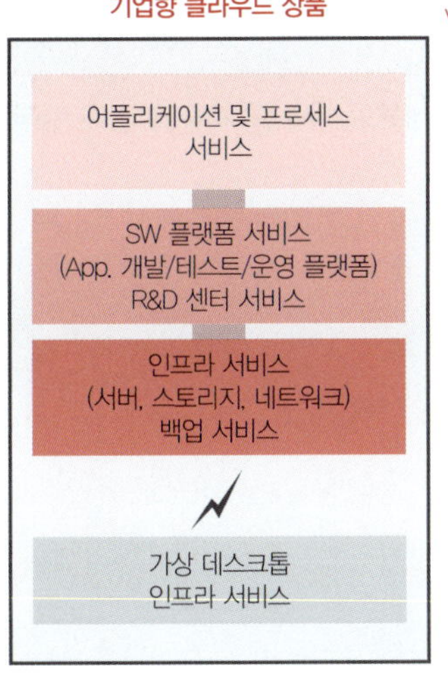


vs.

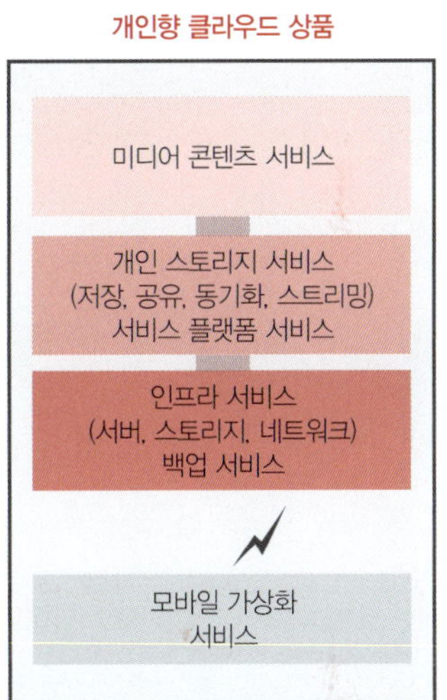


개인향 클라우드의 경우 최근 모바일 소비자를 위한 클라우드로서 대부분 스토리지/파일 시스템과 앱/웹 형태의 미디어 콘텐츠 서비스를 클라우드 방식으로 제공한다. 서비스 오퍼링은 제공자의 서비스 플랫폼을 중심으로 다양한 어플리케이션 서비스에 대하여 가입자 기반(subscription-based)과 사용량 기반(usage-based)으로 서비스를 제공한다.

최근에는 기존에 온라인 스토리지를 클라우드 방식으로 무료로 제공하는 모바일 서비스 사업자가 많이 늘어났다. 단순하게 스토리지만을 제공하는 경우도 있지만 문서와 콘텐츠에 대한 공유, 동기화 등의 응용 서비스와 연계되어 제공되고 있다. 이러한 개인향 클라우드 서비스는 모바일 디바이스 비즈니스를 중심으로 한 포괄적인 서비스의 일부분으로서 무료 제공되는 경우가 많다[1]. 이러한 무료 서비스는 별도의 유료 서비스 가입을 유도하는 촉매로 사용되는 것으로 서비스 수준 약정(SLA, Service Level Agreement) 관점에서는 기본적인 서비스 수준을 보장하고 있지 못하는 것이 현실이다[2].

기업향 클라우드의 경우, 어플리케이션 서비스, 플랫폼 서비스, 인프라 서비스 형태의 서비스 오퍼링과 이를 결합한 복합 서비스 오퍼링을 제공하고 있다. IaaS 방식의 인프라 서비스로는 기업의 IT 인프라 구성에 필요한 서버, 스토리지, 백업, 네트워크를 서비스로 제공하고 있다. 서버는 크게 x86 서버 기반의 마이크로소프트사의 윈도우 서버와 리눅스 서버를 제공하며, 유닉스 서버로서는 IBM AIX 서버와 HP UX 서버가 대표적인 예다. 이러한 서버는 물리 서버 위에서 가상화와 파티션 기술을 활용하여 이용자에게 논리적인 가상 서버 자원으로 제공된다.

플랫폼 서비스는 기존 시스템을 구성하기 위하여 필요한 웹 서버, 어플리케이션 서버, 데이터베이스 서버, 메시징 등의 전통적인 미들웨어 SW와 최근 Web 2.0 플랫폼으로 각광받는 NoSQL[3] 계열의 DB 시스템과 하둡(Hadoop)[4] 기반의 분산 시스템 그리고 정보 분석 플랫폼을 제공하는 것이다. SaaS 형태로 제공되는 어플리케이션 서비스는 기존 ASP 방식에서 한 단계 진화된 것으로 이용자가 필요로 하는 어플리케이션을 가입자 또는 사용량 기반의 서비스 형태로 제공한다.

---

1 모바일 디바이스 사업자의 경우, 함께 번들로 제공하는 서비스를 통하여 락인(Lock-in)하는 효과를 얻을 수 있다. 물론 서비스 제공자의 관점에서는 해당 서비스 원가는 타 서비스 요소에 반영되어 있다.

2 서비스 수준 약정이 공시되지 않거나, 공시되어 있어도 그 내용이 매우 미흡한 사례도 많다. 더욱 더 중요한 것은 장애를 사전에 예방하거나 사후에 조치하는 활동 자체가 매우 불완전하다는 것이다. 최근 몇 년 동안 기존 사업자들의 서비스 장애 사례가 그 예이다. 서비스 사업자가 영세한 경우는 대책이 없는 경우가 허다하며, 대형 서비스 사업자의 경우에도 사전/사후 조치가 명확하지 않고 재발 방지에 대한 대책도 지속적인 신뢰를 유지하기에는 다소 미흡한 사례가 많았다.

3 NoSQL은 기존 관계형 데이터베이스의 한계를 극복하기 위하여 데이터 저장소의 새로운 스키마이며, 수정적 확장성을 가진다. Google의 Big Table, Amazon의 Dynamo, Cassandra, MongoDB 등이 대표적인 제품이며, 최근 빅데이터 이슈와 같은 대용량 데이터 분석 등에 매우 효율적인 기술 솔루션으로 각광받고 있다.

4 하둡 기술은 대량의 자료를 처리할 수 있는 컴퓨팅 클러스터를 위한 분산 처리 소프트웨어 프레임워크이다. Google의 분산 처리 시스템인 GFS(Google File System)을 대체할 수 있는 HDFS(Hadoop Distributed File System)와 맵리듀스(MapReduce)를 구현한 기술이다.

## 1.1 데스크톱 가상화 서비스

데스크톱 가상화(Virtual Desktop Infrastructure, VDI)는 단말(예: PC) 컴퓨팅 환경에서 HW 단말을 제외한 나머지 구성요소를 모두 가상 머신(Virtual Machine, VM)으로 가상화하고, HW 단말에서 인터넷을 통하여 원격 접속하여 사용할 수 있도록 제공하는 것이다. 즉 단말은 단순한 입출력 수행만을 담당하고 중앙의 가상 머신에서 모든 컴퓨팅 처리를 수행하게 된다. 기업이 데스크톱 가상화를 도입하는 경우 임직원 사용자는 언제 어디서든 다양한 하드웨어를 통하여 가상 데스크톱 환경을 사용할 수 있다. 기업 내 관리자는 사용자가 이용하는 OS, 어플리케이션 SW, 데이터를 중앙집중식으로 관리하고 사용자의 어플리케이션 및 데이터에 대한 외부 유출을 원천적으로 방지할 수 있다.

데스크톱 환경을 중앙 서버에서 제공하여 단말 및 네트워크 제약 없이 사용할 수 있는 데스크톱 가상화는 기업 내 클라우드 도입 1순위로 검토 사용되고 있다. 특히 기업 내 정보를 외부로 유출해서는 안되는 업무환경과 언제 어디서나 업무를 수행하는 스마트워크 환경에서 널리 이용되고 있다. 초기 전용 단말에 대하여 가상 데스크톱을 일대일로 매핑하여 제공하는 서버 기반 컴퓨팅(SBC, Server−Based Computing) 기술을 확장하여, 사용자의 데스크톱 환경을 클라우드 인프라의 서버에 설치하고 언제 어디서나 사용할 수 있는 기술로 확대되어 사용되고 있다.

성능이 높은 중앙 서버에서 데스크톱 환경을 구동하여 저가, 저사양의 개인 데스크톱 대비 높은 성능을 제공하여 전체적인 비용 절감이 많다고 인식되었으나, 가상 데스크톱 환경을 제공하기 위한 제반 인프라(서버, 스토리지, 네트워크, 가상화 라이선스) 비용과 이중화 구성 등으로 비용 절감은 기대치에 비해 크지 않은 것으로 나타나고 있다. 또한, 데스크톱 환경에서 사용자가 많이 사용하는 소프트웨어의 저작권사가 가상 PC 환경에서의 라이선스 정책을 명확하게 제시하지 않는 경우가 많아서 일부 데스크톱 가상화 사용 환경에서는 라이선스 컴플라이언스 이슈가 아직도 존재한다.

많은 기업들이 PC 및 노트북 자산에 대한 구매와 소프트웨어 유지 보수에 따른 애로점을 해결하고 네트워크 망의 분리와 함께 업무시스템에 대한 접근 제어와 기업 데이터에 대한 보안/보호를 강화할 수 있어 내부 임직원의 업무용 PC, 콜센터 상담 PC 그리고 원격 및 다자간 협업이 필요한 연구개발 PC 환경에 데스크톱 가상화 서비스를 많이 적용하고 있다.




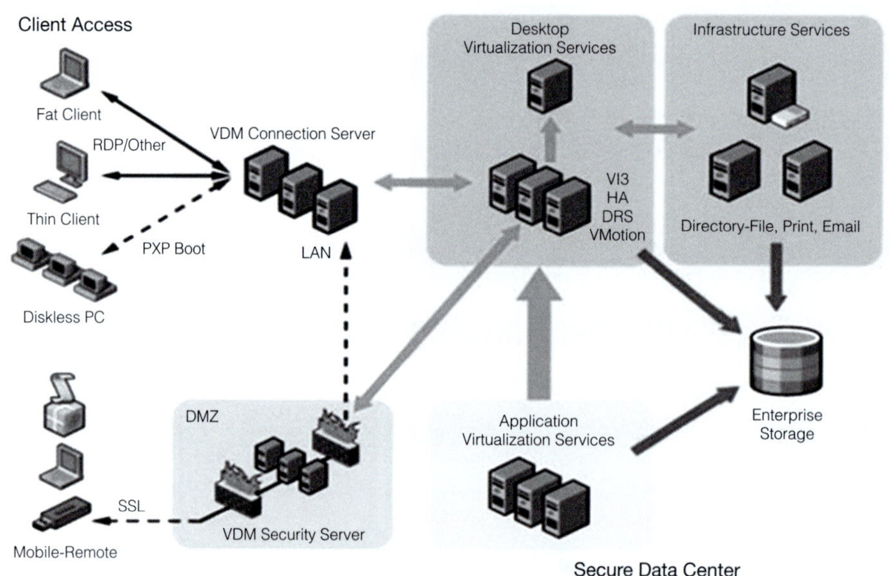


데스크톱 가상화(VDI)의 장점인 보안 강화와 스마트오피스 구현 외에 비용 절감을 얻기 위해서는 대규모 VDI 시장을 창출하거나, 업무 특성과 요구사항에 맞는 데스크톱 가상화 적용 전략을 구사해야 한다. 예로, 3D CAD 작업을 위한 워크스테이션 환경에 대하여 데스크톱 가상화를 적용하는 것은 보안 강화를 위해서지만, 기술 구조 및 성능 관점에서는 별개의 이슈가 될 수 있다. 스마트 오피스 구현 즉 영업사원, 외근 업무, 재택 근무, 현장 업무, 콜센터 등의 업무환경을 VDI로 제공하는 것은 스마트 오피스 구현 관점에서 언제 어디서나 업무를 수행할 수 있는 여건을 제공하는 점에서 많이들 도입 검토하고 있다. 특히 외근 업무용으로 데스크톱 가상화를 제공하는 경우 하나의 가상 PC를 여러 명이 함께 공유하여 사용할 수 있어 비용 대비 효과를 많이 얻을 수 있다. 또한 모바일 환경으로 확대하여 기존의 수행하던 PC 환경을 그대로 제공할 수 있다는 점은 콘텐츠의 N-스크린 서비스와 같은 효과를 제공할 수 있다.

데스크톱 가상화(VDI)는 개인 사용자의 데스크톱 환경을 가상화 환경에서 제공하는 만큼 개인 데스크톱 환경에서의 모든 문제(보안 패치, SW 충돌 등)들이 발생하며 또한 추가적으로 설치된 가상화 소프트웨어와 기존 SW와의 충돌이 발생하기도 한다. 이러한 문제는 데스크톱 가상화로 제공되는 가상 PC 환경에서 설치되는 소프트웨어 표준화와 컴플라이언스 정책에 의해서 통제, 관리될 수 있다.

데스크톱 가상화는 중앙 데이터센터 내의 x86 서버들에 가상 데스크톱이 탑재된 가상 머신(VM)을 생성 운영하고, 사용자는 단말기를 통하여 VM에 접속하여 해당 가상 데스크톱을 사용하는 메커니즘으로 사용자의 모든 데이터는 VM의 스토리지 또는 별도로 중앙에 관리되는 원격 스토리지에 저장되게 되고, 외부 유출 방지를 위한 웹/인터넷 접속 및 메일 접속 관리를 통하여 보안을 강화하게 된다. 데스크톱 가상화는 보안 강화의 툴로서 활용될 때 사용 편의성이 다소 떨어진다. 또한 여러 가상 데스크톱들이 하나의 클라우드 서버에서 구동하는 경우 사용자의 이용 패턴에 따라서는 네트워크 대역폭상의 병목 등으로 성능이 다소 떨어지는 경우가 있다.

최근 스마트워크 업무환경 구축에 데스크톱 가상화 서비스가 많이 활용되고 있다. 스마트워크는 유무선 첨단 ICT 환경을 토대로 사무실에 출근하지 않고 언제 어디서나 일하는 업무 방식을 의미하며 일하는 문화를 바꾸어 생산성을 높이는 업무 방식으로 재택, 원격, 탄력 근무 등을 포함한다. 데스크톱 가상화 서비스 기반의 스마크워크는 시공간의 유연성을 바탕으로 모바일 오피스, 재택 근무, 스마크워크 센터의 형태로 조성되고 있다. 이러한 형태의 스마크워크를 통하여 기업의 본사에 출근하지 않아도 되어 사무 공간이 불필요하고 출퇴근 시간과 교통 비용을 절감할 수 있는 효과가 있다[5].

---

클라우드 기반 스마트워크 환경 구축을 위해서는 크게 아래의 3가지 모델이 사용될 수 있다. 즉 '단말 – 운영체계 – 어플리케이션 – 데이터' 영역에서 어떠한 영역을 중앙에서 가상화로 제공하는 가에 따라서 구분된다[L56]. 데스크톱 가상화는 단말영역을 제외한 '운영체계–어플리케이션–데이터'가 가상 머신(VM)으로 제공되어 사용자의 단말 영역에 탑재되어 서비스로 제공되는 것이다. 어플리케이션 가상화는 어플리케이션–데이터 영역이 중앙에서 가상화로 사용자의 단말 위에 설치된 운영체계상에 제공되는 것으로 해당 SW를 여러 사람이 공동으로 사용하는 경우에 적합하다. 클라우드 스토리지는 데이터 영역이 중앙의 스토리지 영역에서 서비스로 제공되는 것이다.



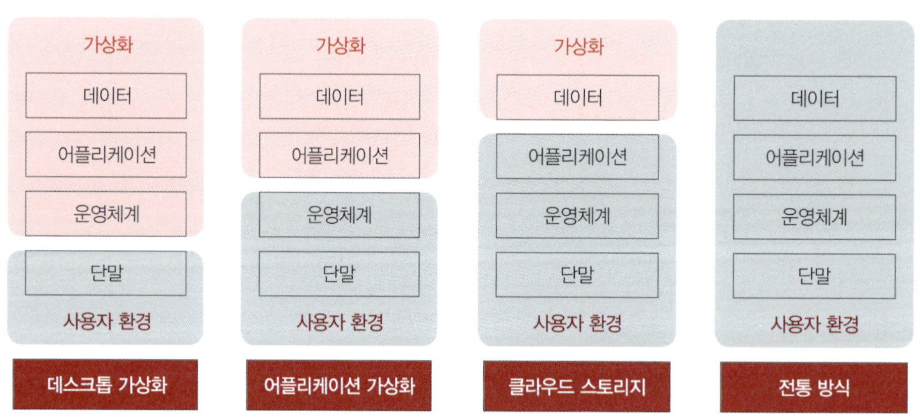


## 1.2 서버/스토리지 인프라 서비스

서버 및 스토리지 가상화 서비스는 CPU, 메모리, 디스크 등의 서버 자원들을 가상화 기술을 적용하여 사용자의 요구사항에 맞는 서버 자원을 가상 머신(VM) 형태로 제공하는 서비스이다. 일반 사용자가 인터넷을 통하여 개발/테스트/운영을 위한 IT 자원을 요청하면 사용자가 필요한 컴퓨팅 환경(HW 서버, 스토리지, 네트워크)을 가상 머신 형태로 필요한 만큼 적시에 제공하고 할당된 양만큼 비용을 청구하는 서비스이다. 가상 머신에는 사용자 요구에 맞는 다양한 운영체계와 어플리케이션 SW들이 탑재되어 사용자에게 제공된다.



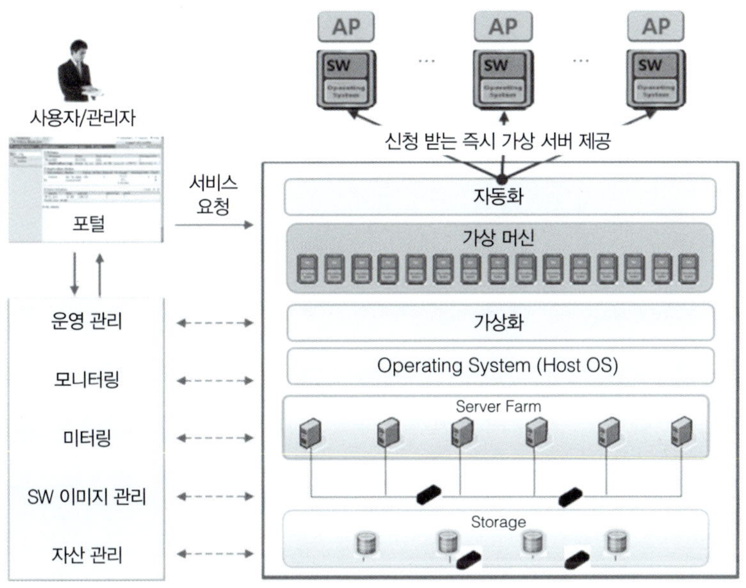


서버 가상화 서비스는 기업 내 서버 인프라의 활용도를 높이고, 표준화된 가상 머신(VM) 제공을 통하여 서버 구입 및 제반 관리 비용을 절감할 수 있다. 표준화 및 최적화를 통하여, 사용자의 요구에 보다 빠르게 해당 서버 인프라를 제공할 수 있다. 서버 가상화 서비스는 자체 구축 및 운영, 호스팅 및 종량제 기반 아웃소싱 기반으로 운영해 왔던 기업 내 정보시스템을 대상으로 적용된다. 자체적으로 구축하거나 제3자 서비스를 사용하든 클라우드 서비스로 적용함에 있어, 적합성 여부 및 최적화에 대하여 전사 아키텍처 관점에서 살펴보아야 한다. 그동안 클라우드 사례를 볼 때, 고객 채널, 웹 협업 및 커뮤니케이션, 컨슈머 고객 서비스 도메인에서의 정보시스템 영역에 대한 서버 가상화 서비스는 매우 유효한 것으로 밝혀졌다.

스토리지 가상화 서비스는 물리적으로 분리된 이종 스토리지 장치를 하나의 논리적 가상화 스토리지 풀로 추상화 및 통합하고 네트워크를 통하여 스토리지를 제공하고 관리하는 서비스이다. 스토리지 가상화는 크게 객체 스토리지와 블록 스토리지 가상화로 구분된다. 사용자 단말의 콘텐츠를 저장하고 처리하기 위한 객체 스토리지 가상화 서비스는 내부 업무시스템의 콘텐츠를 저장 보관하거나 레코드 데이터의 백업, 웹 어플리케이션의 저장소 용도로 많이 사용하고 있다. 대부분의 경우 모바일 사용자의 개인용 스토리지로 활용되고 있으며 Google, Apple, Microsoft, Dropbox, Naver 등의 서비스 사업자가 일정 볼륨을 무료로 제공하고 있다.

## 1.3 백업 및 복구 서비스

일본 대지진 이후 기업의 재해복구(DR, Disaster Recovery) 센터에 대한 관심이 증폭되었다[6]. 실제적으로 최근 금융권 데이터센터 화재로 인한 서비스 중단 사태는 주요 기간시스템의 재해 복구 체계가 매우 중요함을 현실에서 입증하는 계기가 되었다. 지진, 태풍, 화재 등의 재해가 예기치 못한 상황에서 발생한 경우, 이로 인하여 IT 시스템의 직간접적인 피해를 최소화하고 지속적인 IT 운영이 가능하도록 보장하는 활동이 필요하다.

금융 산업 영역에서는 금융 기관의 전산 인프라에 대한 백업 및 복구 체계를 의무화하고 있으며 대기업뿐만 아니라 중견/중소 기업들도 재해에 대비한 백업 및 복구 체계에 많은 관심을 가지고 있다. 그러나 많은 기업들은 기간 시스템의 재해 복구에 대한 투자 예산조차 확보하는데 어려움을 겪고 있으며 재해 복구 운영 역량도 확보하기 어려운 상황이어서 재해 복구 체계를 제대로 마련하지 못하고 있는 것이 현실이다. 그러나 클라우드 인프

---

6 일본 기업은 일본 대지진 후 자국내 데이터센터의 백업 센터를 국내로 이전하기 위하여 국내 클라우드 서비스 사업자와 검토/제휴/구축한 바 있다.

라 서비스를 활용한다면 비교적 저렴한 비용으로 중요 시스템에 대한 재해 복구 서비스를 받을 수 있다[7].

전용 클라우드 센터를 확보하고 있는 기업의 경우 자체적인 백업 센터 및 DR 서비스 체계를 구축할 수 있고, 외부 공용 클라우드 센터를 이용하는 경우 해당 서비스 사업자 또는 다른 서비스 사업사의 백업 서비스를 이용하여 재해 복구 체계를 구축할 수 있다.

아마존 AWS는 자사의 클라우드 서비스를 이용하여 재해 시에도 중요 IT 시스템의 신속 복구할 수 있으며, 아래 그림에서와 같이 단순 백업 및 복구, 웜 스탠바이(warm standby), 멀티 사이트 재해 복구 솔루션 등 다양한 재해 복구 서비스 아키텍처를 지원하고 있다 [A26].

•• **그림 3.5** AWS의 백업 & 복구 서비스 구조

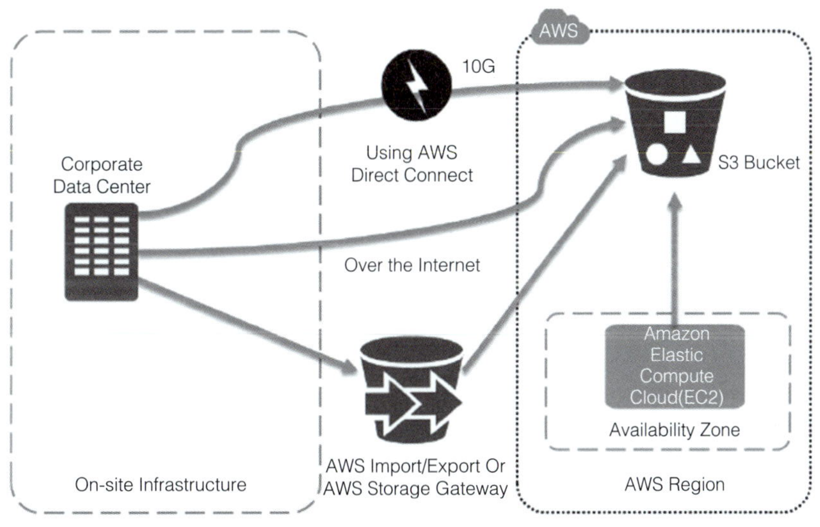


---

7 기존 백업 및 복구를 위하여 필요한 테이프 매체 및 관련 SW를 구매하는 대신에 클라우드 서비스 사업자의 인프라(서버, 디스크, 네트워크, 일부 테이프)를 활용하여 보다 빠르게 백업하고 복구할 수 있는 서비스를 제공하고 있다.

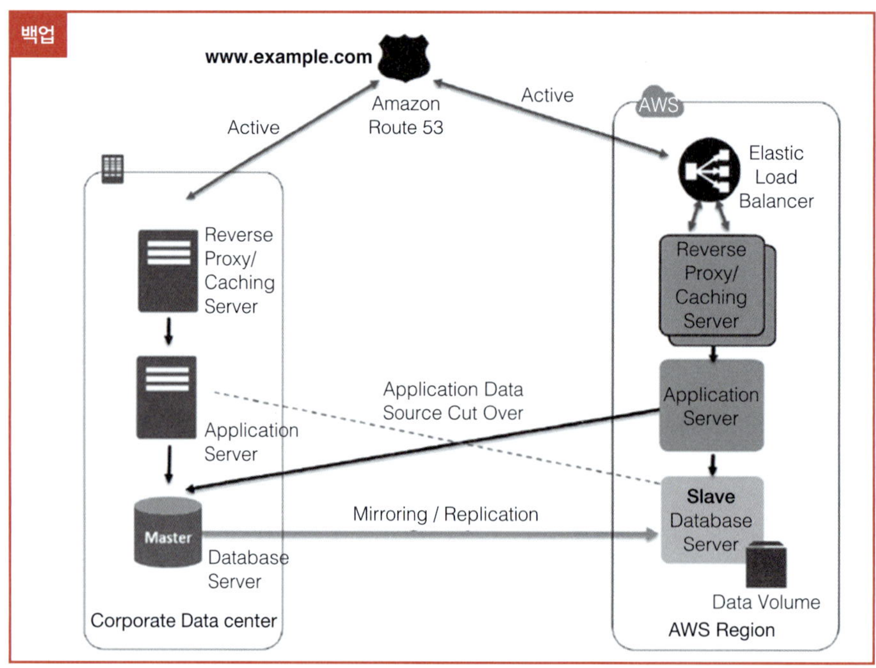


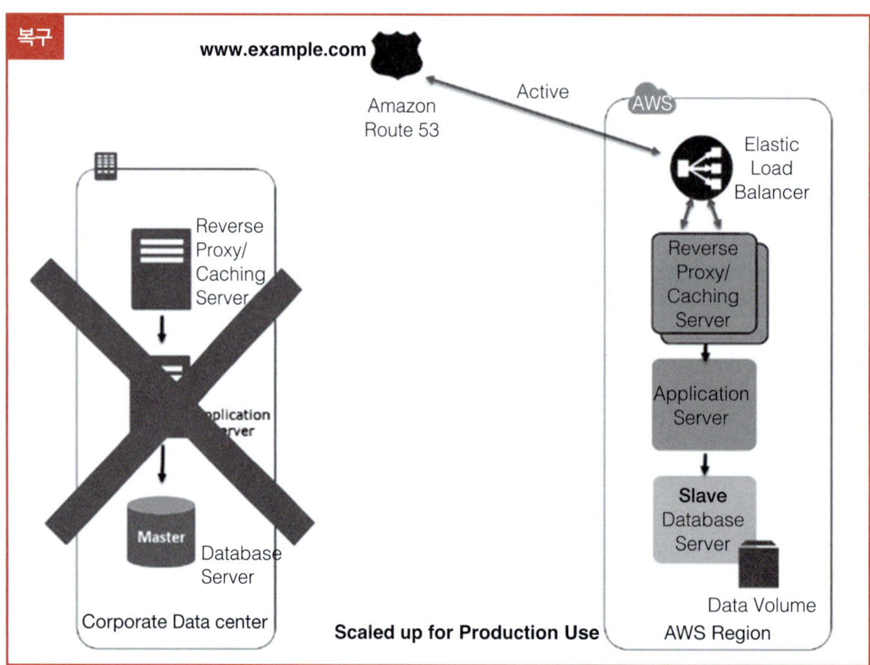




PART II
클라우드의 실체

## 1.4 SW 플랫폼 서비스

SW 플랫폼 서비스는 인프라 서비스로 제공되는 클라우드 인프라에 Web, WAS, DBMS 를 서비스 방식으로 제공하는 것이다. 또한 어플리케이션의 개발 테스트에 필요한 프레임워크와 툴 그리고 아키텍처를 제공하는 것도 포함된다. 이러한 SW 플랫폼 서비스는 SW 라이선스를 구매 없이 서비스 방식으로 빌려서 사용한다는 개념을 지원하면서 동시에 SW 개발 및 운영에 필요한 미들웨어 환경을 제공한다는 점에서 큰 의미가 있다. 서비스 이용 기업 입장에서는 SW를 필요한 시점에 사용한 양만큼 비용을 지불한다는 이점도 있지만, 해당 SW를 유지 보수하고 운영하는 데 필요한 인적 역량을 확보해야 하는 부담감을 덜 수 있다.

현실적으로는 Oracle사의 WAS 및 DBMS SW와 같은 상용 SW는 자체 구축하여 이용하는 것을 제외하고 제3자에게 서비스하기 위해서는 별도의 라이선스 정책을 준수해야 하는 (비용) 부담이 있어 크게 활성화되지 못하였다. 오픈소스 SW 및 일부 상용 SW의 경우 제3자 서비스 제공 라이선스를 요구하지 않고 있으며, 이러한 경우는 비교적 쉽게 가능하다.

어플리케이션 개발 및 운영 조직의 경우 개발 및 운영 환경에서의 미들웨어 SW가 다른 SW로 변경될 때는 많은 전환 부담을 가지고 있으며 이는 초기 역량 확보가 안된 상황에서 장애 등의 상황에 빠르게 제대로 대처하기 어렵기 때문이다. 이에 SW 플랫폼 서비스는 신규 미들웨어 SW가 도입되어야 하는 신규 IT 시스템의 개발과 운영에 많이 적용되고 있다.

대표적인 SW 플랫폼 서비스인 DBaaS(DB as a Service) 서비스는 어플리케이션 개발 및 운영에 필요한 DBMS의 관리 활동을 클라우드 서비스로 제공하는 것으로, 어플리케이션 개발자는 더 이상 DBMS 전문가일 필요도 없고 DBMS 관리 기능에서 벗어나 어플리케이션 고유의 개발 및 운영 업무에 집중할 수 있다. DBaaS 서비스 사업자인 Cloudant사[8] 는 Apache CouchDB 버전에 기반하여 분산 DBMS 서비스 외에 글로벌 데이터 전송 네트워크(DDN, Data Delivery Network)를 지원하고 있으며 탄력적인 DB 클러스터, 글로벌

---

8 www.cloudant.com : 최근 IBM사는 Cloudant사를 인수하였다.

데이터 분배 및 지역적 로드 밸런싱, 지리적/시간적 질의, 모바일 어플리케이션을 위한 데이터 복제 및 동기화, 모니터링 기능 등을 제공하고 있다.

### 1.5 R&D 센터 서비스

R&D 센터 서비스는 업무용 IT 인프라(단말, 서버)를 클라우드 단말, 서버로 제공하면서 연구개발(R&D) 환경을 함께 제공하는 서비스로서 보안 강화, 생산성 제고 및 연구개발 프로세스 표준화, 협업 강화를 도모한다.

글로벌 연구개발 환경에서는 지적재산 산출물이 로컬 환경에서 분산 관리되고, 본사와의 협업 커뮤니케이션과 외부 개발 인력과의 커뮤니케이션이 늘어나게 되었다. 연구개발 과정에의 협업(지역 간, 기업 간, 고객 간)이 늘어나는 상황에서 개발 데이터 및 산출물의 중복 관리로 인한 자료 불일치 문제가 발생하고, 데이터의 분산 관리에 따른 외부 유출의 위험성이 커졌다. 또한 개발테스트 환경 구축에 필요한 IT 자원과 장비를 개별 구매함에 따른 비효율성이 발생하고 있는 것이다. 기업의 연구개발 인력들이 지역에 관계없이 하나의 글로벌 센터 체계에서 연구개발을 수행할 수 있도록 R&D 센터 환경을 중앙집중적으로 제공하여 데이터 및 산출물의 보안을 강화하고 효율적이고 협업이 강화된 연구개발 활동을 수행할 수 있는 클라우드 기반 가상 R&D 센터가 대안으로 추진되고 있다[9]. 기업의 입장에서는 보안 강화 및 자원 활용을 극대화할 수 있고, 연구개발자의 입장에서는 필요한 개발 테스트 SW 및 환경을 필요시 요청하고 즉각 제공받을 수 있다. 그 결과로 제품 개발 수명주기를 단축시킬 수 있는 이점을 가지게 된다.

클라우드 기반 R&D 센터는 데스크톱 가상화(VDI) 기반 개발자 데스크톱 환경과 서버 가상화 기반 중앙 서버 풀(pool)을 제공하게 된다. 이와 별도로 개발 및 테스트 환경에 필요한 형상 관리, 변경 관리, 테스트 툴, 개발 협업 툴을 클라우드 방식으로 제공하게 된다. 많은 시간이 요구되는 빌드/테스팅/시뮬레이션 연구 개발 환경은 별도의 고성능 컴퓨팅

---

9 글로벌 가상 R&D 센터를 클라우드 기반으로 하는 자체 구축하는 경우 어느 정도의 일정 규모가 되지 않는 다면 초기 구축 비용으로 추진하기 쉽지 않다.

(High Performance Computing, HPC) 환경을 클라우드 방식으로 구축하고 서비스로 제
공하는 것이다.

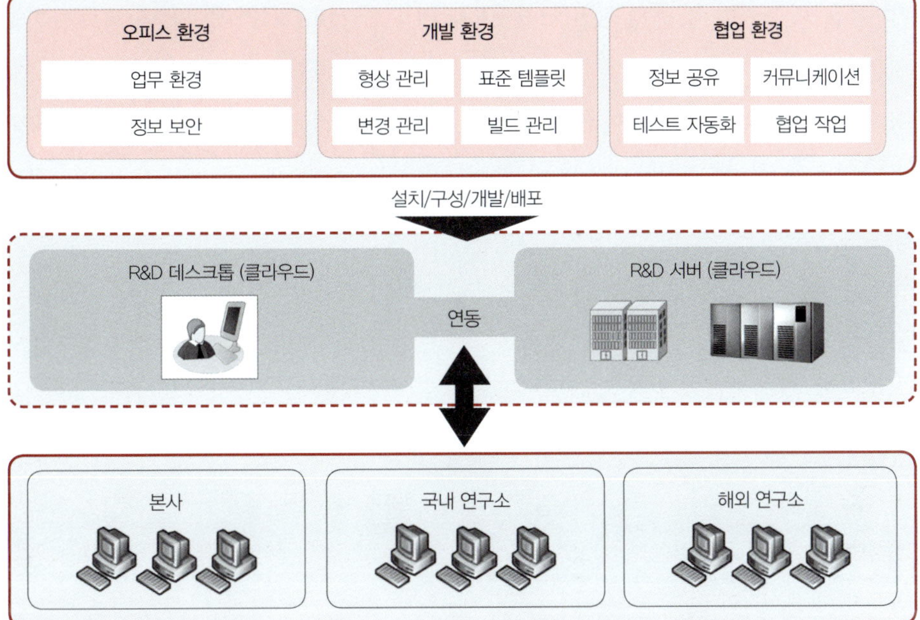

●● 그림 3.7 R&D 클라우드 서비스 오퍼링



## 1.6 어플리케이션 및 프로세스 서비스

클라우드 서비스 사업자가 네트워크를 통하여 소프트웨어를 제공하고, 사용자가 접속
하여 다양한 어플리케이션을 활용하고 이용하는 서비스 오퍼링이다. 기존 ASP 서비스와
다르게 스스로 어플리케이션 기능과 미들웨어 인프라를 수정 보완할 수 있고 다중 임대
(multi-tenancy) 방식을 제공한다. 어플리케이션 및 프로세스 서비스는 제3자의 SaaS 서

비스 구조 형태이거나 내부 플랫폼 기반 서비스 구조 형태로 제공될 수 있으며 대부분 어플리케이션 플랫폼을 토대로 제공된다. 어플리케이션 플랫폼은 어플리케이션 개발 및 운영에 대한 기능을 제공하는 어플리케이션 서비스 플랫폼과 인프라 기능을 제공하는 어플리케이션 인프라 플랫폼으로 구분된다.

어플리케이션 서비스 플랫폼은 어플리케이션 및 프로세스 영역에 대한 서비스 개발, 관리, 운영을 지원하는 플랫폼으로서 공통 업무 기능에 대한 컴포넌트화, SOA/BPM 기술 기반의 서비스 개발 및 운영 통합을 지원한다. 이러한 서비스 플랫폼 기반하에서는 기업 내/기업 간 어플리케이션의 재사용과 재활용이 촉진되고 공유 서비스 구조의 ICT 아웃소싱 서비스가 가능하게 된다. 아래 그림은 기존 온프레미스(on-premise) 형태의 자체 구축 및 운영 구조를 어플리케이션 서비스 플랫폼 기반하에 주문형(on-demand) 서비스 구조로 전환하는 개념이다.

●● **그림 3.8** 어플리케이션 서비스 플랫폼

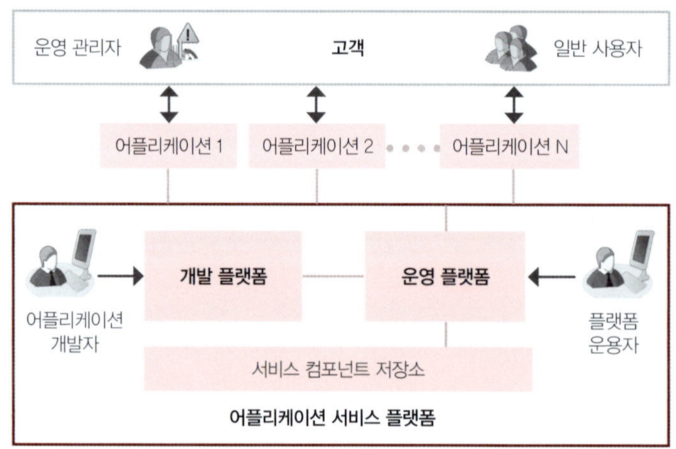

어플리케이션 서비스 플랫폼 서비스는 클라우드향 어플리케이션 및 서비스를 개발/운영/통합/관리하는 플랫폼으로서 기업 내 어플리케이션 기능들을 서비스 컴포넌트 형태로 저장소화(Repository)하여 신규 서비스 개발, 변경, 관리에 유연하게 대처할 수 있도록 한다. 즉, 공통 기능의 컴포넌트화로 유사 기능과 시스템의 중복 개발을 방지하고, 전사적인 공통 기능과 프로세스에 대한 단일화된 통제 관리 기능이 강화될 수 있다. Microsoft사의 Windows Azure, Salesforce.com, Pivotal사의 CloudFoundry, IBM사의 BlueMix, Red Hat사의 OpenShift 등이 대표적인 솔루션/서비스 상품이다. 어플리케이션 인프라 플랫폼 서비스는 어플리케이션과 관련한 SW 인프라 즉, Web—WAS—DBMS 등의 미들웨어 SW를 통합 관리하면서 업무 부하(workload) 변동에 따라 확장성 있게 대응하고 어플리케이션 아키텍처와 업무 부하 대응을 지원하는 서비스이다. 어플리케이션 인프라 플랫폼은 어플리케이션 개발 및 운영 환경 지원을 위한 다양한 템플릿 생성 및 관리 기능을 제공하고 어플리케이션 서비스 구조에 따라 어플리케이션 인스턴스를 관리하며 업무 부하에 따른 인프라 확장성을 제공한다. 이러한 어플리케이션 인프라 플랫폼은 IaaS 개념으로 제공되는 가상 서버 및 스토리지에 미들웨어를 탑재하여 서비스를 제공하는 형태로 많이 제공된다.

## 1.7 서비스 오퍼링 제공 수준

클라우드 서비스를 제공함에 있어 서비스 제공자는 서비스 이용자에게 제공하기로 한 서비스 오퍼링의 유형, 내용 그리고 그 수준을 구체적으로 정의하고 상호 간의 역할과 서비스 제공상에 발생할 수 있는 이슈와 문제를 해결하는 과정을 SLA(service level agreement)로 정의한다[10]. SLA는 여러가지 항목으로 구성될 수 있지만 일반적으로 계약 조건(예: 계약 기간, 서비스 개시일, 서비스 대가 지급 방식)과 서비스 가용성, 서비스 장애 처리, 서비스 확장성, 서비스 성능에 대한 사항을 규정한다. 이러한 SLA는 기존의 통

---

[10] 일반적으로 서비스 계약을 위한 공통 약관으로 CA(customer agreement)를 설정하기도 한다. 아마존 AWS의 이용 약관 : http://aws.amazon.com/agreement/

신 미디어 서비스에서의 SLA, IDC 호스팅 서비스에서의 SLA 체계와도 유사하다. 그러나 클라우드 서비스 구조의 특성상 제공하는 서비스를 구현하기 위하여 구축한 클라우드 인프라와 클라우드 플랫폼은 본질적으로 구름과 같이 투명하지 못하며 이를 통해 제공되는 서비스의 성능 또한 주어진 서비스 환경에 대하여 일부 예측 가능하지 못한 것이 현실이다. 즉, 주어진 서비스 오퍼링을 어떠한 SLA로 서비스 계약을 맺은 후에 최소한의 서비스 성능을 보장받을 것으로 예상하는 서비스 사용자와 달리, 서비스 제공자는 주어진 자원 풀을 최대한 활용하여 서비스를 제공하려는 관점을 가지고 있다. 많은 클라우드 서비스 제공자는 서비스 성능에 대한 SLA를 공식 규정화하고 있지 않다. 또한, 서비스 제공자마다 다른 개념의 SLA 기준, 보장 범위 등으로 사용자의 혼란을 야기하기도 한다[L21].

AWS의 경우 제공되는 클라우드 서비스 상품별로 각기 다른 SLA 기준과 수준을 제공하고 있다. 장애와 관련하여 긴급 사안의 경우 1~4시간 이내 처리, 일반 사안의 경우 1~2일 이내 처리를 목표로 제시하고 있다. 가용성[11]과 관련하여 서버의 경우 99.95%, 스토리지의 경우 99.5%를 제시하고 있다. 보안과 관련해서는 전체 이용 약관에서 데이터 보안 및 백업 그리고 아카이빙 등은 서비스 사용자의 역할과 책임임을 제공자 면책 형식으로 명시하고 있다. 서비스 가격과 연계하여 SLA상에 서비스 수준 미달에 따른 위약금(손해배상)을 지급하는 것도 현금 제공 방식이 아니라 서비스를 추가적으로 제공하는 방식으로 이루어지는 것이 관례이다[12].

---

**11** SLA 항목에서 가장 중요한 서비스 가용성은 예정된 서비스 가동 시간 대비 클라우드 서비스에 접속이 가능하여 실제 가동할 수 있는 시간의 비율을 의미한다. 기존 ASP 서비스의 경우, 일본의 정보 가이드라인은 99% 보장을 권고하고 있으나, 최근 Google, AWS에서는 99.9% 이상의 가용성을 보장하고 있다. ASP에 해당하는 클라우드의 SaaS 영역에서는 어플리케이션 서비스 영역별로 별도로 개별 협의하여 결정하고 있다.

**12** 클라우드 서비스 사업자 특히 IaaS 사업자는 가용성 보장 기준에 미달하는 경우, 계약조건 및 위약금 한도에 따른 무료서비스를 추가로 제공하고 있다. 위약금 한도는 예로 가용성이 95.0% 미만이면 월 평균 사용 금액의 50%로 정하는 수준이다. 글로벌 선진 서비스 제공자의 가용성 수준은 99.9% 이상이지만, 국내 서비스 사업자의 경우 99.5% 미만 수준이다.



**PART II**
클라우드의 실체

# 2. 클라우드 서비스 상품

클라우드 서비스 상품은 크게 개인용과 기업용 클라우드 서비스 상품으로 구분된다. 최근 모바일 및 소셜 서비스가 개인 컨슈머 사용자에게 널리 보급 확대되면서 기업용 어플리케이션에도 이러한 개인용 서비스 아키텍처가 준용되고 있다. 클라우드 서비스도 초기 개인용과 기업용으로 구분하여 태동되었으나 현재 구분없이 사용할 수 있는 서비스 구조로 진화되고 있다. 예로, 많은 기업들이 개인용 앱 서비스를 정보 보안과 보호 아키텍처를 가미한 서비스 방식으로 제공/이용하는 사례가 증가하고 있다.

## 2.1 개인용(B2C) 클라우드 서비스 상품

개인용 클라우드 서비스는 스토리지 서비스를 기반으로 다양한 콘텐츠를 다양한 단말에서 언제 어디서나 접근할 수 있는 퍼스널 클라우드 형태로 진화하고 있다.

Apple사의 iCloud 서비스는 개인 메일, 문서, 사진, 계정 정보, 앱 데이터 등을 저장하고, Apple사가 공급하는 디바이스(iPod, iPhone, iPad, MaC)간의 동기화를 지원한다[13]. Apple사와 유사한 스토리지 클라우드 서비스는 Dropbox[14], Sugarsync[15] 등의 사업자가 제공하고 있으며, 국내의 경우 KT ucloud, NHN N-Drive 등이 유사 서비스를 제공하고 있다. Apple사의 경우 iPhone과 같은 단말 제조사가 C-P-N-D(Content, Platform, Network, Device) 가치사슬을 수직적으로 통합하여 포괄적인 하나의 서비스로 제공하기 위하여 iCloud 서비스를 제공하고 있으나 국내 서비스 제공자는 통신서비스 또는 포탈서비스 제공자로서 각자 독자적인 스토리지 플랫폼을 구축하여 서비스를 제공하고 있다. 해

---

13 Apple사는 '14년 상반기 말에 iCloud 서비스 사용료를 월 기준 5GB는 무료, 20GB는 0.99$, 200GB는 3.99$로 인하하였다.

14 www.dropbox.com

15 www.syncsugar.com

외 서비스 제공사는 일부 아마존 AWS[16]가 제공하는 S3 서비스[17]를 활용하여 콘텐츠 응용 서비스(예: 동기화, 공유)를 구현하여 제공한다.

국내 클라우드 서비스 제공자는 개인 소비자 고객을 대상으로 클라우드 스토리지 서비스를 제공하고 있으며 많은 용량의 스토리지(예: 5GB ~ 50GB) 무료로 제공하고 있다. 모바일 단말 제조사를 포함하여 글로벌 클라우드 서비스 제공자들은 독자적인 스토리지 플랫폼을 개발하여 독자적인 스토리지 서비스를 제공하고 있는 상황이다. 물론 차별화된 서비스를 제공하기 위해서는 독자적인 스토리지 플랫폼이 필요하나, 원천 기술 확보 및 기술 내재화가 필요한 부분이다[18]. 국내 개인용 스토리지 클라우드 서비스 활성화를 위해서는 연구 개발 단계부터 스토리지 플랫폼 개발을 오픈소스 지향으로 유도하고, 국내 소프트웨어 개발자들의 생태계를 구축하는 것이 매우 절실하다. 이는 특정 서비스 사업자의 경쟁력을 확보하기 위함이 아니고 국내 스토리지 클라우드 관련 산업 생태계를 위하여 필요하다[19]. 국내에는 분산 기술 특히 분산 스토리지 기술 역량을 가진 인력이 많지 않다. 이들을 최대한 활용하는 거시적인 정책 전략이 필요하다. 이를 통하여, 서비스 사업자는 응용 서비스 플랫폼에서의 차별성 있는 솔루션 및 플랫폼 개발을 통하여 2~3년 앞서 있는 해외 선진 서비스 사업자와의 격차를 줄여야 된다.


## 2.2 기업용(B2B) 클라우드 서비스 상품

아마존 AWS(Amazon Web Service)는 '02년에 웹 서비스 기업으로 출발하여 현재는 인프라 부문의 클라우드 서비스 선도 업체로 인식되고 있다. AWS는 어플리케이션 호스팅,

---

16 www.amazonwenservice.com
17 AWS(Amazon Web Service)의 스토리지 서비스인 S3(Simple Storage Service)는 기업 고객 또는 개인 고객에게 스토리지를 제공하는 서비스이다.
18 클라우드 스토리지 서비스 사업의 특성상, 데이터 및 콘텐츠의 저장보다는 이동(공유, 동기화, 스트리밍 등)에 따른 서비스 비용이 수익 모델이 되어야 한다. 저장을 위한 스토리지 서비스 기술 보다 응용 서비스를 위한 이동 처리를 위한 플랫폼 기술(공유, 동기화, 스트리밍)이 더욱 더 어렵고 인프라에 대한 투자도 많이 요구된다.
19 클라우드 스토리지 서비스 사업의 특성을 감안 시, 기본적인 글로벌 네트워크 기반하에 대용량 서버 및 스토리지 볼륨에 대한 500억 원 이상의 대규모 투자를 요한다. 국내 산업 활성화 및 사업의 선도화를 위해서는 인프라와 플랫폼 영역은 대기업 집단이, 응용 서비스 및 응용 플랫폼은 중소기업 집단에서 수행하는 것이 필요하다.

백업 및 스토리지, 콘텐츠 전송, 데이터베이스, 전자상거래, 기업 IT, 고성능 컴퓨팅, 미디어 호스팅 등의 영역에 대하여 서버, 스토리지, 네트워크 인프라 및 플랫폼 서비스를 전세계를 대상으로 서비스하고 있다. 이를 위하여 글로벌 거점 영역별로 거점 센터(예: 미주, 구주, 아시아 등)를 구축하고, 사용자로 하여금 선택하도록 하고 있다. 현재, 서버와 스토리지 서비스 외에 CDN, 모니터링, VPC, NoSQL, DB, SW 개발 플랫폼 서비스 등 다양한 서비스 상품/오퍼링을 제공하고 있으며, 서비스 단가도 점차적으로 인하하고 있다.

AWS의 큰 장점은 실질적으로 개발자에게 필요한 서버, 스토리지, SW 플랫폼들을 쉽게 제공하고 있으며, SW 플랫폼의 경우 해당 벤더와 협업하여 보다 쉽게 인프라를 구축 사용할 수 있도록 지원한다. 또한, 글로벌 서비스 운영이 필요한 비즈니스를 위하여 단기적으로 빨리 인프라를 구축 대응해 줄 수 있는 장점도 있다.

●● **그림 3.9** AWS의 서비스 포탈

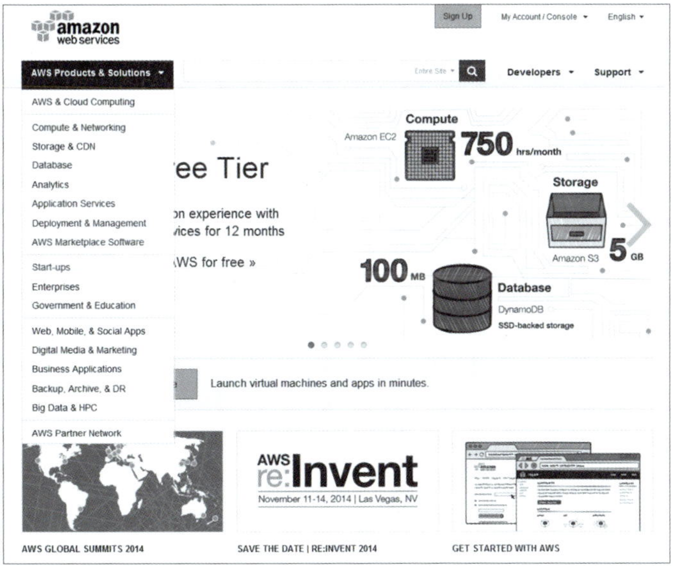

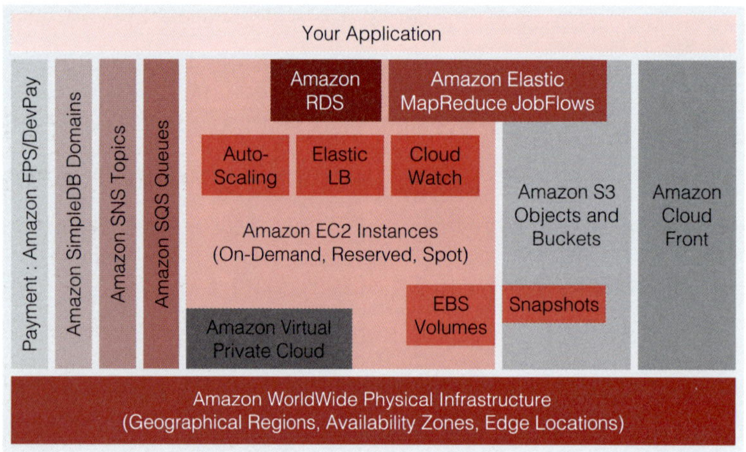


AWS는 서버 서비스 상품인 Elastic Compute Cloud(EC2)와 Elastic Block Store(EBS)를 포함하여 다양한 상품을 제공하고 있다. Amazon Simple Storage Service(Amazon S3)는 확장성과 안정성이 매우 뛰어나고 저렴한 데이터 스토리지 인프라를 제공하므로 사용자가 신뢰할 수 있는 백업 솔루션과 재해 복구 솔루션을 구축할 수 있다. Amazon CloudFront를 이용하면 짧은 지연 시간과 빠른 데이터 전송 속도로 최종 사용자에게 콘텐츠를 보다 쉽고 빠르게 배포할 수 있다. 이 서비스를 이용하면 경계 위치의 전세계 네트워크를 통해 콘텐츠를 전송하고 최종 사용자 요청을 자동으로 가장 가까운 에지로 전달하므로 가능한 최고의 성능으로 콘텐츠를 전송할 수 있다. Amazon RDS를 통해 데이터베이스의 관리 부담 없이 완벽한 기능을 갖춘 관계형 데이터베이스를 실행할 수 있다. Amazon SimpleDB는 간단한 인덱스 및 질의 기능과 원활한 확장성을 제공한다. Amazon EC2와 Amazon EBS에서 다양한 관계형 데이터베이스 AMI(Amazon Machine Image)를 사용하여 관계형 데이터베이스를 클라우드에서 운영할 수 있다. Amazon Simple Workflow Service와 같은 서비스는 개발자가 확장 가능한 내결함성 전자상거래 어플리케이션을 구축할 수 있도록 지원하며, Amazon Flexible Payments Service(Amazon FPS)는 결제 처리를 위한 강력한 솔루션을 제공한다. Amazon Elastic Compute Cloud(Amazon EC2)에서는 여러 가상 컴퓨팅 인스턴스를 통해 매우 큰 데이터 세트를 처리할 수 있고, 호스팅된 Hadoop 프레임워크를 제공하는 Amazon Elastic MapReduce를 제공한다.

국내 KT사는 개인향 ucloud 서비스 외에 기업을 AWS와 같이 기업을 대상으로 ucloud biz 서비스도 제공하고 있다[20]. 일반적인 웹 서비스 어플리케이션 시스템에 대한 서버 구성(로드밸런스, 웹 서버 및 DB 서버 구성 등), 게임 서비스를 위한 WAS 서버 및 고성능 분할 메모리 캐싱 처리를 위한 memcache 서버 구성, 대용량 트래픽 처리를 위한 콘텐츠 딜리버리 시스템 구성, 빅데이터 분산 저장 및 처리 구성 등의 유형에 대한 구축 사례 및 유즈케이스를 제공한다.

●● **그림 3.11** KT의 ucloud 서비스 개념도

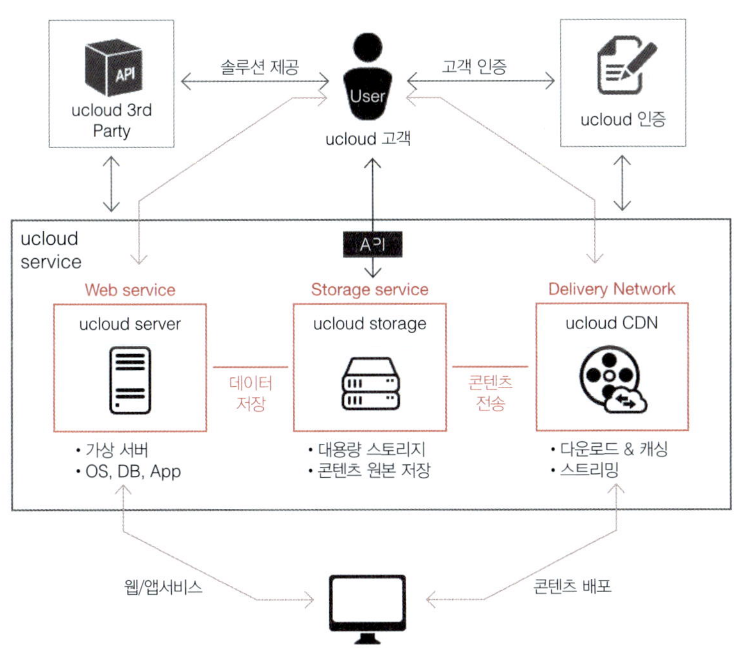


20 http://home.ucloud.olleh.com, http://ucloudbiz.olleh.com

Salesforce.com[21]은 '99년 마크 베니오프(Marc Benioff)에 의해서 설립된 매출 10억 달러 이상 규모의 세계 최대 SaaS 서비스 전문기업이다. 전통적인 패키지 제공 방식이 아닌 클라우드 서비스를 사업적으로 성공시켜 전세계 51,800여 개의 고객사와 100만 명 이상의 유료 사용자를 대상으로 15개 언어를 지원한다[22].

Salesforce.com는 고객관계관리(Customer Relationship Mgmt., CRM) 어플리케이션을 클라우드 SaaS 서비스 방식으로 오퍼링 제공하면서 동시에 관련 플랫폼과 마켓 플레이스를 서비스로 제공하고 있다. CRM 어플리케이션은 대부분의 산업 분야의 영업, 마케팅, 서비스 전문가가 쉽게 사용할 수 있어야 빠르게 변화하는 시장을 감지하고 고객과 보다 적시에 커뮤니케이션 할 수 있다. Salesforce.com은 고객 비즈니스에 맞도록 자유롭게 정의하고 수정할 수 있는 CRM 플랫폼과 어플리케이션을 force.com 등의 플랫폼 기반하에 SaaS 서비스로 제공하고 있다.

●● **그림 3.12** Salesforce.com의 SaaS 서비스

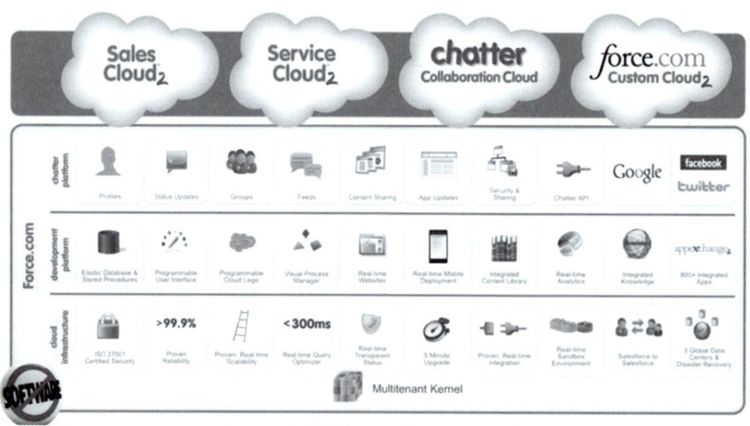




21 http://www.salesforce.com
22 출처 : www.daou.com

클라우드 서비스를 통하여 서버와 스토리지 그리고 SW 플랫폼을 제공받아 빠르게 서비스를 제공하는 것도 중요하지만 서비스가 안정적으로 지속될 수 있는 것도 매우 중요하다. 일부 기업 고객들은 중요 기간 시스템도 서비스 가용성과 안정성을 검토하지 않고 단순하게 비용이 저렴한 클라우드 서비스를 채택하는 경우가 종종 있다. 높은 서비스 수준이 요구되는 상황에는 고품질의 클라우드 서비스가 사용되어야 하고, 이러한 서비스에 대한 대가는 저렴하지 않다는 인식이 시장에서 퍼져 있어야 한다. 그러나, 일부 통신 서비스 사업자 그리고 인터넷 데이터센터(IDC, Internet Data Center) 서비스 사업자들이 시장에서의 선점을 위하여 과열 경쟁 또는 홍보로 인하여 많은 고객들이 서비스 수준과 관계없이 제시된 낮은 서비스 단가로 클라우드 서비스를 이용하려는 행태를 보이고 있다[23]. 이러한 초기 시장 상황은 궁극적으로 서비스 이용자와 제공자 모두에게 악순환의 결과를 가져다 줄 것이다.

서비스 제공자는 한정된 자원을 최대한 활용하여 보다 많은 서비스 이용자에게 기본적인 서비스 성능과 가용성을 제공해야 한다. 물론, 서비스 제공자와 이용자가 모두 합의할 수 있는 서비스 성능체계에 대한 틀이 제공되면 문제가 없겠으나 그렇지 못한 것이 현실이다. 제3자 컨설팅 업체[24]들이 서비스 성능을 모니터링 하면서 서비스 사업자를 평가하는 정도에 그치고 있다. 이에 서비스 제공자가 원가 산정을 위하여 사용하는 물리 서버의 기본 성능 단위를 표준화(standardization) 및 정규화(normalization)하여 공통의 단위로 사용하는 것도 필요하다.

서비스 이용자 특히 기업 사용자의 경우, 클라우드 서비스를 사용함에 얻는 효과는 정량적인 비용 절감 외에 정성적인 가치 증진도 살펴봐야 한다. 비용 절감 관점도 단순하게 CAPEX에서 OPEX로 모델이 전환하는 수준에서 평가될 것이 아니라 장기적인 총소유비용(TCO) 관점에서 살펴봐야 한다. 앞으로 HW보다 SW를 통한 업무 자동화 및 단순화

---

23 국내 시장에 진입한 외산 서비스 사업자도 국내 서비스 사업자보다 더 싸게 공급할 수 있음을 시장에서 경쟁적으로 홍보하고 있다. 글로벌 서비스 사업자로 비교적 저렴하게 공급하고 있는 AWS보다 매우 낮은 가격임을 생각할 때 그 서비스의 제공 수준과 운영 품질에 대해서는 매우 우려된다.
24 www.cloudsleth.net

를 통하여 얻는 효용성에 보다 집중하여 많은 총소유비용을 얻어야 하며 보다 많은 투자수익율(ROI)를 창출할 수 있어야 한다. 클라우드 서비스 사업자 특히 통신 캐리어를 확보한 서비스 사업자의 경우 클라우드 서비스 원가에서 30~40% 비중을 차지하고 있는 네트워크 서비스에 상대적으로 유리하기 때문에 시장에서의 클라우드 서비스 사업에 불공정한 경쟁을 초래할 수도 있다. 기본적으로 클라우드 서비스는 서버, 스토리지, 네트워크 서비스 부문에서의 경쟁이 아니라 상위 SW 플랫폼[25] 그리고 콘텐츠/서비스 영역에서의 부가가치 창출이 중요하다.

클라우드 컴퓨팅은 모든 비즈니스 이슈를 해결할 수 있는 만능의 솔루션이 아니며 또한 그 자체가 첫 번째 과업 목표가 되어서는 안되지만 신규 비즈니스 모델을 발굴하고 실시간 기업 환경을 구현할 수 있는 최상의 패러다임, 기술, 솔루션, 비즈니스로 인식되어야 한다. 기업용 클라우드의 경우 기업의 비즈니스 목적과 목표에 정렬된 클라우드 컴퓨팅을 지향해야 하며 플랫폼과 아키텍처에 기반한 서비스의 구현 수단으로 활용하고, 비용 절감의 개념보다는 클라우드를 통한 비즈니스 민첩성에 보다 더 큰 역할을 부여해야 한다.


## 3 클라우드 서비스 대가

### 3.1 스토리지 클라우드 서비스 가격체계

많은 스토리지 클라우드 서비스 제공자는 일정 볼륨[26]의 스토리지에 대해서는 무료로 제공하고 그 이상의 스토리지 볼륨과 응용 서비스에 대해서는 유료화하고 있다. 즉, 기본

---

[25] 예로 분산 화일 시스템, NoSQL 데이터베이스, 메시징 등의 미들웨어 SW와 클라우드 인프라를 운영 관리하기 위한 OSS, BSS 등의 운영 관리 플랫폼이 그 예이다.

[26] 보통 10G~50G 볼륨을 무료로 제공하고 있다. 국내 사업자의 경우, 50GB를 가입의 조건으로 무료로 제공하고 있는 상황이다. 대용량 스토리지 볼륨을 무료로 제공하고 있지만, 실제 서비스 이용자가 물리적으로 사용하는 스토리지 양은 배정된 볼륨의 25% 미만이다.

적으로 무료 서비스를 통하여 많은 가입자를 확보하고, 이를 바탕으로 무료 가입자가 유료 서비스를 이용하도록 하여 수익을 확보하는 비즈니스 모델을 구사하고 있다.

실제적으로 사용자에게 논리 스토리지 1GB를 제공하기 위해서는 3벌 복제하게 되며 이에 대한 관리 용량까지 감안하여 물리 스토리지 4GB의 용량을 확보해야 한다[27]. 사용자에게 제공되는 논리 1GB 용량에 대하여 보통 30원~200원 내외의 가격을 책정하고 있다[28].

스토리지 클라우드 서비스는 기본적으로 가격 경쟁적 상황에서 원가 기반 가격을 책정하고 있다. 스토리지 클라우드의 원가 구조는 크게 스토리지, 서버, 네트워크 등의 HW 장비, 분산 스토리지를 구현하기 위한 SW 장비 그리고 인터넷 망, 서비스 운영 지원으로 구분되며 글로벌 스토리지 서비스의 경우 인터넷 망에 대한 원가비율이 가장 크다. 특히 콘텐츠 공유 및 배포를 위하여 스토리지 플랫폼을 사용하는 경우 CDN(content delivery network) 서비스 비용도 감안해야 한다. 스토리지 클라우드 서비스는 서비스 제공자가 제공하는 스토리지 볼륨당 서비스 단가도 중요하지만, 제공된 클라우드 서비스에 얼마나 큰 네트워크 대역폭을 제공해줄 수 있는 가가 더욱 더 중요하다. 즉, 콘텐츠의 다운로드 및 업로드 속도를 결정하기 때문이다.

클라우드 스토리지 서비스는 기본적으로 글로벌 서비스로서, 글로벌 네트워크 망을 기초로 사용자에게 인터넷 기반으로 서비스를 제공하게 된다. 이러한 경우, 해외 지역별로 서비스 거점 센터 구축[29]이 필요하게 된다. 이는 글로벌 전세계를 대상으로 하나의 센터에서 중앙집중식으로는 대용량의 콘텐츠와 네트워크 대역폭을 요구하는 것에 대하여 처리하기 어렵기 때문이다. 국내 사업자의 경우, 데이터센터와 네트워크 부문의 글로벌 인프라를 갖춘 해외 사업자와(예: Amazon Web Service, Verizon, IBM 등)의 경쟁이 쉽지 않

---

27 일반적인 스토리지 서비스는 분산 기술을 많이 적용하면서 원본 스토리지 영역 외에 복사 스토리지 영역을 1~2개 추가하고 이를 지역적으로 분산 저장하여 관리하고 있다. 이는 스토리지 및 센터의 장애에 대비하여 데이터의 손실을 최소화하기 위한 방안으로 시행된다. 보통은 원본 포함하여 3벌의 중복을 시도하지만, 일부 원가 절감을 위하여 2벌로 중복 관리하는 서비스 제공자도 있다. 또한 스토리지는 내부 분산에 대한 관리를 위하여 오버헤드로 일부 스토리지 영역을 할당 받아 사용하고 있으며, 전체 물리 스토리지 볼륨의 0.5~1배까지 사용하고 있다.
28 AWS, Google 등이 제공하는 클라우드 스토리지 서비스 가격은 매년 수차례에 걸쳐서 서비스 단가(원/GB)을 인하하고 있다.
29 일반적인 해외 거점으로 미주 동부, 미주 서부, 유럽, 동남아(싱가포르), 중국/일본, 남미 지역에 거점을 두고 있다.

다[30]. 무엇보다도 글로벌 시장에서의 서비스 경쟁을 위해서는 사업자의 역량에 맞게 어떠한 서비스 역량을 추가적으로 확보하고 무엇을 글로벌 제휴하고 어떠한 서비스에 집중할 것인지에 대하여 심도 있게 고민해야 한다.

### 3.2 서버 클라우드 서비스의 가격체계

서버 클라우드는 서비스 이용자가 요청한 Windows, Linux, Unix 서버를 상품 사양에 맞게 물리 자원을 가상화하여 제공하게 된다. 하나의 물리 서버가 8 코어(core)의 서버라면 가상화율에 따라서는 사용자에게 16 가상 코어 또는 32 가상 코어를 제공할 수 있다. 이렇게 가상화율에 따라 사용자에게 제공되는 가상 코어의 용량이 결정되고, 1 가상 코어당 서비스 단가가 결정된다. 이 경우 고려해야 할 요소는 물리 서버의 1 코어당 실제 성능 수치다. 즉 물리 서버의 기본 1 코어의 성능 수치가 높으면 높을수록, 주어진 가상화율에 대하여 가상 서버의 성능 수치는 높게 된다. PassMark Software사[31]는 35만 개 이상의 CPU에 대한 벤치마크 테스트를 수행하였으며, 그 결과에 기초하여 해당 물리 서버의 CPU 성능을 측정하고 1 코어당 성능 가격을 산출하고 이를 기초로 원가 및 가격을 산정할 수 있다.

●● **표 3.1** PassMark 벤치마크 테스트 결과 및 성능 가격의 예

| 구분 | x86 서버 | | | | | |
| --- | --- | --- | --- | --- | --- | --- |
| | 클럭 및 개수 | 코드명 | 총 코어 | Avg. CPU Mark Score | CPUs 가격 | 코어당 가격 |
| A | 2 x Xeon X5550 2.66GHz | Nehalem(4core) | 8 | 10,633 | 4,000 | 500 |
| B | 2 x Xeon X5650 2.66GHz | Westmere(6core) | 12 | 14,877 | 4,066 | 339 |

---

**30** 클라우드 서비스 시장에서는 AWS, Google, IBM, Microsoft 등의 거대 솔루션 / 서비스 사업자 간의 땅따먹기 수준으로 규모의 경제 논리 기반하에 가격 인하 경쟁이 치열하게 전개되고 있다. 이러한 시장 상황에서 국내 서비스 사업자가 데이터센터 인프라를 자체적으로 확보하면서 글로벌 서비스 시장을 공략하기는 쉽지 않은 상황이다. 범위의 경제 논리하에서 차별화된 솔루션과 서비스를 제공하는 활동이 병행되어야 한다.

**31** www.passmark.com

일반적으로 서비스 제공자는 가상화율을 명시화 하지 않으며 다만 제공되는 가상 서버가 기초하는 물리 서버의 CPU 성능에 대해서는 개괄적으로 언급하고 있다. AWS에서는 1ECU[32](Elastic Compute Unit) 단위를 서비스 성능 제공의 표준단위로 표기하고 있다.

실제 사용자의 경우 1 ECU의 성능이 어떠한 수준의 성능인지 인지하기 어려우며, 서버 상품의 성능이 ECU 단위로 표기되어 있어도 실제 사용시 업무 성능에 부합하는지 알기 어렵기 때문이다[33]. 일부 서비스 사업자의 경우, 업무 성능 단위로 많이 사용하고 있는 tpmC[34] 단위와 ECU 단위와 상호 변환 공식을 설정하고 이를 기반으로 서버 상품의 성능을 파악할 수 있다.

일반적으로 서비스 제공자들은 서버 클라우드를 위하여 필요한 물리 서버를 저렴한 범용(commodity) 서버를 많이 채택하여 도입하고 있으며 일부는 블랙 마켓에서의 중고 서버를 사용하기도 한다. 이러한 상황은 성능 대 가격 비를 최대한 낮출 수 있는 서버 모델[35]을 선정하고, 이를 서비스 이용자에게 가상 서버로 제공하는 것이다.

## 3.3 클라우드 서비스 가격 비교[36]

클라우드 서비스 가격은 사업 모델 및 서비스 모델에서 정의된 바와 같이, 사용한 만큼 비용을 지불하는 매우 단순한 이론적인 방식에 기반한다. 현실적으로는 클라우드 서비스 사업자들이 제공하는 클라우드 서비스 상품 및 오퍼링상에서의 가격과 견적은 매우 복잡하여 그 비용의 크고 작음과 타 서비스 사업자와의 비교도 쉽지 않다.

클라우드 서비스 소비자(/사용자) 관점에서는 요구사항 대비 합리적인 비용이 소요되는 클라우드 서비스 상품을 선택하고 구매하는 데 있어서의 기준과 가이드를 제공받지 못

---

32 EC2 Compute Unit (ECU) – One EC2 Compute Unit (ECU) provides the equivalent CPU capacity of a 1.0-1.2 GHz 2007 Opteron or 2007 Xeon processor.
33 PassMark 벤치마크 테스트 결과를 바탕으로 역으로 1ECU의 성능은 400 스코어 내외로 추정된다.
34 tpmC : TPC(Transaction Processing Performance Council)에서의 성능 측정 기준으로 서버의 성능 평가 및 용량 산정의 기준으로 많이 사용되어 왔다
35 이는 가전 제품의 판매 / 구매 형태와 유사하다. 최신 기종보다는 바로 이전 HW 장비 모델을 성능대비 싼 가격으로 구매하는 것으로 판단된다.
36 http://www.itworld.co.kr/news/85157

하고 있으며, 이로 인하여 클라우드 서비스 사업자의 신뢰 확보와 시장 활성화가 더딘 것이 현실이다. 기업 고객이 제3자 공용 클라우드 서비스를 도입 사용하고자 하는 경우 해당 서비스 사업자로부터 기술 검증 또는 파일럿 개념으로 시범 사용하고, 내부적으로 기술 및 기능 검증과 운영 품질을 확인하고 나서, 클라우드 서비스를 장기 계약하는 경우가 대부분이다. 이러한 경우의 서비스 가격 모델은 기존 호스팅 및 종량제 서비스와 같이 제공되는 IT 인프라 볼륨에 대하여 장기계약 할인을 받는 형식이다. AWS와 같이 단기 사용의 경우는 장기 사용에 따른 가격 대비 다소 비싸게 책정된다.

클라우드 서비스 상품에 따라서는 더 세분화된 요금제도 있다. 가상 머신이 상주하는 환경이 다중 임대 환경인지, 전용 환경인지에 따라 가격이 달라지는 모델이다. 현물시장 가격 책정 방법을 활용하는 클라우드 서비스 업체도 있다. 사용자가 공급업체의 과잉 자원에 입찰을 하는 방법이다. 클라우드 서비스 가격은 서버, 스토리지, 네트워크 사용 정도에 따라 세분화된다. 또한 보안을 위한 방화벽이나 로드밸런스, 네트워크 비용, 백업 및 복원을 위한 스냅샷, 서버의 설정 및 데이터를 보관할 수 있는 이미지 제공 여부, 서버 부하가 높아지면 자동으로 노드를 늘릴 수 있는 오토-스케일링 기능 등 기본적으로 제공되는 기능과 다양한 부가사양을 확인해야 하기 때문이다. 특히, 네트워크 트래픽에 따른 네트워크 및 스토리지 서비스 비용은 매우 예측하기 어렵기 때문에 한정된 서비스 예산 범위 안에서 서비스 상품 내역과 가격만을 보고 최적의 클라우드 서비스를 선택하기는 쉽지 않다.

많은 기업들은 클라우드 서비스를 사용하는데 있어 장애 발생 상황을 가장 우려하고 있다. 즉, 장애가 발생하게 되면 기업 내부에서 관리하는 데이터센터와는 다르게 클라우드 서비스 업체가 직접 나서서 해결하기 전까지는 기업 고객 스스로가 아무런 대책도 쓸 수 없다는 것이다. 클라우드 서비스의 도입 및 전환시의 운영 서비스 수준 합의 과정에서 가용성 지표와 장애 예방 및 대응 지표는 매우 중요하다. 즉 예상하지 못한 장애로 고객 업무에 중대한 손실이 발생하는 경우, 클라우드 서비스 제공자는 계약시 합의된 내용을 토대로 해당 고객에게 보상해야 한다. 문제는 많은 클라우드 서비스 사업자들의 SLA(Service Level Agreement)는 기업 업무시스템의 IT 아웃소싱 서비스 수준보다 낮은 수준의 SLA를 제시하고 있거나, 다소 애매모호한 규정을 제시하고 있다는 것이다.

클라우드 서비스 제공업체의 서비스 가용성 수준은 99.50%~99.95% 수준이다. 즉 월 가동 시간을 최대 99.50%에서 99.95%까지 보장해 주는 것인데 99.50%면 장애 시간이 1년에 약 44시간, 99.95%의 경우 4.4시간을 넘지 않아야 한다. 업체들은 SLA 보장 수준에 따라 특정 기간(예: 3개월) 평균 사용 금액의 10%~50%의 요금을 보상하고 있으며, 통상적으로 해당 금액에 해당하는 무료 서비스를 제공하는 방식으로 대체한다. 물론 이러한 손해 배상은 천재지변이나 정기점검 등 불가피한 사유가 있는 경우는 제외된다.

AWS EC2의 경우, 현재 단일지역 기준 99.95%의 SLA를 보장하고 있다. 즉, 장애 허용 시간을 1개월에 22분으로 설정한다는 것이다. AWS는 월 가용성 99.95%를 만족하지 못하는 시점부터 99%까지는 요금의 10%를 보상하고 있으며, 99% 이하일 경우에는 30%를 보상한다. KT ucloud와 Hostway사의 서비스의 경우 99.5%의 SLA를 보장하고 있다. KT ucloud 비즈니스 서비스는 월 가용성 99.50%를 만족하지 못하는 시점부터 99%까지 월 사용 금액의 10%, 95%~99%까지는 25%, 95% 미만은 50%를 보상한다.

Microsoft사의 공용 클라우드 서비스인 'Windows Azure'는 AWS와 서비스 가격 경쟁을 벌이고 있는 상황이다. 이는 클라우드 서비스의 재료에 해당하는 물리적인 하드웨어 자원의 성능 대비 원가가 지속적인 기술 혁신과 운영 혁신으로 지속적으로 낮아지기 때문이다. 공용 클라우드 서비스 시장은 서비스 자원 볼륨과 사용자 이용 볼륨에 대한 네트워크 효과(network effect)가 매우 중요하기 때문에 서비스 사업자는 일차적인 가입자/이용자 확보를 위하여 가격 인하 경쟁을 벌이고 있다.

최근 Amazon AWS와 Google사의 스토리지 서비스 경쟁에 따른 서비스 가격 인하가 빠르게 진행되고 있는 상황이며, 매우 저렴한 가격에 클라우드 스토리지를 제공하고 있다[37]. 많은 클라우드 스토리지 사업자는 클라우드 스토리지와의 GET 및 PUT 연산(download 및 upload)에 대한 비용 가격은 별도로 책정하여 과금하고 있다. 클라우드 스토리지 서비스 사업자의 수익모델은 스토리지 볼륨 제공보다는 스토리지와의 I/O 연산에서 오는 트래픽 볼륨에 대한 서비스 비용에 있다.

---

[37] 출처 : www.twinstrata.com/cloud-storage-princing

Cloudorado 사이트[38]에서는 주요 클라우드 서비스 제공자에 대하여 클라우드 서버 자원의 가격을 비교하고 그 결과를 실시간 제공하고 있다. 예로, 『Xeon E5520 프로세서 성능 수준의 CPU, 서버 메모리 4G, 디스크 50G의 서버 구성과 10GB 아웃바운드 1GB 인바운드 I/O 트랙픽』을 기준으로 서비스 가격 비교할 때 선도 사업자인 Amazon AWS의 서버 가격이 비교 자료상으로는 가장 저렴하였다.

### 3.4 서비스 상품 전략

클라우드 서비스는 구름 속의 서비스로서 서비스 제공자의 관점에서는 서비스 자원의 활용을 극대화하여 서비스 이용자에게 저렴하게 즉시 제공하게 된다. 이 과정에서 서비스 이용자는 서비스 가격에 맞게 서비스를 제공받게 되지만, 일부 SLA 관점에서는 불투명한 요소도 있다. 이러한 불투명 요소의 원인은 서비스 요구사항, 서비스 가격, 서비스 수준의 연계 관점에서 검토될 수 있다. 즉 요구사항 수준이 높으면 서비스 가격은 올라가고, 서비스 수준도 높아진다는 것이다.

클라우드 서비스는 국내외 사업자 간 시장 경계가 없는 특징이 있다. 즉, 네트워크 망과 대규모 자원 풀을 확보한 사업자의 경우, 글로벌 시장에서 클라우드 서비스 비즈니스를 쉽게 전개할 수 있다. 이러한 사업자와의 공정한 경쟁을 위해서는 서비스 이용자에게 제공되는 스토리지 볼륨, 네트워크 대역폭 그리고 장애 관리 등의 관리 서비스 수준을 객관적으로 기술하고 제공해야 한다. 서버 클라우드의 경우에도, 실질적으로 제공되는 서버의 성능과 장애 관리 등의 SLA 관리 수준에 대해서도 명확하게 제공하고 상시적으로 모니터링 할 수 있도록 해야 한다.

클라우드 컴퓨팅은 기술적 관점보다는 IT 서비스 모델 특히 공급 모델(delivery model)의 혁신을 통하여 비즈니스 혁신을 가속화하고, 효율적인 가격체계 적용을 비용 최적화 관점에서 조망되어야 한다. 클라우드 서비스의 효과로서 많이 언급되는 비용 절감의 효과는 초기 레거시(legacy) 자원에 대한 투자 및 서비스 수준을 고려할 때 단기적으로는 크

---

38 출처 : www.cloudorado.com

지 않다. 클라우드 서비스는 사용하지 않는 유휴 자원 등의 사용을 통해서 전체 자원 이용률을 높이는 최적화 개념으로 접근해야 한다. 클라우드 서비스는 비용 최적화를 이루면서 시장의 변화에 빠르게 대응할 수 있는 비즈니스 민첩성(business agility)을 실현할 수 있다.

모든 ICT 서비스를 클라우드로 포용하는 것은 많은 시간이 필요로 하며, 시장과 고객의 수요와 요구사항에 맞춤형으로 제공하면서 비용과 혁신을 유도하는 선략이 필요하다. 즉, 상품 이원화/다각화 전략하에서 표준화와 상품 맞춤화 전략을 병행 구사한다.

클라우드 서비스 상품의 표준화 전략은 기존 상품 전략으로서 많은 고객들이 표준적으로 사용하는 IT 자원을 표준화하고 이를 클라우드 서비스 상품으로 개발하여 시장 가격 또는 그 이하의 가격으로 대량 판매하여 수익을 올리는 전략으로서 비용 리더십이 매우 중요하다. 현재 아마존 AWS사의 경우 초기 선도 기업으로서 대규모 사업 규모(예: 글로벌 데이터센터)을 기반으로 산업계 표준 상품 제공자 역할을 수행하고 있다. 클라우드 서비스 상품의 표준화는 선도 기업의 산업계 표준화 리더십을 바탕으로 기업 업무시스템의 표준화를 유도해야 한다. 문제는 클라우드 서비스 수요대비 공급시장의 포화로 저가 경쟁에 따른 서비스 품질 저하와 이로 인한 클라우드 산업 활성화가 저해되고 있다는 것이다.

클라우드 서비스의 커스터마이제이션 전략은 기존 ICT 체계를 모두 클라우드로 적용하지 못하는 상황에서 특히 핵심 중요 업무시스템의 경우 기존 물리/가상 인프라 공급 및 서비스 체계를 따라야 하는 경우가 많다. 또한 하나의 업무시스템은 여러 서비스 상품이 복합적으로 적용되어야 하는 경우도 있다. 즉, Web-WAS는 범용 x86 서버 기반의 클라우드 서비스 체계를 적용하고, DBMS는 Unix 통합 서버 기반의 기존 체계를 적용해야 하는 경우가 많다. 클라우드 서비스 사업자의 상품에 내재화된 IT 자원의 표준은 서비스를 이용하는 기업의 ICT 표준이 아닐 수 있다는 점에서 서비스 이용 고객의 개별 니즈와 요구사항에 맞춘 클라우드 서비스 오퍼링을 제공하는 커스터마이제이션 (또는 고객 특화) 전략도 구사한다.

클라우드 오퍼링 상품에 대한 가격도 기존 획일화된 가격결정 방식에서 서비스 시장의 특성을 반영하고 차별화된 상품 가치를 제시하는 전략적 가격 전략이 필요하다. 특히 클라우드에 대한 수요 변동폭이 매우 크고, 사용자 요구사항이 다양화되는 시장 특성을 반영해야 한다. 이를 위해서는 표준화 기반의 상품 전략인 규모의 경제 기반의 저가 정책과 함께 다양성을 지원하기 위한 범위 경제 기반의 고가 정책도 병행되어야 한다. 첫째, 가격 차별화 전략이다. 클라우드 서비스 시장에서의 목표 고객 집단을 서비스 운영 품질, 가격 민감도, 그리고 서비스 사용 기간(/패턴)에 따라 구분하고, 각 고객 세그먼트별로 상품 가격을 차별화하는 것이다. 둘째, 동적인 가격 변동 전략이다. 클라우드 서비스 상품을 서비스 이용 시기, 이용 기간, 계약 기간에 따라 동적으로 가격을 다르게 책정하는 것이다. 셋째, 서비스 결합 전략이다. 클라우드 서비스의 기본 상품은 저가 정책으로 기본 제공하면서 개별 고객 또는 고객 집단의 특정 요구사항에 대한 맞춤형 솔루션 및 서비스 제공을 하는 부가 상품을 고가로 결합 제공하는 것이다. 마지막으로, 고객의 주어진 예산에 맞추어 제공 가능한 서비스 상품과 볼륨을 제시하는 것이다.

### 3.5 서비스 상품 포트폴리오

기업의 클라우드 도입 및 전환과 관련하여 서비스 제공자 관점에서 제대로 해결하지 못하는 주요 사안 중의 하나가 기존 인프라 및 플랫폼 서비스 상품과 클라우드 서비스 상품과의 포트폴리오 전략이다. 즉 아마존 AWS사와 같이 클라우드 서비스 전문기업으로 출발한 것이 아니라 기존 종량제, IDC, 호스팅 서비스를 주 사업으로 진행한 기존 사업자의 경우에 클라우드 서비스를 어떻게 포지셔닝하여 비즈니스를 전개할 것인가에 고심하게 된다.

기존 종량제와 호스팅 사업자의 경우, 기존 고객에게 제공하던 서비스를 모두 클라우드 서비스로 제공하여 클라우드 전환시, 해당 서비스 비용과 이에 따른 매출이 감소하게 된다. 모든 것을 단기적으로 클라우드 전환하려는 시도는 제공자와 사용자 모두에게 큰 실패의 교훈을 가져다 준다. 제공자의 관점에서는 고객의 비즈니스 요구와 니즈에 맞는 인프라 및 플랫폼 서비스를 제공하는 것이 가장 중요한 상황에서 클라우드 서비스에 맞지 않는 아키텍처까지 클라우드로 도입 전환을 권고하는 오류를 발생할 수 있고, 더욱이 클라우드 서비스의 운영 품질이 기존 종량제 및 호스팅 수준으로 제공하지 못하는 경우에는 더욱 더 그러하다.

클라우드 서비스 사용자의 관점에서도 기존 서비스를 받고 있는 상황에서 해당 기업의 투자하여 확보한 IT 자원의 잔존 처리나 기존 서비스 계약의 해지를 감안할 때 단순하게 클라우드로 전환할 수 없다. 이러한 경우, 클라우드 서비스 사업자는 기존 종량제와 호스팅을 클라우드화 하여 큰 범주의 클라우드에서 종량제, 호스팅, 가상화 기반 클라우드를 적절하게 혼용하여 서비스 사용자의 요구사항에 부합하는 솔루션과 서비스로 제공되이야 한다. 왜냐하면, 서비스 사용자가 요구하는 아키텍처 구조에 기존 종량제와 호스팅 솔루션과 서비스가 최적의 안이 될 수도 있기 때문이다.

클라우드 서비스를 하나의 IT 서비스 제공 혁신으로서, 서비스 제공자의 입장에서는 같은 품질의 서비스를 제공하더라고 내부 원가 절감을 통한 서비스 운영의 효율성을 추구하고, 서비스 사용자의 입장에서는 서비스 비용 절감을 추구해서 상호 윈-윈의 효과를 얻어야 한다. 그러나 서비스 제공자는 규모의 경제를 이루지 못하면서 기존 대비 서비스 운영 품질도 제공하지 못하고 있는 것이 현실이다. 가격과 품질상의 최적 솔루션과 서비스를 제공하는 방식으로서 클라우드를 채용하는 전략이 필요하고, 고객의 요구사항에 맞는 적절한 서비스 방식을 혼용하는 포트폴리오 관리 전략이 필요하다.

클라우드를 통하여 기존 종량제 및 호스팅을 대체하는 개념보다는 클라우드에 내재된 근본 특성을 잘 활용한 부가 서비스를 발굴하여 서비스 사용자에게 가치 제안하는 사업 방식이 추구되어야 한다. 인프라 중심에서 인프라에 고객의 요구사항과 니즈를 반영한 서비스 플랫폼을 얹어서 제공하여 잠재된 가치를 발굴하여 정보화에 활용하는 것이 서비스 제공자와 사용자 모두에게 윈-윈이 될 수 있고 클라우드 생태계 구축과 산업 발전에 큰 도움이 될 것이다.

클라우드가 IT 융합, SW 융합의 축으로서 제대로 작동하기 위해서는 반드시 업종에서의 클라우드 서비스 상품(특히 원가 및 판가) 체계가 제대로 정착되어야 도입과 적용이 활성화되고 촉진될 것이다. 클라우드 서비스 제공자는 해당 클라우드 서비스를 어떤 고객에게 어떻게 판매하고 어떻게 경쟁사와 지속적으로 차별화를 이루어내어 궁극적으로 어떻게 이익을 올릴 것인가에 관한 것에 대하여 대세적인 기술 트렌드 따라잡기가 아닌 기존 시장과 사업 구조에 대한 혁신의 관점에서 지속적인 개선 노력을 기울어야 한다.

# 04

# 클라우드 서비스 기술

# 1. 클라우드 서비스 오퍼링 및 아키텍처

## 1.1 클라우드 서비스 오퍼링

클라우드 서비스는 클라우드 컴퓨팅 기술을 응용하여 IT 인프라, 플랫폼, 응용 어플리케이션 그리고 데이터센터를 서비스 오퍼링(service offering)으로 제공하는 것이다. 아래 그림은 대표적인 클라우드 서비스 오퍼링들을 도식화한 것이다. 클라우드 서비스 오퍼링은 서비스 모델 분류 관점에서 IaaS, PaaS, SaaS로 구분하여 제공될 수 있으며 다양한 서비스 모델과 사양들이 혼재된 복합 오퍼링으로도 제공될 수 있다. 예로, IaaS 서비스에 웹서버, DBMS 등의 미들웨어를 서비스 오퍼링으로 함께 제공되는 경우가 서비스 사용자에게 더욱 더 현실적이다.

●● 그림 4.1 클라우드 서비스 오퍼링 참조 모델

| 어플리케이션<br>서비스<br>(SaaS) | 기업 솔루션<br>ERP, CRM, SCM<br>BI/DW, MDM, EP | | 업종 어플리케이션<br>High-Tech, Manufacturing<br>Finance, Government | | 모바일 서비스<br>Contents, Storage, SNS |
|---|---|---|---|---|---|
| 플랫폼 서비스<br>(PaaS) | 어플리케이션 플랫폼<br>Dev, Ops | 통합<br>A2Ai, B2Bi<br>Data Integration | 분석<br>Map-Reduce<br>Big Data Analytics | 콘텐츠<br>Sharing, Sync,<br>Streaming |
| | 보안<br>IAM<br>Identity Federation | 모니터링<br>User, Admin,<br>Operation | 리포팅<br>Usage, Account | 관리서비스<br>Support, Backup<br>Maintenance |
| | 미들웨어<br>Web, WAS, Cache | 데이터베이스<br>RDB, NoSQL<br>Messaging | 분산<br>Hadoop, Clustering | 배치<br>Auto-configuration<br>Workload mgmt. |
| 인프라 서비스<br>(IaaS) | 서버<br>Windows, Linux,<br>UNIX | 스토리지<br>Block, Object,<br>Backup | 네트워크<br>VLAN, VPN<br>Load-Balancing | 데스크톱<br>Virtual Desktop<br>Application<br>Virtualization |
| 클라우드<br>데이터센터 | 전용<br>클라우드 센터 | 공용<br>클라우드 센터 | 글로벌<br>거점 지역 | 제3자 클라우드<br>운영 | 하이브리드<br>오퍼링 |

데이터센터 서비스는 자체 구축 및 운영을 위한 전용 클라우드 데이터센터, 서비스 방식으로 임대하는 공용 클라우드 데이터센터, 해외 서비스를 위한 글로벌 서비스, 제3자 클라우드 서비스와의 연동, 통합, 중개를 위한 서비스 등이 있다. 이러한 서비스는 데이터센터의 상면서비스(colocation)를 보다 고도화한 오퍼링으로 볼 수 있다. 인프라 서비스는 서버 사이드의 인프라 자원인 서버, 스토리지, 네트워크와 함께 클라이언트 사이드의 데스크톱을 물리 또는 가상 형태로 제공하는 IaaS 서비스 오퍼링이다. 이러한 인프라 서비스는 실현하고자 하는 정보시스템의 구조에 따라 다양한 형태의 오퍼링이 존재할 수 있다. 예로, 기존 IT 시스템에 대한 백업 인프라도 백업 및 복구 서비스 오퍼링으로 제공된다.

플랫폼 서비스는 클라우드 데이터센터 및 인프라 위에 탑재되는 HW 또는 SW 미들웨어와 상위 어플리케이션의 개발, 테스트, 운영을 위한 플랫폼을 제공하는 오퍼링이다. 전통적인 3단 구조상의 Web Server, WAS, DBMS 미들웨어 그리고 NoSQL, Hadoop과 같은 분산 데이터베이스 등을 제공하는 오퍼링, 보안, 모니터링, 리포팅과 같은 운영 관리 오퍼링 그리고 어플리케이션의 개발 및 운영 플랫폼, 빅데이터 처리를 위한 데이터 분석 플랫폼을 제공하는 오퍼링들이 함께 제공될 수 있다. 이러한 플랫폼 서비스는 구현하고자 하는 서비스 영역에 대한 아키텍처와 개발 운영을 지원하는 것으로 클라우드 서비스의 핵심 오퍼링이라 할 수 있다. 다만, 플랫폼 서비스 단독으로 오퍼링 되기 보다는 인프라와 플랫폼, 또는 플랫폼과 어플리케이션이 묶여서 오퍼링 되는 것이 더 의미 있고 서비스로서 쉽게 활용될 수 있다. 어플리케이션 서비스는 기업고객의 경우 내부 업무 어플리케이션을, 개인고객의 경우 모바일, 소셜, 사물인터넷 등의 어플리케이션/콘텐츠를 SaaS 서비스 오퍼링으로 제공하는 것이다.

## 1.2 클라우드 컴퓨팅 참조 모델

클라우드 컴퓨팅을 위한 참조 모델로는 역할 기반으로 클라우드 제공자와 소비자 역할에 대한 활동 및 역량을 기술하고 있는 미국국립표준연구소 NIST의 Cloud Computing Reference Architecture과 IBM사 CCRA(Cloud Computing Reference Architecture

V2.0)[1] 그리고 DMTF(Distributed Management Task Force)의 Cloud Service Reference Architecture 등이 있다[A42][B16]. 또한 아키텍처상의 어플리케이션 및 리소스 레이어 기반의 활동과 역량을 기술하는 레이어 기반 참조 모델로 CSA(Cloud Security Alliance) Reference Model, IETF(Internet Engineering Task Force) Cloud Reference Framework이 있다. 클라우드 서비스 모델별로 기술적인 참조 아키텍처를 가질 수 있으나, 기본적인 서비스 오퍼링의 관리 관점에서 필수적인 서비스 운영 관리 플랫폼은 동일한 개념 구조를 가진다.

미국국립표준연구소 NIST의 개념 참조 모델은 클라우드 서비스상의 액터(actor)를 크게 Provider, Broker, Consumer, Auditor, Carrier 구분하여 설명하고 있다.

•• **그림 4.2** NIST의 클라우드 컴퓨팅 참조 모델

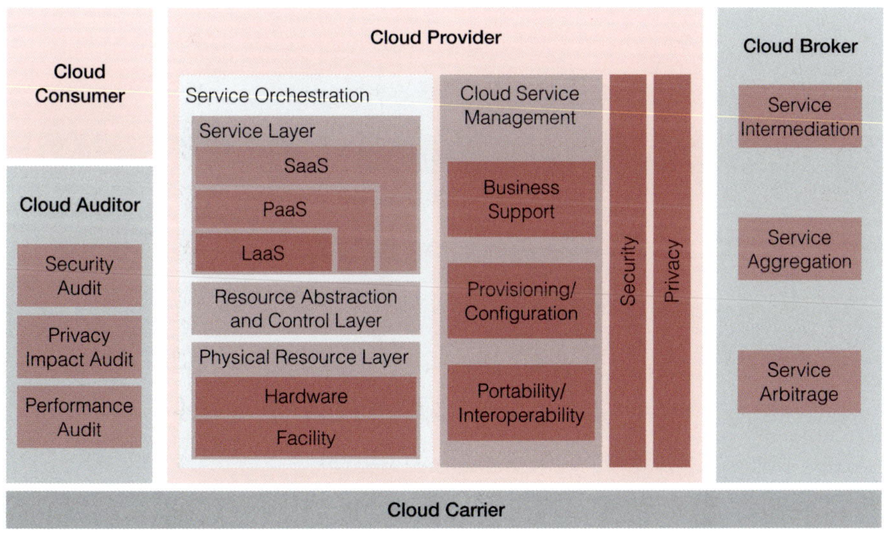


1 IBM사의 CCRA V2.0은 클라우드 서비스 제공 플랫폼을 위한 참조 아키텍처로서 클라우드의 범위, 요건, 아키텍처에 관한 블루프린트(blueprint)를 제공한다.

IBM사의 CCRA(Cloud Computing Reference Architecture)는 클라우드 서비스 제공 플랫폼을 위한 참조 아키텍처로서 클라우드의 범위, 요건, 아키텍처 결정 등에 대한 청사진을 제공하고 있으며 클라우드 구축과 서비스 제공에 필요한 기술 구조와 운영 품질에 대한 아키텍처 의사결정을 지원한다.



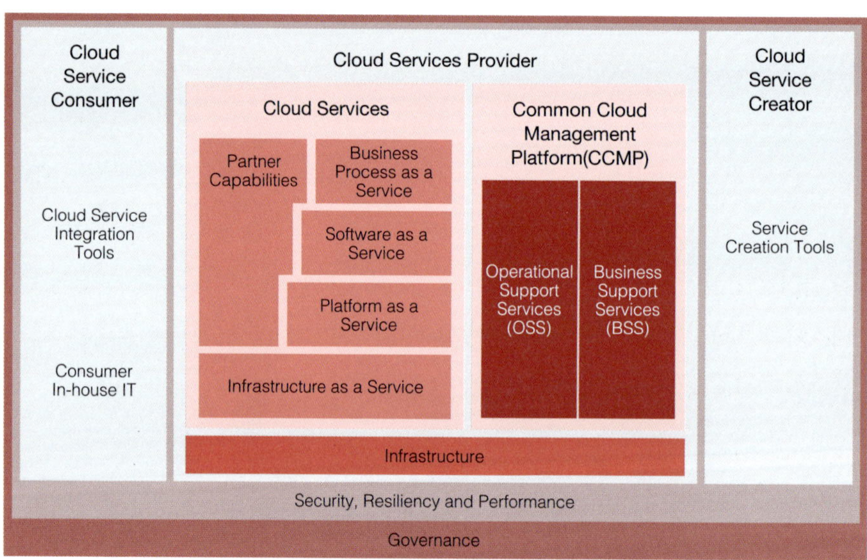


CCRA상의 주요 역할자는 그림에서와 같이 크게 클라우드 서비스 소비자(Cloud Service Consumer), 클라우드 서비스 제공자(Cloud Service Provider) 그리고 클라우드 서비스 생성자(Cloud Service Creator)로 구분하고 있으며 각 역할자는 관련한 1명의 인력 또는 여러 조직/기업이 연계된 인력들의 그룹으로 매핑될 수 있다. 클라우드 서비스 생성자는 클

2 출처 : IBM, "Getting cloud computing right", IBM Thought Leadership White Paper, 2011.

라우드 서비스 소비자에게 제공되는 서비스를 생성하며, 클라우드 서비스 제공자와 생성자 역할자는 별개의 엔터티가 될 수 있다. 예를 들면, 플랫폼 서비스 사업자가 클라우드 서비스 제공자이고, 어플리케이션 서비스(업종 도메인상의 SaaS 어플리케이션) 생성자가 클라우드 서비스 생성자로서 역할을 수행하면서, 제공자는 해당 플랫폼에 생성자의 어플리케이션을 얹혀서 포괄적인 SaaS 서비스로 제공된다.

IBM사가 최근 버전업하여 발표한 CCRA 3.0[3]은 기존 공통적인 기술 참조 아키텍처 토대 위에 다양한 클라우드 서비스 모델(예: IaaS, PaaS, SaaS 등)이 어떻게 구축 제공될 수 있는 지에 대한 규범적인 가이드와 함께 클라우드 서비스 제공자(CSP)의 적용 패턴(adoption pattern)을 제시하고 있다. IBM사 CCRA에서는 클라우드 성숙도 모델에 기반하여 클라우드 기반 데이터센터를 점진적으로 구성하기 위한 전략을 제시하고 있다. 초기 단순하게 가상 머신을 제공하는 IaaS 단계(Simple IaaS)에서 서비스 수준 관리 및 용량 관리 등의 관리 기능이 추가된 클라우드 관리 단계 그리고 하이브리드 클라우드 통합 등의 다양한 클라우드 관리 기능이 접목된 고급 IaaS(Advanced IaaS) 단계를 지나 IT 운영 관리 프로세스와의 통합으로 귀결되는 ITIL 기반 IaaS(ITIL Managed IaaS)로 성숙되는 단계로 구성된다는 것이다[A22].

## 1.3 플랫폼 기반 서비스 구조

클라우드 서비스 아키텍처 관점에서 SaaS와 IaaS 서비스의 중추 역할을 수행하는 플랫폼 서비스에 대한 그 중요성이 커지고 있다. 그림 4-4와 같이 PaaS 플랫폼 서비스는 기존 IaaS 인프라 서비스와 맞물려 서비스 아키텍처와 워크로드 패턴에 대한 최적화 서비스를 제공하는 공통 어플리케이션 플랫폼으로 진화하고, 또한 SaaS 어플리케이션 서비스와 맞물려 공통 비즈니스 컴포넌트 서비스를 제공하는 비즈니스 플랫폼으로 발전되고 있다.

---

3 IBM은 '09년 CCMP 중심의 참조 아키텍처를 발표하였고, 2010년에 CCRA V1.0, 2011년에 CCRA 2.0을 발표하고, 2012년 말에 CCRA 3.0을 발표하였다.

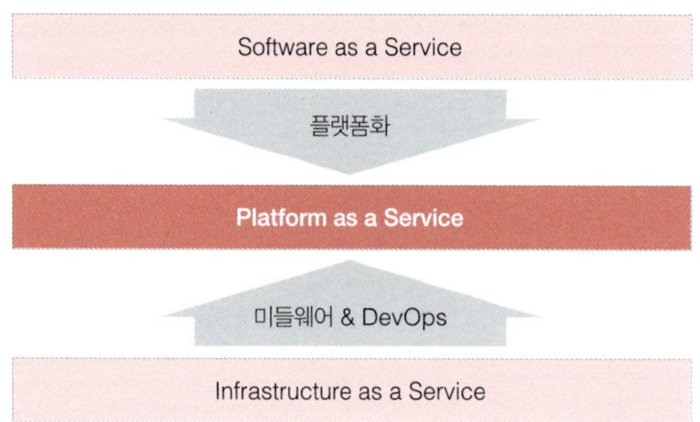


PaaS 서비스는 IaaS 사업자가 인프라와 함께 미들웨어 플랫폼[4]을 얹어서 제공하거나 다양한 SaaS 서비스 제공을 위하여 필요한 어플리케이션 개발 및 운영 플랫폼을 구현하고, 이를 API 형태로 개방하면서 서비스로 제공하는 형태를 보이고 있다[5]. 많은 어플리케이션들이 서비스 사용자에 의하여 커스터마이징과 확장됨에 따라, SaaS 오퍼링도 어플리케이션 개발 역량을 포함하고, 더 나아가 어플리케이션 통합 기능 및 BPM(Business Process Management) 기능을 포함하고 있다. 아키텍처 측면에서 SaaS 플랫폼은 어플리케이션 개선 확장을 위한 어플리케이션 개발 및 실행 환경을 제공하면서 동시에 어플리케이션 서비스 오퍼링을 위한 미들웨어 환경을 제공하기도 한다. 많은 PaaS 솔루션 및 서비스들은 SaaS 솔루션 및 서비스에서 도출되고 개선 확장되어 ISV(Independent SW Vendor) 생태계를 위한 독립적인 서비스 형태로 발전되고, API 제공을 통하여 클라우드 플랫폼 서비스로 진화되고 있다.

---

4 Web Server, WAS, DBMS, Messaging, NoSQL등의 미들웨어 SW 플랫폼을 지칭한다.
5 Gartner Research사는 PaaS 소프트웨어가 인프라와 어플리케이션 사이에서 서비스 아키텍처의 중간/중앙에 위치하고 있고 어플리케이션에 대한 인프라 역할을 수행한다는 의미에서 Application Infrastructure로 그 역할을 명칭하고 있다.

PaaS는 어플리케이션 개발자들이 별도의 플랫폼 구축 없이 웹에서 쉽게 어플리케이션 개발-테스트-운영할 수 있도록 지원한다. 특히 어플리케이션 개발자들은 어플리케이션 구축 시, 자체 개발테스트 환경에서 작업하고 이를 운영 환경으로 옮기는 과정을 거치는데, 이 과정에서 서버 및 어플리케이션의 오류가 많이 발생하였다. 그러나 PaaS를 이용하면 개발-테스트-운영 환경을 가급적 일치시킨 통합 환경을 사용할 수 있어 어플리케이션의 개발 적용이 매우 수월해진다. 물론 PaaS를 이용하기 위해서는 일정 수준의 프로그래밍 기술을 가지고 있어야 하나 코딩 자동화를 통하여 그 부담을 덜어주고 있어, 보다 많은 사람들이 사업 기회를 창출할 수 있는 기회를 제공받을 수 있다[6]. PaaS의 대상 어플리케이션은 기업 내 특정 조직을 위한 MIS 어플리케이션이거나, 불특정 일반 개인들을 위한 서비스 어플리케이션이다. 개인이든 기업이든 신규 사업/서비스를 시스템화하고 어플리케이션화함에 있어 PaaS를 이용하여 신속하게 실현할 수 있는 것이다. 어플리케이션 개발자의 개발 생산성과 직결되며 궁극적으로는 비즈니스 신속성과 생산성으로 이어진다.

## 2. 클라우드 서비스 기술 구조

클라우드 서비스는 클라우드 컴퓨팅 기술을 토대로 제공되는 서비스로 규정될 수 있으며, 클라우드 컴퓨팅은 주어진 IT 자원을 제공/사용함에 있어 시간과 공간에 대하여 가상화 및 분산 기술을 적용하여 객체지향적으로 캡슐화하고, 자동화 기술을 활용하여 시간/공간/비용 모두를 최적화한 컴퓨팅 개념이다. 즉, 클라우드 서비스에 있어 클라우드 기술 개념의 이해는 매우 중요하고, 성공적인 클라우드 산업 활성화를 위해서는 클라우드 기술

---

6 서비스 업체들이 제공하는 PaaS 서비스는 어플리케이션 생성 시 특정 프로그래밍 언어와 제공된 도구만을 사용하도록 제한하고 있으며, PaaS 서비스 및 기술 모델의 표준화를 통하여 표준 프로그래밍 및 연동 모델을 지원할 필요가 있다. 이는 PaaS 업체가 제공하는 프로그래밍 환경과 툴에 사용자가 고착화되는 결과를 가져올 수 있어, 표준화 및 개방화를 통하여 벤더 종속성(lock-in) 이슈를 풀어야 한다.

역량 확보도 역시 중요하다. 그러나, 클라우드 서비스의 본질은 서비스 공학에 있는 만큼 서비스 오퍼링 (특히 운영) 품질에 대한 역량 확보는 필수적이다.

클라우드 컴퓨팅의 주요 기술로서 가상화, 분산 컴퓨팅 그리고 이에 대한 운영 자동화에 대하여 살펴보고, 최근 서비스 중개 사업을 위한 서비스 브로커리지 그리고 클라우드 사업의 최대 걸림돌인 보안 요소에 대하여 살펴보겠다.

## 2.1 서버 및 가상화 기술

### 서버 기술

클라우드 컴퓨팅의 대표적인 기술인 가상화는 프로세서 기술과 발전과 함께 하였다. 가상화는 IBM사의 메인 프레임 파티셔닝 기술을 x86 서버[7]에 적용하여 서버 자원을 여러 대의 가상 머신(VM)으로 할당하여 나누어 사용하여 서버 효율성을 극대화한 기술이다. 또한 멀티코어 프로세서 기술이 발전하면서, 코어별로 명령 수행이 가능하기에 더 많은 VM을 운영할 수 있게 되었다. 클라우드 확산과 맞물려, x86 서버의 시장이 크게 성장하고 있다. 전세계 서버 출하대수의 비교에서 x86 서버가 non-x86 서버 대수를 크게 앞지르고 있으며, x86서버에 탑재되는 Window와 Linux 운영체계 시장 볼륨도 크게 증가하고 있으며 기존 Unix시장 볼륨은 상대적으로 감소하고 있다[M16].

x86서버는 스토리지, 네트워크와 함께 하나의 IT 인프라 풀로 구성되면서, 하나의 IT 인프라 플랫폼 역할을 수행하고 있다. x86 기반의 VM상에서 실행되고 있는 업무들이 다른 VM으로 실시간 이동하여 실행되고, 업무 부하에 따라 실시간으로 해당 서버의 볼륨이 확장되고, 이러한 과정이 자동화 과정으로 진행되기 때문이다. 이를 위해서는 물리 서버 위에서 가동되는 VM의 낮은 성능 한계를 극복하고 다양한 스토리지와의 프로토콜(SAN, iSCSI, NAS, FCoE) 등을 지원할 수 있어야 하고, 서버 내부의 네트워크 스위치 성능도 관리되어야 한다[8]. x86 서버 기반의 통합 플랫폼으로 클라우드 인프라를 구축 운영하여,

---

**7** x86 서버는 Intel사가 개발한 마이크로프로세서 계열을 지칭하는 것으로 이들과 호환되는 프로세스들을 사용한 서버를 통칭한다.

내부 운영상의 복잡성과 인프라 요소 간의 연동성 그리고 성능 병목 제거 등의 효과를 얻을 수 있다. 서버 프로세스 및 아키텍처 기술이 좋아도, 이를 서버를 최종 사용자에게 서비스로 준비하고 제공해주는 프로비저닝 기술이 따라주어야 한다. 즉 CPU, 메모리, 하드디스크, 네트워크 카드를 구성하고 데이터센터에 배치하여 각종 케이블을 구성해 놓고 VM 설치하여 서비스 사용자에게 가상 시버도 제공함과 동시에 그 현황을 모니터링 및 관리해야 한다.

클라우드 기술 영역에서는 HW 및 SW 제품에 대한 기존 헤게모니 고수 및 쟁탈로 생태계가 느리게 형성되고 있는 것이 현실이다. 예로 대형 SW 솔루션 벤더의 경우, 자사의 하드웨어와 소프트웨어 제품을 묶어서 판매하는 서버 어플라이언스 솔루션으로 클라우드 시장에 접근하고 있지만, 타 솔루션 특히 SW 제품의 호환성 등으로 많은 수요–공급선상의 이해관계자가 참여할 수 있는 생태계 장으로 발전되지 못하고 있다[M16].

### 가상화

가상화는 물리적인 IT 자원(서버, 스토리지, 네트워크)을 가상 자원으로 추상화한 개념으로, 그림 4–5에서와 같이 물리 서버 HW위에 가상화 레이어를 두고 가상 머신을 여러 개 생성하고 OS, 미들웨어, 어플리케이션을 탑재하여 제공하는 것이다.

---

8 최근 Cisco사의 UCS 솔루션은 이러한 방향에서 통합 컴퓨팅 기술을 블레이드 서버로 접목하고 있다. HP사는 Converged Infrastructure 전략으로 클라우드 인프라 및 데이터센터의 구축 운영을 하나의 아키텍처로 지원하는 것을 제시하고 있다. Oracle사는 Engineered System 전략하에 x86 기반 통합 어플라이언스 제품을 제시하고 있다.

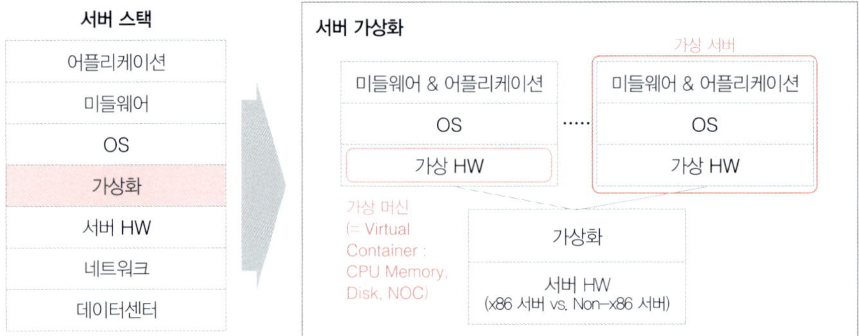


가상화 기술은 메인 프레임의 파티셔닝 기술을 시작으로 x86 서버의 CPU 사용을 최대한으로 높이기 위한 기술로서 발전되어 왔다. x86 계열의 멀티코어 CPU들은 이전의 하드웨어 가상화와 함께 순수 SW 방식으로 가상화 기능을 구현하여 사용하기 시작하였다. SW 적으로 가상화를 지원하는 것을 하이퍼바이저(Hypervisor) 또는 VMM(Virtual Machine Manager/Monitor)라고 하며 이는 물리적인 하드웨어에 추상화된 가상 서버를 생성, 삭제하고 가상 서버에서 필요로 하는 자원을 하드웨어에서 분할하여 제공하는 등의 자원 배분 역할을 수행한다.

SW 방식의 하이퍼바이저를 완전 가상화(full virtualization) 또는 소프트웨어 가상화(software virtualization)라 하고, CPU의 하드웨어 가상화 기능을 이용하여 가상화 성능을 향상시키는 하이퍼바이저를 하드웨어 지원 가상화(hardware assisted virtualization)라 하며, 그 외에 운영체계 수준에서 가상화를 원활하게 해주는 하이퍼바이저를 부분 가상화(para-virtualization)라고 한다. 완전 가상화는 가상 서버의 OS(게스트 OS)가 하이퍼바이저 안에 완전히 포함되는 형태를 취하기 때문에 게스트 OS 입장에서는 하드웨어의 OS(호스트 OS)를 일체 볼 수가 없고, 게스트 OS를 수정하지 않고 그대로 사용할 수 있는 장점이 있다. 대신 가상화에 필요한 모든 변환 또는 에뮬레이션을 SW로 처리하기 때문에 부하가 큰 환경에서는 전체 성능이 떨어지는 문제가 있다. 부분 가상화는 완전 가상화에 비해

속도가 빠른 장점이 있다. 대신 수정된 게스트 OS를 사용해야 하는 단점이 있다[K12]. 아래 그림은 VMware사 vSphere, 오픈소스 젠을 인수한 Citrix사의 Xen에 대한 가상화 도식도이다[A66].



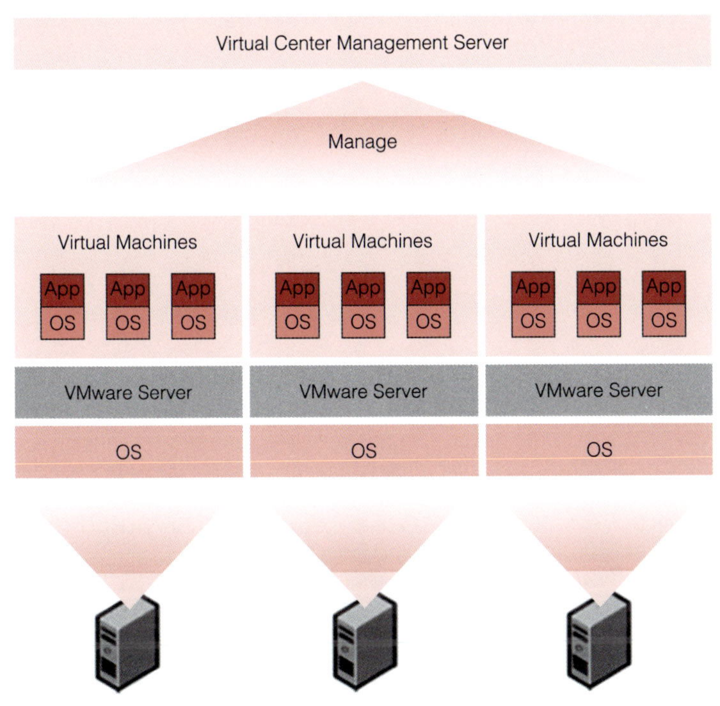


9 출처 : Amit Kumar, "Cloud Computing – Alignment to Service Management", Atos, 2013.

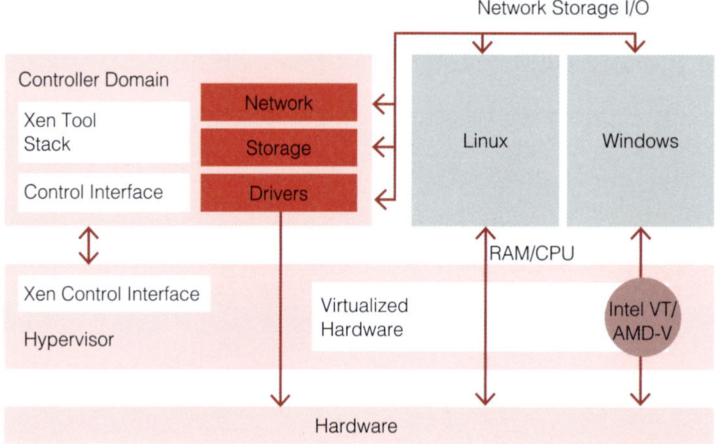


가상화는 기술 자체도 중요하지만 가상화를 통한 VM 관리 또한 매우 중요하다. 즉, 가상화 환경에서는 장애 문제 등이 늘어나기 때문에 제반 인프라 요소에 대한 모니터링, 사용량에 대한 측정 및 과금 그리고 자동 프로비저닝 및 오토스케일링 기술을 통한 운영 관리가 매우 중요하다. 즉 가상화 기반 클라우드 관리 기술 및 솔루션 영역에서 오픈소스 기술이 널리 확대 적용되고 있다. OpenStack, CloudStack, Eucalyptus, RHEV, CloudForms, XenCenter, SystemCenter, Ovirt(www.ovirt.org) 솔루션들이 상용 오픈소스 솔루션이다.

## 2.2 분산 컴퓨팅

그림 4-8에서와 같이, 데이터 처리에 대한 컴퓨팅 아키텍처는 기존 레거시 구조에서는 인프라단의 스토리지 레이어와 서비스단의 메타데이터, 어플케이션 데이터(또는 콘텐츠), 어플리케이션 서비스(또는 콘텐츠 서비스) 레이어가 네트워크를 통하여 연동되는 구조이

---

10 출처 : Amit Kumar, "Cloud Computing – Alignment to Service Management", Atos, 2013.

었다. 클라우스 패러다임과 맞물려, 분산 컴퓨팅의 구조가 인프라단의 스토리지, 메타데이터, 데이터 레이어와 서비스단의 어플리케이션 서비스로 구분되어 네트워크를 통하여 언제 어디서나 일관성 있게 데이터 서비스가 가능한 구조로 발전되고 있다. 즉, 데이터와 관련한 저장/처리/관리 구조가 인프라단으로 이동하고 있는 것이다. 이러한 구조는 글로벌 데이터(콘텐츠) 서비스가 필요한 페이스북, 트위터와 같은 사업자가 사용자에 소셜 콘텐츠를 제공하는 데 필수 기술 구조로 사용되고 있다.

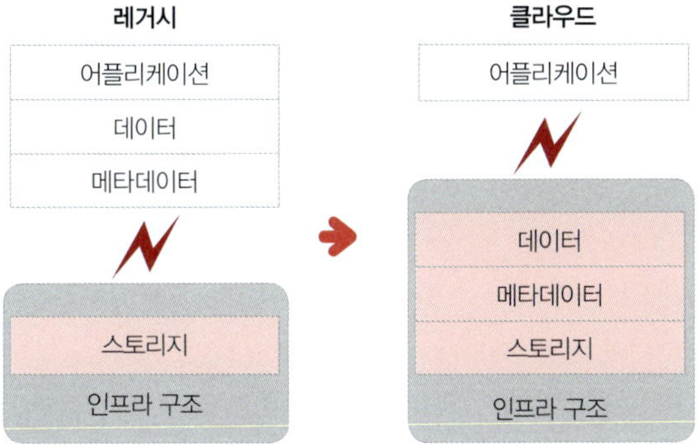

●● **그림 4.8** 클라우드 환경 : 인프라로의 데이터 서비스 이동



인프라단에서의 데이터 서비스는 기존 관계형 데이터베이스관리시스템(Relational DBMS, RDBMS)의 한계를 극복하고 글로벌 분산 환경에서 제공되어야 하는 바, NoSQL과 같은 새로운 DBMS 아키텍처가 제시되었으며 빅데이터 처리에 하둡(Hadoop) 솔루션 구조가 많이 활용되고 있다.

### NoSQL DBMS

글로벌 데이터 서비스에 있어 기존 RDBMS는 크게 확장성과 안정성에 다소 제약을 가지고 있다. 하나의 인스턴스에 수십 억 개의 레코드와 수백 GB의 데이터를 저장할 수 있지만 대용량 데이터에 대하여 클러스터 분산 저장 및 연산을 수행하기 위해서는 비싼 라이선스 비용을 요구하는 상용 분산 RDBMS(예: Oracle−RAC[11])를 구성해야 했다. 그러나, RDBMS는 클러스터 분산 환경에서 효율적인 데이터베이스 연산이 가능하도록 설계되지 않았고, 소셜 네트워크 서비스 및 검색 서비스의 경우처럼 낮은 라이선스 비용으로 확장성과 가용성을 충족하지 못하였다. 이에 대한 해결 방안으로 하둡 분산 파일 시스템과 Amazon Dynamo와 Google사의 BigTable 등과 같은 NoSQL DBMS가 등장하였다.

기존 RDBMS는 ACID[12] 특성을 가지면서 데이터베이스 연산을 수행하지만 글로벌 분산 데이터(/웹) 서비스에 부합하는 스케일−아웃 확장성을 제대로 제공하기 어려웠다[13]. 즉, 다양한 글로벌 거점에서의 데이터 생성과 함께 데이터 복제와 분산을 통하여 장애 상황에도 안정적인 서비스가 가능하면서 동시에 데이터 조회가 즉시 가능한 새로운 데이터베이스 구조로서, 아래의 특성을 가지면서 기존 SQL/RDB에서의 ER(Entity−Relation) 모델을 지원하지 않는 새로운 NoSQL(Not Only SQL)이 제시되었다.


- Basically Available : 언제든지 데이터는 접근할 수 있어야 함
- Soft State : 특정 시점에서는 데이터의 일관성은 보장되지 않아도 됨
- Eventually consistent : 일정 시간이 지나면 데이터의 일관성이 유지되어야 함


NoSQL은 분산 데이터베이스 시스템의 CAP(Consistency, Availability, Partition Tolerance) 이론에서 3가지 속성 중에서 일관성(consistency)와 가용성(availability) 중 하나를 만족하여 분산 환경에서의 수평적 확장이 쉽게 가능하도록 한 데이터베이스 모델

---

11 Oracle RAC(Real Application Clusters) : Oracle사의 병렬 데이터베이스 클러스터링 기술
12 ACID : Atomic, Consistency, Isolation, Durability
13 초기 웹 서비스의 데이터베이스로 MySQL과 Oracle 등의 RDBMS를 이용하였으나, 전 세계 수 많은 사용자들에 대하여 대용량 데이터베이스를 실시간으로 운영함에 있어 필수적인 수평적 확장에 기술적 / 비용적 한계를 노출하였다. 많은 서비스 업체들이 MySQL+Memcached 아키텍처 조합에서 NoSQL 데이터베이스(데이터 스토어)를 사용하는 계기가 되었다.

이다[14]. 즉, 기존 관계형 데이터베이스상에서의 조인(join) 연산 대신 키-밸류(key-value) 또는 칼럼(column) 기반의 데이터 모델 및 연산을 통하여 트랜잭션 구조를 약간 느슨하게 하여 수평적 확장이 가능하도록 하였다. NoSQL 데이터베이스는 관계형 데이터베이스와 달리, 스키마(schema) 없이 동작하며 구조에 대한 정의를 변경할 필요 없이 자유롭게 레코드의 필드를 추가할 수 있다. 이러한 특징은 빅데이터의 다양한 포맷을 지원하는 데 있어 최적의 모델로 사용된다.

NoSQL DBMS는 150여종이 있으며 대표적인 NoSQL은 아래 표와 같다.

●● **표 4.1** NoSQL의 분류[15]

| 구분 | NoSQL |
| --- | --- |
| Column Store | Hadoop/Hbase, Cassandra, Amazon SimpleDB |
| Document Store | MongoDB, CouchDB |
| Key Value Store | DynamoDB, Berkeley DB, MemcacheDB |
| Graph Database | HyperGraphDB, Infinite Graph, Neo4J |

하둡 Hbase는 Google BigTable[M15]에 대한 오픈소스 클론 프로젝트로 구현되었다. Hbase는 하둡 파일시스템을 기반으로 데이터 수정 정보들이 데이터 파일의 끝에 위치하게 하여, 데이터 수정 및 쓰기시 데이터 탐색 시간을 최소화하는 구조를 가지고 있으면서, 주기적으로 데이터 파일을 재구성하는 구조를 가지고 있다. Cassandra는 Facebook사에서 개발되어 오픈소스로 공개된 NoSQL 솔루션으로서, 많은 웹 서비스에서 사용되고 있다. 칼럼 기반의 데이터 모델을 기반으로 데이터 수정 내역이 메모리에서 캐쉬된 후에 디스크

---

14 CAP 이론 – 적절한 응답시간 내에 아래 3가지 속성을 모두 만족시키는 분산 시스템을 구성할 수 없다.
　Consistency : 모든 클라이언트는 항상 동일한 데이터를 보장받는다
　Availability : 네트워크 단절 상황에서도 장애가 발생하지 않는 노드는 모든 요청에 대하여 정해진 시간 내로 응답한다.
　Partition Tolerance : 네트워크 단절 상황에서도 시스템 속성(정합성, 가용성)은 유지되어야 한다.
15 http://nosql-database.org/ 또는 http://nosql.mypopescu/kb/nosql 참조

에 쓰여지고 주기적으로 데이터 파일이 재구성된다는 점에서 Google사의 BigTable과 하둡 Hbase와 유사하다. MongoDB는 C++ 언어로 구현되었고 GPL 라이선스를 따르는 오픈소스 NoSQL 솔루션으로 문서(document) 기반의 데이터 모델을 사용하여 기존 관계형 DBMS와 유사한 사용 방법을 유지하고 있다.

### 하둡 생태계

페이스북, 트위터 등의 기업들은 클라우드 스토리지 서비스 그리고 소셜 데이터 처리와 빅데이터 처리 플랫폼으로 오픈소스 분산 저장 및 처리 솔루션인 하둡을 많이 활용한다[L26]. Google사는 '03년 GFS(Google File System), '04년 MapReduce, '05년 Sawzall, '06년 BigTable과 같은 대용량 데이터 처리 기술을 소개하였고[M15], 아파치 루씬(Apache Lucene)의 창시자인 더그 커팅(Doug Cutting)과 마이크 카파렐라(Mike Cafarella)는 '04년 NDFS 분산 파일 시스템과 MapReduce 초기 버전을 구현하였고, Yahoo에서 기술 활용하면서 확산되었다[L27].

하둡은 대규모 대용량 데이터의 저장/처리를 위한 분산 기술 생태계로서 하둡 코어(Hadoop Core)로 분산 파일 시스템 HDFS(Hadoop Distributed File System)와 병렬 데이터 처리 시스템 MapReduce 기술이 있으며 하둡 프로젝트로 Hbase, Pig, Hive, Sqoop, ZooKeeper, Chukwa 등이 있다[L26].

•• **그림 4.9** 하둡 생태계

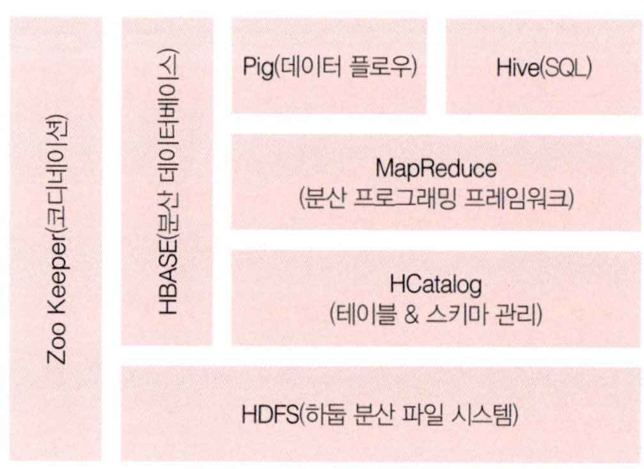

하둡 HDFS는 범용 하드웨어(예: x86 경량서버)로 구성된 클러스터 구조에서 블록 단위로 데이터를 분할하여 대용량 데이터를 분산 저장하는 파일시스템이다. 각 데이터 블럭은 장애로 인하여 못쓰게 되는 상황을 고려하여 1개 이상의 복제본을 만들어 저장한다. HDFS는 크게 데이터를 저장하는 데이터 노드(data node)와 메타데이터를 저장하는 네임 노드(name node)로 구성된다. 네임 노드는 파일시스템에서의 네임스페이스(namespace)를 관리하면서 파일/디렉토리 구조, 접근 권한, 배치 정도 등의 메타데이터 정보를 보관하고 일관성 있게 유지하는 노드(/서버)이다. 데이터 노드는 실제 데이터를 블록 단위로 쪼개어 저장하고, 3개 이상의 복제본을 저장하는 노드이다.

MapReduce는 맵(Map) 단계와 리듀스(Reduce) 단계 순서로 병렬 처리하는 프레임워크이다. 맵 단계에서는 입력 데이터를 받아서 〈key, value〉 형태로 분류하고 리듀스 단계에서는 원하는 데이터를 리스트 추출한다. 이러한 Mapper와 Reducer의 단계 활동은 Task Tracker(Node)에서 수행하고, 이들 Task Tracker는 Job Tracker에 의해서 작업 할당되고 관리된다.

Hbase는 칼럼 기반의 분산 데이터 스토어로서 HDFS의 임의 쓰기 및 수정 기능을 보완하였다. Pig는 Hadoop의 확장 모듈로서 데이터 흐름 기반의 프로그래밍 언어로서 병렬처리를 지원하여 Hadoop의 확장성과 신뢰성 특성을 유지하고 MapReduce의 최적화도 자동 수행하여 성능을 유지시켜 준다. Hive는 하둡에 기반한 데이터웨어하우스(배치 처리)로서 실행상에서는 MapReduce를 이용하고, HDFS 기반하에 데이터 요약과 애드혹(ad-hoc) 질의 기능을 제공한다. Sqoop는 SQL-to-Hadoop의 데이터베이스 임포트(import) 도구이다.

오픈소스 기반의 하둡 솔루션이 기업 내 클라우드 및 빅데이터 처리에 바로 활용하기 어려운 점을 감안하여, 기존 하둡 기술 및 운영 노하우를 바탕으로 상용화하여 SW 제품 및 서비스 또는 컨설팅을 제공하는 벤더들이 등장하였다. IBM사의 InfoSphere BigInsight, Oracle사의 Big Data Appliance, EMC사의 GreenPlum, Teradata사의 Aster Big Analytics Appliance가 그 예다. 아래 도표는 하둡을 전문 영역으로 솔루션과 서비스를 제공하는 업체들을 정리한 것이다.

●● 표 4.2 주요 국내외 하둡 솔루션 벤더[16]

| 기업 | 제품 솔루션 | 특징 및 비고 |
| --- | --- | --- |
| cloudera | CDH, Cloudera Manager | http://www.cloudera.com/ |
| Hortonworks | Hortonworks Data Platform(HDP) | http://www.hortonworks.com/ |
| MapR Technologies MAPR | M3, M5, M7 | http://www.mapr.com/ |
| kt cloudware | NDAP, RHive | http://www.ktcloudware.com/ |
| Gruter GRUTER | Qoobah, Cloumon | http://www.gruter.com/ |
| Cloudine Cloudine | Flamingo Hadoop Manager | http://www.openflamingo.org/ |

## 2.3 운영 자동화

클라우드 운영 관리 플랫폼은 클라우드 서비스 구축시 서버, 스토리지, 가상화 기술과 같은 리소스들을 취합, 제어, 관리하는 운영시스템 역할을 담당하는 플랫폼이다. 클라우드 운영 관리 플랫폼은 기존 하이퍼바이저 SW에서 IaaS 구축 SW 구조로 발전하였으며, 최근에는 서버, 스토리지, 네트워크 등 ICT 인프라 자원을 추상화하여 IaaS를 구현하는 동시에 클라우드 서비스 플랫폼으로 API[17]를 제공하는 클라우드 운영체계(OS) 개념으로 발전되고 있다.

클라우드 인프라 자원에 대한 서비스 운영 자동화를 위한 클라우드 운영체계에 따라서, 하부 인프라 자원의 운영 구조와 방식 그리고 클라우드 서비스 활용 시나리오가 달라질 수 있기 때문에 매우 중요하다. HP, IBM, Red Hat사가 지원하는 오픈소스 SW 방식의

---

16 참고 : 김동한, "빅데이터의 핵심 플랫폼, 기업용 하둡 동향", 정보통신산업진흥원, 2013.
17 클라우드 OS에서 제공하는 API는 ICT 인프라 자원에 대한 시스템 운영 관리용 API로서, 클라우드 서비스로 제공되는 VM의 수명주기에 대한 각종 기능 및 서비스 호출로 구성된다.

 **PART II**
클라우드의 실체

OpenStack[18], Citrix사의 CloudStack[19] VMware사의 VMware vCloud 그리고 Microsoft사의 Windows Azure 플랫폼이 대표적이다[20]. 아래의 그림은 OpenStack의 개념 아키텍처이다.



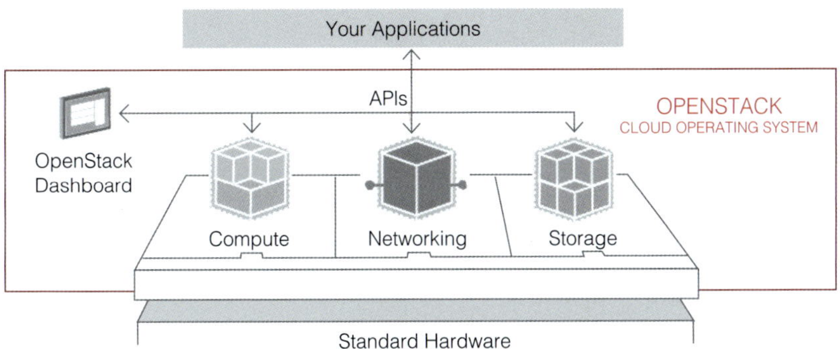


### 오픈스택(OpenStack)

오픈스택은 전용/공용/하이브리드 클라우드를 구축하기 위한 오프소스 소프트웨어로 서버, 스토리지, 네트워크, 가상화 기술들과 같은 리소스들을 취합, 제어, 운영하기 위한 운영 시스템 역할을 담당한다. 오픈스택은 아래 도표에서와 같이 9가지의 서비스(프로젝트)로 구성된다[21].

---

18 www.openstack.org

19 cloudstack.apache.org

20 가상화 및 운영 관리 부분에서의 선도 업체로서 산업계 표준을 주도하는 벤더는 VMware이다. VMware vSphere는 안정적이면서 각종 자원에 대한 모니터링을 제공하고, VM migration, HA 등의 고급 기능도 제공하고 있으면서, GUI 등이 상용화 수준답다. 오픈소스 계열인 오픈스택의 경우 다소 상용에 비해서는 세련되지 않은 설계 및 개발 수준이나, 오픈소스의 개방성과 무료 사용 그리고 커뮤니티의 확산으로 매우 빠르게 성장하고 있으며, 사실상의 산업계 표준으로 인정받고 있다[L24].

21 오픈스택 프로젝트는 공식화 수준에 따라 커뮤니티 − 인큐베이션 − 코어 프로젝트로 구분되며, Nova, Glance, Swift는 공식 코어 프로젝트(/서비스)이다.

| 서비스[22] | 서비스 내역 |
| --- | --- |
| Nova | Compute Instance의 제어/관리 서비스 |
| Swift | 객체 스토리지 구축/관리 서비스 |
| Cinder | 블록 스토리지 서비스 |
| Neutron | 네트워크 서비스 (기존 Quantum 서비스) |
| Horizon | 대쉬보드 서비스 |
| Heat | Orchestration 서비스 |
| Ceilometer | 모니터링 / 미터링 서비스 |
| Glance | VM 이미지 저장/등록/관리/전달 서비스 |
| Keystone | 인증 서비스 |

오픈스택은 '10년 NASA(Nebula)와 Rackspace(Cloud File)에서 프로젝트를 시작하여, '12년 OpenStack Foundation에서 유지보수하고 아파치 라이선스로 배포되고 있다. OpenStack은 전세계 약 180개 사업자가 참여하고 있는 최대 오픈소스 개발자 커뮤니티로서, AT&T, Ubuntu, HP, IBM, Nebula, Rackspace, Red Hat, SUSE, Cisco, Dell, EMC, HUAWEI, Intel, NetApp 등의 업체들이 회원으로 가입되어 있다[23]. '12년 4월 Rackspace 사가 오픈스택 API를 자사의 서버와 기타 호스팅 서비스에 정식으로 적용하면서 상용화 수준으로 개발, 배포되고 있다.

22 서비스명 또는 코드 네임
23 '10년 7월, 랙스페이스(Rackspace)와 나사(NASA)의 프로그램 코드로 출범한 오픈스택은 가장 빠르게 성장하는 오픈소스 기술로 성장하고 있으며, 최신 버전인 그리즐리(Grizzly)에는 각기 다른 200여 기업의 500여 명의 인력이 기여하고 있다. 오픈스택 개발자들은 약 100만 줄이 넘는 코드를 제공해 오고 있으며, 현재 120여 국의 7만 회 이상의 참여가 있었다. 매월 평균 238회에 이르는 수치다. '10년 7월 개최된 OpenStack Design Summit & Conference의 참석자는 75명이었지만 가장 최근에 열린 4월 행사에는 3,000명이 참석했고, 차기 행사에는 더 많은 인원이 참석할 것으로 예상된다. 〈출처 : www.ciokorea.com〉

오픈스택은 보통 6개월 간격으로 새로운 릴리즈 버전을 발표하고 있으며, '13년 4월 Greezly 버전, '13년 10월 Heat와 Ceilometer 프로젝트가 추가된 Havana 버전이 출시되었고, 이후 지속적인 신규 버전들이 출시될 예정이다[24]. 이러한 프로젝트 방식하에서 Python 언어로 작성되고 RESTful 방식의 인터페이스를 제공한다[L24].

오픈스택 Nova는 수백, 수천의 VM을 사용자 요청에 따라 생성하고 관리하기 위한 기본 운영 관리 모듈이다. 하이퍼바이저를 이용한 VM 제어, 네트워크 관리, 사용자 인증 및 권한 관리, 보안, 사용자 인터페이스 등을 제공한다. 오픈스택 Swift는 분산 객체 스토리지 시스템 모듈로서, RackSpace사의 스토리지 시스템에 적용된 것을 이용하여 개발되었다. 하둡같이 빅데이터 서비스에게 필요한 분산 저장 시스템을 제공하며, 데이터 손실을 막기 위해 객체 파일들을 보통 3개의 복사본을 분산 저장한다. Cinder는 생성된 가상 머

---

24 오픈스택의 신규 버전이 시장에서 상용 수준의 품질로서 이용되기 위해서는 1년 ～ 2년 내외의 기업 내 검증 및 보정 작업 기간이 필요하다.

신(VM)상의 사용자 데이터를 지속 저장하기 위한 블록 스토리지로서, 데이터베이스 스토리지 및 기초(raw) 블록 스토리지를 접근하는 등 빠른 성능이 요하는 시나리오에 적합하다. Quantum은 최근에 Neutron으로 개명되었으며, 다양한 네트워크 모델과 기능 그리고 API를 제공한다. Horizon은 관리자 또는 사용자가 대쉬보드 GUI를 통하여 클라우드 자원들을 접근하여 제공하고 자동화한다. 공통 서비스로서 Heat는 조율(orchestration) 서비스로서 자신의 클라우드 시스템에 맞는 서버 스택을 템플릿 기반으로 자동 구축할 수 있도록 한다. Ceilometer는 Heat와 결합하여 모니터링 기능을 제공한다. Glance는 가상 디스크 이미지를 위한 카탈로그 및 저장소를 제공한다. Keystone은 클라우드 운영체계 전



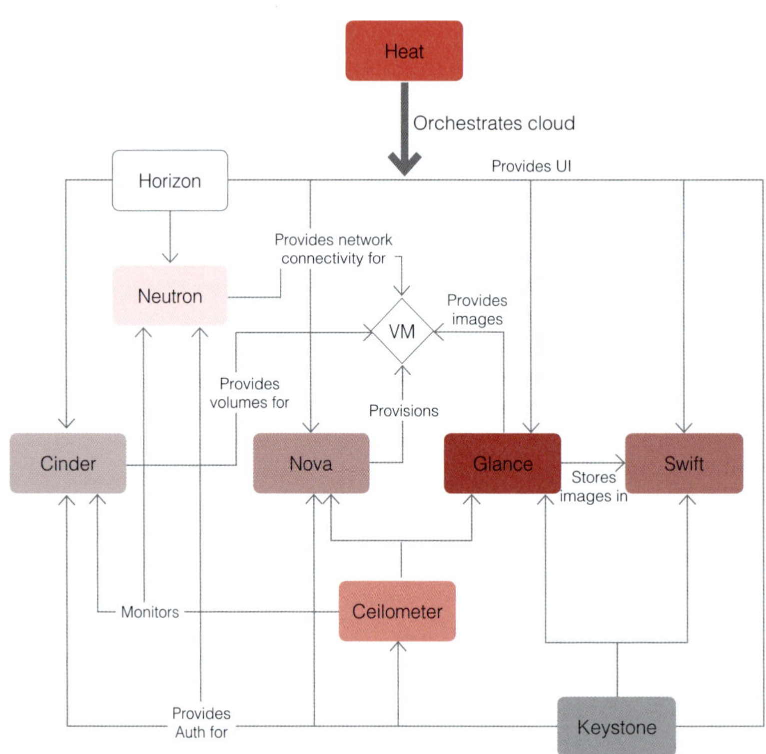

반에 걸친 공통의 인증 서비스를 제공한다. 각각의 프로젝트/서비스간의 아키텍처 관계는 그림 4-12와 같다.

### 클라우드스택(CloudStack)

클라우드 운영 관리 상용 플랫폼인 클라우드스택(CloudStack)[26]은 '09년 Cloud.com이 개발, '11년 7월 Citrix가 Cloud.com을 인수하고 '12년 4월 아파치 소프트웨어 재단이 운영을 담당하고 있으며, Citrix를 포함한 50여 개의 기술 협력사가 지원하고 있다. 클라우드스택은 KT, Tata 등을 포함 100개 이상의 클라우드에서 운영 관리 플랫폼으로 구현 운영되고 있다.

클라우드스택은 3개의 컨트롤러, 사용자를 위한 API, 중간계층에 관리 엔진을 두어 사용자의 요청에 따라 자원을 효율적으로 관리하며 사용자를 관리자, 도메인 관리자, 모니터링 관리자, 사용자로 구분한다. 관리자는 전체 클라우드를 관리하는 권한을, 도메인 관리자는 클라우드에 가상 머신(VM)을 생성하고 관리하는 등 클라우드 서비스를 관리하는 권한을 가지며 모니터링 관리자는 가상 머신 관리 권한은 없지만 서비스 환경 모니터링이 가능하고 사용자는 도메인 관리자가 제공하는 가상 머신 서비스를 이용한다.

---

25 오픈스택 아키텍처상의 프로젝트 (노드) 설명
  컴퓨팅: Nova, 스토리지: Cinder, 네트워크: Quantum, 대쉬보드: Horizon, 이미지: Glance, 아이덴티티: Keystone, 객체스토리지: Swift, 조정: Heat, 미터링: Ceilometer
26 www.cloudstack.org

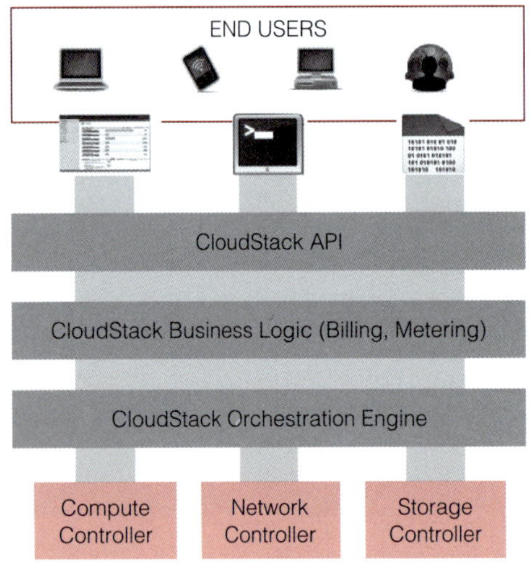


## 클라우드 운영체계 비교

오픈스택은 전세계 약 180개 사업자가 참여하고 있는 최대 오픈소스 개발자 커뮤니티의 산출물로써 상용화 사례 건수가 많지 않지만 클라우드스택은 50여 개 기술 협력사가 지원하면서 실제 운영 중인 클라우드 사례가 많다. 클라우드스택은 이미 상용화되어 있어 바로 시장 적용이 가능한 장점이 있으며, 오픈스택은 상용화 사례가 많지 않지만 다수의 선도 글로벌 업체가 참여하면서 사실상의 클라우드 운영 관리 플랫폼 표준으로서 향후 발전 속도와 파급 효과가 클 것으로 전망된다.

국내의 경우 오픈스택 클라우드 개발에 직접 참여하고 있으나 참여율 자체가 낮아 오픈소스 프로젝트에서의 주도권 확보에서 밀리고 있다. 오픈스택 커뮤니티 분석 사이트인 Stackalytics[27]는 커뮤니티 활동에서 버전 업그레이드 시 소스코드 공개, 버그 수정, 커뮤니티 참여도 등을 고려하여 오픈스택의 Havana 버전에 대한 주요 기업들의 기여도를 평가

---

27 www.stackalystics.clom

한 바 있다. 글로벌 벤더인 Red Hat, HP, IBM, RackSpace사의 기여도가 매우 높고, 국내 KT사의 경우 92위로 매우 저조하였다. 오픈스택 커뮤니티에 대한 기여도가 높을수록 지원해야 하는 고객사의 클라우드 서비스에 대한 안정성을 더욱 확고하게 지원할 수 있고, 다른 참여 기업과의 제휴, 협업, 기술 공유 등이 가능하다. 그러나 국내 기업들의 기여도가 낮은 것은, 장기적인 역량 내재화보다는 단기적인 상용 솔루션 대안으로서 오픈스택 솔루션을 채용하는 전략을 구사하면서 관련 전문 인력을 제대로 양성하지 못했기 때문이다.

오픈소스 클라우드 컴퓨팅 도입 시 바로 시장 적용이 가능한 클라우드스택을 선택할 지, 현재 바로 적용은 어렵지만 다수 업체가 참여해 호환성과 확장성이 뛰어난 오픈스택을 선택할 지에 대하여 선택의 옳고 그름을 따지는 관점은 바람직하지 못하다[28]. 중장기 비즈니스 전략과 단기적인 시장 대응전략을 함께 감안한 클라우드 서비스 기술 전략이 필요하며, 상황에 따라서는 양자의 아키텍처를 모두 포용하는 전략적 대안도 검토해야 한다[29].

●● **표 4.4** 오픈스택 vs. 클라우드스택

| 구분 | 오픈스택 | 클라우드스택 |
| --- | --- | --- |
| 참여 기업 | • AT&T, HP, IBM, Rackspace, Red Hat, Cisco, EMC, HUAWEI, Intel사를 포함하여 전세계 180여 개 이상의 기업들이 참여 | • Apache 재단에서 운영<br>• Citrix를 포함한 50여 개 기업에서 지원 |
| 상용 현황 | • Rackspace, IBM, HP 등의 기업에서 상용화 추진 | • Tata, KT 등의 기업에서 상용화 |
| 개발 관점 | • Nova, Swift, Glance, Keystone, Quantum 등의 기능 요소로 구성 | • 3개의 Controller, 사용자 API, 관리 엔진 등 제공 |
| 도입 기준 | • 호환성과 확장성이 중요한 클라우드 사업자/기업에서 도입 | • 시장에서의 클라우드 서비스의 조기 이용이 요구되는 기업에서 도입 |

[28] 클라우드 서비스를 위한 기반 운영 관리 플랫폼은 서비스를 구동하기 위한 수단으로서, 클라우드 서비스의 목적과 목표의 대상이 아니다. 중요한 것은 클라우드를 통해서 제공되는 서비스의 적시 출시와 지속적인 서비스 품질 확보이다.

[29] 장기적인 클라우드 기술 로드맵 관점에서는, 현행 솔루션이 모든 요구사항을 충족하는 솔루션이 되기까지는 많은 시간이 소요될 것이며, 표준화와 상호 연동성을 감안하면서 다양한 제품 솔루션과 서비스를 포괄적으로 활용하는 전략 구사가 유효하다.

각기 다른 장단점을 가지는 클라우드 운영체계를 선정함에 있어 중요한 기준으로는 관련 생태계의 안정성, 타 시스템과의 연계 통합성 그리고 실증적 사례 확보 여부이다[K17]. 생태계 안정성 관점에서는 OpenStack, Microsoft사의 Windows Azure가 다소 앞선 상황이며, OpenStack과 CloudStack이 아마존 AWS와의 API 연계 호환성이 높다. 사실 OpenStack과 CloudStack의 AWS 호환 API는 구문적 호환성을 제공하지만 개별 기능상의 차이는 존재한다.

향후의 클라우드 운영체계는 무선 네트워크 환경이 보다 고속화, 안정화, 보편화되면서 모바일 환경에서의 운영체계로서도 활용될 수 있는 여지가 있고, 기존 모바일 운영체계도 클라우드 환경을 내재화하여 다양한 서비스를 제공할 것이다.

## 2.4 클라우드 데이터센터

클라우드 컴퓨팅 산업은 규모의 경제로서 서비스 규모가 크면 클수록 효과가 많아진다. 이를 위해서는 대형 클라우드 데이터센터가 필수적이다. 그림 4-14에서와 같이 Amazon, Microsoft, Apple, Google 등의 글로벌 서비스 사업자는 독자적인 클라우드 센터를 구축하여 운영하고 있다.

클라우드 서비스를 제공하기 위한 대규모 형태의 IT 자원 풀은 기존 데이터센터와 같이 클라우드 데이터센터에서 관리되며 안정적인 전력, 네트워크, 그리고 통합 운영이 더욱더 중요시 되고 있다. 클라우드 데이터센터는 글로벌 서비스를 위하여 전세계 사용자를 커버할 수 있는 인프라 거점과 이들을 연결한 네트워크가 중요하며 서비스 확장에 따른 대규모 자원 확장을 위한 서버 모듈화 및 컨테이너 구조 그리고 전력효율 극대화가 요구된다.

아래 도표는 아마존 클라우드 데이터센터 지역과 서버 규모로서 국내 대형 센터에서 운영 중인 서버가 OS 기준으로 1만 대 수준임을 감안한다면 상당한 규모로 글로벌 센터를 운영하고 있음을 알 수 있다.

---

30 출처 : misfitsarchitecture.com/tag/green-data-center_Facebook(North Carolina 지역), Microsoft(Dublin 지역), Amazon(Virginia 지역), Apple(Maiden, North Carolina 지역)

| 데이터센터 | 서버랙 수 | 블레이드 서버 수 |
|---|---|---|
| US East (Virginia) | 5,030 | 321,920 |
| US West (Oregon) | 41 | 2,624 |
| US West (N. California) | 630 | 40,320 |
| EU West (Ireland) | 814 | 52,096 |
| AP Northeast (Japan) | 314 | 20,096 |
| AP Southeast (Singapore) | 246 | 15,744 |
| SA East (Sao Paulo) | 25 | 1,600 |
| 합 | 7,100 | 454,400 |

클라우드 컴퓨팅을 지원하는 클라우드 데이터센터는 첫째, 클라우드 컴퓨팅을 제공하는 IT 인프라가 고밀도 환경으로 변모함에 따라 고밀도를 지원하는 설비를 갖추어야 하고, 둘째, 급변하는 외부 환경에 따라 IT 인프라의 유연한 확장을 지원하는 형태의 구조가 필요하다. 셋째, 클라우드 서비스의 가격 경쟁력을 높이기 위해 서비스의 안정성과 비용 최적화가 가능한 운영체제를 갖추어야 한다. 이와 같은 클라우드 데이터센터의 특징을 일반 데이터센터와 비교하면 다음과 같다.

---

31 참조 : 데이터센터 및 서버 현황 참조 사이트

•• **표 4.6** 데이터센터 방식 비교[32]

| 구분 | 일반 데이터센터 | 클라우드 데이터센터 |
|---|---|---|
| IT 인프라 | 다양한 서버 플랫폼<br>(메인프레임, Unix, Windows 등) | x86 서버 플랫폼<br>(Linux, Windows) |
| 전력 밀도 | 저밀도(1~3 KW/Rack) | 고밀도(10 KW/Rack 이상) |
| 센터 구조 | 설비 확장이 용이하지 않음 | 모듈 형태로 확장이 용이하고 유연함 |
| 운영 방식 | 인프라와 설비의 독자 관리 | 인프라와 설비의 통합 관리 |

독자적인 데이터센터는 센터 입지, 전략, 냉방, 서버 관리 등의 이슈가 많아 매우 복잡하고 선행 투자가 요하는 만큼 신중하게 추진 결정된다. Google사의 경우 서버 사양을 직접 구성하고 데이터센터 또한 직접 설계 구축한 대표적인 사례이다. 국내의 경우에도 NHN이 춘천 지역에 자사의 데이터센터를 직접 구축하여 운영 중에 있다. 이는 제3자의 데이터센터를 빌려서 사용하는 것보다, 해당 기업의 서비스 본질에 충실한 서버 및 센터 구조로 설계 구축하고 전력 및 냉각 부분의 비용을 최대한으로 줄여서 전체 서비스의 비용을 최소화하기 위함이다[33].

이러한 경향과 맞물려 Microsoft, HP, IBM 등의 대형 IT 벤더들이 데이터센터 구성요소들을 하나의 컨테이너 박스에 집적화한 모듈형 데이터센터(modular data center) 솔루션을 제시하고 있다. 하지만 벤더에 종속적인 장비 구성으로 인하여 모듈형 데이터센터가 가지는 저비용, 고효율의 장점이 상쇄되기도 한다. 그러나 보다 빠르게 데이터센터를 구축하여 운영할 수 있고, 해당 장비들이 모듈 컨테이너 박스 안에서 최적화되어 있다는 점은 애자일 기업(Agile Enterprise)의 인프라로 관심을 가지고 살펴보아야 한다.

---

32 출처 : TTA, "클라우드 데이터센터 구축 지침", 2013.
33 PUE(Power Usage Efficiency) : Green Grid라는 단체가 제정한 데이터센터의 에너지 효율성 측정 지표로서, 사무실을 제외한 데이터센터가 소비하는 전체 전력을 IT 장비가 소비하는 전력으로 나눈 값으로 1.0이 가장 낮은 값이며, 숫자가 낮을수록 에너지 효율이 높은 것으로 평가한다.

클라우드 데이터센터는 기업의 부동산 투자 대상이 아니며 첨단 설비기술이 적용되어야 하는 환경은 아니다. 요구되는 클라우드 데이터센터의 총소유비용(TCO) 절감은 TCO 구성상 서버(50%), 전력(23%), 인건비(13%), 네트워크 및 시설(11%), 기타(3%)로 구성된다[34].

### 소프트웨어 정의 데이터센터

물리적 인프라 기반의 ICT 서비스 개념이 가상화 기반의 클라우드를 토대로 한 ICT 서비스 개념으로 진화되면서 특히, 클라우드 데이터센터는 소프트웨어로 정의(software-defined)되고 관리되는 것으로 진화되고 있다. 기존 방식에서는 특정 목적에 부합하는 특정 하드웨어와 소프트웨어 환경에서 어플리케이션과 데이터가 서비스를 구성하지만 소프트웨어 정의 환경에서는 구성요소들 모두가 개별적인 모듈로 분리되고, 범용 하드웨어 상에서 가상화되어 서비스로 제공되는 것이 소프트웨어 정의 방식이다. 서버, 스토리지, 네트워크와 같은 인프라에 대한 데이터센터에 적용된 개념이 소프트웨어 정의 데이터센터(SDC, Software Defined Data Center)이다.

기존 IT 인프라의 경우 서버, 스토리지, 네트워크 등이 각각의 업무 영역 또는 프로젝트/과제 단위로 구분되어 상호 간의 연계 활용이 어렵고 전사적인 운영 효율성도 높지 않

---

34 출처 : Intel사 자료, 2008.

았다. 이런 수직적 인프라 구조는 필요 자원을 제공하는 데에도 몇 주가 소요되고 설치 및 배치 시에도 인프라 운영 인력의 수작업이 많이 필요하게 된다. 이에 대하여 클라우드 서비스 환경과 맞물려 소프트웨어 기반 가상화, 자동화하여 필요 IT 자원을 제공하고 배치하고 운영 관리하는 개념이 소프트웨어 정의 데이터센터로 발전된 것이다.

### 글로벌 클라우드 네트워크

클라우드 서비스는 전세계 사용자를 대상으로 제공될 수 있기에 글로벌 클라우드 네트워크는 매우 중요하다. 글로벌 클라우드 네트워크는 클라우드 데이터센터들 간의 네트워크로서 서버/스토리지 인프라단의 네트워크뿐만 아니라 플랫폼 간의 연동 그리고 콘텐츠와 데이터의 분산 연동도 포함한다. 글로벌 서비스 수요에 대하여 유연하고 탄력적으로 성능을 확보하고, 개별 국가의 법 규제 강화에 자체적인 센터 네트워크를 통하여 비즈니스 지속성을 강화하면서 어플리케이션 및 데이터의 분산과 연계 통합을 통하여 비즈니스 연속성도 확보해야 한다.

영국 이코노미스트지는 IBM사와의 공동작업으로 전세계 70개 국을 대상으로 ICT인프라의 품질과 활용 능력을 6개의 평가 항목[35]에 대하여 평가하였다. 한국의 경우, 전체 순위가 13위로서 동아시아 지역의 경쟁 국가에 비하여 기술 인프라나 사회문화 환경은 비교적 점수가 높으나 비즈니스 환경과 법 제도 환경은 낮은 점수를 받았다[A08]. 또한 ACCA(아시아 클라우드 컴퓨팅 협회)에서는 클라우드 준비도 지표(Cloud Readiness Index) 보고서를 통하여 아시아 지역의 데이터센터 투자 정보를 제공하고 있으며 한국은 조사 대상 14개국 중 일본에 이어 2위로 조사되었다[36]. 그러나 높은 점수를 받은 광대역 네트워크 품질 기준 외에 국가 간 연결성은 다소 낮고, 특히 지식재산권은 매우 낙후된 것으로 평가되었다.

글로벌 클라우드 서비스 사업을 위해서는 외부 서비스 사업자의 클라우드 데이터센터

---

를 국내에 유치하거나 국내 서비스 사업자의 해외 센터 구축이 필수적이다. 즉, 아웃사이드-인/인사이드-아웃(Outside-In / Inside-Out) 전략의 병행 추진이 필요하다[37]. 특히 국내 데이터센터의 글로벌화를 위해서는 국가 간 경쟁력 특히, 네트워크 대역폭 및 연결성에 대한 경쟁력이 필요하고, 법 제도 및 비즈니스 환경에 대한 경쟁력이 부가되어야 한다[38].

### 2.5 클라우드 보안

클라우드 활성화에 가장 큰 걸림돌로는 클라우드 자체의 보안 이슈이다. 외부 클라우드 데이터센터에 기반하여 서비스를 제공받는 경우, 해당 어플리케이션과 데이터가 외부에 저장되는 만큼 더욱 더 신경을 써야 한다. 또한 하나의 클라우드 자원을 여러 사용자와 기업이 공유해서 사용하는 환경이라면 더욱 더 그러하다.

클라우드 컴퓨팅 환경에서의 보안은 데이터센터 차원의 보안 외에 클라우드가 담고 있는 데이터의 보안과 보호 관점이 필요하다. 즉, 데이터센터 내의 가상 머신(VM)이 다른 데이터센터로 이동하는 경우에는 더욱더 그러하다. 즉, 데이터는 흘러가고 이동하기 때문에 데이터센터의 게이트웨이 중심의 네트워크 및 서버 보안 외에 데이터 관점의 보안 강화가 필요하다. 즉, 여러 사용자의 데이터가 혼재되어 사용되는 환경에서의 사용자 인증과 접근 제어, 데이터 기밀성 보호를 위한 데이터 암호화와 무결성 확보 그리고 서비스 중단 및 장애로 인한 데이터 손실을 최소화하기 위한 가용성 및 데이터 복구 기법이 필요하다.

---

[37] 국내 사업자의 해외 데이터센터 확보는 사업자의 비즈니스가 범용 클라우드 서비스 사업인 경우에는 조심스럽게 검토되어야 한다. 특정되거나 한정되면서 명확한 비즈니스 목표와 시나리오가 있지 않은 한, 글로벌 서비스 영역을 모두 포용할 수 있는 데이터센터 네트워크를 구축하기는 매우 어렵다. 현실적으로, 글로벌 B2C 서비스 사업자와 제휴 수준에서 필요한 글로벌 데이터센터를 어떻게 확보할 것인가에 대하여 공동 협의하고, 요구사항에 맞추어 투자 효율성을 극대화한 해외 데이터센터 확보 전략이 필요하다. 물론, 이러한 디딤돌 역할의 사업이 제대로 전개되었을 때 글로벌 거점 지역별로 센터 영역을 확대하는 것이 바람직하다. 물론, 명확한 사업 동기와 목표가 있어 빅뱅 수준으로 해외 데이터센터를 확보할 수는 있다.
[38] 데이터센터의 글로벌화를 위하여 방안의 하나로서, 해외 대형 글로벌 서비스 사업자의 데이터센터를 국내 투자 유치를 고려할 수 있으나, 아시아 지역에서의 경쟁 국가인 싱가포르, 홍콩, 대만에 비하여 데이터센터 사업에 대한 법인세율이 비교적 높고, 북미 국가 간의 인프라 연결성이 상대적으로 낮은 상황은 개선되어야 한다.

**보안 위협**

클라우드 서비스 환경에서는 기존 보안 위협을 상속하고 클라우드 특성에 따른 신규 보안 위협이 존재하며 하이퍼바이저의 보안 취약점을 이용한 가상 서버 해킹과 악성코드 확산이 가능하기 때문이다.

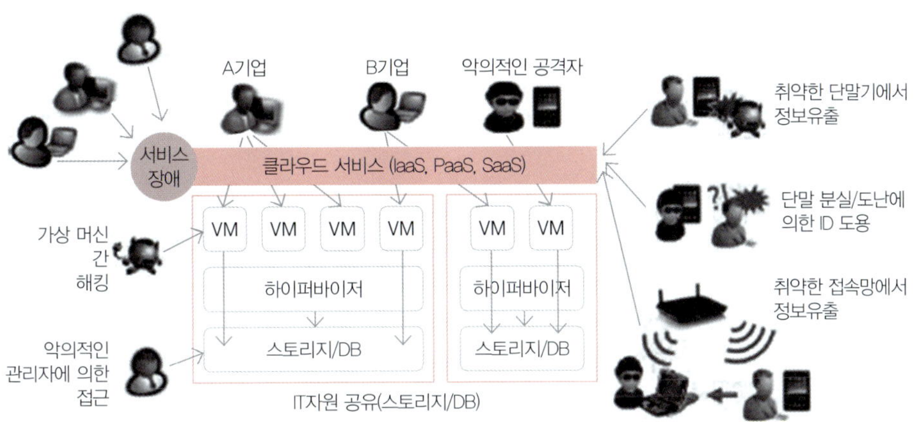

●● **그림 4.16 클라우드 보안 위협 개념도**[39]



클라우드 보안 이슈는 그림 4-7에서와 같이 클라우드 서비스 구조 자체의 특징에 의해 발생할 수 있다[K27]. 첫째로 가상화이다. 효율적인 자원 활용을 위하여 물리적인 자원을 SW 기반으로 논리적으로 통합하거나 분배하여 사용하는 구조이다. 둘째, 정보 위탁 및 위치이다. 서비스 이용자의 모든 자원은 원격지에 있는 클라우드 서비스 제공자의 서버에 위치하고 있고 데이터 정보를 위탁하고 있는 구조이다. 셋째, 많은 클라우드 서비스는 PC

---

39 http://snowwiki.fuzewire.com/wiki/applied_sciences/computer_science/infor_science/read.html?psno=*E67D
24C6A802323DAD61A941084981F287CE8B01

뿐만 아니라 스마트폰, TV, 사물인터넷 단말기기 등 다양한 클라이언트 단말로부터 접속되고 있다는 점이다.

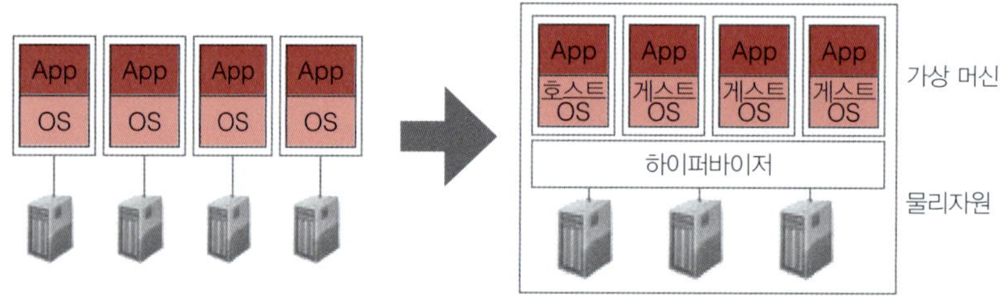

●● **그림 4.17** 보안위협 요인 : 가상화 환경에의 논리적인 통합/재분배에 따른 공유[40]



클라우드 서비스에 대한 보안 위협으로 유형으로 구분된다[K27]. 첫째, 가상화 취약점을 상속하는 것이다. 클라우드 서비스는 시스템 자원을 통합 재분배하여 제공하는 인프라 계층의 특징으로 인해 가상화 시스템의 취약점을 상속하여 악성 코드 감염, 서비스 장애 등의 신규 취약성에 노출될 수 있다. 둘째, 정보 위탁 및 사용 단말에 따른 정보 유출이다. 클라우드 서비스는 이용자의 정보를 모두 원격의 클라우드 서버에 제공하고 그 관리 또한 서비스 제공자가 담당하기 때문에 내부자 또는 악의적인 사용자에 의해 유출될 수 있다. 셋째, 자원 공유 및 집중화에 따른 서비스 장애이다. 클라우드 서비스 제공 자원들이 클라우드 서버에 집중되어 있어, 물리 자원에 장애가 발생하는 경우 해당 자원을 공유하는 모든 사용자의 서비스가 중지될 수 있다. 넷째, 사용자 단말의 다양화에 따른 정보 유출이다. PC, 스마트폰, 스마트TV 등 다양한 형태의 단말 접속이 허용됨에 따라, 각각의 단말이 가지는 보안 위협이 클라우드 서비스에서의 위협으로 상속될 수 있다. 다섯째, 분산 처

---

40 출처 : 한국인터넷진흥원, "클라우드 서비스 정보보호 안내서", 2011.

리에 따른 보안 적용이 어렵다. 대용량 데이터가 분산 파일 시스템을 통해 많은 서버들에 분산 저장되고 관리되면서, 데이터 암호화, 이용자 인증, 접근 제어 등이 쉽지 않다. 여섯째, 법규 및 규제의 문제이다. 클라우드 서비스는 정보에 대한 소유와 관리의 주체를 분리하고, 서버의 분산 배치 등 다양한 환경적 특성 때문에 기존 법규와 규제를 적용 시 보안 문제가 발생할 수 있다. 즉 해외에 있는 클라우드 서버에 대하여 국내법 적용이 어렵고, 보안 점검 및 감사 추적도 어렵다.

클라우드 정책 및 표준 기관에서는 클라우드 서비스의 보안과 관련하여 관리 및 기술적 위협 요소와 정책적 가이드라인을 제시하고 있다[L20]. 미국국립표준연구소(NIST)에서는 '11년 공용 클라우드 컴퓨팅 환경에서의 정보 보안 및 보호에 대한 가이드라인 문서를 발간하였고[41], CSA(Cloud Security Alliance)는 클라우드 보안 위협, 보안 가이드, 보안 점검 체크리스트 등의 문서를 발간하였다[42]. ISO/IEC JTC1 SC27에서는 클라우드 컴퓨팅 보안 및 보호 관련 표준을 개발 중에 있으며, ITU-T에서는 FG Cloud 활동을 통하여 클라우드 보안 관련 문서들을 발간하였다[L20]. 국내의 경우 방송통신위원회와 한국인터넷진흥원에서 '11년 『클라우드 서비스 정보보호 안내서』를 발간한 바 있으며, TTA(한국정보통신협회)에서는 클라우드 컴퓨팅 프로젝트 그룹 및 유관 그룹에서 관련하여 단체 표준을 제공하고 개발 중에 있다.

가트너 리서치사에서는 클라우드 컴퓨팅 분야에서의 보안 위협에 대한 가이드라인을 아래와 같이 발표하였다.

---

41 문서 : Guideline on Security and Privacy in Public Cloud Computing SP 800-144, 2011.,
   Guide to Security for Full Virtualization Technologies SP 800-125, 2011.
42 문서 : Top Threats to Cloud Computing V1.0, 2010.,
   Security Guidance for Critical Areas of Focus in Cloud Computing V3, 2011.,
   Cloud Control Matrix Trusted Cloud Initiatives V1.2, 2011.,
   Trusted Cloud Initiative Reference Architecture Model V1.1, 2011.

| 구분 | 일반 데이터센터 |
|---|---|
| 접근권한에 관한 정보<br>(Privileged User Access) | 클라우드 컴퓨팅을 이용하는 기업은 클라우드 데이터를 다루는 인력 및 이들에 대한 관리 정보를 서비스 제공자에게 요청하여 확인 |
| 규정의 준수<br>(Regulatory Compliance) | 보안사고 등에 대비하여 외부 감사나 보안 인증을 받은 업체를 선택하도록 권고 |
| 데이터의 위치<br>(Data Location) | 클라우드 환경에서는 데이터의 정확한 위치를 알지 못하며 저장, 처리 위치에 대한 정보와 해당지역에서 의무화 하고 있는 프라이버시 규정 준수를 확인함 |
| 데이터의 분리여부 파악<br>(Data Segregation) | 클라우드 컴퓨팅 환경에서는 여러 사용자의 데이터들이 공용 환경에서 처리되므로 데이터는 암호화되어야 함 |
| 데이터 복구<br>(Recovery) | 서비스 제공자는 문제 상황시 데이터 복원 체계가 잘 갖추어져 있는지와 복구에 걸리는 최소시간을 확인함 |
| 불법행위 등에 대한 조사<br>(Investigative Support) | 클라우드 컴퓨팅 환경에서는 다수의 사용자 데이터, 로그, 행위가 공존하고 이들이 위치하는 서버가 지속적으로 변하기 때문에 불법행위에 대한 모니터링 및 책임소재 규명을 위한 조사 기능을 보장하여야 함 |
| 기업의 지속성<br>(Long-Term Viability) | 클라우드 서비스 제공자의 폐업, 인수, 합병될 경우 기존 사용자의 데이터 가용성이 보장되어야 함 |

**기술적 보안**

한국인터넷진흥원의 클라우드 서비스 정보보호 안내서에서 제시된 기술적 보안 방안은 다음과 같다[K27].

**네트워크 보안** : 클라우드 서비스 제공자는 지리적으로 분리된 다수의 데이터 처리 서버의 운영에 따른 데이터 송수신을 위한 암호화를 적용하고, 네트워크 서비스 거부 공격(DoS) 등에 대한 대응방안을 마련해야 한다. 네트워크 보안 강화를 위한 정보보안 고려사항은 다음과 같다.

---

43 출처 : 가트너 리서치사, "Assessing the Security Risks of Cloud Computing", 2008

- 네트워크 트래픽 도청이나 데이터 유출 방지를 위해 통신 암호화를 적용하여 관리한다.
- 사용자의 네트워크 접속 인증을 위한 신분 확인 메커니즘을 도입한다.
- 네트워크 접속을 통한 데이터 송수신에 대한 부인 방지 대책을 마련한다.
- 네트워크 가용성이 침해하는 서비스 거부 공격(DDoS)에 대한 대책을 마련한다.
- 이기종 네트워크의 연동에 따른 보안 대책을 고려한다.
- 네트워크 장애에 대비하여 네트워크 분할 또는 이중화하여 관리한다.
- 네트워크 장애에 대비하여 보안관제 체계의 구축을 고려한다

**시스템 및 가상화 보안** : 서비스 제공자는 가상화 기술을 통하여 IT 자원을 통합 재배치하여 활용성을 극대화하나, 악성코드의 신속한 전파로 감염 확산이나 하이퍼바이저에 의한 공격 등의 신규 보안 위협을 얻을 수 있다. 특히 가상화 시스템 발생 시 신속한 시스템 복구를 위해 VM 구동 이력을 이미지 형태로 저장 관리하는데, 이 과정에서 이미지 상에 오류가 발생한다면 전체 시스템의 완전한 복구가 어려울 수 있다. 다음은 시스템 보안 강화를 위한 정보 보안 고려사항이다.

[기본적 시스템 보안]
- 시스템 유효성 점검을 위한 백신 패치는 항상 최신 버전으로 관리하고 주기적으로 실행한다.
- 이용자 데이터의 무결성을 보장하기 위한 데이터 오류검사, 해쉬 함수, 데이터 유효성 검사 등을 적용한다.
- 사용되는 SW 및 데이터의 무결성을 주기적으로 점검하고 필요에 따라 SW 등의 사용을 재설계한다.
- 악용 가능한 잠재적 시스템 취약점 정보는 밝히지 않고 관련 취약점의 접근이 발생할 경우, 오류메시지 생성 등을 통해 관리한다.

[가상화 시스템 보안]

- 가상화 백신을 주기적으로 갱신하고 악성코드 확산 방지 대책을 마련한다.
- VM별 자원 사용량을 제한하여 특정 VM의 자원이 남용되지 않도록 한다.
- 디스크를 분할하여 호스트와 가상영역 간의 경계를 명확하게 한다.
- 가상화 OS에 백신을 탑재하고 관리한다.
- 호스트 OS 및 하이퍼바이저를 모니터링하고 그 이력을 관리한다.
- 가상화 실행 이력은 Snapshot 등 이미지 형태로 저장 관리하는 방안을 고려하고 안전한 저장 방법을 통해 관리한다.
- 가상화 OS의 내/외부 데이터 이용에 대한 로그 정보를 관리한다.

**데이터센터의 물리적 보안** : 클라우드 서비스는 그 구성에 따라 지리적으로 분리된 다수의 데이터센터를 통해 처리되고 제공된다. 따라서 서비스 제공자는 데이터센터를 특별한 보안 시설로 규정하고 안전하게 관리해야 한다. 안전한 데이터센터 구축 및 운영을 위한 물리적 보안 고려사항은 다음과 같다.

- 화재, 진동, 홍수 등의 위험이 없는 위치를 선정한다.
- 건축물의 구조적 안정성을 보장한다.
- 위치 및 구조 조건에 대한 사전 위험 평가를 실시한다.
- 출입 정책 및 절차에 따라 출입 기록대장을 관리한다.
- 복수의 데이터센터를 이용할 경우 동일한 입출입 통제 정책을 적용한다.
- 온습도 조절기, 누수 잠지기, UPS(Uninterruptible Power Supply) 등으로 시설 안전을 확보하고, CCTV와 같은 보안 설비를 잠금 장치를 마련한다.
- 소화법에 근거하여 화재, 수재, 전력이상, 단전 및 누수를 감지하고 경보 진압하는 설비를 설치하고 관리한다.
- 대피 통로와 같은 안전한 대피 시설을 확보한다.

**데이터 암호화 및 백업** : 클라우드 서비스에서는 이용자의 대용량 콘텐츠, 기업의 중요한 기밀 정보 등을 다른 이용자와 공동으로 사용하는 스토리지에 저장하기 때문에 서비스 이용과 관련하여 이용자 데이터의 안전한 관리가 선행되어야 한다. 또한 데이터의 전송 과정에서도 데이터 유출의 위험에 대비하여 데이터의 암호화 전송이 필수적이다. 특히, 시스템 설정 파일, 시스템 구성 및 관리 문서, 개인정보 및 계정 정보도 암호화여 저장, 관리해야 한다. 이용자 데이터 보호를 위한 정보보안 고려사항은 다음과 같다.

- 서비스 대상 국가나 기관에서 규정한 암호화 알고리즘을 사용한다.
- 암호 알고리즘을 통한 이용자 데이터 암호화 실행에는 안전한 키 분배, 키 관리 메커니즘을 적용한다.
- 암호 키는 기밀 수준이 높은 데이터로 관리한다.
- 원거리 데이터 전송, 암호화 속도, 저장 용량 등 시스템 환경을 고려하여 경량 암호 알고리즘 등 적합한 알고리즘을 적용한다.
- 백업 정책에 따라 이용자 데이터를 주기적으로 백업한다.
- 이용자 데이터 백업을 위한 별도의 백업 장비 구축, 이중화 등 백업 방안을 마련한다.

**사용자 인증 및 접근 관리** : 클라우드 서비스 이용자의 IT 자원 공유, 다양한 무선 단말기의 원격 접속 등이 보편화됨에 따라 기존 IT 서비스 환경보다 보안성이 강화된 사용자 인증 및 접근 관리가 필요하다. 서비스 제공자는 IT 자원에 접근이 허가된 이용자만이 서비스에 접근할 수 있도록 보장해야 한다. 또한 클라우드 서비스는 사용자의 자원에 대한 인증 및 접근 관리를 사용자 계정과 부여된 역할에 따라 접근 가능하도록 해야 하고, 어플리케이션과 시스템에 대한 사용자 접근 권한에 따란 통제 관리를 수행해야 한다. 다음은 사용자 인증 및 접근 관리를 위한 정보보안 고려사항이다.

[원격 접속 관리 및 제한]

- 서비스 연결을 승인하기 전에 모든 단말의 무선 접속은 정책에서 규정된 절차에 따라 인증하고, 접속 로그를 관리하여 모니터링한다.
- 무선 접속을 인증과 통신 세션의 기밀성, 무결성을 보장하기 위해 암호 기술을 적용한다.

[계정 분할 및 권한 최소화]

- 서로 다른 이용자 계정의 충돌을 최소화하기 접근을 허용하는 영역이나 권한 등을 분리한다.
- 이용자의 신분 및 지불 방식을 기술적으로 검증하는 방안을 적용한다.
- 사용자에 부여하는 역할 권한을 최소한의 범위로 제한한다.
- 내부 정책에서 규정한 계정 관리 주기에 따라 점검하고 시스템 이용자 변경 사항은 즉시 정책에 반영한다.
- 이용자의 잘못된 로그인 시도도 제한한다.

[사용자 세션 관리]

- 서비스상의 최대 세션 수, 계정 지역, 유형 등을 고려하여 세션을 정의하고 관리한다.
- 사용자 인증을 통하여 활성화된 세션이라도 이용자가 어떠한 요청을 하지 않은 채 활성화 허용시간을 초과하면 세션을 비활성화한다.

## 2.6 클라우드 기술 경쟁력

국내 클라우드 컴퓨팅 기술은 소셜 네트워크, 빅데이터 분석 그리고 SW 융합(sw convergence) 서비스 영역에서의 통합 기반 기술로 진화되고 있다. 한국산업기술평가관리원(KEIT)의 분석 보고서에 의거하면 국내 클라우드 기술은 선진국 대비 평균 2~4년 이상의 격차가 존재하며 고성능 대용량 서버 및 스토리지 제품 기술 분야는 대부분 외국 업체가 주도하고 있다[L19]. 고성능 서버, 대용량 UPS, 하이퍼바이저, 클라우드 운영체계, 빅데이터 플랫폼 분야는 기술 난이도가 높고 경험 인력 부족으로 독자적인 기술 확보도 쉽지 않다. 클라우드의 활성화에 걸림돌 이슈가 되고 있는 클라우드 보안 및 관제기술 분야는 국내 업체들이 클라우드에 특화된 기술을 미확보된 영역이나, 글로벌 선진 업체와의 기술 경쟁력 차는 크지 않다.

•• 표 4.8 클라우드 기술 경쟁력 분석[44]

| 구분 | 기술 | 격차<br>(미국 대비) | 비고 |
| --- | --- | --- | --- |
| 클라우드 제공자 | 클라우드 서비스<br>(IaaS/PaaS/SaaS) | 0 ~ 3년 | SaaS는 격차가 점진 해소<br>IaaS 및 PaaS는 원천기술 부재 |
| | 플랫폼 – 가상화 | 5년 | Hypervisor 등 핵심 기술 미확보 |
| | 플랫폼 – 데이터 분석 | 3 ~ 4년 | 지속적 추격 역할 수행 |
| | 인프라<br>(서버/스토리지/네트워크) | 3 ~ 4년 | 글로벌 서비스 등 가격 경쟁력 저하<br>기업 관심 부족 |
| 클라우드 네트워크 | 네트워크/가상화 관리 | 3년 | 클라우드 시장의 늦은 진입 |
| | Inter–Cloud 네트워크 | 3 ~ 4년 | |
| 클라우드 단말 | 클라이언트 장비/부품 | 0 ~ 1년 | 스마트폰 시장의 글로벌 경쟁력 확보 |
| | 클라이언트 플랫폼 | 1 ~ 2년 | SW 플랫폼 역량 미흡 |
| 클라우드 보안 | 클라우드 보안 | 2 ~ 4년 | 보안 영역의 클라우드 산업화 지연 |
| 클라우드 브로커 | 클라우드 브로커 | 0 ~ 1년 | 미성숙 서비스 영역으로 추격 가능 |

IBM, Google, EMC, Oracle, Cisco, Verizon 등과 같은 글로벌 서비스 사업자들은 글로벌 시장에서의 클라우드 선도 포지셔닝 확보를 위하여 솔루션 및 서비스 업체에 대한 인수합병(M&A) 활동을 지속적으로 수행하고 있다. 기존 통신 미디어사는 클라우드 서비

44 출처 : 한국산업기술평가관리원, "클라우드 컴퓨팅 기술 스택 및 산업 현황", 2012

스 기업을 인수하거나, 기존 ICT 서비스사는 고부가가치 SW 기업 인수를 추진하거나, 통신 미디어사와의 전략적 제휴를 추진해왔다[45][L09].

국내 클라우드 서비스 시장은 글로벌 시장과 달리 시장 활성화가 늦게 이루어지고 있다. 이는 클라우드 서비스 도입의 큰 장벽인 정보 보안 및 보호 이슈 외에도 문화 정서적 관점에서 IT 시스템을 자산이 아닌 비용으로 확보하고 이를 외부 사업자에게 위탁(outsourcing) 수행하는 기업 문화에 거부감이 다소 존재하고, 이를 해소하는 데에 많은 시간이 소요되기 때문으로 판단된다. 국내 기업의 클라우드 제공 수준[46]은 배치 적용 단계 수준으로 오픈소스 소프트웨어 기반의 클라우드 운영 관리 플랫폼의 개발 역량 내재화에 집중하고 있다.

클라우드 서비스 사용자(기업 포함)의 입장에서는 공급자에 대한 신뢰가 매우 중요함을 간과해서는 안된다. 공급자는 클라우드 서비스를 제공함에 있어 클라우드 기술도 중요하지만 고객이 요구하고 요청한 서비스의 품질 특히 가용성, 보안, 성능 품질을 충족시키면서 적시 제공하는 것이 더욱 더 중요하기 때문이다. 그러나 서비스 공급자는 서비스 제공 및 지원에 앞서 클라우드 운영 관리 기술 확보 및 플랫폼 설계 역량을 확보하는 수준이기에, 다소 차이가 존재한다. 시장과 고객의 요구에 적시에 대응하기 위해서는 클라우드는 그 자체가 목적이 아닌 수단으로서 장기적인 관점에서 오픈소스 플랫폼 역량을 확보해 가면서도, 서비스 역량을 조기에 갖추고 적시에 솔루션과 서비스를 제공하는 것이 더욱 중요하다.

IT 영역을 모두 일시에 클라우드에 전환하는 것은 현실적으로 불가능하다. 즉, 기존 IT 자산에 대한 감가상각이 남아있는 상황에서 이를 무시하고 클라우드로 전환하기 쉽지 않고, 또한 IT 시스템의 특성상 미션 크리티칼(mission-critical) 데이터베이스 통합 서버, ERP 시스템 등을 클라우드 아키텍처로 전환하기는 쉽지 않다[47]. 많은 클라우드 서비스 사

---

[45] AT&T사는 IBM사와의 공동사업 제휴를 추진하였고, Verizon사는 Terremark사를 인수하였다.
[46] IBM사는 클라우드 서비스 역량의 성숙도 수준을 Virtualized – Deployed – Optimized – Enhanced – Monetized의 5단계로 구분하였다[A15].

업자는 클라우드 구조로의 전환과 서비스 제공만을 제시하고 있으나, 전체 IT 시스템의 아키텍처 관점에서 Non-클라우드 영역과의 연동 및 연계 등을 포함한 포괄적인 대안을 제시해야 한다[A33][L36].

많은 기업들이 내부 업무 및 사업 시스템을 제대로 클라우드로 전환하기 위해서는 기존 인프라 및 어플리케이션 영역과 다른 장기적인 플랫폼 아키텍처 개선 활동을 전개해야 한다. 즉 클라우드 플랫폼은 인위적인 플랫폼 아키텍처 구현보다는 기존 우수 사례가 자산화되고 이를 플랫폼 및 서비스화하는 장기적인 투자 활동이 요구된다. 이는 플랫폼이 가져야 할 아키텍처 속성 즉 가용성, 안정성, 성능, 보안, API, 프레임워크 등에 대하여 기술과 솔루션에 대한 신뢰를 확보해야 하기 때문이다[L10]. 과거 모바일 플랫폼 분야에서의 글로벌 경쟁에서 볼 수 있듯이, 소프트웨어 플랫폼의 개발 역량 확보와 플랫폼의 사업화에 대하여 많은 자본과 인적 자원이 투입되어야 한다. 이러한 관점에서 가장 시급한 사안은 국내 SW 역량 향상이다. 현재 클라우드 시장에서의 국내 소프트웨어 업체는 10%만이 서비스를 직접 상용화하였으며, 솔루션 개발 및 서비스 운영을 위한 SW 전문 인력이 매우 부족한 상황이다. 무엇보다도 국내 SW 업체의 경쟁력을 한층 더 올려놓아야 하며 이를 위해서는 중추적인 SW 핵심 인력들을 국가차원에서 발굴하고 육성해야 한다.

---

47 클라우드 컴퓨팅의 원천기술은 오래 전부터 연구되고 시도되었던 것으로, 기술적 관점보다는 클라우드 서비스의 본질적 특성과 가치에 충실한 접근 관점이 더욱 더 필요하다[L36].

# 05

# 클라우드 플랫폼 서비스

글로벌 기업은 글로벌 비즈니스 수행에 필요한 '가시성, 신속성, 효율성 증대를 위한 IT 지원 체계'로의 개선이 시급한 상황이다. 즉, 해외 법인의 정보를 실시간으로 파악하여 수요 판매 및 생산 계획을 보다 효율적으로 수립해야 하고, 빠르게 변화하는 글로벌 시장에 빠르게 대응하기 위하여 필요한 IT 자원의 공급이 보다 신속하게 이루어져야 하며 또한 해외 각국에 흩어져 있는 서버 스토리지 그리고 데이터센터 자원을 통합하여 글로벌 인프라 비용을 절감하는 동시에 쉐어드 서비스(shared service) 체계를 실현하여 서비스 효율성도 확보해야 한다. 이러한 요구사항에 대하여, 인수합병 및 해외 법인 증설에 따른 특화 프로세스를 표준 프로세스 기반으로, 각기 다른 시스템 기술 구조를 플랫폼 기반 표준 기술 구조로 그리고 투자 중심에서 운영 중심의 IT 운영 관리 체계로 혁신 전환할 필요가 있다. 즉, 글로벌 비즈니스 확대 및 신규 사업 대응을 위해서는 IT 서비스 공급망을 클라우드 플랫폼 기반 IT 서비스 제공체계로 혁신하여 기존 IT 자산을 재사용하고 재생산하는 체계로 개선해야 한다.

Dell사는 각 지역별 CRM 솔루션이 분산 운영되어 글로벌 통합 CRM 솔루션에 대한 필요성이 대두되었고, 전세계 8만 명 직원의 의견을 취합하기 위한 커뮤니티를 구축하고자 하였다. 또한 비즈니스 변화 및 수요에 빠르게 대응하기 위한 어플리케이션 인프라가 필요하게 되었다. Dell사는 Force.com 플랫폼 및 개발 방식을 활용하여 비즈니스 어플리케이션 수요 발생 시 보다 빠르게 구축하고 적용하는 것이 가능하게 되었다. 또한 Dell 임직원 및 고객사들은 보다 빠른 커뮤니케이션 및 피드백 채널을 구축하여 보다 보안성이 보장된 인프라에서 콘텐츠를 배포하고 공유하게 되었다.

Fujitsu사는 각 지역 및 계열사 별로 업무시스템에 대한 중복 투자가 빈번했고, 기존 운영 시스템에 대한 추가적인 요구사항 반영이 어려운 상황이었다. 이런 상황을 극복하고자, Google, Microsoft 등 클라우드 공급업체로부터 공용 클라우드 플랫폼을 도입 적용하고, Cordys사의 BOP(business operation platform) 플랫폼을 바탕으로 기존 운영시스템을 통합한 『Fujitsu Cloud Platform』을 구축하여 기존 SAP 어플리케이션과의 연계 통합 서비스를 사용자에게 제공하였다. 이를 통하여 쉐어드 서비스를 바탕으로 자원/자산의 재사용으로 업무시스템의 개발 기간이 단축되었고, 개방형 플랫폼의 도입을 통해 다양한 SaaS

어플리케이션과의 연계 기반을 확보하였다.

글로벌 기업을 중심으로 자사 비즈니스의 플랫폼화, 글로벌화를 위하여 플랫폼 기반 클라우드 서비스 도입을 적극적으로 검토 적용하고 있다. IaaS 업체는 기업들에게 가상 서버, 스토리지, 네트워크를 사용할 수 있는 인프라를 제공하고, SaaS 업체는 기업 어플리케이션의 클라우드-기반 서비스 버전을 제공한다. 반면 PaaS 업체는 기업들의 특정 사업 요구 조건에 부합하는 어플리케이션을 구축해 호스팅할 수 있는 플랫폼을 제공한다. 클라우드 시장에 진출한 글로벌 기업들이 PaaS 영역으로 빠르게 진출하고 있는 점을 주목해야 한다. 아마존 AWS(Amazon Web Services), Microsoft사의 Windows Azure, Salesforce.com은 PaaS 시장에서 폭넓은 플랫폼 서비스를 제공하고 있고 협력업체들과의 강력한 네트워크를 구축하고 있다[1].

●● **그림 5.1** 주요 PaaS 업체

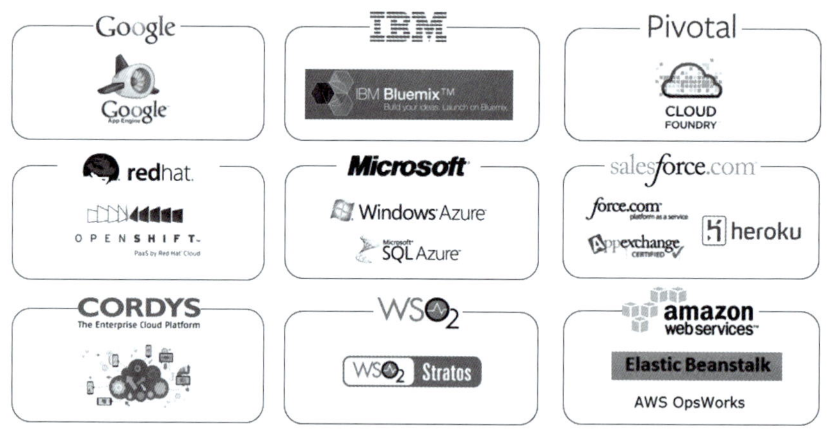


1 http://www.itworld.co.kr/news/82511, Forrester Research.

시장조사[2] 결과에서와 같이 조사 대상 기업 중에서 PaaS를 사용중인 기업은 크지 않으나 사용 검토 중인 기업은 많은 편이다. 현재 사용하거나 사용할 예정인 제품 솔루션으로는 Google사 AppEngine, Microsoft사 Azure, Pivotal사 CloudFoundry, Red Hat사의 OpenShift, IBM사의 BlueMix이다. 이는 글로벌 인프라와 결부하여 플랫폼 서비스를 사용하거나 오픈소스 플랫폼 기반하에 자사의 플랫폼 역량을 확보하려는 것에 기인한다. 클라우드 서비스 제공 업체들은 PaaS가 개발에 필요한 모든 인프라를 제공한다는 점에 주목하였다. IaaS 서비스 수익은 서버나 스토리지 사용료로 한정된 만큼 IaaS와 PaaS를 함께 제공하면서 동시에 웹에서 소프트웨어를 서비스로 제공하는 SaaS 시장까지 확장할 수 있다.

## 1. 플랫폼 서비스 아키텍처

많은 클라우드 서비스는 인프라 및 어플리케이션 영역에 대하여 IaaS와 SaaS 오퍼링 형태로 많이 제공되어 왔다. 그러나 인프라 서비스에 부가가치를 더하고 SaaS 서비스의 구현 구조를 실현하는 PaaS에 대한 중요성이 커지면서 글로벌 선도 소프트웨어 벤더들은 중장기적으로 어플리케이션, 통합, 비즈니스 프로세스, 관리형 파일 전송, 데이터베이스 관리 영역에서의 SW 제품 기능을 클라우드 서비스로 제공하는 것을 추진해 왔으며, '12년에 130여 개 이상의 소프트웨어 벤더들이 PaaS 서비스를 제공하고 있다[A34].

초기 PaaS 서비스를 위한 플랫폼 아키텍처 및 기술 표준화를 주도함에 있어 Microsoft, IBM, VMware, Oracle, Red Hat사 등은 기존 레거시 프로그래밍 모델과의 호환성을 염두에 두고 진행하였다. 그러나 이러한 과정에서 표준화와 호환성에 대한 진전은 더디고 시장에서의 PaaS 서비스 오퍼링은 사용자 기대 수준을 맞추지 못하였다. 또한 현재 사용자

2 출처 : ZENOSS, 2012.

요구사항을 충족하기 위해서는 복수의 PaaS 서비스를 활용해야 하고, 기존 기업 내 레거시 미들웨어와의 연동도 감안해야 한다. PaaS 서비스 활성화를 위해서는 어플리케이션 플랫폼 및 서비스 영역에 대한 클라우드 서비스 표준화 및 호환성 그리고 파트너들 간의 생태계 구축 등을 주도하는 리딩 소프트웨어 벤더의 역할과 책임이 매우 중요하다.

### 1.1 플랫폼 서비스 아키텍처

가트너 리서치사는 비즈니스 어플리케이션을 개발하고 있는 기업내 IT 조직 또는 SW ISV(Independent Software Vendor) 업체는 클라우드에서의 차별화를 위하여 클라우드 플랫폼 서비스 구조를 직접적으로 이용할 것으로 전망하고 있다[A38]. 클라우드 플랫폼 서비스 방식은 [그림 5.1]에서와 같이 클라우드 구현 중심이 어느 레이어인가에 따라 클라우드 기반(cloud-based) 방식과 클라우드 네이티브(cloud-native) 방식으로 구분된다.

●● 그림 5.2 클라우드 기반 vs. 클라우드 네이티브[3]

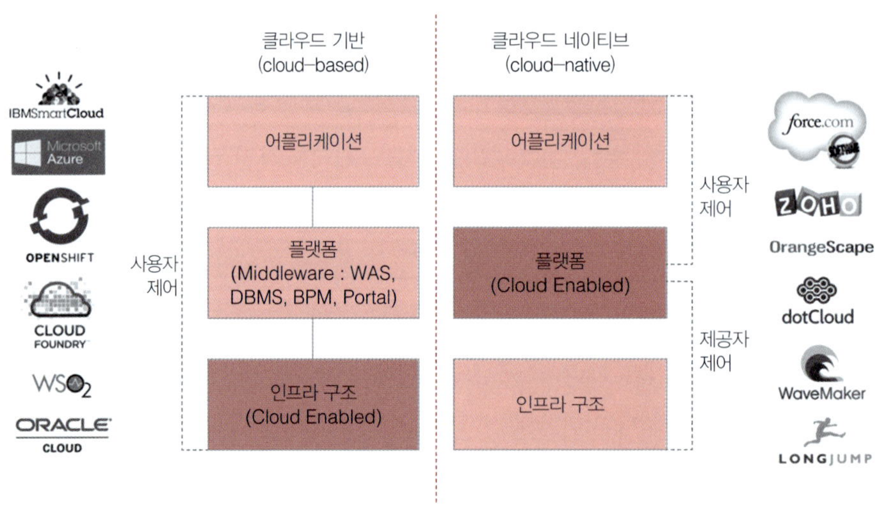


3 참고 : Gartner Research

클라우드 기반(cloud based) 방식은 기존 클라우드 인프라 아키텍처를 유지하면서 어플리케이션 플랫폼을 탑재하는 'IaaS + 미들웨어' 방식으로 기존 미들웨어에 대한 사용자 컨트롤과 이미지 호환성을 지원한다. 또한 어플리케이션 API 및 프레임워크 관점에서 어플리케이션 수정은 거의 없으며, 클라우드 마이그레이션 부담이 비교적 적다. IaaS 서비스를 먼저 도입한 기업들이 가장 많이 적용하고 있으며 상용 미들웨어 SW의 경우 라이선스 이슈가 풀리지 않아 오픈소스 SW 기반의 미들웨어를 많이 채택하여 서비스로 사용하고 있다.

클라우드 네이티브 방식은 어플리케이션 플랫폼 자체에서 신규 표준 프로그래밍 모델을 지원하면서 유연성과 다중 임대(multi-tenancy)를 지원하는 방식으로, 인-메모리, 병렬 처리 등의 다양한 기술 구조를 함께 제공한다. 클라우드 네이티브 방식은 서비스 제공자의 미들웨어를 사용해야 하는 관점에서 기존 미들웨어 기반 어플리케이션에 대한 전환 부담이 있지만 클라우드 및 플랫폼이 가지는 본연의 특징을 제대로 살릴 수 있다.

아래 그림은 가트너 리서치사의 PaaS 서비스 참조 모델이다. PaaS 아키텍처는 PaaS 기술 베이스(PaaS Technology Base)와 PaaS 서비스(PaaS Service) 영역으로 구성된다 [A35]. 가트너 리서치사의 PaaS 참조 모델상의 PaaS 기술 베이스 영역은 크게 클라우드 Foundation, 성능 Foundation 그리고 플랫폼 기술 관리 부문으로 구분된다[A35]. 이 공통 플랫폼 영역은 IBM CCRA(Cloud Computing Reference Architecture)와 같은 참조 아키텍처에서의 클라우드 운영 관리 플랫폼 영역에 포함되는 것으로 IaaS 또는 SaaS 플랫폼과도 중첩된다. 일부 제품 솔루션들은 기반 IaaS 플랫폼 기능을 상속받아 함께 사용된다[4]. 성능 Foundation 부문은 PaaS 서비스가 대규모 대용량의 서비스 오퍼링에 대한 확장성, 고성능의 요건을 충족하기 위하여 여러 소프트웨어 아키텍처 및 기능들을 포함하고 있다. 클라우드 Foundation 부문은 기본적인 클라우드 운영 관리 부문으로서 리소스 공유, 다중 임대, 확장성, 버전관리, 과금결제 프레임워크가 포함된다. PaaS 서비스 영역은 다양한 비즈니스 도메인 또는 기술 도메인상의 플랫폼 서비스에 대한 영역으로서 어플리케이션 플랫폼, 통합 플랫폼, BPM 플랫폼, DB 플랫폼이 그 예다. 또한 사용자의 셀프서비스 제공

---

4 Red Hat의 OpenShift와 Pivotal의 CloudFoundry

과 포괄적인 서비스 관리 그리고 도메인 플랫폼이 기반한 어플리케이션에 대한 수명주기에 대한 관리 기능 구조를 포함한다.

••**그림 5.3** PaaS[5] 참조 모델

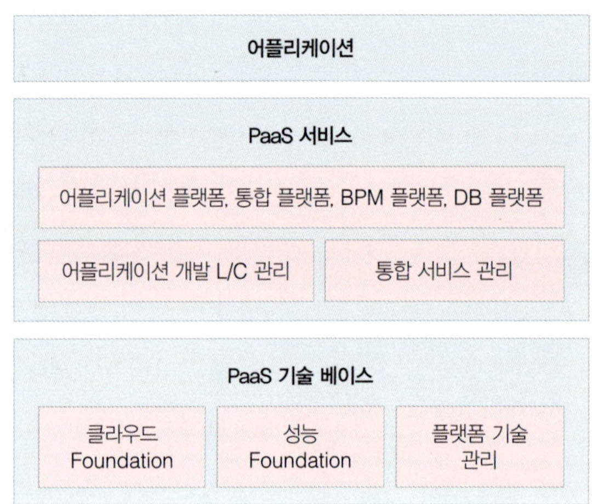


PaaS 서비스를 제공하기 위한 자체 플랫폼[6]은 클라우드 환경에서의 셀프서비스, 확장성, 다중 임대 특성과 맞물려 SW 제품 오퍼링으로도 제공되며, 가트너 리서치사는 Cloud-Enabled Application Platform(CEAP)로 정의하고 있다. CEAP는 기업 내 IT 조직에 의하여 전용 PaaS 구현하거나, 클라우드 서비스 사업자가 공용 PaaS를 서비스를 제공하기 위하여 또는 ISV가 자사 소프트웨어를 SaaS로 제공하기 위하여 기반 플랫폼으로 사용된다[7]. CEAP 기술 자체가 하나의 제품으로 형성되기 보다는 SaaS 서비스를 위한 기반 기술로 많이 활용된다. 가트너 리서치는 CEAP가 지원해야 할 클라우드 서비스 역량을

---

5 출처 : Gartner Research, "Gartner Reference Model for PaaS"
6 가트너 리서치사는 이를 application infrastructure로 명명하고 있다.
7 벤더 : Cordys, GigaSpace Technologies, IBM, LongJump, Red Hat, VMware 등

 **PART II**
클라우드의 실체

다음과 같이 제시하였다.

- 물리적인 자원 공유 풀에서의 논리적인 테넌트 독립성 보장

- 공유 자원에 대한 즉각적인 온디맨드 할당 지원

- 다중 임대 환경에서의 자원 프로비저닝, 모니터링, 재해 복구 절차 지원

- 다중 임대 자원의 사용에 따른 비용 및 과금 처리

- 다중 임대 환경에서의 데이터 보안 및 보호

- 다중 임대 환경에서의 SLA와 오토스케일링 등의 정책 제어 및 트랙킹

- 다중 임대 환경에서의 구성 관리 및 버전 제어

- ISV 사업자를 위한 다중 임대 환경 제공

- 확장성, 가용성, 응답성능 등의 플랫폼 아키텍처 특성 지원

- 지역 관계없는 글로벌 접근 체계 지원

- 해당 테넌트의 자원에 대한 셀프서비스 관리

●● 그림 5.4 가트너 리서치사의 다중 임대[8] 참조 아키텍처

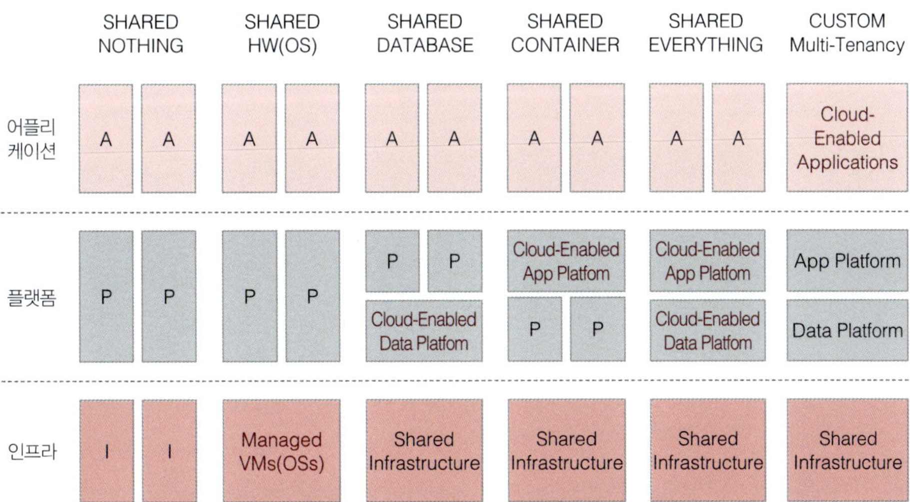

위의 그림은 PaaS 모델을 다중 임대 지원 수준에 따라 분류한 것이다. 기존 미들웨어 벤더(예: IBM, Microsoft, Oracle)들은 기존 온프레미스(on-premise) 소프트웨어 시장에서의 기득권을 지키기 위하여 클라우드 기반 방식의 PaaS로 'Shared Hardware/Shared OS' 방식을 많이 추구하였다. 신규 클라우드 서비스 사업자(예: Salesforce.com)들은 'Shared-Everything/Shared-Container' 방식에 바탕을 두고 클라우드 네이티브 PaaS 서비스를 제공하고 있다[A35].

## 2. 어플리케이션 개발 및 운영 플랫폼

어플리케이션 플랫폼은 어플리케이션의 수명주기를 포괄적으로 지원하기 위한 플랫폼으로서 클라우드 어플리케이션의 개발-테스트-배치-운영-통합에 대한 플랫폼이다. 기본적인 아키텍처로 서비스 컴포넌트 형태로 어플리케이션 기능들을 레파지토리(repository)화하여 신규 서비스 개발-배치-운영 관리를 유연하게 대처하는 플랫폼 구조를 가진다.

---

8 출처 : Gartner Research, "Gartner Reference Model for Elasticity and Multitenancy", 2012.

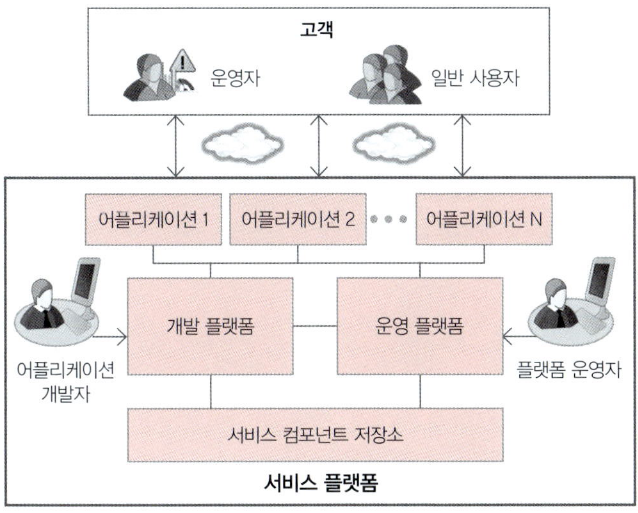


클라우드 컴퓨팅 및 서비스는 하이브리드, 브로커리지, 플랫폼 서비스, DevOps 영역의 기술과 아키텍처를 접목하기 시작하였다. 특히 PaaS 서비스는 IaaS와 보완재 서비스에서 SaaS 구현을 위한 서비스 플랫폼으로 또는 어플리케이션 개발과 운영에 필요한 다양한 미들웨어 서비스를 제공하는 다양한 어플리케이션 플랫폼으로 발전하고 있다. 세부적으로는 개발/운영 플랫폼을 지원하는 aPaaS, 어플리케이션과 데이터 통합을 지원하는 iPaaS, 비즈니스 프로세스 플랫폼을 지원하는 BPM PaaS, 데이터베이스 플랫폼을 지원하는 DB PaaS 그리고 네트워크 기반 데이터 전송/통합을 지원하는 MFT(Managed File Transfer) 플랫폼 등이 있다.

## 2.1 어플리케이션 플랫폼 서비스(aPaaS)

어플리케이션 플랫폼 서비스(aPaaS)는 어플리케이션 개발과 배치 서비스를 제공하는 클라우드 서비스로서, 기존 어플리케이션 서버의 클라우드 서비스 확장판이다.

기존 미들웨어 벤더(예: IBM, Microsoft, Oracle)들은 기존 온프레미스(on-premise)

소프트웨어 시장에서의 기득권을 지키기 위하여, 클라우드 기반 방식의 PaaS로서 Shared Hardware/Shared OS 방식을 많이 추구하였으며 신규 클라우드 서비스 사업자(예: Salesforce.com)들은 Shared-Everything/Shared-Container 방식에 바탕을 두고 클라우드 네이티브 PaaS 서비스를 제공한다. AWS(Amazon Web Service)의 Elastic Beanstalk 서비스는 하부의 IaaS에 미들웨어를 얹어서 제공하는 방식으로 유연성은 자동으로 수행되지 않고 다른 플랫폼에 의해서 제어된다.

### Amazon Web Service

아마존 AWS는 클라우드 컴퓨팅 분야의 선도 업체로서 다음 그림과 같이 다양한 서비스 오퍼링을 제공한다.

•• **그림 5.6** AWS사의 클라우드 서비스 오퍼링

| Your Application | | | | |
|---|---|---|---|---|
| **Libraries and SDKs**<br>NET/Java etc | **Web Interface**<br>Management Console | **Tools**<br>AWS Toolkit for Eclipse | **Command Line Interface** | Tools to access Services |
| **Authentication and Authorization**<br>AWS IAM, MFA | **Monitoring**<br>Amazon CloudWatch | **Deployment and Automation**<br>AWS Elastic Beanstalk<br>AWS CloudFormation | | Cross Service features |
| **Parallel Processing**<br>Amazon Elastic MapReduce / **Payments**<br>Amazon Devpay<br>Amazon FPS / **Content Delivery**<br>Amazon CloudFront | **Workforce**<br>Amazon Mechanical Turk / **Messaging**<br>Amazon SNS<br>Amazon SQS / **Email**<br>Amazon SES | | | High-level building blocks |
| **Compute**<br>Amazon EC2<br>Auto Scaling | **Storage**<br>Amazon S3<br>Amazon EBS | **Network**<br>Amazon VPC<br>Elastic LB<br>Amazon Route 53 | **Database**<br>Amazon RDS<br>Amazon Simple DB | Low-level building blocks |
| Amazon Global Physical Infrastructure<br>(Geographical Regions, Availability Zones, Edge Locations) | | | | |

대표적인 서비스로는 EC2(Elastic Compute Cloud), S3(Simple Storage Service), SQS(Simple Queue Service), SimpleDB가 있으며, IaaS + Middleware 구조로 EC2 서버에 다양한 OS(예: CentOS, RHEL, Oracle Linux, Windows Server, SUSE, Ubuntu 등)와 함께 많은 미들웨어 소프트웨어 이미지를 제공한다[9]. AWS 마켓 플레이스에서는 다양한 상용 또는 오픈소스 미들웨어(데이터베이스, 어플리케이션 스택, 콘텐츠 관리, 비즈니스 인텔리전스 등) 소프트웨어에 대한 이미지를 지원한다.

AWS는 어플리케이션 개발 및 배치 전개를 위하여 Amazon Elastic Beanstalk 서비스 상품[10]을 제공한다. Amazon Elastic Beanstalk는 아마존 클라우드에 어플리케이션을 배치 관리할 수 있도록 지원하는 서비스 상품으로 Amazon S3, AmazonSNS(Simple Notification Service), Auto Scaling같은 AWS 서비스를 기반으로 활용하고, PHP 및 Java 프로그래밍 환경을 지원한다. Amazon Elastic Beanstalk을 이용하여 AWS에 어플리케이션을 배치할 때, 개발자는 AWS 관리 콘솔이나 이클립스(Eclipse)같은 IDE를 사용할 수 있다. 또한 최근 출시한 OpsWorks 서비스 상품[11]은 규모나 복잡성에 상관없이 모든 어플리케이션을 AWS 클라우드에서 관리하는 DevOps[12] 솔루션이다. Amazon Elastic Beanstalk와 OpsWorks의 서비스 가격은 어플리케이션이 소모하는 기반 AWS 리소스에 대한 비용 외에 별도의 추가 비용은 없다.


### Microsoft사 Windows Azure

'10년 출시한 Windows Azure 플랫폼[13]은 Windows 어플리케이션을 구동하고 데이터를 저장하기 위한 Microsoft사의 플랫폼이다. 상용 소프트웨어 개발자들은 Azure 플랫폼을 사용하여 새로운 SaaS 어플리케이션을 생성할 수 있고, 기업 내 IT 조직도 Windows

---

9 http://aws.amazon.com/ec2/
10 http://aws.amazon.com/elasticbeanstalk/
11 http://aws.amazon.com/opsworks/
12 DevOps(development and operations)은 소프트웨어 개발자와 IT 운영자와의 커뮤니케이션, 협업 그리고 통합을 강조하여, 보다 빠른 소프트웨어 제품 및 서비스를 개발하는 개발 방법론이다.
13 Microsoft사는 2014년 클라우드 서비스 브랜드를 Microsoft Azure로 통일하였다.

Azure 플랫폼을 사용하여 기업 어플리케이션을 온라인 구축하고 가동시킬 수 있다.



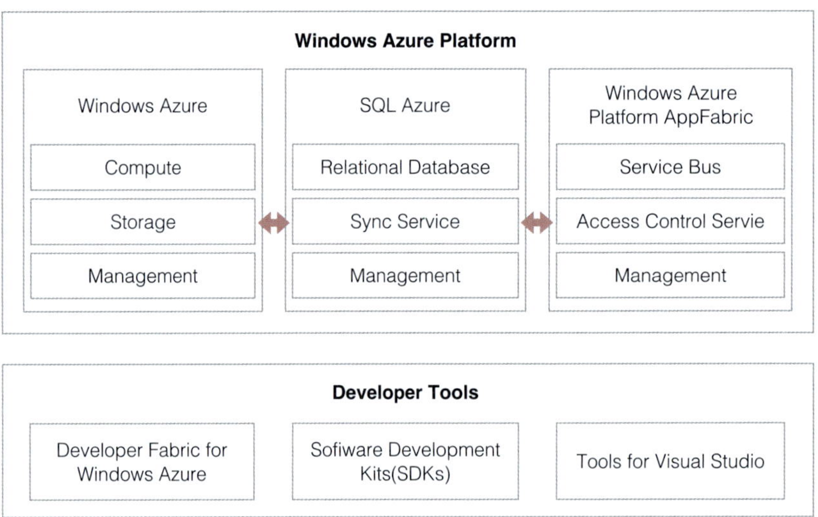



초기 Microsoft사의 Windows Azure 플랫폼은 Compute, Storage, Fabric 요소로 구성되었다. Fabric은 Microsoft사의 인프라에서 구동시킨 클라우드 어플리케이션을 관리하고 모니터링 수단과 툴을 제공되었다. 현재 Microsoft사 인프라 기반의 기본 Windows Azure 플랫폼에 SQL Azure와 Windows Azure 플랫폼 AppFabric을 기본 플랫폼 서비스로 제공하고, 기존에 보유한 미들웨어 소프트웨어를 서비스 형태로 포괄적으로 제공하고 있다. Microsoft사의 Azure 플랫폼은 Google 플랫폼과 같이 다수의 사용자들이 동시에 접속하여도 쉽게 확장할 수 있는 인프라 구조를 지원한다.

Microsoft Azure 플랫폼의 활용 사례로는 삼성전자 Smart TV, 넥슨 아메리카, SM 엔터테인먼트, 웹젠, '12년 런던올림픽 사진 전송 시스템이 있다. 삼성전자는 스마트 TV 관련 트래픽 급증을 매끄럽게 처리하기 위해 '08년부터 클라우드를 접목해 폭증하는 수요에 대비하였으며, '11년 Microsoft사의 Windows Azure도 도입하여 활용하였다. 삼성전자의 스마트 TV 관련 시스템들은 24시간 365일 전세계 120개 국을 대상으로 서비스를 제공하고 있다. 무엇보다도 장애 관련 시스템 안정성과 앱 다운로드와 웹 검색에 대한 체감 성능이 매우 중요하였다. 삼성전자는 Windows Azure 클라우드를 도입하여 많게는 80배까지의 비용 절감을 얻을 수 있었고, 몇 달 걸리던 작업을 클릭 한 번으로 처리하고 지원할 수 있게 되었다. 또한 스마트 TV 서비스 품질 경쟁력을 제공하였다. 또한 자사의 핵심 인력들이 인프라 유지보수가 아니라 고객을 위한 소프트웨어와 서비스 품질 제고라는 핵심 가치에 보다 더 매진할 수 있었다[14].

---

14 출처 : Microsoft Korea

**Salesforce.com 플랫폼 서비스**

**Salesforce.com 플랫폼 서비스**

Salesforce.com은 영업, 마케팅, 서비스 부문의 CRM SaaS 서비스를 제공하면서 동시에 플랫폼 서비스로 Force.com, Heroku, Database.com, Site.com, Chatter 그리고 ISVForce 에서 어플리케이션 설계를 위한 통합환경을 제공한다. 대표적인 Force.com은 Salesforce. com사가 제공하는 PaaS 서비스로서, Salesforce.com의 SaaS 어플리케이션에서 사용되는 것과 동일한 인프라에서 누구나 어플리케이션을 구축하고 구동할 수 있다. 또한 1,800개 이상의 어플리케이션 자료실로 AppExchange 마켓 플레이스를 제공하고 있다.

**●● 그림 5.9** Salesforce.com의 플랫폼 서비스 구조

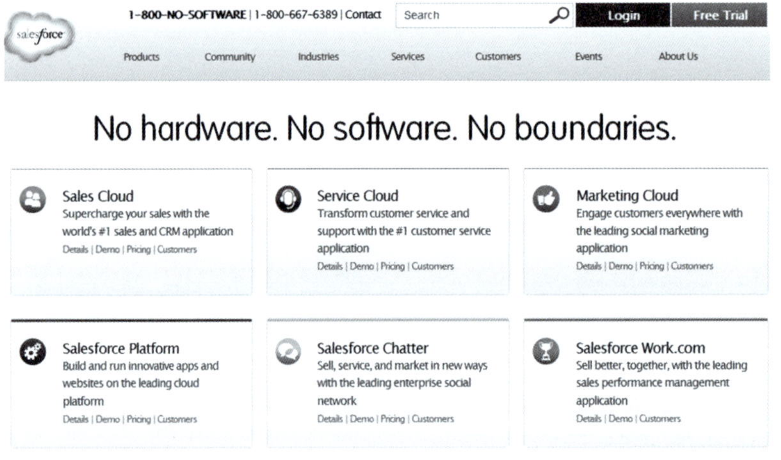


Salesforce.com의 Force.com은 어플리케이션용 플랫폼으로 개발자들은 이 플랫폼을 이 용하여 소셜 및 모바일 기능성, 비즈니스 프로세스, 리포팅, 검색 기능이 포함된 어플리케 이션을 개발할 수 있다. 데이터는 Salesforce.com의 데이터센터에 자동 백업되고, 여기에 서 어플리케이션이 실행된다. 데이터베이스, 보안, 워크플로우, UI 등의 스택이 제공된다. Force.com은 아펙스(Apex) 프로그래밍 언어를 지원하며 개발자들은 UI 레이어에 데이터

베이스 트리거와 프로그램 컨트롤러를 쓸 수 있다. 아펙스 구문은 클래스, 상수, 주석 등과 함께 자바 및 C# 개발자들에게 친숙한 환경이다[A10]. Salesforce.com은 지난 '10년 인수한 Heroku는 루비, Node.js, 클로저(Clojure), 자바, 파이썬, 스케일러(Scala) 기반의 개발 환경을 지원하며, 다이노스(Dynos)를 활용한다.

한독약품은 지난 '96년 제약업계 처음으로 SAP 전사자원관리(ERP) 시스템을 도입했지만 ERP 이외의 정보시스템에는 지속적인 투자를 하지 못했다. 해결방안으로 클라우드 기반 어플리케이션 플랫폼으로 Salesforce.com의 Force.com을 활용해 시스템을 재구축하는 차세대 개발 프로젝트를 착수하였다. 한독약품은 PaaS를 활용함으로써 무려 자체개발 비용 대비 75%나 절감할 수 있을 것으로 기대하고 있다. 또 무엇보다 Force.com에서 개발한 모든 어플리케이션은 모바일 기기를 자동으로 지원하기 때문에 추가 투자 없이 스마트기기와 연동할 수 있다는 점이다. 또한 Salesforce.com의 소셜 협업 솔루션인 Chatter도 함께 도입하여 기업용 소셜 네트워크 서비스, 블로그에 대한 기업 내부 요구사항에도 빠르게 대응하였다[15].

### Google사 AppEngine

Google사는 많은 Google 어플리케이션 서비스 외에 클라우드 서비스[16]로서 앱 엔진 PaaS 서비스를 제공하고 있다. Google의 앱 엔진은 Google의 클라우드 인프라를 바탕으로 글로벌 업무 처리를 위한 어플리케이션을 개발하고 운영하여 관리할 수 있는 플랫폼과 컴포넌트를 고가용성의 인프라 기반하여 다양한 기능을 확장성있게 제공하고, 이를 사용한 만큼 지불하는 클라우드 서비스로 제공한다.

Google 앱 엔진은 Google 인프라로 웹 어플리케이션을 개발하고 구동시키고 유지할 수 있게 해준다. Google 앱 엔진은 다른 경쟁 제품에 비하여 많은 제약 조건[17]이 있으나, 어

---

15 출처 : http://old.ciobiz.co.kr/news/articleView.html?idxno=5175
16 Google은 cloud.google.com에서 App Engine, Computer Engine, Cloud Storage, BigQuery, CloudSQL 서비스를 제공하고 있다.
17 과거 Python 환경만 지원하였으나, 현재 Java 런타임 환경도 지원한다.

플리케이션이 빠르게 구동하고 많은 사람들이 동시 접속하여도 신속하게 스케일업(scale-up)할 수 있도록 지원한다. 즉, 초기에 많은 부담이 되는 인프라에 대한 투자 없이도 어플리케이션 개발자가 서비스 이용자 수에 관계없이 온라인 어플리케이션을 개발 제공한다.

동적 웹, 쿼리 스토리지, 분류 및 트랜잭션, 자동 확장 및 부하 조정이 특징이다. 자바와 JVM 기반 인터프리터와 컴파일러로 작성한 언어들은 물론 Python, Google의 프로그래밍 언어인 Go를 지원한다. 개발자들은 개발환경을 이용해 로컬 장치에서 앱 엔진을 시뮬레이션 할 수 있다. 어플리케이션은 기반 OS에만 제한된 접속을 한 상태에서 안전하게 실행된다. 또 여러 서버에 걸쳐 웹 요청을 할 수 있다. 데이터 저장과 관련, 앱 엔진 데이터스토어는 테라바이트의 객체와 파일을 저장할 수 있는 Google 클라우드 스토리지, SQL 데이터베이스 서비스, NoSQL 객체 데이터스토어를 제공한다. 앱 엔진은 또 사용자 인증을 위한 API 기능을 제공한다[18].

Google 앱 엔진을 이용하는 어플리케이션 개발자는 온라인 앱 갤러리에서 자신의 제품을 소개하고 판매할 수 있으며 누구나 앱 엔진 SDK를 무료로 다운로드 받아 사용할 수 있다. Google은 개발자에게 앱 엔진을 초기 사용시 무료로 제공하고 있지만 일정 볼륨 이상 사용하는 경우에는 비용을 지불해야 한다[19].

Google 앱 엔진의 대표적인 사례로 미국 백악관에 온라인 타운홀 시스템으로서 사이트 오픈 시 6,932명이 7,037개의 질문을 올렸고 총 236,048표의 투표가 이루어져서, 정치에 관심이 많은 사람들이 동시 접속하여 사용해도 성능상에 아무런 문제가 없음을 인증한 사례이다[20].


### Red Hat사의 OpenShift

OpenShift는 Red Hat사가 제품 패키지로 제공하는 것이 아니라 클라우드 서비스로 제공하는 것으로, 오픈소스 개발자들이 사용하기 쉬운 개발 환경에서 확장 가능한 PaaS 호

---

18 Paul Krill, "9 cloud development platforms on the rise", www.infoworld.com, 2012.
19 https://cloud.google.com/pricing/
20 출처 : http://xguru.net/511

스팅 서비스를 제공한다. 개발자들이 어플리케이션을 '개발-테스트-실행-관리'할 수 있게 하고, 다양한 개발 언어와 프레임워크를 선택하고 클라우드에 배치하도록 지원한다. Python, PHP, Ruby 및 Spring, Seam, Weld, CDI, Rails, Rack, Symfony, Zend Framework, Twisted, Django, Java EE같은 프레임워크를 지원한다.

개발 및 구축 관점에서는 어플리케이션 프레임워크와 데이터베이스를 포함한 개발 테스트 환경을 클라우드상에서 제공하여, 개발자는 OS 및 미들웨어 설치 없이 어플리케이션 개발에 전념할 수 있다. 즉, 개발 규모 및 요건에 맞는 최적의 자원 환경을 단시간 내로 준비 가능하며, 개발된 어플리케이션을 클라우드에 배치하고 운영할 수 있다.

●● **그림 5.10** OpenShift 기반 서비스 아키텍처

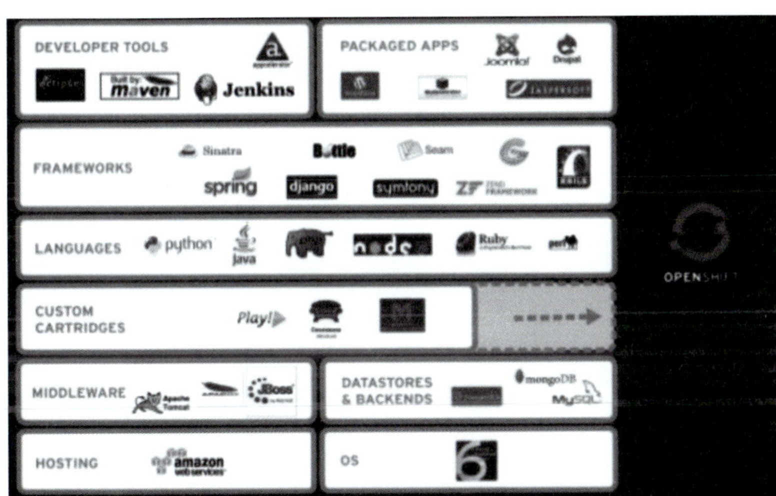

OpenShift는 PaaS 용도별 3가지 타입으로, 초기 오픈소스 공용 PaaS용 ONLINE, 전용 PaaS용 Enterprise 그리고 커뮤니티 PaaS용 Origin 상품을 제공한다. OpenShift Online의 경우 무료로 시작하여 Red Hat사 전문 지원 및 추가적인 업그레이드와 리소스 할당을 위해서는 Silver Plan 계약이 필요하다[21].

OpenShift Enterprise는 온프레미스(on-premise)/전용 클라우드 서비스를 위하여 설계된 PaaS 플랫폼으로서, 온디맨드 클라우드 어플리케이션 플랫폼을 제공하여 필요할 때 어플리케이션을 생성하고 클라우드 아키텍처 기반하에 구동할 수 있도록 지원한다. OpenShift Enterprise는 어플리케이션 플랫폼 스택상의 많은 기능 관리 및 프로비저닝을 자동화하고 있다. 개발자는 웹 콘솔 또는 명령어 기반 또는 Eclipse-based IDE를 통하여 어플리케이션 인스턴스를 요청하면 클라우드 환경을 지원하는 코딩 환경을 제공한다. 개발자의 어플리케이션 코딩이 완료되면 OpenShift Enterprise는 어플리케이션을 호스팅하고 유연성있게 자원을 확장하게 된다.

Red Hat사의 OpenShift는 리눅스와 Red Hat의 미들웨어 솔루션인 JBoss 생태계를 지원한다. 또한 MongoDB와 NoSQL이라 불리는 대용량 데이터 저장 기술을 사용할 수 있다. OpenShift는 자바, 파이썬, 루비 등 다양한 언어와 프레임워크를 지원하고, 리눅스 커뮤니티 등을 통해 개발자들이 클라우드에서 자신의 어플리케이션을 빠르게 확장, 배치할 수 있도록 지원한다[22].


### Pivotal사의 CloudFoundry

VMware사는 Open PaaS로 리눅스 기반 오픈소스 CloudFoundry 솔루션을 소개하였다. CloudFoundry는 개발자들이 특정 단일 프레임워크, 어플리케이션 서비스, 클라우드에 얽매이지 않도록 해준다. CloudFoundry는 공용 인스턴스 및 전용 분배가 모두 가능하고, 호스팅 환경인 CloudFoundry.com, 공동 프로젝트와 정보 공유를 위한 커뮤니티 환경인

---

21 https://www.openshift.com/products/pricing
22 출처 : 류한석, http://www.bloter.net/archives/114238

CloudFoundry.org, Mac이나 PC에서 실행되는 VM 버전인 Micro Cloud Foundry[23]가 있다[A11].

최근 VMware사에서 분사한 Pivotal(www.pivotal.io)사는 CloudFoundry.org 커뮤니티를 유지하면서 기업용 상용 PaaS로 Pivotal CF를 제공하고, 공용 클라우드상에 Pivotal Web Service로 개편 제공하고 있다[A10]. CloudFoundry는 Spring(Java), Rails, Sinatra(Ruby), Grails와 같은 프레임워크 그리고 MySQL, Redis, MongoDB 등의 데이터베이스를 지원한다[24]. CloudFoundry의 구조적인 구성은 Messaging(메시징 처리), Router(URL 부하 분산), Cloud Controller(구성 관리 제어 컨트롤러), Health Manager(상태 모니터링 및 감시), Droplet Execution Agent(사용자 응용 프로그램 실행 담당)로 구성되며, 이들 간의 기능 관계는 그림 5-11과 같다.

VMware사는 CloudFoundry 기반의 드래그 앤 드롭 개발 솔루션으로 WaveMaker[25]를 제공하고 있으며 개발자가 아니어도 자바 어플리케이션을 RAD(Rapid Application Development) 방식으로 보다 빠르게 생성하고 유지할 수 있도록 지원한다. IBM사의 BlueMix Paas 솔루션도 CloudFoundry에 기초하여 개발 제공된 것이기도 하다.

---

23 www.cloudfoundry.com/micro
24 출처 : Paul Krill, "9 cloud development platforms on the rise", www.infoworld.com, 2012.
25 www.wavemaker.com : 기존 Microsoft .NET 어플리케이션 코드 26000 라인을 WaveMaker 기반 335 라인으로 Migration한 사례가 있다. '11년 VMware사가 인수하였다.

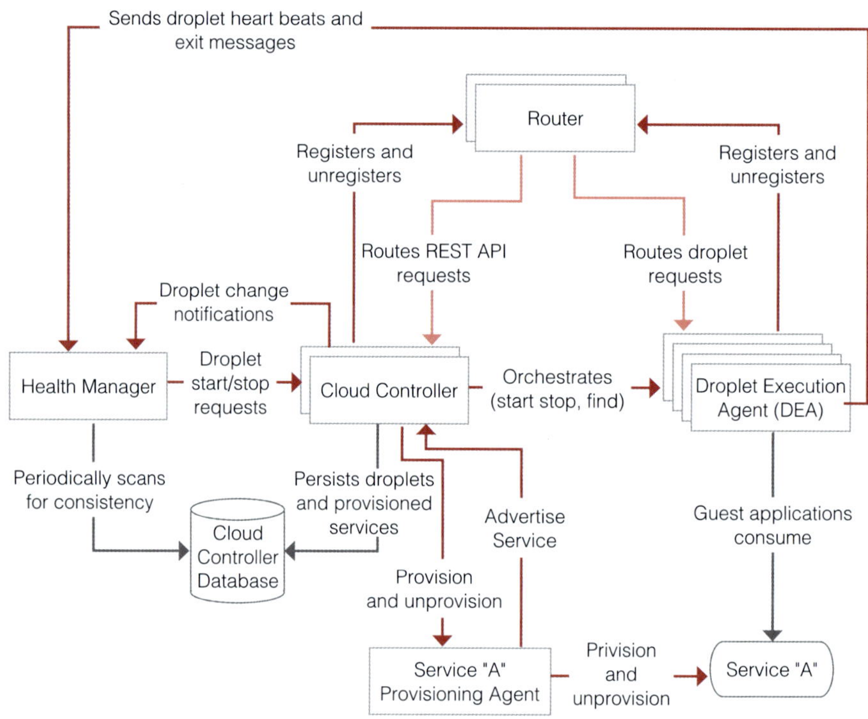


### IBM사의 블루믹스(BlueMix)

블루믹스는 오픈소스 CloudFoundry에 기반한 개발 플랫폼으로 모바일, 웹 어플리케이션의 개발/구축/운영이 가능한 클라우드 기반 플랫폼 서비스이다. 블루믹스는 어플리케이션 개발에 필요한 운영체계 포함한 개발 환경을 모두 제공하기 때문에 개발자는 하위 인프라에 신경 쓰지 않고 용이하게 프로그램을 개발할 수 있다. 즉, 개발자들은 별도의 플랫폼을 구축할 필요 없이 블루믹스를 통하여 개발 요소들을 웹상에서 빌려 모바일용, 기업용 등의 다양한 형태의 앱을 쉽고 빠르게 만들 수 있다. 또한 개방형 통합 개발 환경인 DevOps 환경을 통하여 IT 운영자와의 효율적인 협업 커뮤니케이션도 가능하다.

IBM사의 블루믹스는 오픈소스 PaaS인 CloudFoundry를 기초로 여러 커뮤니티들이 제공하는 서비스들을 부가해서 확장한 것으로 IBM사 SoftLayer의 인프라 서비스를 바탕으로 제공된다. 블루믹스는 오픈소스, 제3자 소프트웨어와 함께 IBM사의 빅데이터, 분석, 왓슨 인지 컴퓨팅, 사물인터넷 서비스 등 기존 서비스와의 통합도 지원 제공된다.

블루믹스는 대규모 클라우드 도입 프로젝트 뿐만 아니라 중소기업이나 스타트업 기업의 프로젝트에도 적합한 개발 플랫폼이다. 특히 최근 벤처 및 스타트업을 위한 클라우드 서비스 지원과 도입이 활발하게 진행되고 있는 상황에서, 이들 기업을 위해서는 개발부터 판매까지의 원스톱(One-Stop) 서비스 환경이 매우 중요하다. 이는 스타트업 개발자 및 중소 소프트웨어 기업을 위한 개발 및 사업 기회 창출 관점에서 클라우드를 넘어 소프트웨어 산업 전반의 선순환적인 생태계 협력 체계를 구축하는 좋은 토대가 될 것이다.

### 2.2 기타 플랫폼 서비스

iPaaS는 어플리케이션, 데이터, 프로세스의 통합 기능을 클라우드 서비스로 제공하는 것이다. iPaaS는 기존 통합 기능 ESB(Enterprise Service Bus), Data Integration, B2B Gateway, MFT(Managed File Transfer) 등을 포함하고 있다[26]. 기존 통합 브로커(integration broker)와 클라우드 서비스 브로커리지(cloud service brokerage)를 제공하는 B2B 서비스 사업자들이 제공하는 IT 서비스 오퍼링은 iPaaS 구조에 기초하고 있다[A34].

iPaaS는 기업 어플리케이션 및 데이터상의 통합 플로우(integration flow)를 개발, 수행, 관리 그리고 거버넌스하기 위하여 필요한 다양한 역량을 클라우드 서비스로 제공하는 것이다[A33]. 이러한 어플리케이션 및 데이터 통합은 기업 내, 외 조직 간의 다양한 통합 유즈케이스(use cases)로 A2A 통합(application-to-application Integration), B2B 통합(business-to-business Integration), 모바일 어플리케이션 통합(mobile application integration)을 지원한다. iPaaS는 다양한 메시지/데이터 포맷과 프로토콜을 지원하며 라우팅 및 전송 기능을 수행하고, 다양한 SaaS 또는 패키지 어플리케이션과의 연동을 위한 어

---

26 해당 벤더 : Dell Boomi, IBM Cast-Iron, Informatica, AppPoint 등

댑터를 제공한다.

BPM PaaS는 BPM(business process management) 기능으로 비즈니스 프로세스 모델링, 프로세스 저장소, 프로세스 실행 엔진을 포함하고, 이를 클라우드 서비스로 제공하는 것이다[27]. 비즈니스 프로세스 관리(Business Process Mgmt, BPM) PaaS는 BPM 기능을 클라우드 플랫폼 서비스로 제공하는 것으로, 프로세스/룰 모델링, 프로세스 레지스트리/저장소 그리고 프로세스 실행 기능을 포함한다[A33]. 글로벌 기업의 경우, 비즈니스 가치사슬 상의 다양한 여러 기업들 간의 비즈니스 프로세스를 전역적으로 운영 관리해야 할 필요성이 있으며, 기존 BPM 제품으로 통합 사용하기는 다소 어려운 상황에서 BPM PaaS는 매우 유용하다[A34]. BMP PaaS 벤더들은 독자적인 글로벌 클라우드 인프라를 확보하고 있지 않으며, Amazon, Rackspace 등의 IaaS 사업자와 전략적 파트너쉽을 통하여 글로벌 인프라를 확보하고 자사의 플랫폼 서비스를 결부시켜서 오퍼링을 제공한다.

소프트웨어 개발 수명주기(ADLC, Application Development Life Cycle) 관리 툴은 SaaS 플랫폼, 클라우드 서비스 인터페이스, 동적 할당의 플랫폼으로 사용되고 있다[A33]. 즉, ADLM(application development life cycle management) 서비스는 DevOps 환경으로 사용되고 있으며, 대표적인 기능이 소프트웨어 형상 및 변화 관리 기능이다. 다만, 이러한 ADLM의 클라우드 서비스는 통합, 융통성, 보안, 성능 등의 이슈를 내포하고 있다. IT 조직의 DevOps 모델은 기존 운영 모델에서는 개발과 운영이 이원화되어 있는 것과 달리, 운영과 동시에 개발을 병행하여 보다 비즈니스 요구에 민첩하게 대응하는 운영 모델로서, IT와 비즈니스의 연계(전략 기획, 관계 관리, 수요 관리, 과제 관리, 서비스 수준 관리, 솔루션 소싱) 역할이 확대되는 모델이다. 기존 어플리케이션 개발 수명주기가 Plan-Sourcing-Design-Develop-Test-Deploy-Manage-Operate 단계를 거치지만, DevOps 운영 환경에서의 어플리케이션 개발 수명주기는 Plan-Sourcing-Configure-Deploy 단계로 축소되며 비즈니스 변화에 IT를 보다 밀접하게 상호 연계 시킨다. 주요 ADLM PaaS 서비스와 클라우드 기반 ADLM 소프트웨어 제품으로 CA Agile Vision, HP Agile

---

27 해당 벤더 : Capgemini, Cordys, Fujitsu, IBM Blueworks Live 등

Manager, HP ADLM, TestWave 등이 있다[28].

DB PaaS는 DBMS를 클라우드 서비스로 제공하는 것으로 기본적인 특성은 유연성이다. 기존 DBMS 엔진은 클라우드 서비스를 위하여 엔지니어링 없이 IaaS 인프라 위에 바로 미들웨어를 탑재하여 사용한다. 대표적인 사례가 Amazon AWS의 RDS(Relational Database Service)로서 기존 MySQL, Oracle, IBM DB2 등의 데이터베이스가 호스팅 서비스로 제공하는 것으로 분류된다[A33]. 또한 클라우드 스토리지와 맞물려 널리 사용되고 있는 빅데이터 플랫폼으로 사용되고 있는 하둡 플랫폼과 트위터와 페이스북에서 소셜 네트워크 서비스의 기본 플랫폼으로 사용하고 있는 카산드라(cassandra)[29]와 같은 NoSQL 플랫폼이 있다.

개방형 PaaS는 PaaS 오퍼링에 오픈소스 소프트웨어와 개방형 표준화를 추구하는 PaaS이다. 대표적인 예가 Pivotal사 CloudFoundry[30]와 Red Hat사 OpenShift[31]이다. 개방형 PaaS는 개방형 아키텍처(open architecture)에 바탕을 두고, 다양한 프로그래밍 언어(예: Ruby, Java, Scala, Node.js, Erlang, Python, PHP 등), 프레임워크(예: Rails, Sinatra, Spring, Grails, Express, Lift 등), 서비스(예: My SQL, Postgres, MongoDB, Redis, RabbitMQ 등)와 다양한 클라우드(예: OpenStack, AWS 등)를 지원한다.


## 3. 클라우드 플랫폼 서비스 이슈

클라우드 서비스의 핵심인 PaaS 서비스 제공 및 이용이 크게 활성화되지 못하고 있다

---

28 출처 : Gartner Research, "Platform as a Service : Definition, Taxonomy, and Vendor Landscape", 2013.
29 Cassandra는 Google BigTable의 Column 기반 데이터 모델과 Yahoo Dynamo의 분산모델을 기초로 제작되어 Facebook에서 '08년 공개한 아파치 오픈소스 분산 데이터베이스이다.
30 www.cloudfoundry.com(www.pivotal.io로 변경)
31 www.openshift.com

[32] 가트너 리서치사가 제시한 aPaaS 선정 기준[A36] 각각에 대하여 일정 수준을 만족하는 PaaS 제품 솔루션 및 서비스도 많지 않지만, 그외 플랫폼 서비스의 환경적 측면을 포함한 주요 활성화 이슈는 다음과 같다.

●● **표 5.1** 가트너 리서치사의 aPaaS 선정 기준[33]

| 선정 기준 | 설명 |
| --- | --- |
| 어플리케이션 설계 | 개발 / 운영 생산성 및 통제 |
| 어플리케이션 통합 | REST / SOAP, 메시징, 어댑터 등 |
| 데이터베이스 통합 | 자체 내장, 원격 연동 등 |
| 제공 모델 | 전용 vs. 공용 |
| 생태계 지원 | 제3자 파트너 및 어플리케이션 지원 |
| ISV 지원 | 앱스토어, 빌링, 버저닝 |
| 개방성 | 개발언어, 데이터저장소, 연동구조 |
| 포트폴리오 | 클라우드 서비스 오퍼링상의 구조 |
| 가격 | 고정형, 사용량기반, 가입자기반, 계약기간, 보상기준 |
| 서비스 품질 | 가용성, 확장성, 성능, 재해복구, 투명성 |
| 보안 및 보호 | 데이터 보안 및 개인정보보호 |
| 셀프 서비스 | 프로비저닝, 정책, 관리 |
| 목표 어플리케이션 타입 | Client-Server, 2-Tier / 3-Tier Web, SOA 등 |
| 확장성 타입 | 멀티테넌시 지원 형태 (예: Shared Everything) |
| 사업 연속성 | 클라우드 사업 연속성 |

---

**32** 시장조사 기관의 명시적인 서비스 매출 볼륨 및 시장 전망을 통해서 알 수 있다. 기존 인프라 중심의 비용 절감 관점에서 플랫폼 중심의 가치 혁신 관점으로 클라우드 사업이 추진되어야 크게 활성화될 것이다.
**33** 출처 : Gartner Research, "Gartner aPaaS Report Card", 2013.

첫째, 인적 역량 확보이다. 인프라 및 어플리케이션 영역과 달리 장기적인 플랫폼 아키텍처 개선 활동이 수반된다. 즉, 클라우드 플랫폼은 인위적인 플랫폼 아키텍처 구현보다는 기존 우수 사례가 자산화되고 이를 플랫폼화하는 장기적인 투자 활동이 요구된다. 이는 플랫폼이 가져야 할 아키텍처 속성 – 가용성, 안정성, 성능, 보안, API, 프레임워크 등에 대하여 기술과 솔루션에 대한 신뢰를 확보해야 하기 때문이다[L10]. 과거 모바일 플랫폼 분야에서 글로벌 경쟁에서 볼 수 있듯이 SW 플랫폼 개발 역량 확보와 플랫폼의 사업화에 대하여 많은 자본과 인적 자원이 투입되어야 한다. 가장 시급한 사안은 국내 소프트웨어 역량 수준이다.

둘째, 개방형 플랫폼 API와 프레임워크의 호환성 이슈이다. PaaS는 데스크톱 OS, 모바일 OS와 같이 플랫폼으로서 제공되는 API에 바탕을 두고 어플리케이션이 개발되고 배치된다. 특정 서비스 사업자의 PaaS를 사용하면, 그 사업자에 종속되는 결과를 가져오게 되고, 클라우드 PaaS 활성화에 큰 걸림돌이다. 즉 PaaS 서비스 제공업체가 구축한 서비스를 다른 서비스 제공업체로 변경할 경우 상호운용성과 이식성 부족으로 서비스 변경이 불가능하거나 변경에 막대한 비용이 수반되기 때문이다. 또한 서비스 제공업체가 서비스를 중단하는 경우, 해당 어플리케이션과 데이터의 손실이 발생하고 비즈니스에 큰 손실을 가져오기 때문이다[L52][M13].

셋째, 클라우드 표준화(standard)[34] 이슈이다. 클라우드 컴퓨팅 기술 및 서비스 분야에서의 표준화는 공적 표준화 기구(ITU-T, ISO/IEC JTC 1)에서 최근에서야 활발하게 논의되고 있다[L58]. 또한 산업계 표준화 기구로서 CCIF(Cloud Computing Interoperability Forum), DMTF(Distributed Management Task Force), OGF(Open Grid Forum), SNIA(Storage Networking Industry Association), OMG(Object Management Group), CSA(Cloud Security Alliance), The Open Group, TM Forum 기구들이 활동하고 있다. 국내의 경우, 한국정보통신기술협회(TTA)에서 클라우드 컴퓨팅 표준 개발 활동을 수행

---

[34] IT 플랫폼 표준은 IT 생태계 구축의 기초가 되는 요소로서 과거 운영체계(예: 윈도우)와 현재 스마트폰 OS(예: 안드로이드, iOS)에서 향후 클라우드 플랫폼으로 변화될 것으로 전망된다.

하고 있다. 인프라, 플랫폼, 어플리케이션을 서비스 구조로 제공함에 있어 서비스 구조 및 관계에 대한 상호운영성과 호환성을 고려한 산업계 표준이 절실하지만 산업 성숙 및 시장 활성화가 다소 늦어지는 상황에서 특정 표준화 기구 및 벤더가 주도하지 못하고 있는 상황이다. 다만 클라우드 서비스 자체의 운영 관리 플랫폼으로서 오픈소스 SW 기반의 오픈스택과 가상화 솔루션 vSphere의 경우 선도 기술 및 솔루션으로서 산업계 표준으로 정착되어가고 있다.

넷째, 개방형 플랫폼과 생태계 이슈이다. 클라우드 컴퓨팅 기술과 시장은 PaaS 및 기반 플랫폼을 선도하는 기업이 주도할 것으로 판단된다. 호환성 이슈를 극복하고 플랫폼 기술 표준화를 선도하면서 소프트웨어 생태계 구축을 위해서는 오픈소스 소프트웨어 기반의 SW 역량을 확충해야 한다. 이는 Google, Amazon, Facebook, Facebook, Apple 등의 업체들이 글로벌 시장에서의 선도적 경쟁 우위를 확보하기 위하여 오픈소스 SW 기반하에 플랫폼을 구축하여 파트너들과의 생태계를 구축하고 있는 것과 같은 맥락이다.

•• **그림 5.12** 오픈소스 SW 기반의 클라우드 운영 관리 플랫폼 생태계

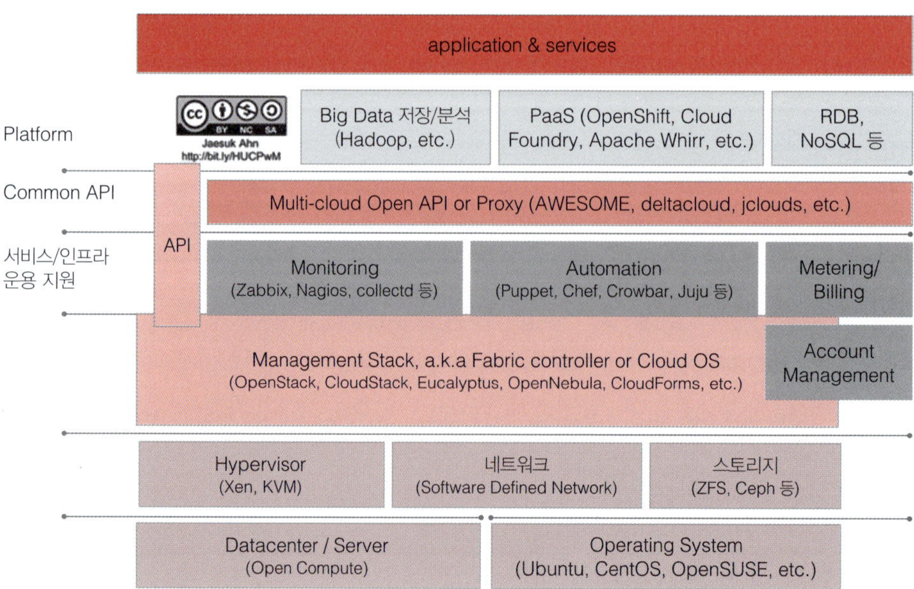

과거 플랫폼 서비스 제공 모델은 패키지 소프트웨어 벤더 및 SI 업체 중심으로 공급자 중심의 제공 모델이었으나 향후의 플랫폼 서비스 제공 모델은 이용자/수요자 중심의 제공 모델로 진화되어야 한다. 이를 위해서는 클라우드 플랫폼 서비스는 기반 플랫폼으로 제공되는 운영체계의 종속성을 탈피하고 어플리케이션 및 콘텐츠 제공을 확산하기 위하여 HTML5[35] 지원 개방형 웹 방식으로 서비스를 제공할 필요가 있다. HTML5 기반 개방형 웹 방식은 사용자가 어떤 웹브라우저를 활용해도 어플리케이션과 콘텐츠 등 다양한 기능들을 다양한 기기 플랫폼에 구애받지 않고 구동할 수 있다. 이는 Google, Apple사 등의 현행 플랫폼에 종속적이지 않고 개방형 플랫폼 서비스에 기반하여 응용 어플리케이션과 콘텐츠 그리고 이용자 중심의 보다 큰 생태계를 구축할 수 있다.

다섯째, SW 컴플라이언스 이슈이다. 플랫폼 서비스로서 미들웨어를 사용하기 위해서는 해당 미들웨어 SW에 대하여 해당 소프트웨어 벤더가 적절한 라이선스 정책과 오퍼링 정책을 제공해야 한다. 그러나 많은 패키지 SW 벤더들이 자사의 패키지 SW를 서비스형으로 판매하고 있지 않고, 어플라이언스 박스 모델로 전용 클라우드 솔루션을 판매하고 있는 상황이다.

기존 IaaS 환경에서 보유한 미들웨어 SW를 사용하고자 하는 경우에도, 해당 SW 벤더의 가상화 라이선스 정책을 준수해야 하는 부담이 있다. 주요 SW 벤더와 클라우드 라이선스 활성화를 위한 SW 라이선스 정책 협의 및 조정 기관이 필요하고, 이를 통하여 장기적으로 클라우드 서비스 사용자, 서비스 제공자, SW 벤더 모두에게 윈-윈 할 수 있는 계기를 마련해야 한다.

여섯째, 기업 내부 소프트웨어 정책이다. 범용 서버 기반의 클라우드 환경으로의 IT 전환을 위해서는 클라우드 환경에 맞는 표준 미들웨어(OS, Web Server, WAS, DBMS 등)의 선정 그리고 미들웨어 변경에 따른 어플리케이션의 마이그레이션이 요구된다[K23]. 현행 레거시 시스템이 재사용 가능하도록 CBD &SOA 기반으로 컴포넌트/모듈 개발이 이

---

35 HTML5(Hyper Text Markup Language 5)는 웹 문서를 만들기 위한 기본 프로그래밍 언어인 HTML의 최신 규격이다. HTML5는 Active X를 설치하지 않아도 동일한 기능을 구현할 수 있고, 특히 Flash나 Silverlight, JAVA FX 없이도 웹 브라우저에서 그래픽을 처리할 수 있다.

루어지지 않은 상황에서, 이를 자산화하여 공통 플랫폼 기반의 어플리케이션 서비스 구조로 전환하는 것은 초기 부담으로 기존 업종 어플리케이션의 컴포넌트화와 자산화가 선행적으로 수행되어야 한다. 또한 구축된 플랫폼을 바탕으로 어플리케이션 서비스를 제공하는 과정에서 Salesforce.com과 같은 서비스형으로 대가를 받는 것 역시 쉽지 않다. 이와 같이 기업의 내부 어플리케이션을 플랫폼 기반 서비스형으로 전환하는 것은 비즈니스 민첩성을 확보하는 동시에 IT 조직의 개발과 운영 혁신을 추구하는 것으로 장기적인 혁신 과제/프로그램으로 진행되어야 하며 경영진의 큰 결단이 요구된다. 글로벌 선도 기업의 경우, 전환에 대한 초기 부담에도 불구하고 혁신의 관점에서 추진하여 시장에서의 비즈니스 리더십을 지속적으로 확보하고 있다. 기존 미들웨어 SW에 익숙한 IT 운영조직의 입장에서는 오픈소스 SW로의 표준화 및 통합 작업에 대한 부담이 존재한다. Unix OS와 상용 DBMS에 기반한 어플리케이션을 x86 Linux 서버와 MySQL DBMS SW를 사용하는 클라우드 인프라로 전환하는 것은 해당 운영조직의 입장에서는 기존 Unix 운영 역량 외에 신규 Linux 운영 역량을 확보해야 하고, 기존 어플리케이션을 마이그레이션해야 하는 큰 부담을 가지게 된다.

일곱째, 클라우드 서비스 SLA(Service Level Agreement)이다. SLA는 클라우드 서비스 제공에 있어서 서비스 제공자가 고객에게 제공해야 할 서비스의 유형 내용 및 서비스 수준을 구체적으로 정의하고, 상호 간의 역할과 서비스 제공 과정에서 발생할 수 있는 문제해결 과정을 명확하게 기술한 것이다[K26]. 많은 클라우드 서비스 제공자는 EA(Enterprise Agreement)와 함께 SLA 사항을 계약에 명시하고 있다[K26][36].

다른 IT 서비스와 달리, 클라우드 서비스는 가용성 중심의 SLA를 제시하고 있으며, 일부 서비스 사업자의 경우, 성능 및 보안 관련해서는 SLA를 명확화하지 않고 있다. 최근 디지털 이니시어티브(digital initiatives) 환경에서 가정되는 다중 클라우드 서비스를 활용

---

36 방송통신위원회가 '11년말 국내 클라우드 서비스 SLA 가이드를 작성하여 배포한 바 있으나, 플랫폼 서비스 부분에 대해서는 언급되지 않고 있다. 이와 연관하여, 미국 연방정부의 FedRAMP 프로그램과 같이 클라우드 서비스를 검토 도입하는 과정에서 산하 기관이 반드시 준용하고 조정해야 할 사항(예: 서비스 인증)과 절차를 명문화하는 거버넌스 전략이 필요하다.

하는 경우에는 포괄적인 SLA 정의와 구현이 쉽지 않다[37]. 글로벌 서비스 관리 표준체계를
준용하면서 SLA 기반 서비스 제공을 실현해야 한다.

37 출처 : TMFORUM, "Multi-Cloud Service Management – Technical Guide", TMFORUM TR196, 2013.

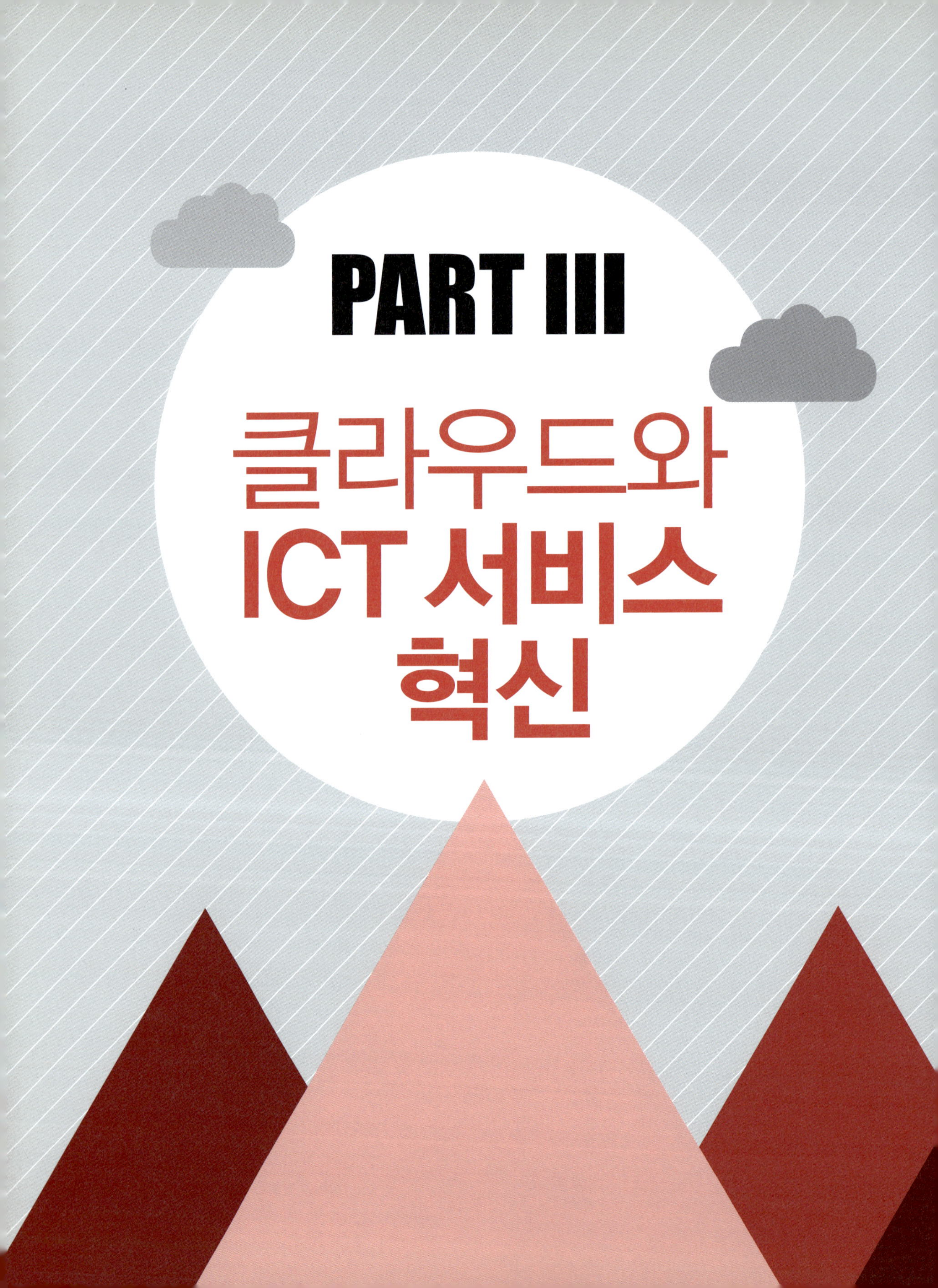
PART III
클라우드와
ICT 서비스
혁신

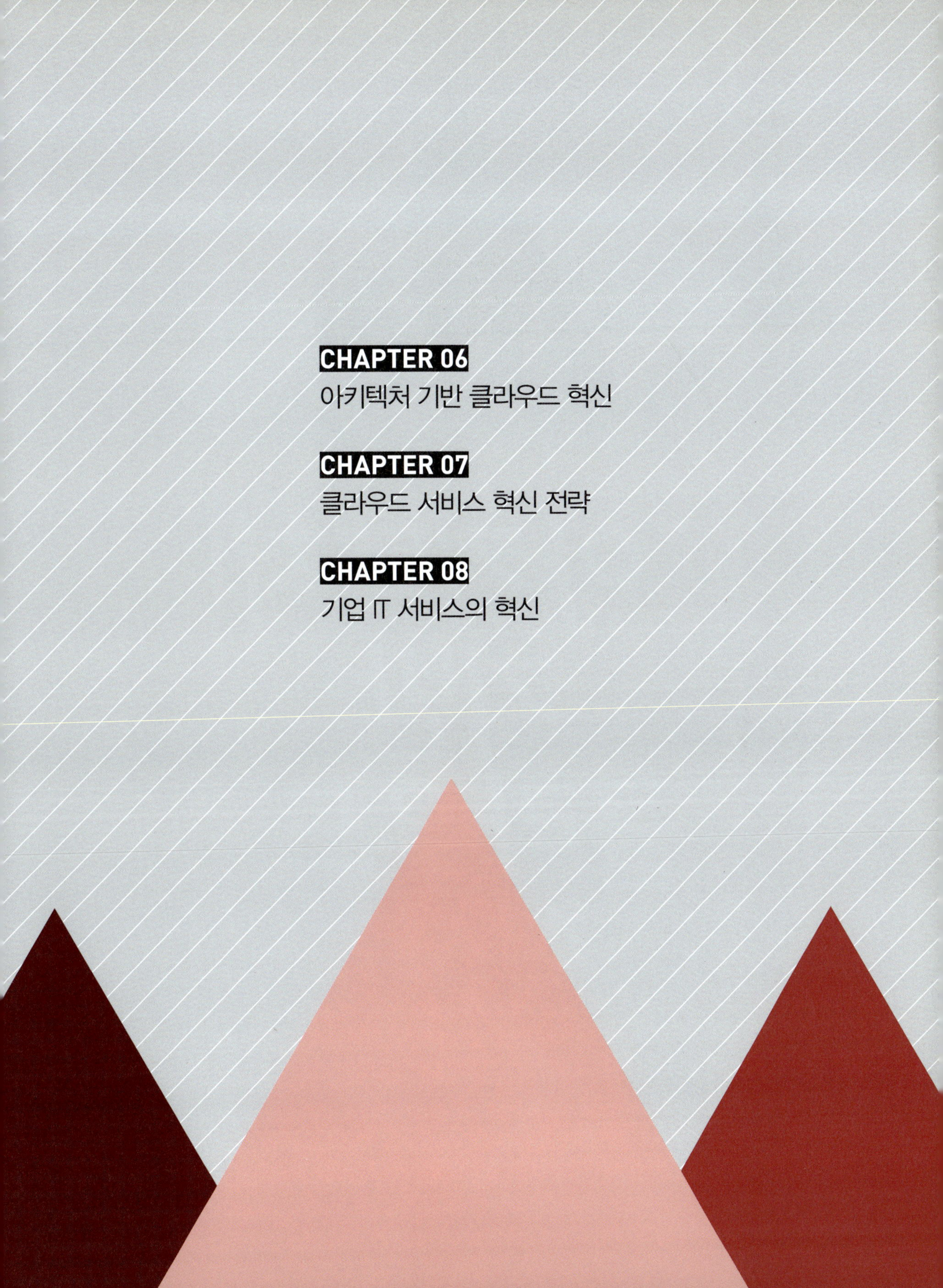

# 06

# 아키텍처 기반 클라우드 혁신

# 1. 혁신과 클라우드

## 1.1 창조 혁신 = 서비스 혁신 + 가치 혁신

기업의 성장과 혁신에 있어 경영 혁신은 기업들이 경영 환경의 변화에 대응하여 기업 경영의 목적을 달성하기 위해 기존의 일하는 방법과 비즈니스 모델을 획기적으로 개선하는 것이다. 경영 혁신은 크게 3가지 유형 – 프로세스/운영 혁신, 제품/서비스 혁신, 비즈니스 모델 혁신으로 분류된다[1]. 프로세스/운영 혁신은 제품 개발 프로세스, 물류/재고 관리 프로세스, 고객 관계 관리 프로세스, 인사 관리 프로세스, 경쟁적 차별화를 위한 혁신이 그 예다. 제품/서비스 혁신은 고객의 관점과 요구에 따른 맞춤화를 지향하면서 신규 제품/서비스를 개발하거나 신규 시장을 개척해내는 혁신 활동이다. 비즈니스 모델 혁신은 산업별 전문성, 업무 프로세스 전문성을 바탕으로 현재 비즈니스 상황을 다시 바라보고, 비즈니스 환경의 변화 및 발전에 따라 가치를 창출할 새로운 비즈니스 모델을 구상하는 혁신이다.

최근 기업의 경영 혁신은 비즈니스 모델 혁신과 파트너와 고객을 포함한 외부와의 협업과 협력이 매우 중요해지고 있다. 즉, 기업의 경영 혁신은 단순한 상품/서비스 혁신뿐만 아니라 운용 프로세스 및 비즈니스 모델 전반에 걸쳐 혁신이 이루어져야 한다. 국내 기업의 경우 프로세스 혁신을 통한 운영 효율성 개선에 치중하면서 원가 절감 및 생산성 향상에 초점을 맞추었으나 최근 중국 시장의 부상 등 글로벌 시장의 변화에 대응하기에는 비용 절감 중심의 운영 혁신만으로는 한계가 있다. 최근 국내 경제와 기업 위기를 타개할 수 있는 전략 방안으로서 기존 운영과 서비스 혁신에 대한 지식 경험, 창의적인 사고 그리고 혁신에 대한 실행력을 바탕으로 신규 가치를 창출하는 창의적 서비스 및 비즈니스 모델 혁신을 통하여 신규 시장과 산업을 창출하는 전략이 부각되고 있다. 이러한 창의적 혁신

---

[1] 프로세스 혁신은 성과 창출을 위하여 업무 프로세스를 근본적으로 재설계하는 것임. 최근 프로세스 혁신을 위하여 6시그마를 적용하는 기업이 많이 증가하고 있다. 프로세스 혁신은 기존 프로세스를 개선하여 사업 경쟁력을 강화하는 경우와 신규 프로세스를 새롭게 설계하고 신 사업 기회를 창출하는 경우로 구분됨. 이 책에서는 전자의 경우를 프로세스 (운영) 혁신으로, 후자의 경우를 서비스 혁신으로 구분하고자 한다.

은 스마트 컨버전스 기반의 기술과 산업 융합으로서 Apple의 iPhone이 주도하는 모바일 비즈니스 생태계상에서의 플랫폼 혁신, IT 기반 산업 융합 혁신이 그 예다.



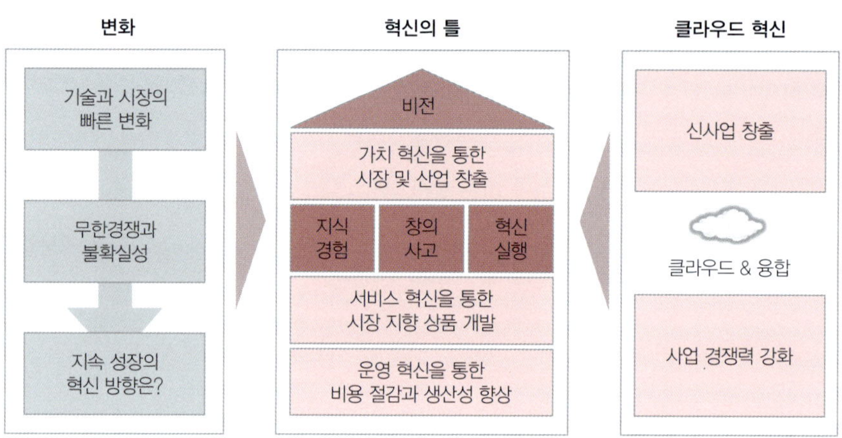


창조적인 경영 혁신은 다양한 분야/산업에서의 지식과 기술을 융합하여 신규 시장을 창출하고 변화에 능동적으로 대처할 수 있는 신사업을 창출해내는 창의적인 사고를 전개하여 신규 가치로 전환해내는 혁신적 실행력이 기본 핵심 요소이다. 다양한 분야와 영역의 인재들이 자유롭게 커뮤니케이션하고, 기존 지식(고객/시장, 프로세스, 상품/서비스, 기술)으로부터 창조적이고 혁신적인 그리고 가치있고 실행 가능한 아이디어를 창출하고, 글로벌 시장에 보다 빠르게 상품과 서비스를 출시하는 애자일 기업 체계로의 혁신이 필요하다. 즉 다음 그림에서와 같이 창조 혁신은 클라우드 기반의 서비스 혁신을 컨버전스 영역에서의 가치 혁신으로 연계 발전시키는 것으로 그 기반에는 클라우드 컴퓨팅과 빅데이터, 소셜, 모바일, 사물인터넷 등의 기술을 다양한 업종과 산업과의 융합에 있음을 알 수 있다.

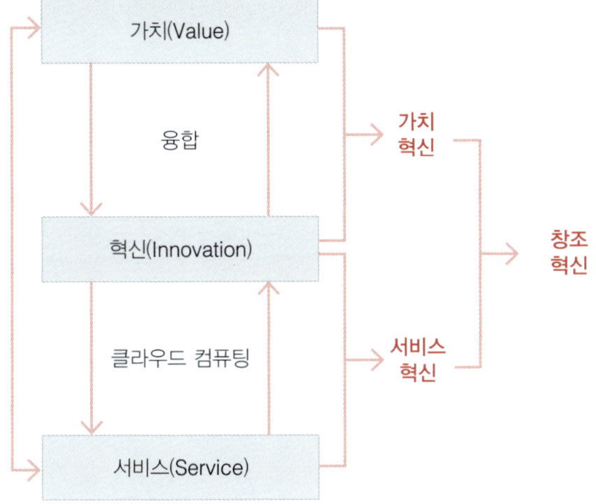

●● **그림 6.2** 융합 기반의 경영 혁신 선순환

## 1.2 클라우드 기반 서비스 혁신

클라우드는 비용 절감 수단이 아닌 비즈니스 혁신을 이끄는 성장 엔진이다. 모바일 장치의 확산, 실시간 데이터, 소셜 미디어의 성장, 분석 등이 정보 기술 수요를 이끌어내고 이 모든 것이 클라우드로 연결되고, 모든 지식과 정보가 쉽게 공유되고 연계되는 것이 비즈니스 혁신으로 이어지는 것이다.

베트남의 최대 은행 중 하나인 티엔퐁사는 영업 확장과 고객 서비스 향상을 위해 클라우드를 도입했고, 그 결과 은행 업무와 서비스가 크게 개선돼 클라우드 도입 1년도 안되어 고객 수가 50% 증가했다고 한다[2]. 클라우드는 기업의 신규 비즈니스 전략에 대한 토대이다. 즉 신규 제품과 서비스 개발을 더욱 신속하게 하고, 고객 서비스 및 관계 개선을 더욱 밀접하게 만들어준다.

전세계 기업들의 800명 이상의 클라우드 컴퓨팅 관련 의사 결정자와 사용자를 대상으로

---

2 출처 : IBM사. 클라우드는 비즈니스 혁신을 위한 것이다. 2013.

실시한 IBM의 설문 조사[3]는 클라우드 서비스가 단순히 인프라 비용 절감이나 효율성 제고에 그치지 않고 기업의 비즈니스 경쟁우위 확보에 기여한다는 사실이 증명되었다[A09]. 클라우드를 도입한 기업의 매출은 그렇지 않은 기업과 비교해 약 2배의 성장을 보였으며 이익은 약 2.5배 증가한 것으로 나타났다. 클라우드 도입 기업 중 66%가 모바일, 소셜, 애널리틱스, 빅데이터 전략을 통합하는데 클라우드를 활용 중이며 데이터 분석에서 얻은 통찰력을 기반으로 의사결정을 내릴 가능성은 그렇지 않은 기업보다 117%가 더 높았다. 전문가와의 협력을 위해 클라우드를 통한 소싱 확률도 79% 더 높았다[A09].

북미 최대의 인프라 개발 프로젝트인 캐나다 토론토 수변 지역 재개발 사업(Waterfront Toronto)에서는 IBM의 클라우드 플랫폼을 기반으로 상호작용이 가능한 개방형 포탈을 구축했다. 현지 주민들에게 도시 전체의 데이터를 실시간으로 제공해 지역 주민의 생활 편의성, 효율성, 생산성을 높였다. 미국테니스협회(USTA)의 경우 '13년 테니스 오픈 경기 중 관중에게 기본적인 스코어나 통계 이상의 경기 데이터를 제공했다. 클라우드, 모바일, 소셜, 애널리틱스 기술을 결합하는 등 IBM사와의 협력하에 경기 데이터에 대한 심도 깊은 분석과 통찰력을 제공해 경기 관람의 질을 높인 바 있다[A09].

다음 그림의 기업 IT 혁신 변천사에서 볼 수 있듯이 초기 IT 자원에 대한 비용 절감 중심의 IT 최적화 단계를 거쳐, IT 프로세스(개발 및 운영) 혁신의 단계를 거쳐, IT 서비스로의 클라우드 혁신 단계로 진입하고 있다. 즉, 기존 IT 사례가 자산화되고 이를 서비스화하는 단계로 진화하고 있다.

3 출처 : IBM CAI Cloud Study, 2013

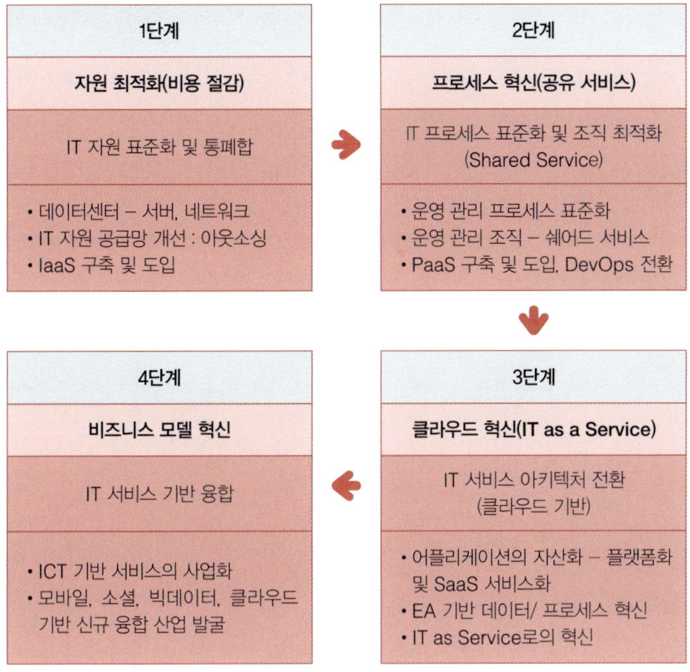


클라우드 서비스 기반 비즈니스 혁신을 위하여 전사적인 비전, 비즈니스 전략 및 목표와 연계하여 비즈니스 민첩성을 증대하고 비용을 절감하기 위한 토대로서 클라우드를 적용/전환하는 것이 필수적이며 이를 위해서는 IT 서비스 거버넌스 체계(조직, 프로세스, 시스템)의 혁신이 수반된다.

가트너 리서치는 '14년 주요 기술로 하이브리드 클라우드와 서비스 브로커로서의 IT, 클라우드/클라이언트 아키텍처, 퍼스널 클라우드 등의 클라우드 기술을 선정하였다. 클라우드와 Non-클라우드를 아울러 함께 서비스로 제공하는 IT가 강조되고 있으며 다양한 IT 서비스 방식에 대한 통합적 IT 운영 및 관리 방식이 더욱 더 중요해지고 있다. 즉, 향후의 IT 조직은 투자하여 자체 확보한 IT 자산 그리고 제3자로부터 임대하여 사용 중인 IT 서비스에 대하여 자산 vs. 임대, 내부 시스템 vs. 외부 시스템을 하나의 서비스 틀에서 통합적으로 운영 관리해야 한다. 또한『클라우드/클라이언트 컴퓨팅 모델』에서 BYOD(Bring-Your-Own-Device)로 다양해진 클라이언트 단말 그리고 모바일, 클라우드, 소셜 등의 신 기술 구조에서의 네트워크 수요 증가에 대하여 통합적인 단말 관리 및 네트워크 대역폭 관리가 매우 중요해지고 있다. 다양한 단말기기와 다양한 외부 서비스들에 대하여 개인 및 기업이 사용하고 있는 콘텐츠는 클라우드 기반 허브에서 저장, 사용, 관리되는 구조로 발전될 것이다.

궁극적으로 신규 가치 창출을 위해서는 기존의 규모의 경제 논리에서 범위의 경제 논리 관점으로 전환해야 한다. 즉, 다양한 클라우드 서비스, 다양한 IT 자원, 다양한 클라이언트 단말 그리고 콘텐츠에 대한 다양한 접근은 클라우드를 토대로 통합하여 운영 관리되고 서비스로 지원된다.

### 1.3 아키텍처 기반의 클라우드 혁신

기업의 IT 서비스 체계에 클라우드를 적용 전환함에 기존 물리적 인프라 기반의 레거시 시스템, 물리 서버 기반의 클라우드 시스템, 가상 서버 기반의 클라우드 시스템 그리고 제3자 외부 클라우드 서비스 제공자의 공용 클라우드 서비스를 모두 고려한 하이브리드 IT 체계를 목표 아키텍처로 검토하고 추진한다. 이를 위해서는 기업의 전사 아키텍처(Enterprise Architecture, 엔터프라이즈 아키텍처) 관점에서 인프라 구조(TA), 어플리케이션(AA), 데이터(DA) 그리고 비즈니스 구조(BA)에 대한 혁신 전환 전략을 수립하고 전환에 대한 실행 WBS(Work Breakdown Structure)를 도출해야 한다.

많은 기업들은 시범적 차원에서 Salesforce.com(또는 Amazon Web Service)과 같은 외부 SaaS(또는 IaaS) 서비스를 도입하거나 기존 인프라를 가상화 환경으로 변환하여 자체 클라우드 인프라를 구축하는 것에 머물러 있다. 전사적인 IT 혁신으로서 클라우드를 전면 도입하거나 적용하기 위해서는 다양한 IT 환경 및 사용자 환경을 포용하기 위한 밑그림으로 전사 아키텍처 기반의 IT 혁신 및 거버넌스 체계가 필수이다. 그렇지 않으면 클라우드로 인하여 IT 체계가 스파게티 시스템들로 변모될 것이다.

기업의 비즈니스 혁신을 위해서는 내부적인 관점과 외부적인 관점에서의 혁신 드라이버가 필요하다. 내부적인 관점에서는 인력, 프로세스, 정책 그리고 전략 요소가 해당되며 외부적인 관점에서는 모바일, 소셜, 빅데이터, 사물인터넷과 이들의 허브 역할인 클라우드 기술 구조가 해당된다.

내부 균형 성과표(Balanced Scorecard, BSC) 관점에서는 다양한 기술과 빠르게 변화하는 시장에 보다 빠르게 대처하고 나아가 시장을 선도하기 위한 사내 역량 강화, 프로세스 혁신, 서비스 혁신, 가치 혁신에 대한 요구에 어떠한 전략/인프라/인력 토대를 만들어야 하는 가에 대한 준비가 필요하다. 외부 기술적 관점에서는 모바일, 빅데이터, 소셜, 사물인터넷 등의 메가트렌드 기술이 클라우드 토대 위에서 신규 융합서비스를 발굴 전개할 수 있는가를 준비하여야 한다.

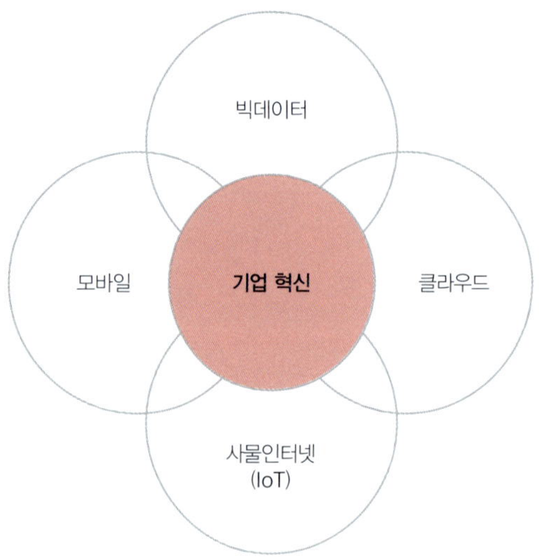


모바일/소셜, 빅데이터, 사물인터넷(IoT) 그리고 클라우드와 같은 IT 신기술에 대한 기업 및 기관 내 정보화에 대한 중장기 전략, 정책과 함께 이에 대한 현행화 및 지속화를 위하여 전사 아키텍처도 함께 개선 변경하고 실행되어야 한다. 즉, IT 신기술 도입과 다양한 업종 산업에서의 신사업 발굴에 따른 IT 아키텍처의 변경과 활용은 기존 EA 운영 관리 체계 특히 참조 모형으로는 이에 적절하게 대응할 수 없다. 특히, 최근의 IT 신기술은 소비자향 서비스로 인하여 정치/경제/사회/문화 전반에 걸쳐 많은 이슈 또한 제기되고 있는 상황에서는 전사 아키텍처 관리체계의 고도화와 활용 강화가 요구된다.

클라우드 컴퓨팅 기술 및 서비스 분야의 경우 기존 IT 에서의 기술 및 솔루션 선정 및 구축에서 현장에서의 현업 중심의 서비스 선정 및 이용으로 IT 역할 관계가 변화되는 상황에서는 전사적으로 신기술 도입, 적용, 활용에 대한 참조 방안과 거버넌스 방안이 제시되어야 한다. 즉, 신규 클라우드 컴퓨팅 기술과 서비스 체계에 맞게 전사 아키텍처 관리 체계를 개선 보완하고, 전사적인 IT 거버넌스 활동체계를 가동한다.

다음은 클라우드 컴퓨팅 기술과 서비스 도입에 따른 아키텍처 및 거버넌스 관점의 문제점과 이슈들이다.

- 전사적인 관점에서의 클라우드 컴퓨팅 정책 및 가이드 없이 사업부 또는 현장에서 클라우드 컴퓨팅에 대한 투자 또는 서비스 이용이 중복적으로 이루어진다.
- 현장에서 도입한 클라우드 컴퓨팅/서비스에 비표준 기술이 임의적으로 사용되어 어플리케이션 및 데이터의 호환과 교환 연동이 어려워진다.
- 클라우드 컴퓨팅 확산의 걸림돌인 보안 이슈에 대하여 기존 IT 환경에서의 보안 아키텍처가 적용되지 못하고 있다.
- 클라우드의 분산 아키텍처와 맞물려 활용되고 있는 빅데이터 영역에서의 데이터 선순환 체계(데이터 흐름, 연계, 공유)에 대한 거버넌스가 필요하다.

클라우드 컴퓨팅의 도입과 활용에 있어 전사적인 아키텍처 참조 모형으로 어플리케이션 참조 모형, 데이터 참조 모형, 기술 참조 모형이 요구되고 이를 기반으로 제반 인프라 아키텍처 환경, SW 및 플랫폼 기술요소에 대한 표준화 그리고 데이터 및 서비스의 분류 체계에 대한 통합 관리가 수행되어야 한다. 즉, IaaS 서비스를 위해서는 기술 참조 모형과 표준 프로파일 영역이, PaaS 및 SaaS에서는 서비스 참조 모형 및 데이터 참조 모형 영역에 대한 개선 보완이 필요하다.


## 2. 전사 아키텍처(Enterprise Architecture)

'90년대 후반부터 정보화의 발달과 IT 프로젝트의 대형화로 인하여 정보시스템의 연계 통합이 본격적으로 추진되면서 기업 정보시스템들 상호 간의 연계 및 호환성 확보에 많은 어려움이 발생하였다. 이에, 정보화 투자 급증에 따른 기존 IT 자원의 효율적 관리, 새로운 정보기술의 적기 도입성, 비즈니스 지향적인 IT 투자/개발/운영/성과 평가 등의 필요성이 대두되었다. 이러한 문제점을 해결하기 위하여 정보시스템 연동, 정보기술 자원의 체계적 관리, 상호 운영성 개선, 비즈니스 지향 IT 전략 실행을 목적으로 하는 전사 아키텍처가 본격적으로 도입되어 기업 내 IT 전략 수립, 정보화 수요 관리, 정보화 과제 관리, 정보화 성과평가 등에 활용되고 있다. 즉, 전사 아키텍처는 조직(기업)의 목표와 비전에 적합한 IT 시스템들을 조직 목적에 맞게 통합적으로 도입하기 위한 최신의 아키텍처 관리 기법이며 IT 시스템 간의 중복성을 최소화하고 연동성을 극대화하는 데 필요한 핵심 방법이다.

## 2.1 전사 아키텍처 소개

전사 아키텍처는 다음 그림에서와 같이 비즈니스 전략과 비전을 실현하기 위하여 전사 관점에서 IT 아키텍처를 지원하고 IT 프로젝트 설정을 가이드하는 도시계획과 같은 것으로, 비즈니스와 IT를 연계하기 위한 교량 역할을 수행한다. 즉, 시장 변화에 대한 비즈니스 요구사항 및 변화 동인으로부터 IT 목표와 방향을 아키텍처 측면에서 도출하고 이를 정보화 활동에 내재화시키는 활동이다. 기술적인 관점에서 EA는 기업 조직의 비즈니스와 IT의 구성요소를 전사 수준에서 식별하고 구성요소의 구조와 관계, 상호작용으로 엔터프라이즈를 표현한 설계도로 표현된다.

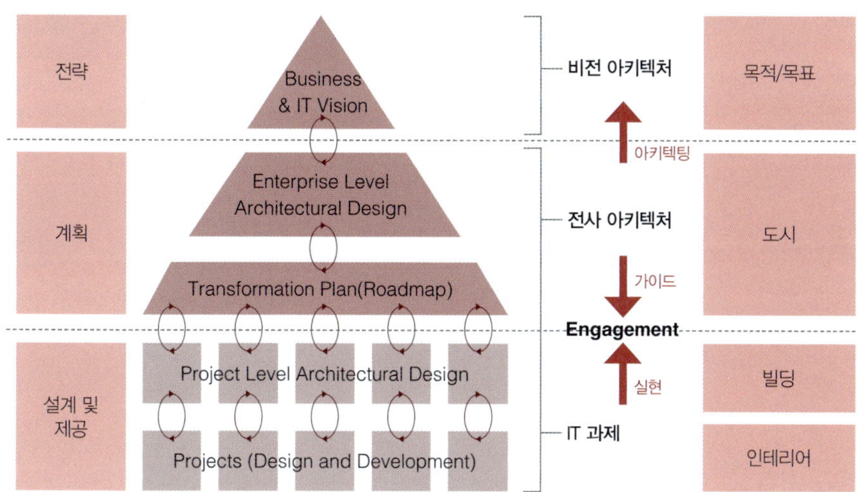


기업 내 EA 관련자 및 관련 프로세스에 대한 공통의 의사소통 기준으로 EA 프레임워크가 활용된다. EA 프레임워크는 EA를 기술함에 있어 필요한 정보유형을 식별하고 이들 정보유형을 논리적으로 구조화하고 정보유형 간 관계를 기술한 것으로 Zachman Framework[4], TOGAF(The Open Group Architecture Framework)[5], FEA(Federal Enterprise Architecture) Framework[6], Gartner EA Framework 등이 있다.

전사 아키텍처 프레임워크는 다음 그림에서와 같이, EA 비전, 현행 아키텍처, 목표 아키텍처, 전환 계획, 전이 프로세스, 참조 모형 그리고 EA 거버넌스 요소로 구성된다.

---

4 Zachman Framework은 USA DoD에 의해 채택되어 사용되고 있다. www.zifa.com
5 TOGAF는 TAFIM(Technical Architecture for Information Management)기반하여 Open Group에 의해 개발되었다. www.opengroup.org
6 FEAF는 미국 OMB(Office of Management and Budget)주도로 연방 정부의 EA를 위하여 개발된 프레임워크이다.

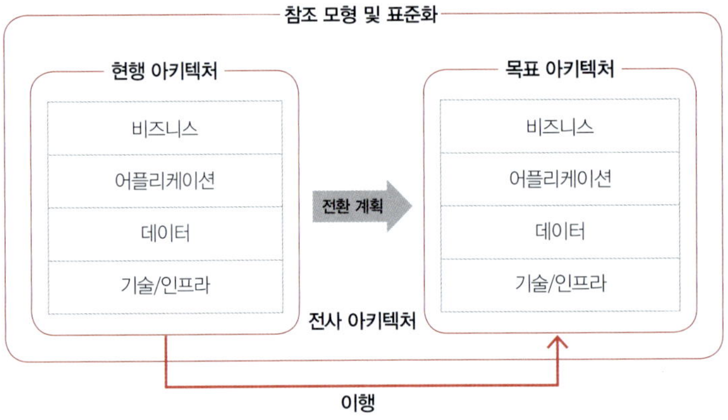


전사 아키텍처의 수명주기를 관리하는 EA 거버넌스 활동에서 EA의 아키텍처 도메인으로 세부적으로 비즈니스(전략, 목표, 프로세스), 데이터, 어플리케이션, 기술 그리고 보안 영역에 대하여 다양한 계층의 관리자들이 아키텍처 산출물을 참조하고 관리한다.

### 2.2 클라우드 서비스와 전사 아키텍처

클라우드 서비스는 기존 IT 자원 구매 방식에서 서비스 이용 방식으로 IT 서비스 이용 및 공급 방식을 혁신하고 있다. 이러한 서비스 모델의 변화 과정에서 대가 비용 자체가 저렴해지고 있으며 이는 대규모 자원 풀을 이용한 원가 절감과 불필요한 사용에 따른 비효율성의 제거에 기인한다. 그러나 비용 절감의 효과에도 불구하고, 시장에서의 클라우드 도입이 크게 활성화되지 못하고 있다.

첫째, IT 서비스 이용 및 공급 방식의 혁신으로서 클라우드를 도입하는 함에 있어 기존 레거시 IT와의 연계에 대한 고찰이 매우 부족하였다. 즉, 기업의 모든 IT 영역에 대하여 전면적으로 클라우드를 도입하기 파괴적 혁신이 쉽지 않은 상황에서, 고객 및 파트너 채널 프론트엔드단의 IT를 중심으로 클라우드로 전환함에 있어, 백엔드단과의 연동을 고려한 클라우드 도입과 제공이 완전하지 못하였다. 클라우드 서비스 이용자의 관점에서는 기업 내 IT 아키텍처의 목표 아키텍처 모습을 도출하지 않고, 현행 아키텍처를 단순하게 클라우드로 전환하는 것은 현행 아키텍처의 개선 및 보완 수준에 불과하기 때문이다. 실제로 많은 기업들은 내부 IT에 대하여 클라우드를 적용 검토함에 있어 일부 정보시스템 영역에 대해서 서버 및 스토리지 인프라단에서 사용연한이 경과된 자원을 클라우드 자원으로 교체하는 것만을 검토하고 있는 것이 현실이다.

둘째, 기업 정보시스템은 Web−WAS−DBMS의 3단 아키텍처 구조를 가지면서 하나의 정보시스템은 각 티어별로 다수의 서버 시스템을 사용하고 있으며 하나의 서버 시스템은 여러 정보시스템을 지원하고 있는 구조이다. 클라우드 도입에 있어서는 기존 IT 영역에서 각 서버 시스템들이 상호 연동/연계될 수 있도록 도입 전환을 검토해야 한다. 특히 통합 데이터베이스 시스템의 경우는 백엔드단의 핵심 시스템으로서 클라우드 전환 없이 사용되는 경우가 많고, 클라우드가 적용된 Web−WAS 단과의 상호연동이 필수적이기 때문이다.

셋째, 기업 내 IT 운영 관리는 클라우드 운영 관리와 기존 레거시 포함 Non−클라우드 운영 관리로 이원화되어 인력/조직/프로세스/시스템 등의 운영 관리가 이중화되는 요소가 발생한다[7]. 전용 클라우드를 구축한 경우에는 더욱 더 그러하다. IT 운영 관리 관점에서 필수적인 IT 자원/자산 관리, IT 서비스 지원 등의 체계가 상호 연동 또는 통합되어 운영되지 않고 있다.

넷째, 기업 IT 시스템은 크게 임직원들이 사용하는 업무시스템(MIS 시스템)과 외부 고객 및 파트너들이 사용하는 사업(서비스) 시스템으로 구분된다. 클라우드 도입에 있어 사업시스템의 경우, 비즈니스 민첩성 확보를 위하여 외부 공용 클라우드를 도입하고, 내부 업무시스템의 경우, 정보 보안 및 보호 등으로 내부 전용 클라우드를 구축하여 사용하는 경향이 있다. 특히, 현장 부서에서의 비즈니스를 위하여 현업 주도의 클라우드를 도입하여 사용하는 경우, 결과적으로 기업 내 다수의 클라우드 서비스 이용 및 이에 따른 정보화

---

[7] 이러한 운영 관리의 이중화는 자원 볼륨에 따라서는 클라우드 도입 효과로 예상한 비용 절감보다는 비용이 증가하는 상황을 초래할 수 있다.

비용을 통제할 수 없게 되고, 전사적인 관점에서 또 하나의 비효율성이 발생하게 된다. 실제로 글로벌 비즈니스를 추구하는 대기업의 경우 현장 사업부 주도의 클라우드 도입이 빠르게 이루어지면서 정보 보안 및 컴플라이언스 이슈가 발생하는 사례도 있다.

클라우드를 제대로 도입하고 운영하기 위해서는 전사적인 관점에서 클라우드 기반 IT 서비스 이용 및 공급 체계로의 혁신 전환 체계가 필요하다. 이러한 클라우드 혁신은 클라우드를 바탕으로 비즈니스 전략과 연계되고 시장 변화에 보다 민첩하게 대응하는 체계로 IT를 혁신 전환하는 것으로, 무엇보다도 전사 아키텍처 기반의 거버넌스 실행 체계가 필요하다. 즉, 전사 아키텍처 관점에서 현행 아키텍처 분석, 목표 아키텍처 설정 그리고 클라우드 혁신 전환 전략수립의 활동이 필수적이며, 또한 클라우드 서비스 체계로의 IT 운영 관리 개선이 필요하다[8].

다양한 융복합 서비스 사업 모델에 대하여 빠르고 민첩하게 시장 대응하기 위한 아키텍처 토대는 어떠한 모습을 가져야 하는 가와 솔루션 아키텍처의 중심으로서 클라우드를 어떻게 도입 활용할 것인가에 대하여 전사 아키텍처를 매개체로 포괄적으로 검토 고찰되어야 한다.

---

8 많은 기업들은 10여 년 전부터 전사 아키텍처의 중요성을 알고 EA 관리체계를 구축하였으나, 아키텍처를 현행화하면서 전사 정보 전략, 정보화 과제 관리, 중장기 계호기 수립 활동과 맞물려 지속적으로 EA 관리 활동을 전개하고 있고 있지 못하다. 예로, 인프라(서버 및 스토리지, 그리고 시스템 SW) 현황이 일관되지 못하고, 해당 인프라와 관련된 어플리케이션 영역, 특정 어플리케이션 영역과 관련한 인프라 범주를 명확하게 인지 못하는 것이 현실이다.

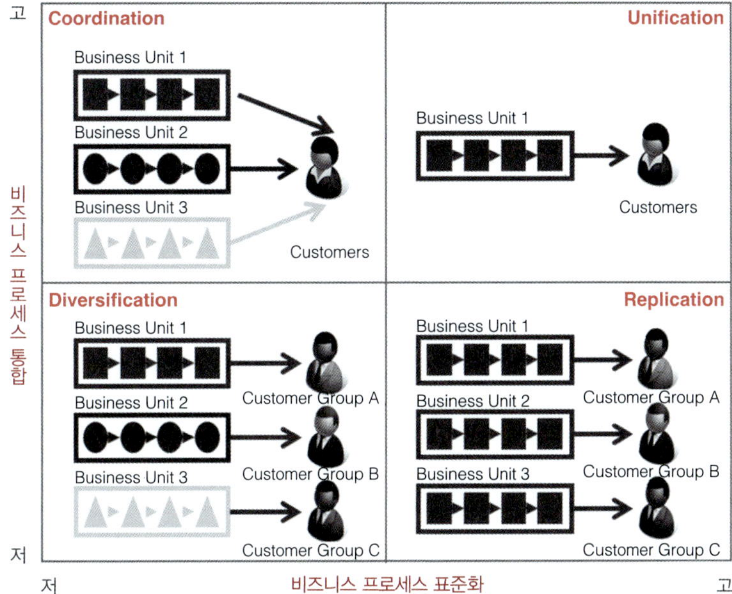


많은 기업들은 아키텍처 운영 모델상에서 『Coordination』 모델을 토대로, 빠르게 변화하는 기술 및 시장 변화에 대하여, 선제적으로 고객을 선도하기 위하여 많은 기술 혁신 및 기술 주도형 솔루션을 도입하거나, 인수합병 과정의 IT 통합 단계에서 『Diversification』 모델로 전이하고 있다. 많은 기업들이 클라우드 서비스를 도입하는 과정에서 기존 레거시의 전환 및 신규 서비스의 적용 과정에서 『Diversification』 모델로 전이를 시도하고 있으며, 궁극적으로는 하나의 IT 전략기획 및 운영 관리 관점에서 『Unification』 모델로 전이를 도모하고 있다. 즉, 빠르게 변화하는 기술 및 시장에 대응하기 위한 시장으로의 적기 출시 관점을 뛰어넘어 선도 기업으로서 지속적인 사업 전개를 위해서 전사적인 IT 통합 운영 관리 체계로의 도약이 필수적이다.

---

9 출처 : Jeanne W. Ross 외, "Enterprise Architecture as Strategy", 2006.

기업 내부 시스템의 클라우드화를 검토하는 대기업의 경우 클라우드 도입에 따른 단기적인 비용 절감도 중요하지만 장기적인 신규 가치 창출의 토대로서 클라우드 전환을 시도해야 한다. 특히 빠르게 변화하는 시장과 고객의 요구사항에 민첩하게 대응하기 위해서는 클라우드를 통하여 기존 아키텍처를 어떻게 변화시키고 이를 통하여 어떠한 기회를 창출할 것인지에 대한 선행 검토가 중요해지고 있다. 이를 위해서는 기업의 IT 인프라단에서의 클라우드 도입을 통한 비용 절감보다는 '인프라-플랫폼-어플리케이션-서비스' 단을 모두 포함하여 IT 구조를 글로벌 시장에서의 애자일 기업에 맞는 체계로 변혁해야 한다.

전사 아키텍처 관점에서 클라우드 모델을 바라보는 관점과 시각은 내부 사용자 관점과 외부 제공자 관점이 다소 다른 측면이 있다. 즉, 인프라, 플랫폼, 어플리케이션, 프로세스에 대한 아키텍처 영역은 비슷하지만 그 비중은 다소 다르다. 즉 내부 사용자 관점에서는 IT 인프라(서버, 스토리지, 네트워크 그리고 데이터센터) 영역에 대한 비중이 크고, 외부 제공자 관점에서는 어플리케이션 및 프로세스 영역에 대한 비중이 크다. 기업이 전용 및 공용 클라우드를 혼재하여 사용하는 하이브리드 클라우드를 적용하는 경우, 기업내 아키텍처 자산에 대한 관리포인트를 일관성 있게 관리하는 데 다소 애로점이 발생한다. 데이터 거버넌스 관점에서 어떠한 데이터는 기업 자산으로 자체 인프라 기반하에 관리되고 어떠한 데이터는 외부 SaaS 서비스를 사용하는 경우가 그 예다.


## 3. 클라우드 목표 및 원칙

### 3.1 클라우드 전략 목표

클라우드 전략 목표는 비즈니스와 연계하여 클라우드를 통하여 무엇을 얻을 것인가이다. 클라우드 전략 목표는 일반적인 클라우드 가치로서 언급되는 비용 최적화, 업무 민첩성을 통하여 경영 효율화와 비즈니스 혁신 토대를 구현하는 것을 경영 목표로 이를 달성하기 위한 IT 서비스 공급망 체계를 혁신하는 것에 있다. 이는 EA 관점에서 비즈니스 목표와 IT 목표를 연계하기 위한 것으로 도입과 활용 그리고 성과 평가에 있어 기초적인 기준을 제공한다.



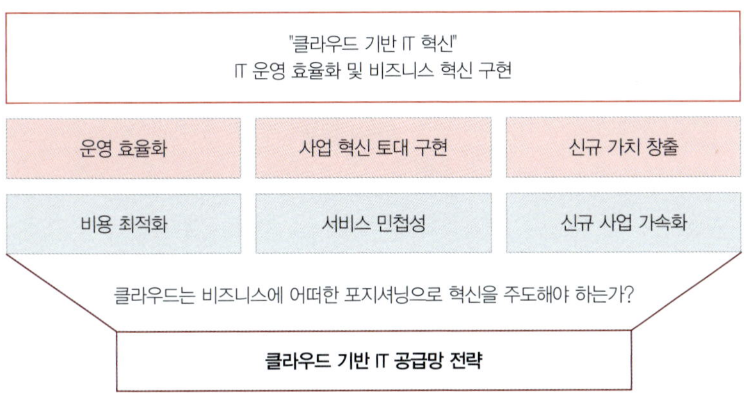


클라우드 컴퓨팅 및 서비스 도입으로 IT 운영 체계의 효율화하고, 이를 통하여 비용 절감을 할 수 있다는 것이다. 즉, IT 인프라를 직접 소유하지 않고 필요한 만큼 빌려 쓰고 사용한 만큼 비용을 지불하여, 기존 IT 인프라를 설치 운영하는 것 대비 비용이 절감된다는 것이다[L04]. 이 배경에는 기존 레거시 인프라 특히 서버 인프라의 효율성이 낮음에 기인하기도 하지만, 클라우드 인프라 공유를 통한 자원 활용 최적화에도 기인한다.

클라우드 컴퓨팅을 구축하고 서비스를 도입함에 있어 실제 도입 전후의 비용 절감 효과를 초기 추정한 것과 같이 확보하기는 쉽지 않다. 특히 전용 클라우드 방식으로 클라우드 컴퓨팅을 구축하는 경우에 기존 레거시 시스템 특히 서버 장비와 소프트웨어 라이선스에 대한 매몰 비용이 존재하기 때문이다. 이러한 상황에서 클라우드는 신규 장비 및 서비스에 대한 추가적인 도입으로만 인식될 뿐이다. 이에 클라우드가 제시하는 비용 절감을 명확하게 실현하기 위해서는 클라우드 도입 및 적용에 대한 상세 전략 기획, IT 표준화, 아키텍처 전환 로드맵 수립 등이 전제된다.

많은 기업들이 클라우드 컴퓨팅을 1차적인 비용 절감의 수단으로서 도입하는 경우가 많지만 그보다는 클라우드 기반 업무 혁신을 통한 생산성 향상과 사업 및 서비스 모델 혁신을 통한 신규 가치 창출의 수단으로 도입되어야 한다. 클라우드를 통하여 언제 어디서나 기업 정보에 접근하고 공유하여 기업 내 공유, 협업, 커뮤니케이션을 촉진하는 것은 내부 임직원간 그리고 외부 고객 간의 상호작용을 용이하게 한다. 글로벌 대기업의 경우 SaaS 또는 협업 어플리케이션 웹 서비스를 통하여 이러한 클라우드 효과를 실현하고 있으며 보다 많은 사내 커뮤니케이션을 통하여 업무 생산성을 극대화하고 있다. 기업은 클라우드를 통하여 고객 요구 및 시장 변화에 대하여 빠르게 대응할 수 있다. 즉, 고객의 서비스 요구에 대한 응답 시간을 단축하고, 서비스가 폭주하는 피크 타임 시간대에 급변하는 수요에도 유연하게 대처하여 안정적으로 대고객 서비스를 제공할 수 있다. 나아가 기업은 클라우드라는 인프라를 토대를 바탕으로 기존에 불가능했던 서비스들이 가능해졌고, 특히 타 업종 산업과의 융합을 통하여 신규 사업 아이템들이 클라우드를 통해서 가능해졌기 때문이다. 이를 통하여, 기존 캐쉬-카우(cash-cow) 사업 외에 시장에서의 가치 창출이 가능한 신규 사업 아이템을 보다 쉽게 발굴하고 실현할 수 있게 되어 지속 성장의 틀을 마련할 수 있었다.

비즈니스 관점에서의 클라우드 컴퓨팅의 도입 목적과 목표는 도입에 대한 거부감 없이 대세적으로 비용절감과 혁신 창출의 영역에서 검토하고 설정하고 있다. 그러나 이러한 비즈니스 목표가 구체적인 실행 시나리오 기반하에 수립되지 못하여, 설득력을 가지지 못하는 것이 현실이다.

클라우드 전략 목표는 기업 내부의 이해관계자들 −CEO, CFO, CIO, IT 실무자, 업무 실무자−의 스폰서쉽과 역할별 책임을 명확하게 설정해야 전략 실행과 성과 달성이 가능하다. 시장에서의 클라우드 추진에 대한 평가는 다른 IT 메가트렌드와 달리, IT 부서보다는 현업/현장 부서에서의 추진이 많았고, 경영진보다는 실무진의 추진 검토가 많았다. 이는 현업/현장에서 실무적인 업무에 보다 편의적으로 그리고 적시에 IT 자원을 확보할 수 있어 제품 개발과 서비스 제공 혁신을 달성할 수 있기 때문이다. 그러나, 경영진 관점에서

비용 절감에 대한 이해를 바탕으로 클라우드 전환과 같은 IT 혁신을 주도적으로 추진하기에는 큰 부담이 있는 상황이다. 즉, 신규 가치 창출을 통한 신사업 발굴 및 시장 확대와 같은 클라우드 효과가 검증되어 제시되기 전까지는 클라우드 도입 과정이 순탄하지는 않을 것이다. 클라우드 자체는 기업 경영혁신의 목표 달성에 필요한 수단과 토대로서 작용하고, 이를 기반으로 달성하고자 하는 혁신의 큰 틀과 방향성 그리고 전략/세부 과제를 정의하는 것이 클라우드 도입과 적용에 있어 매우 중요하다.

•• 그림 6.10 클라우드 리더십에 대한 역할과 책임[10]

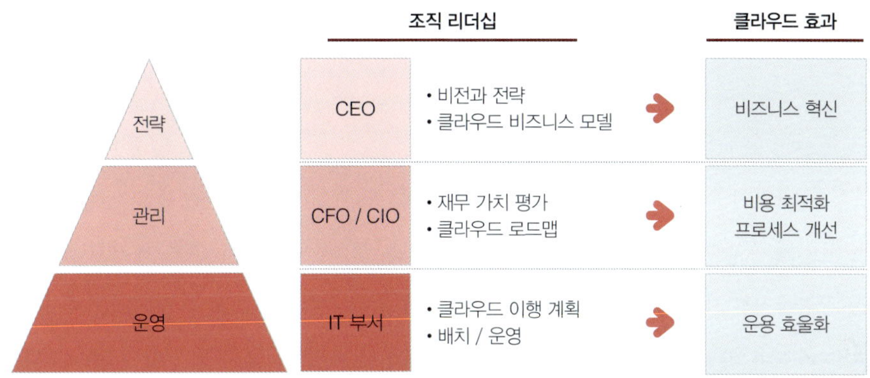


## 3.2 클라우드 원칙

전사적인 클라우드 도입을 위해서는 클라우드 대원칙과 각 아키텍처 도메인별 세부 원칙이 필수적이다. 즉 미국 오바마 정부의 『Cloud First』 원칙과 정책에서와 같이, 기업에서

---

10 KPMG, "The Cloud : Changing the Business Ecosystem", KPMG in India, 2011.

도 내부 정보시스템의 도입과 운영에 있어 혁신 수단으로서 클라우드를 도입하고 활용하기 위해서는 전사 아키텍처 원칙[11]이 필요하다.



| 원칙 「클라우드 퍼스트」 | | |
| --- | --- | --- |
| 공유 기반(Shared) | 표준 준수(Standard) | 서비스 지향(Service) |
| 사내 업무 및 사업에 필요한 IT 자원은 공유 기반의 자원 풀에서 제공받는다. | IT 시스템간 지속적 상호 운영을 위하여, 전사 표준 아키텍처/플랫폼에 부합하는 IT 자원을 사용해야 한다. | IT 자원은 정책 기준 및 컴플라이언스 규정에 부합하는 클라우드 서비스를 통하여 제공 받는다. |

클라우드 대원칙하에서 아키텍처 도메인별로 세부 원칙의 방향성을 설정할 수 있다. 비즈니스 아키텍처 관점에서는 비즈니스 목표와 연계된 서비스 모델과 구조 그리고 효율적인 비용 구조로 IT 시스템이 정의되어야 한다. 어플리케이션 아키텍처 관점에서는 어플리케이션 서비스의 확장성, 민첩성을 실현하기 위하여 플랫폼 및 분산 컴퓨팅 기술이 활용되어야 한다. 데이터 아키텍처 관점에서는 전사 임직원이 법제도 규정상의 요구사항을 충족해야 하고, 언제 어디서나 정보 활용이 가능해야 한다. 기술 아키텍처 관점에서는 IT 인프라 자원의 표준화와 통합화를 통하여 가상화를 구현하고 지속적이고 안정적인 인프라 운영이 가능해야 한다. 또한 통합 보안 관리체계가 가동되어야 한다. EA의 세부 원칙은 각 아키텍처 도메인별로 선언적인 시사점과 방향성을 정의할 수 있으나, 원칙에 따른 실행적인 측면을 감안할 때 IT 관리 활동 단계별로도 정의할 수 있으며 다음의 예와 같다.

---

11 클라우드 비즈니스 혁신의 목표가 아니고 수단이며, 클라우드 원칙은 비즈니스 혁신 과정과 수단에서 클라우드 적용에 대한 원칙이다.

| 구분 | 원칙 | 설명 | 배경 |
|---|---|---|---|
| 정책 | 비즈니스 프로모션 | 클라우드 서비스 사업 활성화를 위하여 클라우드 서비스 도입을 우선 검토한다. | 클라우드 서비스 이용이 IT 시스템의 개발 및 운영에 치명적인 상황을 초래하지 않는다면, 클라우드 사업 활성화 관점에서 클라우드 서비스를 도입한다. |
| 표준 | 표준화 | IT 자원(Software, Hardware, Solution)은 전사 표준 아키텍처 및 플랫폼에 부합되어야 한다. | IT 자원 및 기술요소는 전사 표준 아키텍처 및 플랫폼을 준수하여, 표준 기반 상호운용성을 확보해야 한다. |
| 도입 | 클라우드 서비스 | IT 자원은 내부 및 외부 클라우드 서비스를 도입하고, 필요한 만큼 이용한다. | IT 자산 투자 대비 빠르게 IT 자원을 활용하고, 불필요한 자원 낭비를 방지해야 한다. |
| 구현 | 서비스 공유 | 어플리케이션은 공유/재사용될 수 있도록 식별되고 정의되어야 한다. | 어플리케이션은 비즈니스 변화에 빠르게 대응할 수 있도록 공유/재사용될 수 있도록 식별 정의되어야 한다. |
| 관리 | 자산 거버넌스 | 데이터는 전사 자산으로써 가치 평가되고 관리되어야 한다. | 현장/사업부에서의 IT시스템이 관리하는 데이터는 전사 차원의 지적 자산으로 관리되고 평가되어야 한다. |
| 감사 | 서비스 컴플라이언스 | IT 시스템은 전사 컴플라이언스 규정에 부합되어야 한다. | IT 시스템은 개인정보 보호, 보안, 저작권 컴플라이언스에 위배되서는 안된다. |

## 3.3 클라우드 추진 대상

클라우드 전략 목표와 원칙하에 관리해야 할 클라우드 아키텍처의 대상 범위를 정의한다. 대상 IT 자원 범주는 사업장, 사용자, IT 자원 등에 대하여 세부적인 대상 범위를 한정한다.

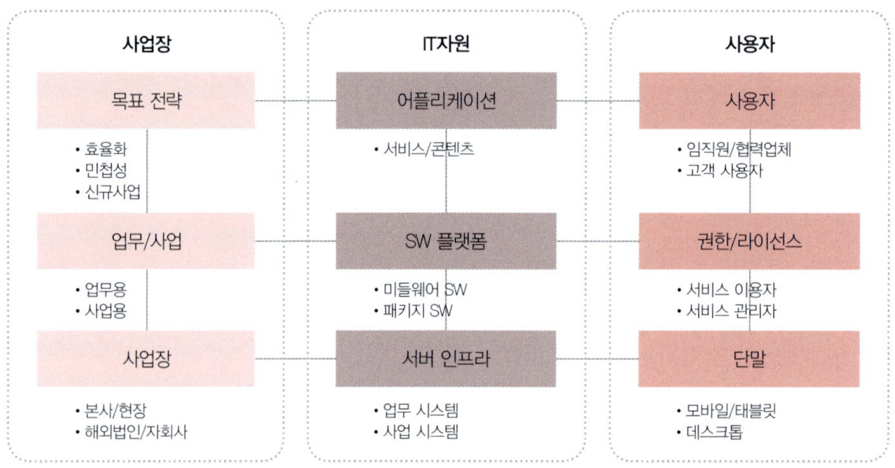


목표/전략 도메인은 기존 IT 비용 절감 차원 또는 신규 IT 서비스의 빠른 공급을 위한 것인지를 구분하고 업무/사업 도메인에서는 내부 MIS용(예: ERP) 또는 외부 고객용(예: 고객 지원 웹사이트), 사업 서비스용인지를 구분한다. 사용자 도메인은 대상 영역의 최종 사용자 집단이 내부 임직원인지 외부 고객 사용자인지를 구분하고, 사업장 도메인에서는 본사 외에 해외법인과 자회사 포함 여부를 명확화한다. 이는 클라우드 서비스 도입 및 적용에 있어 클라우드 아키텍처 구조에 영향을 미치며 전용 클라우드 방식으로 제공되는 SW 플랫폼의 경우 사업장, 사용자, 단말 환경에 따라서는 라이선스 컴플라이언스 이슈가 발생할 수 있다.

일부 기업의 경우, 전용 클라우드 방식으로 모든 레거시 IT를 x86 기반의 오픈소스 SW 플랫폼으로 전환하는 경우도 있으나, 현실적으로는 현행 레거시 IT를 구성하는 서버 및 스토리지 인프라 그리고 SW 플랫폼이 현재와 미래의 비즈니스 요구사항에 부합하는 구조인 경우도 있다. 클라우드 전환 대상을 선정하고, 기존 레거시와의 연동 연계를 감안하여 전체 IT 구조에 대한 목표를 수립해야 한다.

IT 부분의 서버 인프라, SW 플랫폼 그리고 어플리케이션은 비즈니스 목표 및 요구사항에 부합하는 영역에 대하여 IT 자원 사용 현황 및 패턴을 분석하여 대상을 선별한다. 아래 도표에서와 같이 서비스 부하가 변동이 큰 경우에 IT 자원에 대한 투자와 운영 효율성이 떨어지게 되며 이에 대한 솔루션으로 클라우드 서비스 도입을 검토해야 한다.

에베레스트 그룹(Everest Group)의 서베이 자료[A07]에서와 같이 많은 기업들은 업종에 따라 차이는 있으나 웹 어플리케이션, 이메일과 같은 협업 어플리케이션, CRM 어플리케이션 영역에 대하여 클라우드 서비스를 적용해 왔다. 비교적 서비스 부하 변동이 적고 안정적인 서비스가 요구되는 사내 핵심 ERP와 같은 비즈니스 어플리케이션의 경우, Unix 서버 기반 Non-클라우드 구조를 아직도 선호하고 있으며 이에 대한 클라우드 전환은 효용성 관점에서 이행되기 쉽지 않다. 다만, 전사적인 관점에서 IT 자원의 효율성을 제고함에 ERP도 클라우드 전환 대상이다.

업종 영역별 산업 특성에 따라, 기업 내 클라우드 도입시 고려사항에 대한 관심 사항이 다르며, 정부 및 공공기관의 경우 데이터 보안 및 컴플라이언스 이슈가 중요사항이고 유통 및 생산의 경우에는 어플리케이션 성능이 중요 검토 검토 사항이다.

클라우드를 도입한 많은 기업들은 제3자 공용 클라우드 사용시 해킹 등과 같은 보안 사고에 의해서 데이터가 유출되는 것에 대하여 우려를 가지고 있다. 실제로 클라우드를 적용했기에 보안 위험이 증대되는 것은 아니며 실제로는 서비스 비용 절감을 목표한 사용자와 원가 절감에 시달리는 제공자의 이해관계로 인하여 기존 서비스 체계와 달리 보안에 크게 신경 쓰지 않는 오류를 범하기도 한다. 무엇보다도 서비스 운영상의 정보 보안 및 보호 활동체계가 기존 운영 관리 서비스 수준으로 이루어져야 한다.

많은 기업들이 클라우드를 도입하면서 가장 우려하는 상황이 시스템 성능이다. 특히 가상화 기반하에 서버 용량을 제공하는 IaaS 서비스와 데스크톱 가상화 서비스의 경우에는 더욱 그러하다. 실제로 가상화 기반 인프라 자원의 성능은 여러 환경요인에 의해서 성능이 조정 변경될 수 있기 때문이다. 또한 서비스 제공자의 공식적인 SLA상에서 클라우드 서비스 상품의 성능에 대한 보증을 찾기 어렵기 때문이다.

# 4. 아키텍처 기반 클라우드 전환

Open Group은 '94년부터 아키텍처 포럼을 통해 전사아키텍처 방법론인 TOGAF(The Open Group Architectural Framework) 개발을 추진하였다. TOGAF는 EA Description 개발을 위한 툴과 방법을 제공하면서 재사용 가능한 아키텍처 기술서와 우수 사례(Best Practices)를 이용하는 반복적인 프로세스를 통하여 아키텍처를 설계, 평가, 구현할 수 있도록 한다. TOGAF는 Oracle사와 SAP사의 EA 프레임워크도 TOGAF를 토대로 제시되었으며, ITIL, COBIT, PMBOK 등의 타 프레임워크와의 연계 통합도 가능하여 널리 사용되고 있다.

TOGAF는 다음 그림에서와 같이 6개의 큰 개념으로 구성된다. ADM(Architecture Development Method)는 EA 개발과 구현에 대한 반복적인 프로세스를 제시하며, Guideline & Techniques는 ADM 응용을 지원하기 위한 가이드라인과 구체적인 태스크 활동을 위한 기술을 제시한다. Architecture Content Framework은 아키텍처 작업 산출물에 대한 모델을 제공하고, Enterprise Continuum은 아키텍처 저장소 뷰와 솔루션 산출물을 제공하고 있다. 또한 참조 모형으로 TRM(Technical Reference Model)과 III-RM(Integrated Information Infrastructure Reference Model)이 제공된다. Architecture Capability Framework은 그림에서와 같이 조직의 아키텍처 프랙티스 수립을 지원하기 위한 자원, 가이드라인, 템플릿으로 구성된다.

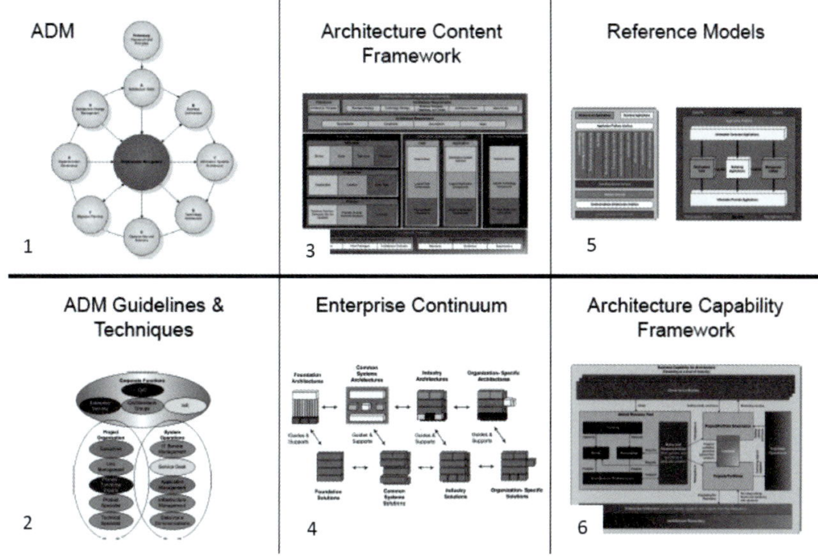


TOGAF ADM(Architecture Development Method)[12]을 중심으로 목표 아키텍처로의 전환에 대한 검토사항을 살펴보고자 한다. ADM은 다음 과정들이 연속 또는 반복적으로 수행된다.

---

12 http://pubs.opengroup.org/architecture/togaf9-doc/arch/

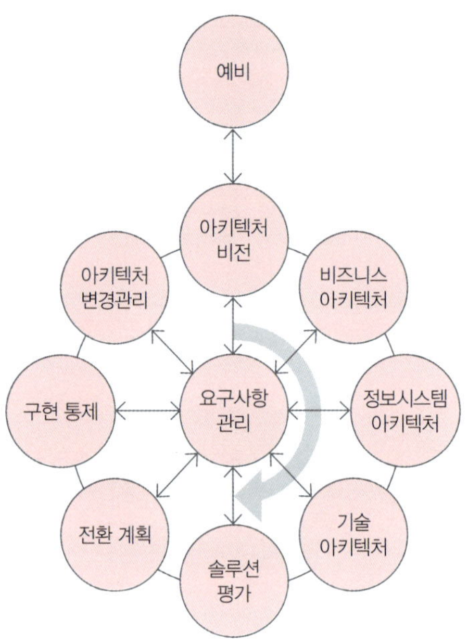



- 프레임워크 및 원칙 설정(예비단계) : 아키텍처 작업을 어떻게 추진 할 것인가를 논의한다. TOGAF ADM과 다른 프레임워크를 참고하여 활용할 참조 프레임워크를 정의하고, 아키텍처 개발에 필요한 원칙을 정의한다.

- 아키텍처 비전 : 조직의 관리계층으로부터 아키텍처 작업에 대한 지원을 확인하고, 비즈니스 환경에 따른 비즈니스 목표를 달성할 아키텍처 비전을 제시하고, 아키텍처 개발업무 자체에 대해 명세하는 단계이다.

- 비즈니스 아키텍처 : 현재의 비즈니스 아키텍처를 분석하고, 미래의 조직구조, 비즈니스 목표 및 기능, 서비스와 프로세스 등을 정의하며 이들 간의 차이를 분석한다.

- 정보시스템 아키텍처 : 데이터와 어플리케이션 아키텍처를 정의하는 단계로 구분된다. E-R 다이어그램과 같은 개념모델과 데이터 관리 프로세스를 정의하고

비즈니스 기능과의 관련성을 정의한다. 또한 어플리케이션 도메인에 적합한 모델이나 패턴들을 활용하여 응용시스템의 빌딩블록 구조를 정의한다.

- 기술 아키텍처 : TRM의 서비스 분류체계와 다양한 아키텍처의 관점을 토대로 아키텍처 빌딩블록을 인식하고, 빌딩블록을 위한 서비스 포토폴리오의 선택을 통해 최종 목표 아키텍처를 정의하며, 당초 요구 사항과의 적합성을 확인하는 절차로 진행된다.
- 솔루션 평가 : 새로운 응용을 도출하고 프로젝트를 파악하며, 구현 방법을 결정한다.
- 전환 계획 : 식별된 프로젝트를 우선순위에 따라 전이 계획을 수립하고, 위험도를 평가하며 시간축 상의 로드맵을 작성한다.
- 구현 통제 : 각각의 구현 프로젝트를 정형화하고, 개별 프로젝트에 대한 범위, 전략적 요구사항, 변경 요청 관리, 적합성 기준을 명시하며, 최종 아키텍처 개발조직과 지원조직 간의 계약적 관계를 설정한다.
- 아키텍처 변경관리 : 아키텍처의 유지 보수와 기술 변화에 대한 모니터링 단계로, 업무 변화에 대하여 모니터링을 수행한다.

TOGAF를 클라우드 환경에 적용함에 있어 ADM 프로세스 단계들을 클라우드 서비스에 대한 전략 수립, 클라우드에 대한 EA 개발, 목표 아키텍처로의 전환 계획 수립 그리고 제공과 거버넌스 활동 단계들로 매핑할 수 있다.


## 4.1 예비 단계 및 아키텍처 비전

### 예비 단계

예비 단계(Preliminary Phase)에서는 전사 아키텍처의 거버넌스 모델(유형)을 도출하고, 클라우드 서비스 도입 및 이용에 대한 거버넌스 프레임워크를 설정하고, 기본적인 서비스 원칙을 수립한다. 또한 클라우드 서비스와 관련한 사용자 및 오너 조직에 관한 팀 조직을 구성한다. 예비 단계에서는 클라우드 서비스에 대한 명확한 용어 정의를 기술하고, 서비스 운영 및 이용에 따른 기존 IT 서비스 운영 체계[13]와의 연계 방향도 설정한다.

IT 계획 활동에서는 클라우드 전환 로드맵 및 전환 계획을 수립하게 되며, 전사적인 EA 관리 활동과 연계되어 수행된다. 아키텍처 계획 활동은 IT 전략기획 활동과 연관되어 있으며, 아래 그림에서와 같이 크게 IT 전략 및 기획(IT Planning), EA 관리(EA Mgmt.), IT 과제 관리(IT Project Mgmt.), IT 서비스 관리(IT Service Mgmt., ITSM), IT 자산 관리(IT Asset Mgmt) 그리고 IT 성과 관리(IT Performance Mgmt.) 활동과 연계된다. 클라우드 서비스 관리 활동은 이러한 IT 전략기획 활동체계에서 기본 자원 및 자산의 투자와 운영 관리 활동과 더불어 서비스 확보 및 품질관리 활동이 추가되어 수행된다.

●● **그림 6.15** IT 서비스의 운영 / 관리 구조

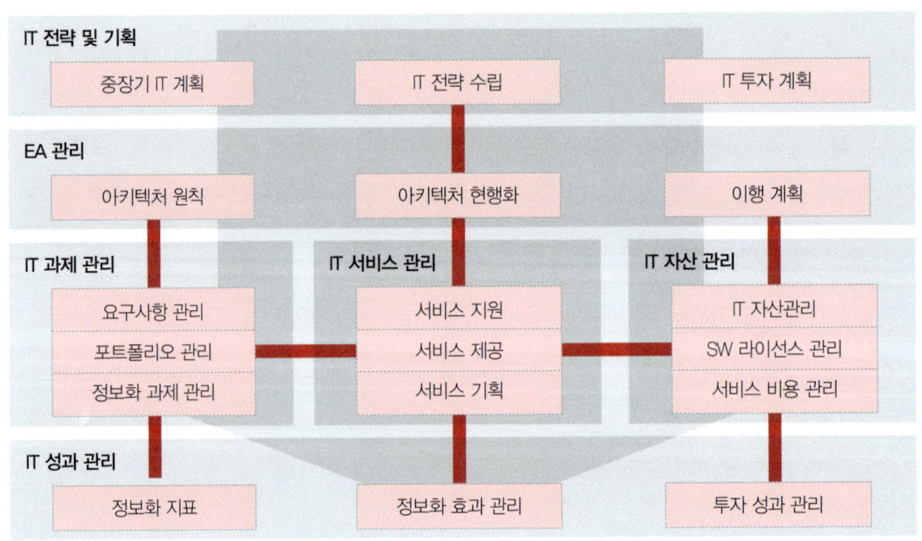


---

13 IT Service Management, Risk Management, License and Asset Management, Vendor Management, Quality Management 등

아키텍처 비전 단계에서는 전사적인 비즈니스 문제, 이슈, 요구사항을 인지하고 이에 대한 비즈니스 시나리오와 솔루션 방향(예: 클라우드 서비스)을 도출한다. 이 단계에서 클라우드 서비스를 도입하고 이용함에 있어서 예상되는 아키텍처 요소 특성들(예: 상호운용성, 보안, 가용성 등)을 살펴보고, 서비스 제공 관점에서 아래의 다양한 서비스 (이용) 시나리오를 도출한다[A46][L44].

**경우 1.** 사용자-to-클라우드(End User to Cloud)

: 사용자가 다양한 단말기의 브라우저를 통하여 클라우드에 있는 데이터나 이메일 호스팅과 소셜 네트워크 등의 어플리케이션에 접속하며 사용자 데이터는 클라우드에 저장 관리된다.

**경우 2.** 기업-to-클라우드-to-사용자(Enterprise to Cloud to End User)

: 기업은 기업 내 또는 외부 사용자에게 데이터와 서비스를 제공하기 위하여 클라우드를 이용한다.

**경우 3.** 기업-to-클라우드(Enterprise to Cloud)

: 기업이 내부 프로세스를 위하여 클라우드 스토리지, 서버, 어플리케이션, 데이터베이스 등의 클라우드 서비스를 이용한다.

**경우 4.** 기업-to-클라우드-to-기업(Enterprise to Cloud to Enterprise)

: 2개의 기업이 동일한 클라우드를 이용하는 시나리오로, 클라우드 상의 호스팅 자원에 초점이 맞춰져 있어 기업들의 어플리케이션이 상호운영 가능하다.

**경우 5.** 전용 클라우드

: 기업 내 클라우드를 보유하는 경우로 대규모 클라우드를 운영하는 경우 유용하다.

**경우 6.** 클라우드 사업자 교체

: 클라우드 사업자를 추가하거나 기존 사업자를 교체하는 경우로, 개방형 클라이언트, 위치 인식, 보안, SLA, VM을 위한 공통 포맷 및 공통 API가 필요

하다.

**경우 7.** 하이브리드 클라우드

: 공용 및 전용 클라우드를 포함하여 복수의 클라우드가 함께 동작하며, 다른 클라우드 사업자와 결합한 연합 사업자 또는 자체 자원이 없는 서비스 브로커가 서비스를 제공한다.

## 4.2 비즈니스 아키텍처

비즈니스 아키텍처 단계에서는 전사 경영 목표에 연계된 전략의 일부분으로서 클라우드 서비스를 적용하여 전략, 목적/목표, 프로세스에 대한 목표 비즈니스 아키텍처를 수립한다. 비즈니스 프로세스에 대한 영향을 평가하기 위하여 클라우드 서비스 참조 모형을 검토하고, 비즈니스 프로세스를 혁신 개선하여 재설계하고, 클라우드 서비스 환경을 지속적으로 관리한다.

### 목표 아키텍처

클라우드 서비스 참조 아키텍처는 공용 또는 전용 클라우드 서비스에 의해서 제공되는 비즈니스 및 IT 서비스 빌딩 블록을 표현한다. 이러한 참조 아키텍처는 사용자 기업의 경우, 클라우드 도입 전략 및 로드맵을 정의하는 많은 도움이 되며 서비스 제공자의 경우, 무엇을 어떻게 오퍼링 할 것인가에 대한 큰 그림을 제공한다.

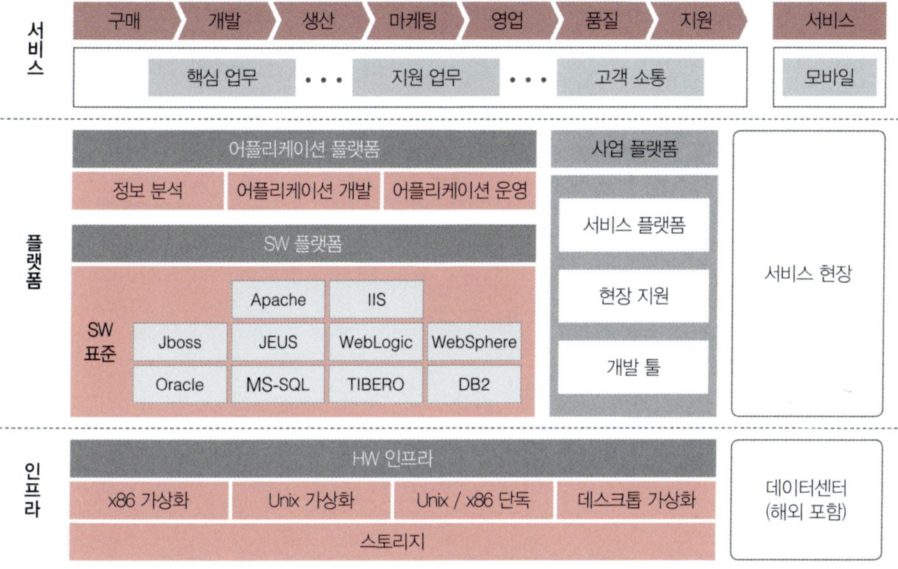


비즈니스 아키텍처 단계는 서비스 제공자 및 이용자의 관점을 명확하게 구분해야 한다. 전용 클라우드로 자체 서비스 환경을 구축하고 서비스를 이용하는 경우, 서비스 제공자 관점과 이용자 관점 모두를 검토해야 한다. 그러나 클라우드 서비스참조 아키텍처의 경우, 대부분이 서비스 제공자의 관점에서 기술하고 있다. 클라우드 서비스 이용자의 관점에서 비즈니스 전략과 연계된 경영 전략/목표/프로세스/요구사항들이 아키텍처에 반영되고 정리되어야 한다. 많은 조직들이 클라우드 서비스 제공자와 이용자의 관점을 모두 가지게 되며, 이에 클라우드보다는 ICT 서비스의 공급과 수요 그리고 제공과 이용의 관점에서 전략과 업무에 대한 목표 아키텍처를 모델링한다.

전사 아키텍처(EA)의 참조 모형은 EA의 일관성, 재사용성, 상호운용성 등을 확보하기 위하여 EA의 구성에 필요한 정보화 구성요소의 표준화된 분류체계와 형식을 정의한 것이다. EA에는 성과 참조 모형, 업무 참조 모형, 서비스 참조 모형, 데이터 참조 모형, 기술 참조 모형 총 5개의 모형이 있다[L55]. 5가지 참조 모형 중에서 서비스 참조 모형(SRM, Service Reference Model)은 업무 프로세스를 지원하기 위한 응용 서비스 기능을 분류한 것으로, 업무에 대응되는 응용 서비스를 효율적으로 식별하고 재사용을 촉진할 수 있는 기반을 제공한다. 따라서 클라우드 적용 또는 전환 모델을 도출하고자 할 때는 이용자 측면에서 참조해야 할 영역이 바로 서비스 참조 모형이다.

해외 선진 국가들은 클라우드 컴퓨팅의 효과를 인식하고, 체계적으로 도입하기 위해 중장기 계획을 수립하여 적극적으로 정책을 실행하고 있다. 첫째, 공공부문의 클라우드 서비스 적용에 원칙이 존재한다는 것이다. IT 자원의 보안등급 또는 서비스의 활용 데이터에 따라 민간 클라우드를 활용하고 있다는 점이다. 둘째, 부처별 역할 분담에 따른 거버넌스 체계가 보다 견고하다는 점이다. 예를 들면 『클라우드 퍼스트』 전략에 따른 부처별 전환 실적을 감사원이 상시 감사하고 권고사항을 제시하면, 프로젝트 관리 부서(Project Management Office, PMO)에서 상세 가이드라인을 개발하는 식의 업무 협조 체계가 잘 되어 있다. 셋째, 중앙부처와 지방부처 간의 일관성 있는 클라우드 적용을 위한 정책이 있다는 점이다. 일본의 경우에는 각 부처별 진행 외에도 지자체 간의 정보연계 등을 위한 인프라로 클라우드를 활용하고 있다. 넷째, 데이터센터 통합에 대한 정책이 있다는 점이다. 국내에도 중앙 행정기관의 인프라를 통합 관리하는 정부통합전산센터도 클라우드 데이터센터를 지향하고 발전해 나가고 있으나, 지방자치제, 공공기관까지 아우르는 포괄적인 데이터센터로 지향하여 보다 효율적인 정보 자원 활용이 가능하도록 해야 한다.

## 4.3 정보시스템 아키텍처

정보시스템 아키텍처 단계에서는 목표 어플리케이션 아키텍처와 데이터 아키텍처를 도출한다. 어플리케이션과 데이터를 클라우드 환경으로 이관해야 하는 경우와 클라우드 상호 간의 이동을 감안한 이식성과 상호운영성을 검토한다. 이 단계에서는 전사어플리케이션 및 데이터를 구조화하기 위한 관리 체계를 수립하고, 어플리케이션 및 데이터의 가용성, 확장성, 성능을 개선하기 위한 클라우드 기반 정보시스템 아키텍처를 도출한다. 그리고 클라우드 환경에서 일관성 있는 데이터 관리를 위한 통합, 연계, 연동 구조를 도출하고 개방성, 호환성 그리고 상호이식성에 대하여 검토한다. 마지막으로 클라우드 환경으로의 어플리케이션 및 데이터의 전환에 수반되는 위험 요소와 정보 보안 및 보호 요소에 대한 기준을 설정하고 파악한다.

### 어플리케이션 및 데이터 아키텍처

클라우드 환경에서 목표 데이터 아키텍처를 수립함에 데이터 보안 및 보호 그리고 인증에 대한 영역에 대해서는 상세 검토되어야 한다. 특히, 최근 고객 데이터의 유출 사건으로 인한 개인정보 보호에 대한 관심이 높아가는 상황에서는 더욱 더 그러하다. 데이터 아키텍처상의 위험 관리는 전사 관점에서의 GRC(Governance, Risk, and Governance) 체계에서 통제 운영되어야 한다.

클라우드 어플리케이션 즉, 클라우드 서비스 환경에서의 어플리케이션은 크게 클라우드 네이티브 어플리케이션과 클라우드 기반 어플리케이션으로 구분된다. 무엇보다 클라우드 어플리케이션은 어플리케이션의 기능 구현을 위하여 하부 플랫폼 및 인프라단에서 제공하는 인터페이스를 직접 사용하여 제어할 수 있는 바, 어플리케이션이 설치 구동되는 클라우드 플랫폼과 인프라의 개방성이 매우 중요하다.

### 이식성과 상호운영성

DMTF(Distributed Management Task Force)의 참조 모델에서와 같이 인프라, 플랫폼, 어플리케이션 그리고 데이터 영역의 아키텍처 도메인상의 이식성과 호환성을 검토해야 한다.

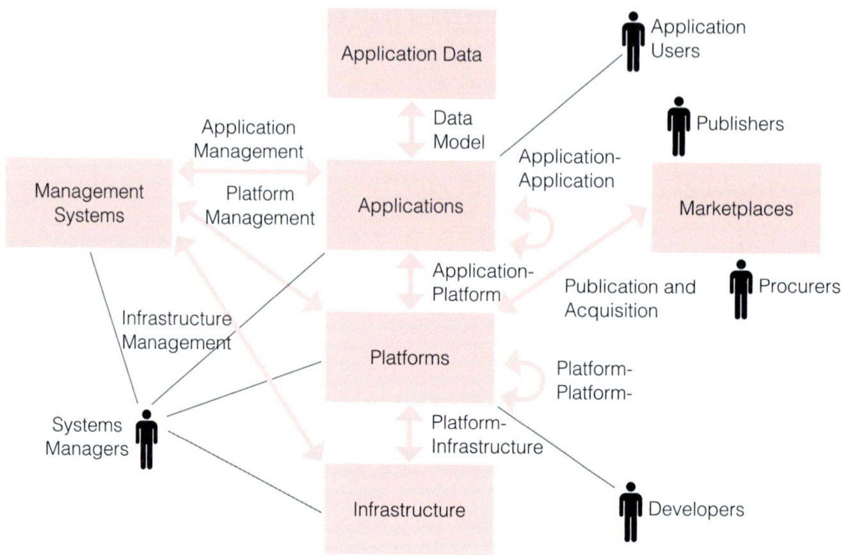


이식성은 크게 데이터, 어플리케이션, 플랫폼상에서의 이식성으로 구분하여 살펴볼 수 있다. 데이터 이식성은 어플리케이션상에서의 데이터 컴포넌트의 재사용을 의미하며, 어플리케이션 이식성은 플랫폼 기반 어플리케이션 컴포넌트의 재사용을 의미한다. 플랫폼 이식성은 크게 플랫폼 소스 이식성과 플랫폼 이미지 이식성으로 구분하고, 인프라 기반 플랫폼 컴포넌트의 소스 재사용과 플랫폼-어플리케이션-데이터 이미지의 재사용을 의미한다.

상호운영성은 크게 어플리케이션/플랫폼/관리 상호운영성으로 구분된다. 어플리케이션 상호운영성은 동종 또는 이종의 어플리케이션 컴포넌트들간의 상호운영성으로 이종 클라우드상의 어플리케이션 컴포넌트들 간의 데이터 동기화를 포함한다. 플랫폼 상호운영성은 플랫폼 컴포넌트들 간의 상호운영성으로, 예를 들면 데이터베이스관리시스템들

---

14 출처 : Thomas Lee, "Architecture and Practices on Cloud Interoperability and Portability", 2013.



**PART III**
클라우드와 ICT 서비스 혁신

간의 상호 연동 및 호환 여부를 의미한다. 클라우드 플랫폼 환경에서의 어플리케이션 세션 상태(USER ID, USER Preferences, Authentication 등)의 셋업 및 연동 전송을 의미한다. 관리 상호운영성은 다른 클라우드 환경(배치 및 서비스 모델상)에서의 온디맨드 셀프 서비스 관리 환경에 대한 상호운영성을 의미한다. 그 외 클라우드 기반 어플리케이션 등록 및 배포 과정에서의 상호운영성도 고려될 수 있다.

많은 클라우드 이식성 및 호환성 문제는 인프라 단보다는 어플리케이션 단에서의 이슈로서, 플랫폼과 플랫폼, 플랫폼과 어플리케이션 인터페이스 이슈, 서비스 등록 및 관리 정보에 대한 인터페이스 이슈 그리고 가상 머신과 탑재된 SW 이미지 연동 이슈에서 발생한다. 이러한 이식성과 상호운영성 이슈는 기술 및 서비스 표준화 관점에서 국제 공인이든 산업 차원이든 표준화 활동을 통하여 해결해야 한다. 특히 클라우드 초기 시장에서의 종속 고착화에 대한 우려를 불식시키기 위해서도 선도 서비스 사업자의 표준화 노력이 요구된다.

## 4.4 기술 아키텍처

기술 아키텍처 단계에서는 기술 및 인프라에 대한 표준을 설정하고, 비즈니스 전략과 부합하는 전략 방향을 수립한다. 상위 업무 및 어플리케이션의 클라우드 전략에 의거하여 인프라 부분의 클라우드 전략을 수립한다. 인프라 부분의 클라우드 전략은 IaaS와 PaaS가 관련되며, 클라우드 가상화 기술, 서비스 운영 기술, 데이터센터 및 인프라 보안 기술 그리고 서버 및 스토리지 그리고 네트워크 장비의 공급 전략 등이 기술 아키텍처에 담겨야 한다. 선행적인 IT 투자가 요구되는 만큼, 서비스 수요와 요구사항에 대한 철저한 검토 분석을 바탕으로 중장기 로드맵 차원의 기술 아키텍처를 도출한다.

기술 아키텍처 단계에서는 클라우드 환경에 필요한 기술 자원을 인식하고, 기업 내 세부 요소기술에 대한 표준을 설정하고 이에 기반하여 기술 아키텍처를 수립한다. 특히 클라우드 환경의 토대로서 도입되는 다중 임대 환경의 실현을 위하여, 기술 아키텍처상의 필요 요소기술과 기술 관계성을 도출한다. 그리고 클라우드 환경에서의 기술 역량을 파악하고 적합한 서비스 모델을 구현한다. 클라우드 서비스 운영상에 영향을 줄 수 있는 아키텍처 특성, 가용성, 확장성, 성능, 보안 등에 대하여 상세 검토한다. 마지막으로 비즈니스 아키텍처와 정보시스템(어플리케이션, 데이터) 아키텍처에 연계하여, IT 인프라 및 기술 요구사항이 반영되었는 지를 확인한다.

기술 아키텍처 관련하여 아래 TOGAF의 기술 참조 모형에 해당하는 요소들을 검토해야 하며 기존 인프라 기술 기반하에 클라우드를 도입 적용하는 관점에서 클라우드 기반 기술, 제품 표준화, 오픈소스 소프트웨어 그리고 클라우드 보안 부분에 대하여 상세 검토한다.

●● **그림 6.18** TOGAF의 기술 아키텍처 참조 모형

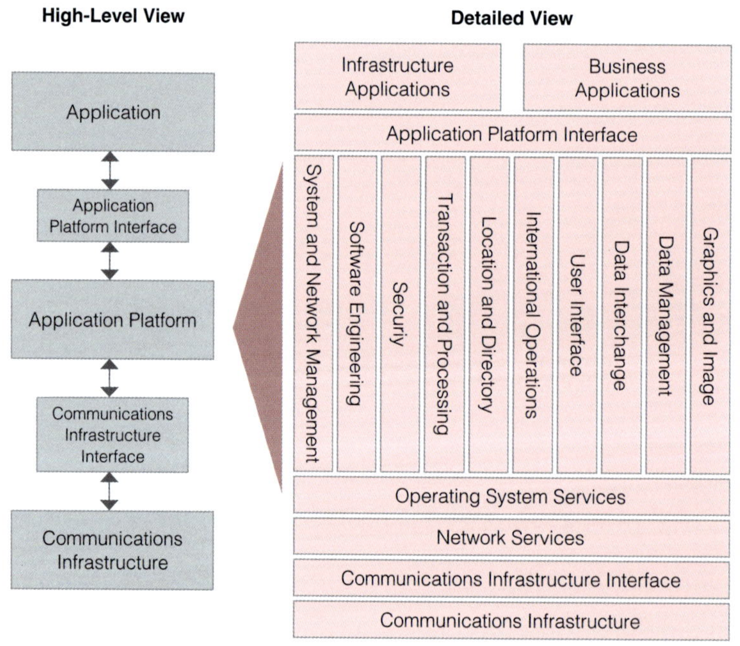


클라우드 서비스의 주요 기술은 기업 내 클라우드를 도입하면서 적용해야 하는 필수적인 요소기술은 아니지만, 기업 내 비용 효율화와 비즈니스 혁신을 도모함에 적용될 수 있

는 기술 드라이버로서 검토한다.

첫째, 사용자 관점에서는 기술 관점보다는 서비스로서의 클라우드 서비스 운영 및 관리 기술을 우선 검토해야 한다. 특히 클라우드 서비스 수명주기를 관리하기 위한 클라우드 관리 플랫폼(cloud management platform)이 클라우드 초기 시장에서 서비스 사용자 및 제공자 입장에서 중요 이슈였다. 클라우드 기반 기술의 내재화 관점에서의 오픈소스 플랫폼 사용이든, 시장 내 적기 공급을 위한 상용 플랫폼 사용이든, 서비스 운영에 대한 기본 품질이 보장되어 현장에서 제대로 된 서비스로 가동되어야 한다.

둘째, 가상화와 클라우드의 개념이 동일하지 않듯이, 클라우드 서비스로 제공되는 자원은 반드시 가상 자원일 필요는 없다. 물리 자원이라도 클라우드 서비스 방식 즉 사용한 만큼 과금되고, 필요할 때 자원이 공급되어 사용하는 방식으로 제공될 수 있다. 이러한 가상 자원과 물리 자원을 모두 하이브리드 방식으로 제공하여 사용자에게 요구사항에 맞는 것을 선택하게 하고 일관성 있는 서비스 관리 기법을 적용하는 것이 중요하다.

셋째, 클라우드 서비스의 활성화에 가장 큰 걸림돌이 되고 있는 소프트웨어 라이선스에 대한 저작권사의 공급 정책과 기업 내 적용 방식은 사전에 기술 아키텍처 및 표준화 관점에서 필수적으로 검토되어야 한다. 주요 SW 벤더사별로 클라우드 라이선스 정책의 기조가 다르고, 가상화 및 자원 풀 구조 그리고 클라우드 전환 과정에 따라서는 신규 라이선스를 구매하거나 신규 정책을 적용해야 한다. 이 과정에서 추가적인 SW 비용이 발생할 수 있다.

넷째, 클라우드 적용 대상이 기간 시스템으로서 Unix 시스템인 경우, 클라우드 환경에서의 HW 자원형태(Unix vs. Non-Unix)에 따라 어플리케이션 마이그레이션 작업과 비용이 부가적으로 수반된다. 또한 통합 데이터베이스 시스템의 경우, 내부 정보 보안 및 안정성을 이유로 가상화 기반 클라우드 환경으로 전환하지 않고 기존 환경을 유지하면서 클라우드 환경과의 연동을 고려하는 경우가 많다. 통합 데이터베이스 시스템을 클라우드로 전환하는 것이 바람직한 것인가 아닌가는 중요하지 않으며 왜 클라우드로 전환해야 하는 가에 대한 명시적인 비즈니스 질의에 답변이 된다면 그에 따라 적용 여부를 결정하면 된다.

클라우드 서비스의 기술 아키텍처 검토에 있어 기업 내 HW 및 SW 제품 표준화가 무엇보다도 중요하다. 클라우드 이전에 기업 내 인프라로 사용되고 있는 HW 및 SW 제품의 표준화는 해당 인프라의 운영 관리의 효율성과 제품 구매 비용 절감 등의 관점에서 필수적이다 이러한 제품 표준화는 정보화 프로젝트 및 프로그램 관리 차원에서 진행되기 보다는 전사적인 IT 전략 관점에서 수행하는 것이 보다 바람직하다.

신규 클라우드 환경에서의 제품 표준화는 기존 IT 환경에서 사용해왔던 HW 및 SW 자원에 익숙해져 있는 IT 어플리케이션 및 인프라 운영 인력의 협조가 필수적이다. 즉, 문제없이 운영되는 기존 IT 시스템을 익숙하지 않은 HW 및 SW 제품으로 전환하는 경우가 발생한다면, 이에 대한 마이그레이션 및 운영 부담은 매우 크기 때문이다[15]. 또한 기업 내 IT 시스템에 대하여 외부 제3자 클라우드 서비스를 도입하여 사용하는 경우, 기업 내 HW 및 SW 제품 표준화에 기반하여 IT 자원을 공급하는 클라우드 서비스 사업자를 선정해야 한다. 기존 IT 자원을 위탁 운영하던 서비스 사업자가 클라우드 서비스를 제공하는 경우, 표준화된 IT 자원을 운영 역량 미확보 등의 이유로 공급이 지연될 수도 있다.

클라우드 서비스로 제공/이용되는 IT 자원의 표준화는 아래 그림에서와 같이 크게 클라이언트와 서버 부분으로 구분하여 검토되어야 한다. 서버 부분의 표준화의 예는 기본 3단 아키텍처 관점에서 하드웨어와 소프트웨어를 단순화하고 표준화한다. 다음 그림에서와 같이 일반적으로 하드웨어의 경우, 고비용의 Unix 구조에서 저비용의 x86 서버 기반의 클라우드로 전환하는 것을 가정하고, 소프트웨어의 경우, Web-WAS-DBMS 계층별로 다양한 SW 제품들이 사용되고 있는 것을 하나의 아키텍처 관점에서 표준세트로 설정하여 단순화한다.

---

[15] 근원적으로 클라우드 서비스 운영을 통하여 IT 개발 생산성의 향상을 도모할 수 있으나 IT 운영 효율화가 수반된다. IT 운영 효율화는 기존 IT 운영 조직의 구조조정과 혁신을 의미하며, 이는 기존 IT 운영 인력들에게 반감의 요소가 될 수 있다.

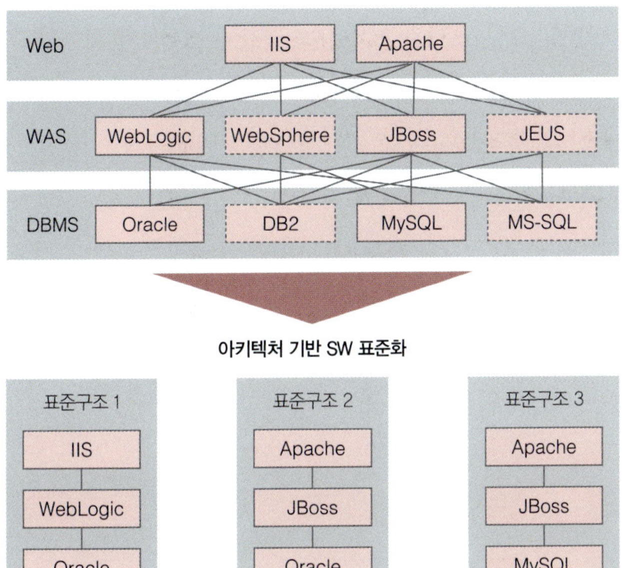


- HW 표준화 : 많은 기업들이 핵심 기간 시스템과 데이터 통합관리 시스템에서는 Unix 서버를 도입하여 사용하고 있다. Unix 서버의 성능, 확장성, 가용성 관점에서 우수하기 때문이다. 최근 x86 서버도 비용 대비 성능이 Unix 서버에 근접하고 있어, 클라우드 도입 시 x86 서버를 표준화된 범용 서버로 많이 도입 적용하고 있다. 이는 x86 서버로의 클라우드 전환 시 HW 비용이 많게는 50% 수준으로 절감되기 때문이다.

- SW 표준화 : 기본 웹 시스템의 3단 아키텍처상의 Web-WAS-DBMS의 각 레이어단에서 사용되는 SW 제품 표준화를 검토하고, 이를 아키텍처 측면에서 세트화하고 SW 세트에 대한 표준화를 설정한다.Web-WAS-DBMS 단의 SW 제품 표준 후보는 EA 기술 표준화와 맞물려 현행 시스템의 문제점, 현행 시스템의 전환 난이도, 향후 시스템에서의 SW 제품 적합성 및 우수성 그리고 IT 기술 및 투

자 전략 관점에서의 다변화 전략과 오픈소스 전략을 고려하여 선정한다. Web 서버 SW로는 IIS, Apache 제품이, WAS SW로는 WebLogic, WebSphere, JEUS, JBOSS 제품이, DBMS SW로는 Oracle, DB2, MySQL 제품이 많이 사용되고 검토 대상이 되고 있다. SW 세트에 대한 표준화는 HW 표준화와 마찬가지로 3단 아키텍처 관점에서 업무시스템의 중요도(핵심, 일반)에 따라 설정한다.

다음 표는 정부통합전산센터에서 추진중인 G−클라우드의 표준 자원 풀에 대한 도식이다.

●● **표 6.2** G−클라우드의 표준 자원

| 구분 | | x86 클라우드 | | Unix 클라우드 | |
|---|---|---|---|---|---|
| 시스템 SW | WEB | Apache | | 웹투비 | |
| | WAS | JBoss | | 제우스 | |
| | DBMS | 큐브리드 | | 큐브리드 / 알티베이스 / 티베로 | |
| | OS | Linux | Windows | AIX | HPUX |
| 가상화 | | RHEV[16] | VMware | IBM PowerVM | HP HPVM |
| HW | | Blade & 스토리지 | | IBM/HP Unix & 스토리지 | |
| | | 보안 | | | |
| | | 네트워크 | | | |

**아키텍처 패턴**

클라우드 서비스 사업자는 자사의 클라우드 서비스를 통하여 IT 시스템을 설계할 때 참조할 수 있는 아키텍처 패턴을 매뉴얼 또는 커뮤니티 사이트를 통하여 제공하고 있다. 이러한 아키텍처 패턴은 주요 인프라 아키텍처를 설계 시 필요한 클라우드 서비스 상품/오

---

**16** RHEV : Redhat Enterprise Virtualization

 **PART III**
클라우드와 ICT 서비스 혁신

퍼링을 도출하는 데 매우 유익하며, 전사아키텍처 관점에서도 업무 패턴에 따른 기술/인프라 패턴을 유형별로 선행 정리하여 내부 참조 모형화 할 수 있다.

　대표적인 예로, 아마존 AWS는 자사의 서비스를 이용하여 구축한 사례들을 정리하여 아키텍처 자산화하여 아키텍처 센터를 운영하고 있다. AWS의 아키텍처 센터[17]에서는 웹 어플리케이션 호스팅, 콘텐츠 미디어 서비스, 배치 처리, 고가용성 처리, 재해 복구 처리, 파일 동기화, 미디어 공유, 온라인 게임, 전자 상거래 등의 아키텍처 사례를 제공하고 있다. 아래 그림은 대표적인 IT 시스템으로 웹 어플리케이션 호스팅, 전자상거래(E-Commerce) 그리고 재해복구시스템에 대한 아키텍처 패턴이다.

●● **그림 6.20** AWS의 참조 아키텍처 : Web Application Hosting[18]

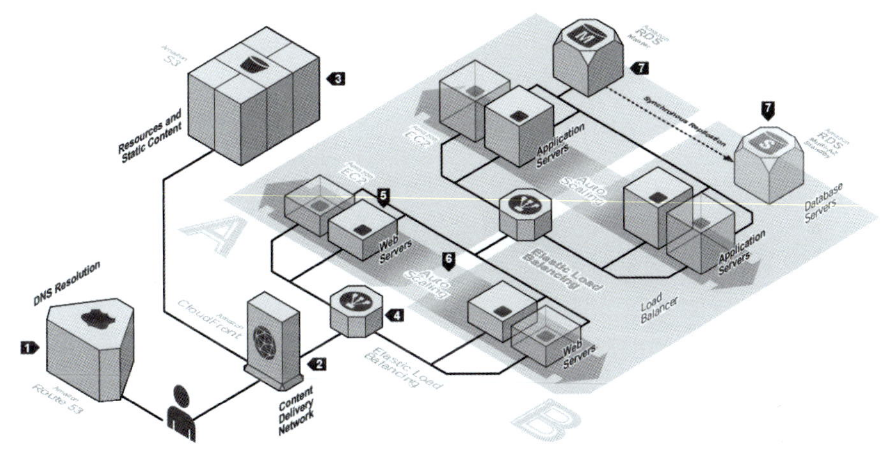


17 http://aws.amazon.com/ko/architecture/
18 출처 : http://aws.amazon.com/ko/architecture/

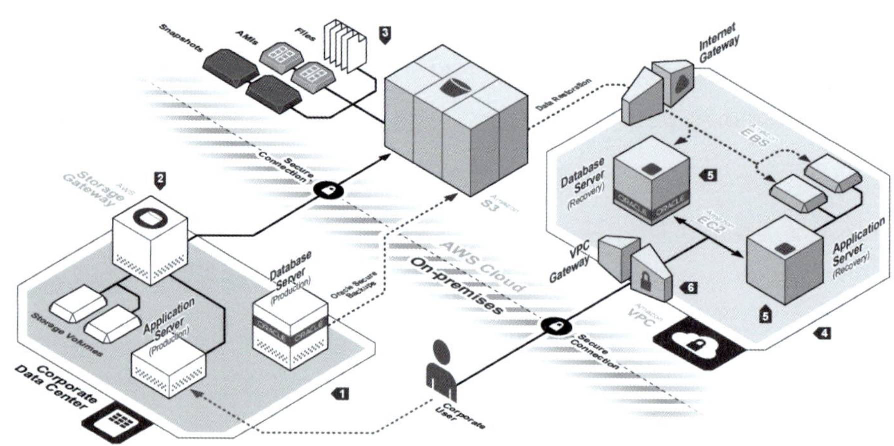



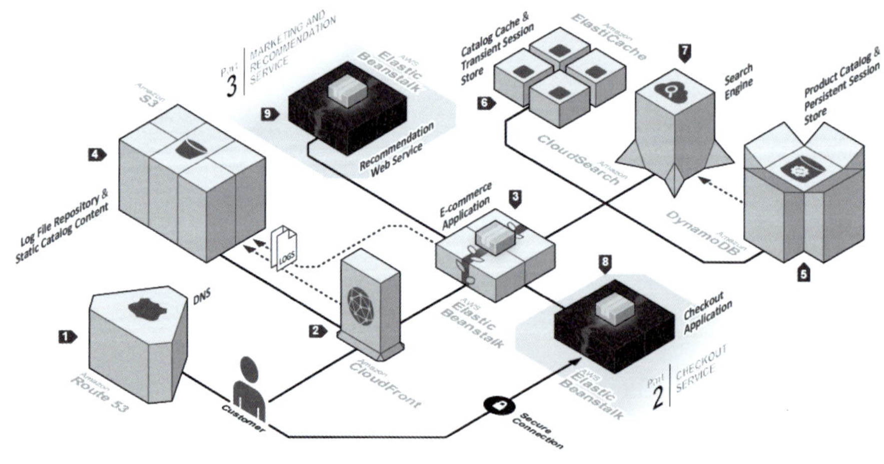

19 출처 : http://aws.amazon.com/ko/architecture/
20 출처 : http://aws.amazon.com/ko/architecture/

Amazon CDP(Cloud Design Pattern)사이트[21]에서도 Amazon AWS의 클라우드 기술 및 서비스를 활용하여 IT 시스템을 설계할 때의 솔루션 및 아키텍처 패턴들을 기본 패턴, 고가용성, 콘텐츠 처리, 관계형 데이터베이스, 배치 처리, 운영 및 유지보수, 네트워크 처리 패턴들로 구분하여 세부적으로 제공하고 있다.

## 4.5 전환 계획 수립 및 마이그레이션

기업의 중장기 정보화 계획에 기반한 IT 사업과 프로젝트를 통하여 목표 아키텍처를 구축하고 전환하는 로드맵과 방식을 도출한다.

●● 그림 6.23 클라우드 전환 로드맵(예)

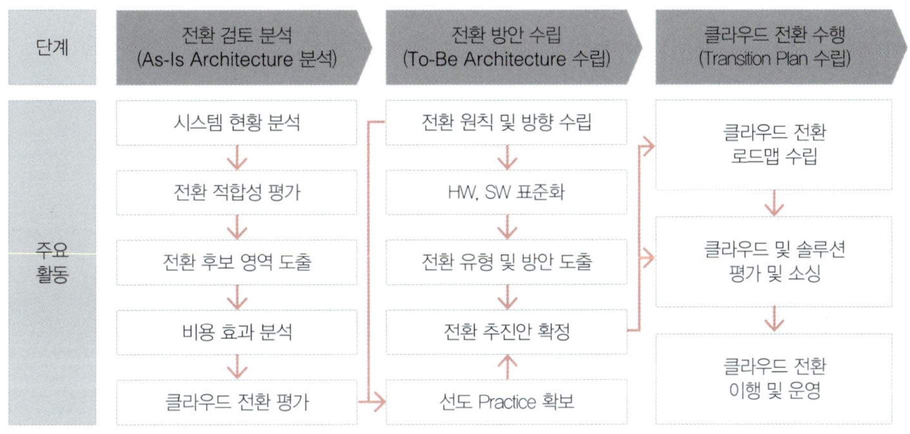


상기 클라우드 전환 로드맵의 예에서와 같이 클라우드 적용 및 전환 이행을 위한 제반 계획을 수립한다. 일차적으로 현행 시스템 현황을 분석하여 클라우드 전환 적합성 평가에 따라 전환될 수 있는 후보 업무 및 인프라 영역을 도출한다. 이 과정에서 클라우드 적

---

21 http://en.clouddesignpattern.org

용 및 전환 비용 분석을 통하여 총소유비용(TCO)과 투자 수익율(ROI) 관점에서의 추진
타당성을 확보한다. 대상 업무 및 인프라 영역에 대하여 클라우드로의 전환에 필요한 전
사 원칙과 기술 (HW 및 SW) 표준화를 셋업한다. 또한 업무 및 인프라 요구사항이 반영된
전환 모델(서비스 및 배치 모델)을 선택하고 우수 사례 및 참조 모형을 확보하고 검토한
다. 외부 클라우드 서비스를 사용하는 경우 서비스 소싱 평가에 기준을 마련하고 이행 준
비한다.

### 클라우드 적용 대상

클라우드 적용은 기업 내 IT 시스템 영역에서 내부 기간계 보다는 외부 고객과의 커뮤
니케이션 채널에 해당하는 영역에 대하여 1차적으로 많이 적용된다. 특히 외부 공용 클라
우드 특히 SaaS 방식의 클라우드 서비스를 도입하는 경우가 많으며, 일반적으로 이메일,
웹 컨퍼런싱, 고객 관계 관리, 인사 관리, 모바일 데이터 수집/통합/분석 등의 채널 시스
템 영역이 이에 해당된다. 해당 영역의 워크로드 특성상 사업 볼륨과 서비스 사용량이 예
측 불가하기 때문이다. 또한 개발 테스트 환경에도 클라우드 특성이 제대로 적용될 수 있
는 영역으로서 많이 도입 추진되고 있다.

클라우드 적용 후보 대상에 대하여 내부 전용 클라우드로의 적용 여부를 결정함에 아래
의 기술 적용 원칙에 따라 후보 대상으로 확정한다[22].

첫째, 시스템의 운영/개발/테스트/품질 시스템은 x86 클라우드, Unix 클라우드, 물리
서버의 단독 구성 방식의 순으로 클라우드 적용 검토한다.

둘째, 사용연한이 경과된 장비는 클라우드 서비스를 통하여 신규 장비로 교체한다. 사
용연한이 경과되지 않은 장비는 소프트웨어에 대한 유지보수 종결 여부(EOS, End of
Service) 등을 고려하여 클라우드 서비스로의 적용을 검토한다.

---

[22] 이러한 기술 적용 원칙은 모든 클라우드 사례 케이스에 대하여 유효하거나 유용한 것은 아니다.

셋째, 사업시스템의 유즈케이스(예: 외부 고객 이용자, 글로벌 서비스 등)에 따라서는 제3자 클라우드 서비스 이용을 검토한다.

넷째, ERP 시스템 및 통합 DB 시스템은 아키텍처 특성(성능, 가용성) 등을 고려하여 기존 서비스 운영 구조를 유지할 수 있다.

클라우드 후보 대상 IT 시스템을 비즈니스 혁신으로의 신규 가치 창출 여부와 업무 어플리케이션 전환 부담과 예상 위험을 감안하여 재배치(Re-Host), 대체(Re-Place), 통합(Integration), 재구축(Re-Architect) 등의 방식으로 구분하여 전환될 수 있다(그림 6-24참고). 재배치(Re-Host) 방식은 목표 인프라 및 플랫폼으로 어플리케이션을 마이그레이션하거나 이동하여 전환하는 모델이며 Unix 시스템을 Linux 및 Windows 기반 x86 서버 인프라로 재배치하기 위해서는 기존(현행) 시스템상의 어플리케이션 마이그레이션(변환 포함)이 필요하다. 대체(Re-Place) 방식은 기존 현행 시스템을 폐기하고 클라우드 기반하에서 재개발하거나, SaaS와 같은 클라우드 서비스를 이용하여 대체하는 전환 모델이다. 기존 시스템이 업무 도메인과 프로세스 상의 개선과 확장이 불가한 경우, 기존 시스템을 폐기하고 시장으로의 적기 공급을 고려하여 외부 공용 클라우드 서비스를 이용한다. 통합(Integration) 방식은 기존 시스템의 Web, WAS, DB 그리고 어플리케이션을 통합하여 전환하는 모델이다. 재배치 모델과 달리, 여러 시스템들을 대상으로 SW 플랫폼과 어플리케이션들에 대하여 통합(단순화, 표준화 포함)하여 전환하는 모델이다. 이 경우에도 Unix-to-x86 전환에 있어 이기종 운영체계 및 SW 플랫폼 적용에 따른 어플리케이션의 마이그레이션 활동이 요구된다. 재구축(Re-Architect) 방식은 기존 시스템의 플랫폼 단의 아키텍처를 클라우드 플랫폼 기반으로 재구축하여, SOA(Global SOA, WOA) 기반의 아키텍처로 재구축하는 모델이다.

•• **그림 6.24** 클라우드 전환 방식

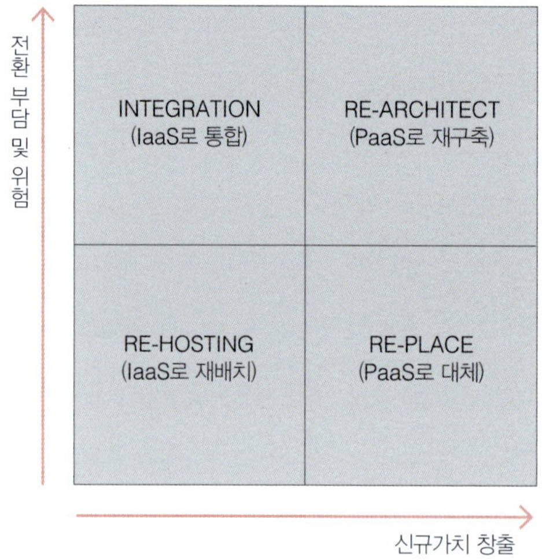

### 클라우드 소싱

클라우드 소싱은 서비스 모델과 배치 모델을 어떠한 방식으로 확보할 것인가에 대한 전략이다. 크게 내부 역량을 확보하는 인소싱 전략과 외부 역량을 활용하는 아웃소싱 전략을 구사할 수 있다. 클라우드 서비스 공급에 있어 내부 역량이 미흡하고 구축 및 적용에 대한 가치 차별화가 안 되는 경우 제3자 아웃소싱 방식으로 공용 클라우드 서비스를 도입 적용한다. 반대로 내부 역량이 뛰어나고 혁신의 차원에서 가치 차별화가 높은 경우(예: 자체 클라우드 환경 확보를 통하여 내부 역량 확보 및 사업화 추진 또는 신규 사업 토대로의 활용 등 자체 역량 기반의 인소싱 전략을 구사한다.

클라우드 소싱 전략을 수립함에 CAPEX—to—OPEX 전이, 수정 불가 등의 조직/업무적인 수용성, 네트워크 용량 등의 기술 구조 그리고 정보 보안 및 보호 요소를 검토한다. 특히 아키텍처 특성 요소(Reliability, Availability, Scalability, Complexity, Security) 등을 평가한다[23]. 클라우드 소싱 방식으로 인소싱을 추진하는 경우, 자체적인 전용 클라우드 구축 또는 제3자 클라우드 서비스를 이용한 가상 전용 클라우드(VPC, Virtual Private Cloud) 구축을, 아웃소싱인 경우, 공용 클라우드 서비스 이용을 검토한다. 또한 인프라-플랫폼-응용 서비스 영역에 대하여 개별적인 클라우드 소싱 전략을 구사할 수 있다. 즉 인프라는 외부 클라우드 서비스를 이용하고, 플랫폼 및 응용 서비스는 자체 개발/구축/운영할 수 있다.



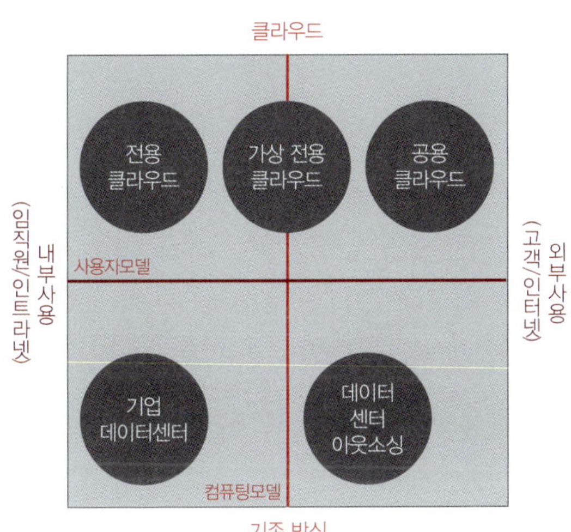


선정된 후보 업무시스템 영역에 대하여, 클라우드 서비스의 유형 즉 배치 모델(전용 vs. 공용) 및 서비스 모델(IaaS, PaaS, SaaS) 유형에 따른 도입 모델을 선정하고 세부 아키텍처 전략을 수립한다. 상기 그림은 업무시스템의 최종 사용자 영역과 클라우드 적용 여부에

---

23 출처 : 가트너 리서치사 ITxpo 2013

따라 인프라 배치 모델을 상세화한 것으로 전용 클라우드, 공용 클라우드, 가상 전용 클라우드, 데이터센터 아웃소싱으로 구분된다. 자체 클라우드 구축을 위한 솔루션 검토와 제3자 공용 클라우드 서비스 검토 시, 클라우드 기술과 서비스 운영의 미성숙으로 인한 리스크에 대하여 검토하고 평가해야 한다. 특히 기술적인 검토도 중요하지만, 비즈니스 관점에서 장애에 대비한 비즈니스 연속성 계획(Business Contingency Plan, BCP)도 클라우드 서비스 사업자와 함께 검토한다.

클라우드 소싱 방식 및 서비스 구조를 선택함에 있어, IT 관리자는 IT 서비스 자체에 대한 중개자 입장에서 비즈니스 현업과 서비스 제공자를 연결하는 중재자 역할을 수행한다.

### 마이그레이션 계획

마이그레이션 계획 단계에서는 아키텍처 로드맵과 구현 및 전환 계획을 확정한다. 기존 레거시 시스템의 클라우드 전환과 신규 시스템의 적용을 위한 IT 과제에 대하여, 전사 정보전략 부서의 IT 포트폴리오 & 프로젝트 관리자와 협의하여 비용과 효과를 평가하고, 전체 비즈니스 및 IT 전략과의 연계성 등을 고려하여 프로젝트들 간의 우선순위를 산정한다.

## 4.6 구현 거버넌스 및 변화 관리

### 구현 거버넌스

클라우드로의 목표 아키텍처는 마이그레이션 계획에 의거하여 단계적인 전이 활동들의 연속으로 수행되고 관리된다. 기존 레거시 시스템의 클라우드 전환은 기존 장비의 수명주기, 업무시스템의 전환에 따른 위험과 비용 그리고 업무 연속성을 고려하여 몇 개의 그룹(클러스터)로 나누어 순차적으로 점진적으로 이루어진다.

제3자 공용 클라우드 서비스를 도입하는 경우, 가용성, 안정성, 서비스 성능, 데이터 백업 및 복구, 데이터 정합성 등의 SLA 기반 지표 측정 대상 및 방식에 대하여 상세 검토해야 한다. 특히 SaaS 서비스에 대한 서비스 제공자와의 협상과 계약 시 가격 변동/변경, 서비스 수준, 서비스 해지 및 중지, 데이터 보안 및 보호에 대하여 상세 검토한다.

클라우드 서비스의 위험 요소 사항 중 하나인 데이터 보안 및 보호와 관련하여 CSA의 보안 가이드 및 미국[24] 연방정부의 FedRAMP 프로그램[L59]과 같이 클라우드 서비스를 검토, 도입하는 과정에서 반드시 준용하고 조정해야 할 사항(예: 서비스 인증)과 절차를 명문화하는 거버넌스 전략을 구사해야 한다[25].

### 아키텍처 변화 관리

아키텍처 변화 관리 단계에서는 클라우드 서비스 도입 및 적용이 아키텍처 거버넌스를 통하여 제대로 비즈니스 전략과 목표를 달성해 가고 있는 지를 평가하고 보완한다. 이러한 아키텍처 변화 관리는 정보화 과제 관리 활동과 맞물려 전사적인 관점에서의 클라우드 원칙 및 기준 그리고 솔루션 선정 및 기술 표준 등이 제대로 준수되고 있는지를 검토, 평가하고 과제 기획(안)과 결과 산출물을 현행 아키텍처 관점으로 비즈니스/어플리케이션/데이터/기술 아키텍처 도메인에 대하여 현행화한다.

아키텍처 변화관리 활동뿐만 아니라 전사 아키텍처 관리 활동 전 영역에 있어 IT 시스템의 아키텍처에 대한 분류 체계 및 이에 따른 자산/자원 현황 정보는 매우 중요하다. 문제는 기업이 크면 클수록 해당 IT 시스템의 볼륨은 크면서 다양한 시스템들로 구성되게 되면서, 이에 대한 현황 정보를 제대로 관리하지 못하고 있다는 것이다. EA 관리 활동의 기초이기도 하지만 소홀하기 쉬운 부분이다. 해당 IT 시스템을 구성하는 벤더-HW-센터-시스템-서버-어플리케이션-데이터베이스-업무프로세스-오너부서-전략목표 등 기업 내 주요 관리 아이템과 상호 연계되어 상시적으로 일관성 있게 관리하기 매우 힘들다. 그러나 기업 내 기술/어플리케이션/데이터/프로세스 아키텍처가 제대로 관리되기 위해서는 관리 대상에 대한 분류체계와 이에 따른 상시적인 현황 관리가 이루어져야 한다. 아키텍처 정보를 상시 관리하지 않은 기업의 경우, 클라우드 적용을 위한 마스터플랜 및 마이그레이션 계획을 수립함에 매우 큰 어려움을 겪을 것이다.

---

**24** 미국은 '08년부터 국방부 산하 기관의 클라우드 서비스 구축 정책을 시작으로, '09년에는 공공데이터센터 통합 계획, '11년에는 Cloud First 정책을 발표하고 공공분야에서의 클라우드 확산 체계로서 FedRAMP 프로그램을 개발하여 적용 중이다.
**25** 국내의 경우, 방송통신위원회가 '11년 말 국내 클라우드 서비스 SLA 가이드를 작성하여 배포한 바 있다.

　클라우드 환경에서의 IT 조직은 조금 더 비즈니스와 연계된 조직으로서 IT 자원의 운영 관리에서 IT 서비스의 공급 관리 관점으로 그 역할이 전환되고 해야 할 일이 많아지는 점을 간과해서는 아니 된다. 비즈니스와 보다 밀접한 클라우드 서비스를 제대로 운영하기 위해서는 IT 조직의 역할과 프로세스가 변화되어야 하고, 이에 맞는 거버넌스, 기술 기획, 운영 관리 등의 업무를 수행해야 한다. 이를 위해서는 기존 시스템과(공용 또는 전용) 클라우드 시스템이 상호 공존하는 하이브리드 IT 운영에 대한 서비스 공급자 역할과 책임을 가지는 IT 조직으로 변화되어야 하며, 특히 구축 및 운영 중심에서 IT와 비즈니스의 연계 (전략 기획, 관계 관리, 수요 관리, 과제 관리, 서비스 수준 관리, 솔루션 소싱) 역할 확대가 필요하다. 또한, 클라우드 전환에 있어서 클라우드 아키텍트의 확보가 매우 중요하다. 그리고 원칙, 기준, 우선순위가 반영된 의사결정 프레임워크를 만들어야 한다. 그리고 이 체계는 클라우드와 기술/시장의 변화와 함께 계속적으로 보완되어야 한다.

# 클라우드 서비스 혁신 전략

# 1. 클라우드 서비스 혁신

향후 모든 IT 환경은 클라우드 형태와 방식으로 전망된다. 즉 결과적으로 모든 IT 서비스는 클라우드 방식의 서비스로 재정의될 것이다. 장기적으로는 클라우드 종속성을 탈피하고 기술 헤게모니 확보를 위한 원천기술 확보 노력도 매우 중요하고, 단기적으로는 고품질의 클라우드 서비스를 적시에 제공할 수 있는 '서비스' 역량 확보가 필요하다. 이를 위해서는 클라우드를 보다 빠르게 활용하고 도입하여 이용할 수 있는 전략적인 가이드가 절대적으로 필요하다. 클라우드를 너무 어렵게 접근하는 것은 원천기술이 가지는 속성에 기인하며 클라우드는 비즈니스 관점에서 쉽게 접근되도록 해야 한다. 이를 위하여 제공자는 확보한 기술 중심으로 마케팅/영업 활동을 전개하기 보다는 수요자 및 이용자의 애로점/필요사항/문제점/이슈를 시간과 공간 그리고 투자와 비용 관점에서 최적의 ICT 솔루션과 서비스 대안으로서 클라우드를 응용 및 활용할 수 있도록 한다.

클라우드로의 서비스 혁신을 추진함에 현행 클라우드 시장에서의 문제점과 이슈를 고려하여, 다양성을 수용하는 하이브리드 구조, 공개와 공유 기반의 오픈소스 활용, 규모의 경제에서 범위의 경제로의 전환 그리고 공급자 중심에서 수요자 중심으로 전환을 전략적 방향성으로 검토할 수 있다.

●● **그림 7.1** 클라우드 혁신에서의 전략적 방향

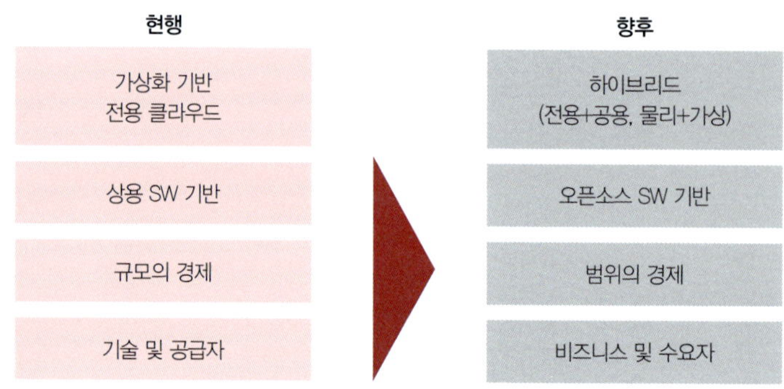

- 하이브리드 아키텍처 기반 포괄적 오퍼링

IT 서비스로 제공되는 많은 플랫폼 및 응용 어플리케이션 서비스 모두가 클라우드 서비스에 적합한 것은 아니다. 특히 데이터베이스 서버 등과 같은 핵심 서버 시스템의 경우에는 범용 서버 기반의 클라우드화가 적절하지 않은 경우가 많다. 이와 같이, 클라우드 도입 및 적용에 있어 전용 클라우드와 공용 클라우드 모두 사용하면서 포괄적인 클라우드 전략을 구사하듯이, 클라우드와 Non-클라우드 영역에 대해서도 하나의 도입 및 적용 전략을 구사해야 한다. 이는 하나의 어플리케이션 영역에서는 클라우드 영역과 Non-클라우드 영역이 포함한 아키텍처 형태를 가지기 때문이다.

•• **그림 7.2** IT Delivery as a Service[1]

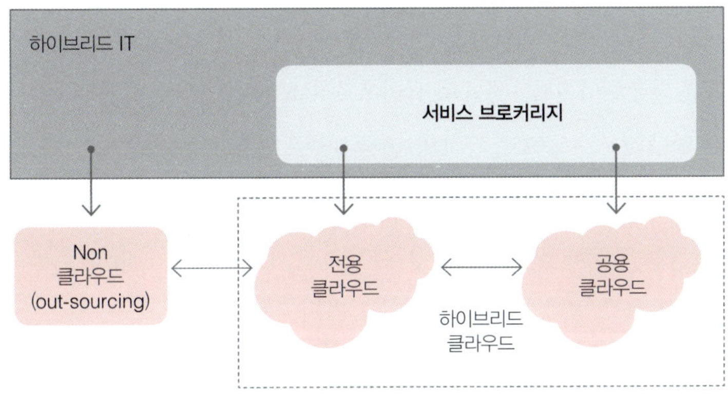


1 출처 : 가트너 리서치사

- 오픈소스 SW기반 개방형 클라우드

최근 클라우드 포함 플랫폼 영역에서 오픈소스 소프트웨어 사용이 폭발적으로 증가하고 있다. 소프트웨어 개발 및 사용에 대한 비용 절감, 벤더 종속성 탈피 그리고 호환성 및 일관성 확보를 위하여 오픈소스 커뮤니티 중심으로 오픈소스 기반의 개방형 클라우드 플랫폼 개발이 활발하게 추진되고 있다[2]. 오픈소스 커뮤니티에 참여 없이 단순 사용 시, 문제해결 역량 부족으로 역효과가 발생할 수 있으며 또한 오픈소스 소프트웨어의 특성상 서비스 품질 안정화를 위해서는 다소의 시간이 소요될 수 있다. 플랫폼의 특성상 하나의 마당에서 여러 커뮤니티가 모여서 하나의 플랫폼을 레고 조립하여 구축하듯이, 클라우드의 플랫폼화를 위해서는 오픈소스 커뮤니티 육성과 활용이 필수적이다.

- 규모의 경제 vs. 범위의 경제

클라우드 서비스는 비즈니스 가치 사슬상에서의 IT 서비스의 공급망 체계로서 가치 사슬상의 참여자들인 HW 및 SW 벤더, 플랫폼 사업자, 응용 서비스 사업자가 선순환적 생태계로 관계를 형성해야 한다. 현재의 클라우드 시장에서 인프라 중심의 클라우드 서비스는 범용 하드웨어 중심으로 규모의 경제 논리를 강조하는 전략으로 제공되고 있다. 이러한 전략은 대기업 중심의 인프라와 플랫폼에 산업 역량이 집중 되는 현상이 발생한다. 이러한 전략과 병행하여 응용 서비스 중심의 범위의 경제 논리를 강조하는 전략을 구사할 필요 있다. 즉, 다양한 신규 가치 발굴 및 사업 창출을 위해서는 중소기업 중심으로 다양한 IT 응용 서비스 사업이 클라우드 기반으로 활성화될 수 있도록 해야 한다. 이는 대기업 중심의 인프라와 공통 플랫폼과 함께 중소기업 중심의 업종 플랫폼과 응용 서비스 전략이 맞물리는 상생의 생태계로 발전될 수 있다.

---

2 개방형 플랫폼은 여러가지 의미가 있으나, 반드시 오픈소스로 구성되어야 함을 의미하지 않는다. 개방형 커뮤니티, 협업 그리고 오픈소스 기반의 공유에 기초하여 개방형 플랫폼을 보다 자생적으로 구축할 수 있음을 의미한다.

• 공급자/제공자 vs. 수요자/이용자

클라우드 서비스 제공자는 기존 기술/솔루션 중심에서 이용자/구매자의 요구사항과 혁신 중심으로 서비스 오퍼링을 재편해야 한다. 즉, 고객과 시장의 요구사항에 대하여 포괄적 솔루션을 도출하고 이를 사업화해야 한다. 현재의 클라우드 시장은 공급자 제공 역량과 이용자의 필요 역량 사이에 불일치가 있는 상황으로서 클라우드 시장과 산업 활성화를 위해서는 기업 고객의 애로점과 혁신 포인트, 최종 개인 사용자의 요구사항에 대한 선행 고찰이 필수적이다.

기업의 클라우드 도입은 비즈니스 지향적이어야 하며 업무 단에서의 전략, 업무, 프로세스 등에서의 가치 창출과 맞물려야 한다. 클라우드는 클라우드 밖에서 의미 부여가 되어야 하며, 일단 해보자는 식의 접근 방식은 지양해야 한다. 일류 기업에게 일류 서비스를 제공하기 이전에 고객의 요구사항이 무엇이고 이를 얼마나 어떻게 충족하는가 가 더욱 더 중요하다. 비싼 식자재를 사용하여 비싼 가격에 판매한다고 하여 일류 서비스를 제공하는 것은 아니다.

아래 그림에서와 같이 클라우드 컴퓨팅은 크게 3가지 관점 즉, 기술, 아키텍처, 운영에서 고찰되고 도입/전환 추진되어야 한다. 첫째, 기술적 관점에서 가상화, 오픈소스, 범용 서버, 빅데이터 등의 기술 및 표준 정책을 수립해야 한다. 둘째, 인프라, 어플리케이션, 데이터 영역에서의 클라우드 아키텍처 관리이다. 셋째, 운영 관점에서 클라우드 서비스의 운영품질에 대한 관리이다.

## 2. 클라우드 기술 전략

IT 운영 관리 관점에서는 클라우드의 도입이 IT 운영 관리 이슈를 제거하거나 해소하기 보다는 더 많은 이슈를 제기하고 있는 것이 현실이다. 즉 사용자 편의를 위하여 제공자와 사업자가 더 많은 것을 고민하고 해결하여야 한다. 또한 IT 관점에서는 그동안의 불편했던 사안들 즉, IT 표준화, 자동화, 보안성, 가상화, 통합화 등의 이슈들에 대하여 많은 것들을 원점에서 다시 재고할 기회를 가지게 되었다. 특히 IT 표준화는 IT가 단독적이고 전용적이고 소유적인 대상에서 함께 공유하고 이용하는 대상으로 인식되어, 전기 또는 상수도 유틸리티와 같은 표준 서비스로 제공/이용하는 계기를 마련해준다. 물론 이러한 유틸리티 서비스로 제공되는 정보의 보안 및 보호는 절대적인 신뢰 속에서 지켜져야 한다. 요약하면, 클라우드 상호운영성과 이식성이 기술 관점에서 매우 중요함을 이해하고, 클라우드 관리 및 서비스 플랫폼의 표준화를 추진해야 한다.

### 2.1 오픈소스 소프트웨어

오픈소스 소프트웨어(또는 공개 소프트웨어)는 소프트웨어가 상업화 되어가면서 소스 코드 비공개로 전환되는 것에 대한 반발로 자유소프트웨어 운동이 전개되었다. 리처드 스톨만(Richard Stallman)의 주도로 '83년 GNU(GNU's Not Unix) 프로젝트에서 '84년에는 자유 소프트웨어 재단(FSF, Free Software Foundation)이 설립되면서 시작되었다[K13][K14].

오픈소스 소프트웨어에 대한 정의는 공개에 담긴 의미를 정의하는 것이기도 하다. 공개의 실체가 소프트웨어의 본질인 '소스코드'이고, 공개되었다는 상태는 누구나 사용할 수 있다는 것을 의미한다. 즉 오픈소스 SW는 소스코드를 공개하여 특별한 제한 없이 사용, 복제, 배포, 수정할 수 있는 SW를 의미한다[3].

오픈소스 소프트웨어는 프리웨어가 아니며, RHEL(Red Hat Enterprise Linux)와 같은 일부 SW는 상용으로도 제공되고 있다. 오픈소스 소프트웨어는 소스코드를 공개함에 따라 다수의 개발자가 커뮤니티 형태로 협업 개발하고, 개발 산출물을 상용화하고 서비스 사업화하고 있다.

오픈소스 소프트웨어 도입을 통하여 무료에 가까운 소프트웨어 구매 및 유지보수 비용으로 보다 쉽게 개발 과업을 수행할 수 있고, SW 솔루션 대안으로서 시장에서의 SW 경쟁을 촉진시킴과 동시에 특정 벤더의 기술과 기능의 종속성으로부터 탈피할 수 있게 되었다. 오픈소스 소프트웨어가 최근 신기술 영역과 접목되어 빠른 개발/배포/보완의 과정이 상업적 활용을 활성화 시키고 있다. 소프트웨어 중심의 경제 기반을 구축함에 있어 많은 오픈소스 소프트웨어가 개방된 커뮤니티 중심으로 협업 개발하고 개선시켜 나감에 따라 개발 인력 개개인의 역량 함양에도 크게 기여하고 있다.

클라우드 서비스의 1차적인 가치인 비용 효율화의 관점에서 기존 상용 소프트웨어 중심의 IT 시스템을 클라우드로 전환하면서 오픈소스 소프트웨어 기반의 IT 시스템으로 전환하는 방식이 많이 검토되고 있다. 그러나 오픈소스 SW의 라이선스 유형[4]에 따라서는 라이선스 조건을 반드시 준수해야 하고 SW 품질(특히 안정성) 보증과 버그에 대한 대응방식은 상용 SW에 비하여 취약한 단점도 있다.

---

3 오픈소스 SW의 라이선스는 소스 공개 의무가 있는 GPL, LGPL, MPL 그리고 소스 공개 의무가 없는 BSD License, Apache License 등이 있다.

오픈소스 소프트웨어는 소스 코드의 무상 공개 여부에 따라 1차 구분되며 아래와 같이 다양한 소프트웨어 라이선스 유형을 가진다[K13].

●● **표 7.1** 오픈소스 소프트웨어 라이선스 유형 비교[4]

| 라이선스 | 무료<br>이용 가능 | 배포<br>허용 가능 | 소스코드<br>취득 가능 | 소스코드<br>수정 가능 | 2차적 저작물<br>재공개 의무 | 독점SW와<br>결합 가능 |
|---|---|---|---|---|---|---|
| GPL | O | O | O | O | O | X |
| LGPL | O | O | O | O | O | O |
| MPL | O | O | O | O | O | O |
| BSD license | O | O | O | O | X | O |
| Apache | O | O | O | O | X | O |

●● **표 7.2** Web–WAS–DBMS의 아키텍처상의 주요 오픈소스 SW

| 구분 | 오픈소스 SW | 라이선스 방식 | 비고(주요 상용 SW) |
|---|---|---|---|
| OS | RHEL, CentOS, Fedora | GPL | Windows Server<br>HP-UX, IBM-AIX |
| | Ubuntu | GPL외 다수 | |
| Web Server | Apache | Apache License | IIS, Sun ONE<br>Web Server |
| WAS | Tomcat | Apache License | WebLogic, WebSphere<br>Jeus |
| | JBoss | LGPL | |
| DBMS | MySQL | GPL | Oracle DB, MS-SQL<br>Teradata |
| | CUBRID | GPL2 BSD License | |

4 출처 : NIPA, "공개 SW 라이선스 가이드", 2014.

 **PART III**
클라우드와 ICT 서비스 혁신

클라우드 서비스 플랫폼 자체도 오픈스택과 같은 오픈소스 소프트웨어 기반으로 구현하는 방식이 많이 선호되고 있다. 클라우드 플랫폼과 응용 서비스(예: 빅데이터) 플랫폼에 오픈소스 SW 기술 활용하는 것으로, 대표적인 예로 클라우드 운영 관리 플랫폼인 오픈스택 프로젝트가 있다. 오픈소스 SW 기술을 활용하는 경우 개발 및 사용에 대한 비용 절감, 벤더 종속성 탈피, 호환성과 일관성 확보를 얻을 수 있으나 개발 커뮤니티에 참여 없이 단순 사용 시, 문제 해결 역량 부족으로 역효과가 발생할 수 있다.

아래 도표는 클라우드 및 빅데이터 기술 영역에서 많이 사용되는 플랫폼 및 프레임워크 영역에서의 오픈소스 소프트웨어 목록이다[K14].

●● **표 7.3** 클라우드 및 빅데이터 오픈소스 소프트웨어 목록[5]

| 순번 | 분류 | 솔루션명 | 라이선스 | 기술지원 | 홈페이지 | 제품 개요 |
|---|---|---|---|---|---|---|
| 1 | 가상화 | 젠(Xen) | GPL v2 | community, blog | xen.org | x86, x86_64, IA64, ARM 외 아키텍처와 리눅스, 솔라리스, 윈도우, BSD 계열의 게스트 OS를 지원하며 아마존 웹 서비스 등에 적용된 가상화 공개 SW 솔루션 |
| 2 | 가상화 | KVM | GPL v2, LGPL v2 | community, blog, IRC | www. linux-kvm.org | x86, x86_64, S/390, PowerPC, IA64 등 아키텍처와 리눅스, 솔라리스, BSD, 윈도우 등의 게스트 OS를 지원하는 가상화 공개 SW 솔루션 |
| 3 | 가상화 API | 리버트 (Libvirt) | GNU LGPL | community, wiki | libvirt.org | 리눅스 가상화를 위한 API로 Xen, KVM 등 다양한 하이퍼바이저와 QEMU 및 일부 가상화 제품을 지원 |
| 4 | 분산파일 시스템 | 하둡 (Hadoop) | Apache License 2.0 | community, wiki | hadoop. apache.org | 컴퓨터 클러스터를 이용하여 대용량 데이터 셋의 분산 처리를 지원하는 분산 파일 시스템 |

5 출처 : NIPA, "클라우드/빅데이터 분야 공개 SW 솔루션 목록", 2013.

| 순번 | 분류 | 솔루션명 | 라이선스 | 기술지원 | 홈페이지 | 제품개요 |
|---|---|---|---|---|---|---|
| 5 | 분산 파일 시스템 | 글러스터 (GlusterFS) | GPL v3 | prof/ community | www.gluster. org | AWS(Amazon Web Service)에 사용된 Metadata 서버가 필요없는 스캐일 아웃 방식의 NAS인 스토리지 솔루션 |
| 6 | 분산 파일 시스템 | 섹터 (Sector) | Apache License 2.0, BSD License | community | sector. sourceforge. net | 대량의 컴퓨터 클러스터를 이용한 분산 처리를 지원하는 고성능 분산 파일 시스템 |
| 7 | 분산 파일 시스템 | XtreemFS | new BSD1.3 | community | www. xtreemfs.org/ | 광대역 네트워크를 위한 객체 기반 분산 파일시스템으로 클라우드를 위한 분산/복제 파일 시스템 |
| 8 | 분산 DB 시스템 | 카산드라 (Cassandra) | Apache License 2.0 | community | cassandra. apache.org | Ruby, Perl, Python, Scala, Java, PHP, C++, C# 등 다양한 언어를 지원하고 Facebook, Twitter 등에 사용된 분산 데이터베이스 시스템 |
| 9 | 분산 파일 시스템 | 몽고디비 (Mongodb) | GNU AGPL v3.0, 10gen, Apache License 2.0 | community | www. mongodb.org | JSON 형태의 문서 콜렉션으로 데이터를 저장하는 오픈소스 문서 지향 데이터베이스 |
| 10 | 분산 파일 시스템 | Hbase | Apache License 2.0 | community | hbase. apache.org | HDFS에 구현한 분산 컬럼 기반이며 대규모 데이터셋에 실시간으로 랜덤 액세스가 가능한 분산 데이터베이스 시스템 |
| 11 | 분산 관리 시스템 | 주키퍼 (Zookeeper) | Apache License 2.0 | community, wiki | zookeeper. apache.org | 분산 환경에서 노드들 간의 분산 동기화, 그룹 서비스, 공유, 락 등을 관리하는 시스템 |
| 12 | 분산 로그관리 시스템 | 척와 (Chukwa) | Apache License 2.0 | community, wiki | incubator. apache.org/ chukwa | 분산 환경에서 서버의 로그 데이터를 수집하고 그 데이터를 저장하고 분석하는 분산 시스템 |
| 13 | 분산 로그관리 시스템 | Flume | Apache License 2.0 | community | flume.apache. org/ | 대용량 로그 데이터를 중앙집중화된 데이터 저장소로 효율적으로 수집, 통합, 저장하기 위한 시스템 |
| 14 | 분산 로그관리 시스템 | Scribe | Apache License 2.0 | community, wiki | github.com/ facebook/ scribe/ | 여러 서버로부터 실시간으로 스트림되는 로그 데이터를 종합하여 처리 |
| 15 | 분산 검색 엔진 | 엘라스틱 서치 (Elastic Search) | Apache License 2.0 | community, blog | www. elasticsearch. org | HTTP에서 JSON을 사용하여 데이터를 인덱스할 수 있고 다중 타입을 가지는 다중 Tenant를 지원하는 분산 검색 엔진 |
| 16 | 클라우드 플랫폼 | Eucalyptus | GNU GPL | prof/ community | www. eucalyptus. com/ | NASA에서 사용한 서버, 스토리지, 네트워크 인프라를 클라우드로 통합 관리하는 클라우드 플랫폼 |

| 순번 | 분류 | 솔루션명 | 라이선스 | 기술지원 | 홈페이지 | 제품개요 |
|---|---|---|---|---|---|---|
| 17 | 클라우드 플랫폼 | Open Nebula | Apache License 2.0 | community, blog | opennebula. org/ | IaaS 클라우드를 구성하기 위하여 데이터센터의 가상 인프라스트럭처를 관리하는 가상화 솔루션 |
| 18 | 클라우드 플랫폼 | Open Stack | Apache License 2.0 | community, blog,wiki | openstack. org/ | Rackspace와 NASA가 주축이 되어 시작한 프로젝트로 서버, 스토리지, 네트워크, 가상화를 묶어서 제어하고 운영하기 위한 클라우드 플랫폼 |
| 19 | 클라우드 플랫폼 | Cloud Stack | Apache License 2.0 | community | cloudstack. apache.org | 세련된 GUI, 웹기반의 관리 콘솔, 다양한 하이퍼바이저와의 연동, 소프트 방화벽, 로드밸런싱 기능이 있는 클라우드 플랫폼 |
| 20 | 클라우드 플랫폼 | Open QRM | GPL v2 & commercial | prof/ community | www.openqrm. com/ | 데이터센터 관리시스템 –모니터링, 고가용성, 클라우드 컴퓨팅, 여러 가상화 기술을 지원 |
| 21 | 시스템 모니터링 | Hyperic | GPL | prof/ community | www.hyperic. com/ | 물리적, 가상 및 클라우드 환경 전체 모니터 사용자 지정 웹 응용 프로그램 |
| 22 | 네트워크 모니터링 | Nagios | GNU GPL V2 | training, certification | www.nagios. org/ | 네트워크 서비스 모니터링(SMTP, POP3, HTTP, NNTP, ICMP, SNMP, FTP, SSH ) |
| 23 | 분산 데이터 관리 시스템 | Cloudata | Apache License 2.0 | prof | www. cloudata.org | 수십 TB 이상의 데이터 관리 목적 데이터를 여러 대의 서버에 분산 배치하여 관리 |
| 24 | 클라우드 관리 프레임 워크 | Cloud Forms | GPL v3 | prof | kr.redhat.com/ products/ cloud- computing/ cloudforms | 하이브리드 클라우드를 IaaS 클라우드로 구축하고 관리 |
| 25 | 데이터 웨어 하우스 | Hive | Apache License 2.0 | community, wiki | hive.apache. org | 대용량 데이터 분석에 적합한 하둡의 상위에 위치한 SQL 기반의 Data Warehouse 구성요소 |
| 26 | 빅데이터 분석 플랫폼 | Pig | Apache License 2.0 | community, wiki | pig.apache. org/ | 데이터–흐름 기반의 스크립트 프로그래밍 언어 |
| 27 | 빅데이터 분석 플랫폼 | R | GNU GPL | prof/ community | www. r-project.org/ | 통계계산 및 시각화를 위한 언어 및 개발 환경을 제공 |
| 28 | 빅데이터 분석 플랫폼 | Map Reduce | Apache License 2.0 | community | hadoop. apache.org/ | 분산 컴퓨팅을 지원하기 위한 소프트웨어 프레임워크 |

| 순번 | 분류 | 솔루션명 | 라이선스 | 기술지원 | 홈페이지 | 제품개요 |
|---|---|---|---|---|---|---|
| 29 | 분산 캐싱 시스템 | Memcached | The BSD 3 -Clause | wiki, chat | www. memcached. org/ | 분산 메모리 캐싱 시스템, 데이터베이스 부하를 줄여 웹 애플리케이션 성능 향상 도움 |
| 30 | 분산 캐싱 시스템 | couchbase | Apache License 2.0 | prof | www. couchbase. com/ couchbase- open- source-project | 분산 메모리 캐싱 시스템, Membase Server 1.7 이후 버전은 Couchbase Server 1.8로 변경 |
| 31 | 대용량 머신 러닝 알고리즘 | Mahout | Apache License 2.0 | community | mahout. apache.org/ | MapReduce 패러다임을 사용하여 하둡 상에서 실행되는 클러스터링, 협업 필터링 및 분류를 위한 알고리즘 |
| 32 | 워크플로우 스케쥴러 | Oozie | Apache License 2.0 | (N/A) | oozie. apache.org/ | 하둡의 Workflow 스케줄러 시스템 |
| 33 | 데이터 테이블 및 스토리지 관리 | Hcatalog | Apache License 2.0 | community | hive.apache. org/hcatalog/ | 하둡을 사용하여 생성된 데이터 테이블 및 스토리지 관리 서비스 |
| 34 | 분산 파일 시스템 | Mesos | Apache License 2.0 | (N/A) | mesos. apache.org/ | 효율적인 자원 분배, 분산 애플리케이션 또는 프레임워크 공유를 제공하는 Cluster manager |
| 35 | 분산 파일 시스템 | Storm | EPL | community, blog | storm- project.net/ | 분산 실시간 컴퓨팅 시스템 |
| 36 | 클라우드 플랫폼 | Nimbus | Apache License 2.0 | community | www. nimbusproject. org | WSRF –based 또는 Amazon EC2 WSDL web service API를 통해 사용자에게 IaaS 클라우드를 제공하는 오픈소스 툴킷 |

## 2.2 정보 보안 및 보호

클라우드 확산과 함께 개인정보 보호와 기업의 데이터 보안에 대한 이슈가 대두되고 있다. 이는 클라우드 시장 및 산업 활성화에 가장 큰 걸림돌이 되고 있는 상황이다. 클라우드 도입 시 가장 우려되는 사항[6] 1위로 조직 내부의 데이터 및 어플리케이션의 보안 문제

---

6 출처 : CDW(2013.2.11), 2013 State of the Cloud Report

인 것으로 나타났다[L03].

최근 AWS, Dropbox, Evernote, Adobe사 등 주요 클라우드 서비스 업체들이 본격적으로 기업용 서비스를 확대 추진하면서, 일부 서비스들이 기능 장애, 해킹 등으로 인해 보안 사고가 발생하면서 클라우드에 대한 보안 불안감이 가중되고 있다. 특히 대표적인 클라우드 파일 저장/공유 서비스를 제공하는 Dropbox사는 며칠 동안 접속 장애가 발생하였고, 이로 인하여 며칠간 일부 사용자들이 접속 장애를 겪었고 접속이 불가능한 계정도 있었다. '13년 2월 Evernote사의 메모장 서비스에 대한 해킹으로 전세계 5,000만 명 이상의 사용자 정보가 유출되었다. 기존 패키지 SW 판매 방식에서 클라우드 기반 SW 서비스 방식으로 사업 모델을 전환한 Adobe사의 경우 3,800만 개의 계정 정보가 해킹으로 유출된 사건은 매우 심각한 상황으로 인지되고 있다.

클라우드 서비스의 속성상, 비용 대비 IT 가용성은 유연하게 구성될 수 있는 점은 IT 자원 공유 과정에서 해킹과 정보 유출 가능성이 항상 존재할 수 있다는 점을 내포하고 있다. 실제로 기업 대상 클라우드 서비스가 확산되는 초기 단계에서는 관련 서비스 장애도 많이 발생하였으며, 명확한 원인 규명도 이루어지지 못하고 있는 것이 현실이었다. 그러나 최근 서비스 제공자는 클라우드 보안 및 보호 이슈에 대하여 아키텍처 관점과 기술적 관점에서의 해결 방안을 적용하고 있다. 아키텍처 관점에서는 기존 공용 클라우드에서의 비용 효율성과 전용 클라우드의 통제 및 보안 관리의 장점을 결합한 하이브리드 클라우드 서비스에 대한 대안을 검토하고 적용하고 있고, 기술적 관점에서는 보안 정책 포함 거버넌스 체계를 강화하고 하이퍼바이저 단에서의 보안 메커니즘을 강화하고 있다.

클라우드 보안 연합(CSA, Cloud Security Alliance)은 클라우드 컴퓨팅의 7대 보안 위협을 다음과 같이 정의하였다[B05]. 첫째, 클라우드 서비스의 남용과 불손한 사용이다. 악의적인 의도를 가진 사람들이 클라우드를 도입하게 되면, 모든 정보가 가상에 있게 되기 때문에 기존의 봇넷보다 더 찾아내기 힘들고 위험한 존재가 될 수 있다는 것이다. 둘째, 안전하지 않은 API이다. 어플리케이션 구축을 서두르기 위해서 기존의 코드를 재사용하거나 합성해서 사용하면 보안에 구멍이 뚫릴 수 있다는 것이다. 셋째, 악의적인 내부자들에 의한 위험이다. 클라우드 컴퓨팅이 갑자기 부가되면서 관련 경험을 가진 사람을 급하게 채용하면 도덕적으로 적합하지 않은 사람을 고용할 가능성도 높아지게 되고, 이로 인한 보한 위험을 생각해야 한다. 넷째, 공유 기술의 취약점으로 가상 머신을 적절히 관리하지 못하면 하나의 작은 구멍으로 전체 시스템이 위협받을 수 있다. 다섯째, 데이터 손실과 유출이다. 데이터를 보호하기 위한 기존의 운영 및 제어는 새로운 클라우드 환경에서 적합하지 않을 수 있으며 모니터링 관제가 더욱 어려울 수 있다. 여섯째, 계정, 서비스 및 트래픽 하이재킹이다. 각종 악성 사이트로 유도하는데 사용된 많은 하이재킹 기법에 취약하다. 마지막으로, 서비스 제공업체의 투명성이 떨어져 고객사가 시스템의 구성이나 소프트웨어 패치를 실행해야 하는지 알지 못할 때가 많다는 것이다.

CSA(Cloud Security Alliance)는 클라우드 참조 아키텍처로서 클라우드 서비스 도메인 영역에 대한 아키텍처 외에, 운영과 지원 영역, 보안과 위험관리 영역을 별도로 설정하고 있다. 특히 CSA의 통제 매트릭스에서는 각 통제 영역별로 COBIT, HIPPA, ISO/IEC 27002-2005, NIST SP800-53, PCI DSS의 컴플라이언스를 매핑하고 있다[7].

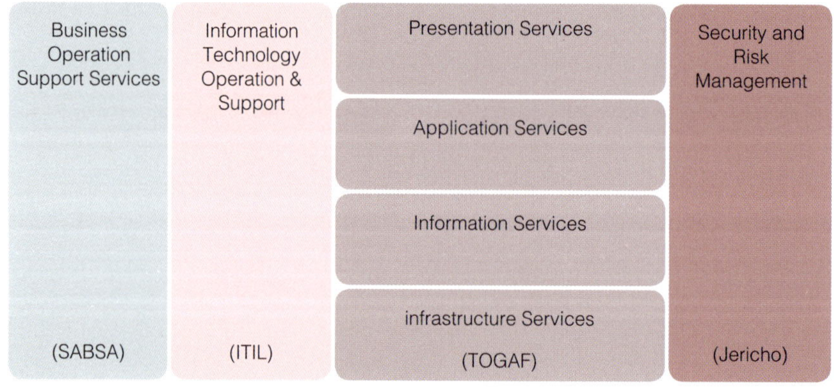

**●● 그림 7.4** CSA의 참조 아키텍처

전사 아키텍처 관점에서 HCI(Human-Computer Interaction), 어플리케이션, 데이터, 인프라 도메인 영역 외에 보안 아키텍처를 별도로 설정하여 원칙과 기준하에 정보 아키텍처를 통제 관리할 필요가 있다. 정보시스템에 대한 정보 보안 및 보호가 강화되는 있는 상황에서 클라우드 서비스를 도입하고자 할 때는 전사 아키텍처 차원에서 보안과 연계하여 취약점이 무엇인지를 파악하고 어떠한 모습으로 강화할 것인지에 대하여 체계적으로 접근해야 한다.

보안 아키텍처는 기업 내 정보 자산의 기밀성, 무결성, 가용성을 강화하기 위하여 관리적/물리적/기술적 보안 및 보호 영역의 구성요소와 그 관계를 구체화한 것으로, 전사 아키텍처 관점에 현행 아키텍처와 목표 아키텍처 그리고 이행 로드맵을 수립하고 이행해야 한다. 전사 아키텍처 관점의 보안 아키텍처는 정보 보안 및 보호 관리 체계의 구축을 가이드 한다. 즉 보안 원칙, 표준, 가이드, 정책 등을 제시하고, 현행 보안 아키텍처의 현황과 문제점을 파악하고 목표 아키텍처 수립 및 개선 방안을 이행 로드맵으로 연계하여, 보다 포괄적인 정보 보안 및 보호 활동이 가능하다.

### 2.3 클라우드 기술 표준

클라우드 서비스 활성화 및 산업 응용 확산을 위해서는 산업 생태계를 제대로 구축하고 선순환 구조로 돌아갈 수 있도록 만들어야 한다. 이를 위해서는 법 제도 개선, 정보 보안 및 보호, 사업자의 우수 사례 발굴 및 유관 기관과의 협업 체계 등을 플랫폼 기반의 C-P-N-D 체계를 선행 구축하는 것이 시급하다. 플랫폼 구축을 통하여 사용자가 많아지고 사용하면 할수록 네트워크 효과가 크고, 타 산업 영역과의 동반 성장이 가능하기 때문이다.

---

7 COBIT(Control Objective for Information and related Technology) Version 4.1 : http://www.isaca.org
HIPPA(The Health Insurance Portability and Accountability Act of 1996) Privacy and Security Rules : http://www.hhs.org/ocr/privacy
ISO/IEC 27002-53 (Information Technology-Security Techniques-Code of practice for Information Security Management) : http://www.iso.org/iso/iso_catalogue.html
NIST SP 800-53(Recommended Security Controls for Federal Information Systems, Revision 2) : http://csrc.nist.gov/publications/PubsSPs.html
PCI(Payment Card Industry) DSS(Data Security Standard) Requirements and Security Assessment Procedures V1.2 : https://www.pcisecuritystandards.org/index.html

물론 특정 플랫폼에 종속되는 모순을 가질 수 있기 때문에 개방형 플랫폼으로 다양한 어플리케이션 서비스와 콘텐츠들이 탑재되고 배포되고 이용될 수 있는 환경으로 구현되어야 한다. 이를 위해서는 주요 솔루션 벤더, 서비스 사업자 그리고 서비스 이용그룹이 참여하여 플랫폼 표준화 활동이 전개되어야 한다. 즉, 타 시스템과의 연동 프로토콜 및 개발 API 표준화를 제공하여야 한다.

클라우드 컴퓨팅 표준화 활동은 많은 선도 벤더들의 우수 사례를 바탕으로 클라우드 호환성, 이식성, 보안성 등에 대하여 산업계 표준을 도출하여 성숙되지 않은 시장에서 클라우드 컴퓨팅 기술 및 아키텍처에 대한 이해와 커뮤니케이션 그리고 벤더 종속성과 보안에 대한 위험을 회피하게 하는 매우 중요한 활동이다. 다음 그림은 대표적인 클라우드 컴퓨팅 분야의 표준화 활동 단체/기관들이다. 최근까지 DMTF, SNIA, OGF 등의 단체를 중심으로 한 표준화 작업이 이루어졌으나 ISO 및 ITU-T 등 공적 표준화 기구를 통한 작업도 진행되고 있다.

•• 그림 7.5 클라우드 표준화 단체/커뮤니티[8]

8 참고 : Activities in Cloud Computing Standardization: Repository (Version 1.1, May 2010), http://www.itu.int/ITU-T/focusgroups/cloud/

| 표준화 기구 | 설명 |
|---|---|
| OGF<br>(Open Grid Forum) | – www.ogf.org<br>– Open Cloud Computing Interface(OCCI) : IaaS 기반 서비스들의 원격 관리 작업을 위한 API와 프로토콜 규격('11년) |
| DMTF<br>(Distributed Management TaskForce) | – www.dmtf.org<br>– Open Virtualization Format(OVF) : 클라우드 서비스 제공자와 고객들, 개발자들 간의 상호운용이 가능한 클라우드 관리를 이루기 위한 구조적 체계와 구현상의 세부 사항들을 포함하는 규격('10년)<br>– CIMI(Cloud Infrastructure Management Interface) : 클라우드 인프라 관리 모델 및 인터페이스('12년) |
| SNIA<br>(Storage Networking Industry Association) | – www.snia.org<br>– Cloud Data Management Interface(CDMI) : 클라우드 서비스 제공자들이 데이터 스토리지 서비스를 사용할 수 있도록 하는 개방적이고 안전한 API 규격('10년) |
| CSA<br>(Cloud Security Alliance) | – www.cloudsecurityalliance.org<br>– 보안 가이드라인 : 클라우드 서비스의 안정성 확보를 위한 보안 요구 사항 |
| CIF<br>(Cloud Industry Forum) | – www.cloudindustryforum.org<br>– 실천 강령 : 서비스 제공자 기관의 구조적, 사업적, 운영적 정보 검증을 통해 클라우드 서비스 도입을 위한 서비스 제공자, 방법 등을 결정하는 참조 자료 |
| Open Group | – www.opengroup.org<br>– 백서 8종 : 클라우드 컴퓨팅 투자시 혜택 방법, 기업 경쟁력 향상 방안, 클라우드 컴퓨팅 개념과 구조, 클라우드 이용자 요구 사항 및 클라우드 보안 등 |
| ITU-T | – www.itu.int<br>– Focus Group on Cloud Computing 활동('10년–'11년), ITU-T SG13 : Future networks including cloud computing, mobile, next generation networks 활동으로 Telco 사업자의 클라우드 컴퓨팅에 대한 제반 표준화 |
| OASIS<br>(Organization for the Advancement of Structured Information Standards) | – www.oasis-open.org<br>– OASIS TOSCA (Topology and Orchestration Specification for Cloud Applications) TC : 클라우드 애플리케이션과 서비스의 호환성에 대한 표준화('13년) |
| TTA<br>(Telecommunication Technology Association) | – www.tta.or.kr (한국정보통신기술협회)<br>– 소프트웨어/콘텐츠, 유무선통신, TV/방송, 정보 보호, 융합서비스의 5개 전략 분야의 하나로 클라우드/SOA/빅데이터 기술영역에 대한 표준화 활동을 전개하여 ICT 표준화 전략맵 2014 수립('14년) |

9 출처 : TTA, "ICT 표준화 전략맵 Ver.2014 – 콘텐츠/플랫폼", 한국정보통신기술협회, 2013.

클라우드 컴퓨팅은 IT 자원을 빌려서 사용하는 컴퓨팅 환경인 바 상호운영성 및 신뢰성 기반의 클라우드 서비스로 발전되기 위해서는 표준화는 필수적이다. 즉 비표준 기반의 클라우드 서비스 확산으로 특정 기술과 특정 사업자에 종속될 수 있으며 이를 극복하기 위한 기술 및 서비스 관점의 호환성, 이식성, 상호운영성이 보장되는 표준이 글로벌 수준에서 필요하다. 클라우드 컴퓨팅 및 서비스 산업은 해외 선진 국가에서 시작되고 활성화되어 있으나, 국내의 경우 관심은 고조되고 있으나 활성화되고 있지 못한 것이 현실이다. 이러한 상황에서 해외 사업자에 의한 국내 클라우드 서비스 시장 잠식과 핵심기술에 대한 해외 의존도가 심화될 수 있기 때문이다.

국내 표준화 활동은 TTA(한국정보통신기술협회) 정보통신표준화위원회 주관하에 국제 표준화 활동에 참여하고 있으며, 최근 『ICT 표준화 전략맵 Ver 2014』을 발표한 바 있다[10]. TTA의 ICT 표준화에서 클라우드 SOA(Service Oriented Architecture) 빅데이터의 전략맵이 작성되었다[11]. 아래 그림은 최근까지의 클라우드 컴퓨팅 관련 활동에 대한 경과 로드맵이다.



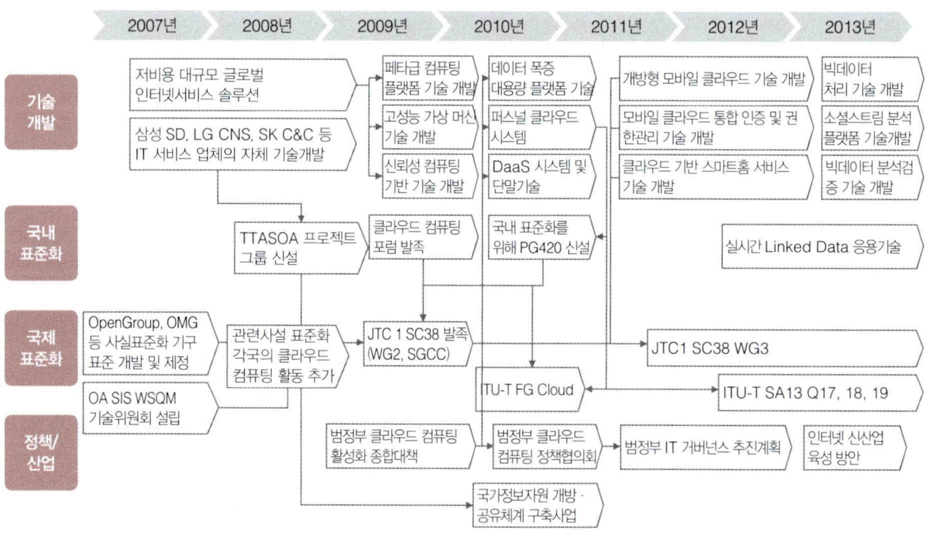

•• **표 7.5** TTA 클라우드 부분 표준화 항목 및 내용[13]

| 표준화 항목 | 표준화 내용 |
|---|---|
| 클라우드 가상 데스크톱 서비스 | – 인터넷을 통해 사용자별 가상 데스크톱 환경 제공을 위한 가상 데스크톱 서비스 모델 표준<br>– 데스크톱 자원의 효율적 관리, 운용 및 사용자 기기와의 인터페이스 호환성 확보를 위한 표준 |
| 클라우드 인프라 | – 클라우드 컴퓨팅의 물리적/가상 자원 및 이들의 조정을 위한 요구 사항 표준<br>– 인프라 자원들을 사용자에게 제공하는 IaaS 관련 유즈케이스, 요구 사항 및 기능 주체 기반의 IaaS 서비스 기능 구조 표준<br>– 클라우드 참조 모델 표준 항목의 인프라에 관련된 세부 표준 |
| 클라우드 SLA | – 서비스 제공자가 이용자에게 제공하는 SLA(Service Level Agreement) 요구 사항 및 구조 표준<br>– 클라우드 컴퓨팅 SLA 수립을 위한 품질 지표, 미터링 표준<br>– 클라우드 컴퓨팅 표준 품질 측정 기술 표준 |
| PaaS 참조 아키텍처 및 기능 | – 클라우드 플랫폼 서비스(PaaS) 주요 구성 요소 및 규격에 관한 참조 아키텍처 표준<br>– PaaS 인터페이스 표준화를 위한 공통 기능 표준 |
| 클라우드 멀티테넌시 지원 | – 클라우드 서비스의 성능, 보안, 비용 등에 큰 영향을 미치는 멀티테넌시의 기본 요구 사항 표준<br>– 멀티테넌트 지원을 위한 핵심 요소인 데이터베이스와 소프트웨어에 대한 다양한 공유 구조 및 선택 기준 등을 제시하는 표준 |
| 클라우드 거버넌스 | – IT 자원(클라우드 컴퓨팅)의 사용에 대한 평가, 지도 및 통제 체제의 전반적 표준<br>– IT 자원과 비즈니스 전략과의 연계, IT 조직의 통제, IT 관련 위험의 감소, IT의 비즈니스 가치 제고, IT 사용 조직의 경쟁력 제고 등을 위한 프레임워크 표준 |
| 클라우드 참조 모델 | – 클라우드 인프라, 플랫폼, 서비스 규격의 표준화를 위한 주요 구성 요소, 주요 요구 사항 및 기능 등에 관한 참조 모델 표준 |
| 인터클라우드 | – 다양한 클라우드 서비스 제공자의 클라우드를 연결/연계하여 복수 서비스 제공자 클라우드 간의 자원과 서비스 연동을 위한 표준 |
| 모바일 클라우드 | – 모바일 클라우드 제공을 위한 요구 사항<br>– 다양한 모바일 클라우드 유즈케이스 개발<br>– 클라우드 단말 간 기능 재활용 및 공유 기술 |
| 클라우드 환경을 위한 메타데이터 | – 클라우드 컴퓨팅 환경에서 저장되는 도메인별 메타데이터의 상호운용성을 확보하기 위한 개념, 의미, 활용에 대한 표준 |
| 클라우드 서버 가상화 | – 클라우드 컴퓨팅 서비스를 위한 가상 머신 관리(생성, 삭제, 구동 등) 규격 표준<br>– 클라우드 시스템 가상화의 호환성 확보를 위한 VM 이미지 및 API 규격 표준 |

---

10 https://committee.tta.or.kr/
11 사실 클라우드와 SOA는 서비스화 관점에서는 유사하며 다른 점을 찾는다면 클라우드는 IT 자원 제공 중심의 서비스화, SOA 는 비즈니스 어플리케이션 중심의 서비스화에 초점을 맞춘다는 것이다.
12 출처 : TTA, "ICT 표준화 전략맵 Ver 2014"
13 참고 : TTA, "ICT 표준화 전략맵 Ver 2014"

| 표준화 항목 | 표준화 내용 |
| --- | --- |
| 클라우드 스토리지 | – 클라우드 스토리지의 적합성을 위해 확장성, 프로세스 자동화, 사용 현황 관리, 자유로운 데이터 이동, 보안 및 다중 소유, 효율성, 데이터 보호, 네트워크 내 통합, 서버 가상화 지원 등을 규정하는 표준<br>– 클라우드 기반 스토리지들과 고객들 간의 상호 작용에 관한 표준 |
| 클라우드 시스템 관리 | – 광범위한 클라우드 인프라스트럭쳐와 서비스를 포함한 자원 관리 표준<br>– 멀티 클라우드 관리를 위한 요구 사항, 자원 관리 모델 및 기능, 자원 할당 및 접속/제어, 자원 모니터링 표준 |
| 클라우드 컴퓨팅 정의 및 용어 | – 클라우드 컴퓨팅 관련 필수 용어 및 클라우드 컴퓨팅 정의에 관한 표준 |
| 클라우드 라이프사이클 | – 클라우드 서비스의 라이프사이클 관리 전반에 대한 사례(use cases), 요구 사항과 관리 운영을 위한 정보 모델 개발을 위한 표준으로 클라우드 시스템 관리의 세부 표준 |
| 클라우드 네트워킹 서비스 | – NaaS(Network as a service)의 기본 개념 및 클라우드 기본 구조(reference architecture)상의 관계 표준<br>– NaaS 요구 사항, 유즈케이스, 기능 및 구조 표준 |
| 클라우드 서비스 관리 | – 클라우드 서비스 관리와 클라우드 자원 관리 간의 관계 명시, 클라우드 서비스 이행, 동작을 위한 일반적인/기능적 관리 요구 사항 표준<br>– 클라우드 서비스 관리를 위한 기능 프레임워크 표준 |
| 클라우드 인프라 보안 | – 클라우드 컴퓨팅 보안을 위한 요구 사항 및 보안 구조 표준<br>– 가상 네트워크를 위한 보안 서비스 플랫폼 프레임워크 표준<br>– 클라우드 서비스 사업자를 위한 보안 통제 지침 표준 |
| 클라우드 서비스 보안 | – 서비스 모델(IaaS, PaaS, SaaS)별 퍼블릭 클라우드 서비스 보안 요구 사항 표준<br>– 클라우드 기반 보안 서비스(Security as a Service) 제공을 위한 요구 사항 표준 |
| 클라우드 보안 가이드라인 | – 클라우드 인프라 구축 시 보안 가이드라인 표준<br>– 클라우드 서비스 운영 보안 가이드라인 표준 |
| User ID 연동 | – 서로 다른 클라우드 서비스 간의 사용자 정보 연동 표준<br>– User Identity의 클라우드 서비스 간 공유를 위한 필수 정보 및 표현 방식 표준<br>– RESTful 인터페이스를 통한 클라우드 서비스 간 정보 교환 프로토콜 표준 |

DMTF의 CIMI(Cloud Infrastructure Management Interface)는 클라우드 인프라를 관리하기 위하여 표준 인터페이스를 사용하는 다중의 서비스 제공자와 소비자 영역 간의 상호 운영성을 지원한다. 인터페이스는 JSON(Java Script Object Notation) 또는 XML 기반의

메시지를 HTTP 프로토콜을 사용하며, CIMI 자체는 REST 기반으로 운영 연산을 정의하고 있다. 또한 CIMI는 다수의 CIMI 자원을 생성하기 위하여 OVF(Open Virtualization Format) 패키지의 임포트를 지원하며, 이는 클라우드와 클라우드 간의 워크로드의 이동을 지원한다는 의미이다[B05].

ITU-T의 클라우드 컴퓨팅 포커스 그룹[14]은 클라우드 생태계의 구성요소에 대한 정의, 분류, 유즈케이스, 보안, 인프라, 자원 관리, 효과 등에 대하여 산출물을 제시하였다. 최근 ITU-T SG13의 Future networks including cloud computing, mobile, next generation networks 활동[15]으로 ISO/IEC JTC 1/SC 38/WG 3과의 협업 프로젝트로 Cloud Computing Reference Architecture(CCRA) 작업을 공동 수행하고 있다[16].

'12년, Oracle, Rackspace, CloudBees, Cloudsoft Corporation, Huawei, Red Hat, and Software AG사는 CAMP(Cloud Application Management Platforms)라는 PaaS API 스펙을 OASIS(Organization for the Advancement of Structured Information Standards)으로 산업 표준으로 제안하였다[17]. 이는 다양한 클라우드 환경에서의 어플리케이션 배치 관리상의 상호운용성을 위한 것이다. 제안된 CAMP는 다중 클라우드 환경 관리의 공통 기반이면서 클라우드 제공자와 소비자에게 REST(REpresentation State Transfer) 기반의 어플리케이션 관리 기반을 제공할 것으로 예상된다. OASIS TOSCA TC는 '13년 말에 TOSCA(Topology and Orchestration Specification for Cloud Applications) Version 1.0을 클라우드 어플리케이션 및 서비스에 대한 표준으로 제시하였다[18]. TOSCA는 어플리케이션 및 인프라 서비스의 정의, 운영 그리고 서비스 구조 요소 간의 관계에 대한 상호운영적 기술이다[A47].

그 외 클라우드 컴퓨팅 관련 표준화 활동 단체로, 클라우드 컴퓨팅 용어 및 우수 사례 기술 그리고 교육과 관련한 NIST(National Institute od Standards and Technology)

---

14 http://www.itu.int/en/ITU-T/focusgroups/cloud/Pages/default.aspx
15 http://www.itu.int/en/ITU-T/studygroups/2013-2016/13/Pages/default.asp https://committee.tta.or.kr/
16 http://www.itu.int/en/ITU-T/studygroups/2013-2016/13/Pages/CT-CCRA.aspx
17 출처 : https://www.oasis-open.org/committees/tc_home.php?wg_abbrev=camp
18 www.oasis-open.org/committees/tc_home.php?wg_abbrev=tosca

가 있으며 고객(수요자)들의 단체인 ECLC(Enterprise Cloud Leadership Council), CSCC(Cloud Standards Customer Council) 등도 있다[A41].

## 3. 서비스 아키텍처 전략

애자일 기업으로의 기업 변신을 목표로 클라우드 혁신을 도모하기 위해서는 무엇보다 도 IT 서비스의 융통성과 확장성에 호환성과 이식성이 지원되는 개방형 클라우드 아키텍처의 적용이 필요하다. 다음 그림에서와 같이 인프라–플랫폼–어플리케이션의 서버 사이드와 단말로 구성되는 클라이언트 사이드에서의 요구사항에 대한 주요 아키텍처 방향성은 다음과 같다. 첫째, 글로벌 비즈니스를 위한 제3자 클라우드 서비스 사업자들과 협업을 위한 하이브리드 인프라에 대한 아키텍처 관리가 필요하다. 둘째, 시장 적기 공급에 부합하기 위한 빠른 서비스 매쉬업이 가능한 SOA 아키텍처, 셋째, 서비스 생태계 구축을 위한 API 기반 개방형 플랫폼 구축, 넷째, 최종 사용자의 클라이언트단의 단말에 대한 다양성에 대한 컴플라이언스 관리 아키텍처가 필요하다.

•• 그림 7.7 클라우드 혁신 구현을 위한 주요 아키텍처 방향성

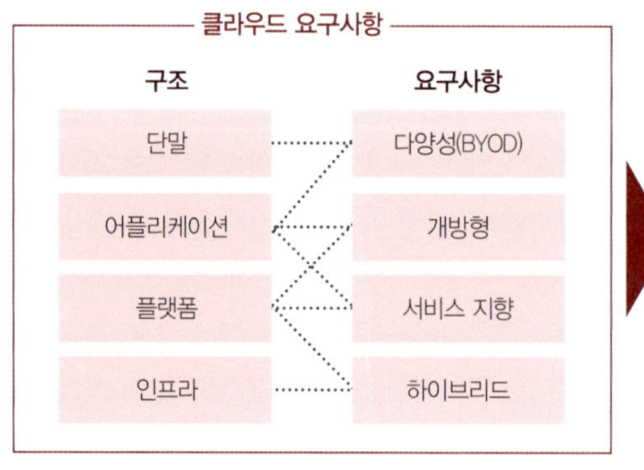


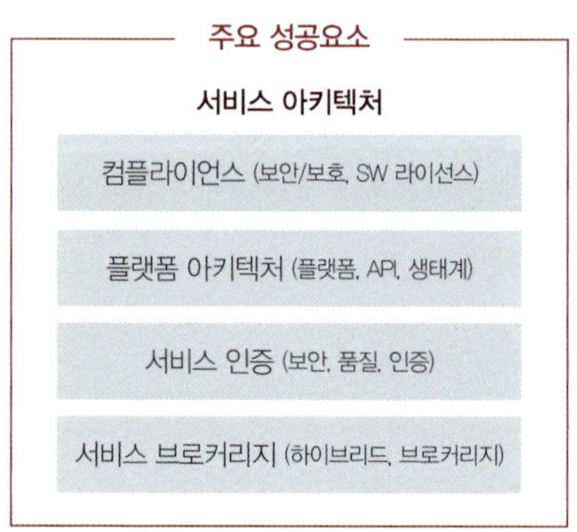

전사 아키텍처 운영 모델도 궁극적으로는 통합 모델로 진화될 것이며, 이러한 진화 과정에서 개방형 플랫폼 아키텍처, 서비스 인증, 하이브리드 IT 전략과 서비스 브로커리지, 그리고 컴플라이언스 등의 아키텍처 구현 요소들이 적용되어야 한다. 자체 ICT 아키텍처이든 제3자 서비스 아키텍처이든 개방형 플랫폼 아키텍처로의 발전적 전환이 향후 소셜, 빅데이터, 사물인터넷 그리고 모바일 기술 혁신의 활용을 가속화할 수 있기 때문이다. 또한 클라우드 서비스의 속성은 전역적인 서비스 지향 아키텍처를 지향하고 있으며 SOA 구조에서의 서비스 인증(특히 보안 인증)과 사용자 인증 체계는 매우 중요하다. 마지막으로 자체 구축한 전용 클라우드와 제3자 외부 클라우드를 함께 사용하거나 다수의 공용 클라우드를 사용하는 경우와 같은 환경에서의 클라우드 서비스 브로커리지 아키텍처와 이에 대한 IT 조직의 역할 변화가 점점 중요해지고 있다.

### 3.1 플랫폼 아키텍처로의 전환

기술과 시장이 빠르게 변화되는 최근의 기업 경영 화두는 플랫폼이다. ICT 산업에 Google, Apple, Facebook사의 플랫폼이 차지하는 비중은 절대적이며 제조, 공공, 서비스 등의 전통적인 산업 영역에서도 기술과 산업 융합의 토대로서 플랫폼에 대한 활용이 점점 중요해지고 있다. Nike사의 경우 운동화라는 플랫폼을 바탕으로 운동 및 건강 관리 서비스를 제공하거나, UPS사의 경우 기존 물류 인프라를 바탕으로 고객사의 물류 관리 아웃소싱 서비스를 제공한다는 것이 그 예다. 클라우드는 기존 사업 인프라를 플랫폼화하고 이를 토대로 서비스화를 추진하게 하는 동력 역할을 한다.

플랫폼 아키텍처 전략은 보유 자산을 플랫폼화 하여 가치복합체를 창출하고, 플랫폼기반 기업생태계의 상호작용을 적절히 관리하면서, 플랫폼 확장을 위한 아키텍처 전략이다. 즉, 보유 사업 자산을 플랫폼 기반의 아키텍처를 형성하고, 이를 토대로 신규 기능 및 서비스를 발굴하여 플랫폼 기반 서비스 생태계를 확장하는 것이다. 이를 위해서는 첫째 기존 사업 자산 특히 IT 자산의 플랫폼화가 필요하고, 둘째 이 플랫폼 기반의 생태계가 원활하게 운영되어 내부 플랫폼 역량 확충 및 클라우드 기반 서비스 발굴 및 개발을 촉진시켜야 한다. 많은 어플리케이션 서비스는 클라우드 도입과 전환의 방법으로 통합화, 가상화,

표준화, 자동화 단계를 거쳐 HW와 SW(미들웨어)를 공유하는 구조에서 클라우드 서비스로 진화하고 있다. 한 단계 더 나아가 기업의 비즈니스 기능과 역량이 내재화된 어플리케이션과 서비스를 위한 플랫폼으로 발전시켜 사업 자산을 서비스화 해야 한다.

●● **그림 7.8 클라우드 서비스 플랫폼 구조의 진화**[19]

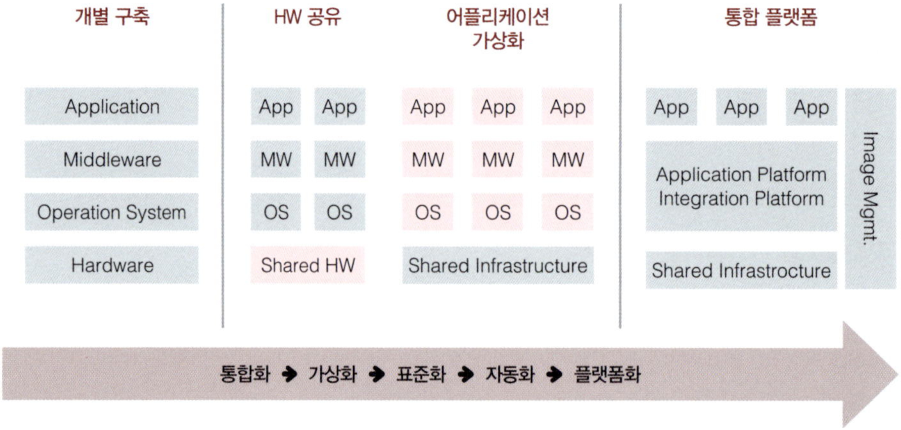

기업의 IT 자원과 자산을 통합화, 가상화, 표준화, 자동화 단계를 거쳐 클라우드 서비스화하고, 이 과정에서의 클라우드 운영 관리, 어플리케이션 개발–배치–운영 등을 플랫폼화 한다. 이러한 플랫폼은 오픈스택과 같은 IT 인프라의 운영 관리 플랫폼의 구조이기 보다는, 어플리케이션과 서비스의 운영 관리 플랫폼으로 서비스 지향 구조 형태를 가진다. 또한 글로벌 시장에서 기업과 고객이 보다 빠르게 데이터를 수집하고 분석하고 의사결정을 할 수 있도록 하기 위하여 모바일, 소셜, 빅데이터에 대한 실시간 플랫폼 구조

---

19 출처 : IBM사의 Private Cloud Revolution 전략[A12] : 클라우드 운영 관리 플랫폼은 SW 정의 데이터센터의 형태로 발전될 것이다.

를 포함해야 하며 지능형 서비스를 위한 컨텍스트 인지 컴퓨팅 패러다임(Context-aware-Computing Paradigm)을 지원한다.

글로벌 시장 변화와 고객 요구사항을 보다 빠르고 쉽게 접근하기 위해서는, 기존 플랫폼의 클라우드화가 필요하다. 즉, 모바일, 소셜, 사물인터넷, 빅데이터 분야의 신기술 플랫폼으로서, SW 융합 -스마트 카, 스마트 의료, 스마트 홈, 스마트 타운, 스마트 제조- 영역의 업종 플랫폼으로서 클라우드를 활용하여 실현할 수 있다.

### 3.2 클라우드 서비스 인증

클라우드 서비스 산업의 활성화를 위하여 클라우드 서비스 사업자의 서비스 수준을 평가하고 인증을 부여하는 서비스 인증제도를 필요하다. 해외의 경우 대표적인 인증 프로그램인 미국 정부의 FedRAMP(Federal Risk and Authorization Management Program) 프로그램을 통하여, 미 정부 IT 업무에 클라우드를 적용하는 발생 가능한 보안 위험에 대한 감사 및 인증 부여 활동을 수행하고 있다. 그 외에 COBIT, AICPA Service Organization Control(SOC) 1 Report, AICPA/CICA Trust Services(SysTrust and WebTrust), ISO/IEC 27001/27002, Cloud Security Matrix by CSA, NIST SP 800-53, Health Information Trust Alliance (HITRUST), BITS, Jericho Forum Self-Assessment Scheme (SAS), European Network and Information Security Agency (ENISA) Information Assurance Framework for Cloud Computing 프로그램이 있다[B15]. 국내의 경우 방송통신위원회에서는 우수 클라우드 서비스에 대한 인증제를 도입하여 이용자의 신뢰를 높여 클라우드 서비스를 확산하고 품질이 우수한 국내 업체의 사업 여건을 개선하고자 클라우드 서비스 인증 제도를 수립하고, 한국 클라우드산업협회[20]에서 운영하고 있다.

미국 FedRAMP 프로그램은 미국 정부의 『클라우드 우선』정책과 연방 클라우드 컴퓨팅 전략에 근거하여 추진되는 미국 정부기관의 클라우드 제품 및 서비스에 대한 보안 평가, 인증 그리고 사후 관리를 위하여 도입된 프로그램이다. 미국 연방조달청(GSA)에서는 '12

년, FedRAMP Concept of Operations를 발표하면서 평가 및 인증에 필요한 세부 절차를 발표하였고, 이에 앞서 FedRAMP Security Controls Baseline를 통하여 클라우드 포함 보안 통제 항목을 명시하고 있다.

•• **그림 7.9** FedRAMP의 서비스 인증 개념도[21]

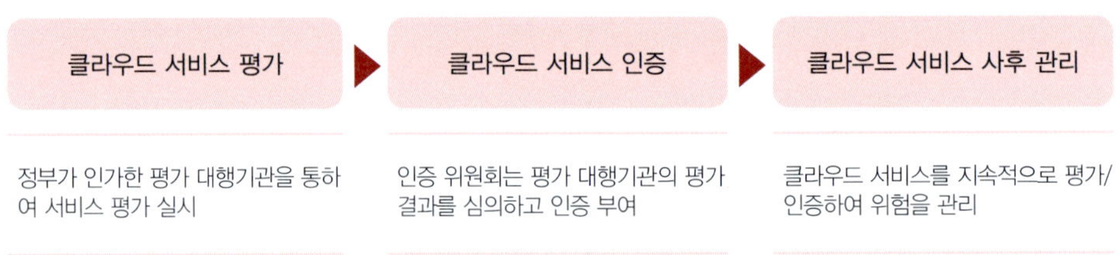


FedRAMP 프로그램을 통하여 기존 기관별로 진행되었던 보안 평가 및 인증을 통합하여 수행하여 비용, 시간, 인력 비용을 절감할 수 있었고 FedRAMP 보안 인증을 받은 클라우드 서비스는 별도의 인증절차 없이 다른 기관에도 적용할 수 있게 되었다. 또한 클라우드에 특화된 보안 통제 항목을 제시하고 대행기관을 통하여 보안 평가를 수행함으로써 연방정부기관이 이용하는 정보시스템 및 서비스에 대한 적정 수준의 보안과 보호를 보증 받으면서 제반 위험 관리 비용을 절감하고 동시에 필요 시스템과 서비스를 신속하게 조달받을 수 있게 되었다.

---

21 참고 : 차영태, "클라우드 컴퓨팅 보안 기술동향과 산업전망", 한국산업기술평가관리원, 2012

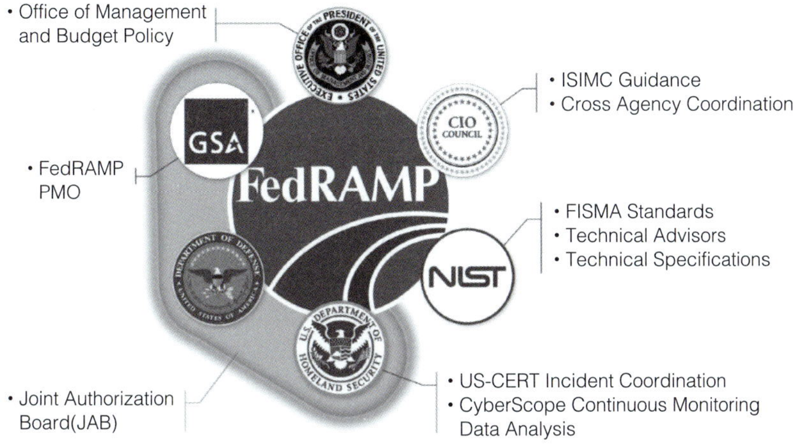


FedRAMP는 상기 그림에서와 같이 많은 유관 기관(GSA, DoD, DHS, NIST, Federal CIO, OBM)이 역할을 분담하고 협력하여 인증 프로그램을 운영하고 있다. 그림에서의 JAB(Joint Authorization Board)는 클라우드 관련 임시 인증을 부여하는 협의체로서 연방 조달청(GSA), 미국방성(DOD), 국토안보부(DHS)의 CIO들로 구성되어 운영된다.

국내의 경우, 한국클라우드산업협회[22]에서 운영하는 클라우드 서비스 인증 제도가 있다. 클라우드 서비스 업체가 제공하는 서비스 수준을 보장하기 위한 서비스 체계를 구축하였는가를 점검하여, 일정 수준 이상의 클라우드 서비스에 대하여 인증을 부여하고 있다. 클라우드 서비스 품질(가용성, 확장성, 성능), 서비스 정보 보호(데이터 관리, 보안), 서비스 기반(서비스 지속성, 서비스 지원) 영역에 대하여 심사하여 우수 클라우드 서비스 인증을 부여하고 있다. 주요 평가 영역 및 항목에 대한 개관은 다음과 같다[K25].

22 www.kcsa.or.kr

1) 서비스 품질 평가

- 가용성
  - 갑작스런 '클라우드 서비스 장애'로 인해 서비스가 중단되는 우려를 최소화하기 위해 가용성 기준(예: 99.5% 이상)을 제시하는지, 이를 보장하기 위한 관리 정책, 기술 등을 보유하는지 심사한다.
  - 클라우드 특성(가상화된 IT 자원)을 고려하여, 가상 자원 단위까지 모니터링하고, 이중화(여유 자원 확보)를 보장할 것을 의무화한다.
- 확장성
  - 이용자가 필요한 경우, 언제든지 IT 자원(H/W, S/W)을 신속하게 확장·축소하여 제공할 수 있도록 관리하는지 평가한다.
- 성능
  - 빠르고 끊김 없이 서비스를 제공할 수 있도록, IT 자원을 최신으로 유지하기 위한 프로세스를 마련하고 있는지, 네트워크 용량 등을 확보하고 있는지 등 심사한다.

2) 서비스 정보 보호 평가

- 데이터 관리
  - 이용자 데이터가 손상, 유실될 경우에 대비하여, 관리(백업, 복구 등)정책 기반 시설을 마련하고, 이용자 요청에 따라 데이터를 반환, 폐기하는지 등을 평가한다.
- 보안
  - 정보보호 관리체계(ISMS : Information Security Management System)를 중심으로, 클라우드 환경에서의 보안상 취약점(예: 가상 자원 내 악성 코드 침입)을 추가적으로 보완하는 대책을 마련하였는지 심사한다.

3) 서비스 기반 평가
- 서비스 지속성
  - 클라우드 업체의 경영상 능력(재무상태, 조직, 예산계획 등)을 평가하여, 서비스를 안정적으로 제공할 수 있는지 심사한다.
- 서비스 지원
  - 이용자 지원 기능(기술 지원 문서, 모니터링 웹사이트 등) 확보, 다양한 단말, 운영체제(윈도우, 리눅스, iOS 등) 지원, 보상 대책 마련 등을 평가하여, 클라우드 서비스의 이용 편의성을 점검한다.

### 3.3 하이브리드 클라우드

IT 서비스로 제공되는 많은 플랫폼 및 응용 어플리케이션 서비스 모두가 클라우드 서비스에 적합한 것은 아니다. 특히 데이터베이스 서버와 같은 핵심 서버 시스템의 경우에는 범용 서버 기반의 클라우드화가 적절하지 않은 경우가 많다. 이와 같이, 클라우드 도입 및 적용에 있어 전용 클라우드와 공용 클라우드 모두 사용하면서 포괄적인 클라우드 전략을 구사하듯이, 클라우드와 Non-클라우드 영역에 대해서도 하나의 도입 및 적용 전략을 구사해야 한다. 이는 하나의 어플리케이션 영역에서는 클라우드 영역과 Non-클라우드 영역이 포함한 아키텍처 형태를 가지기 때문이다. 클라우드 서비스로 제공되는 자원은 반드시 가상자원일 필요는 없다.

물리 자원이라도 클라우드 서비스 방식, 즉 사용한 만큼 과금되고 필요할 때 자원이 공급되어 사용하는 방식으로 제공될 수 있다. 클라우드 서비스 및 클라우드 플랫폼도 위와 같은 상황을 고려하여 물리 및 가상 자원 모두를 포괄적인 하이브리드 IT 전략을 항상 검토해야 한다. 또한 다양한 클라우드 서비스 영역(예: 사업자, 구조)에서 다양한 모델(예: 전용과 공용, 사업자, 서비스 모델 등)을 함께 사용할 수 있도록 관리하는 하이브리드 클라우드 전략을 구사해야 한다.

즉 기업의 IT 서비스 체계에 클라우드를 적용 또는 전환함에, 기존 물리적 인프라 기반의 레거시 시스템, 물리 서버 기반의 클라우드 시스템, 가상 서버 기반의 클라우드 시스템 그리고 제3자 외부 클라우드 서비스 제공자의 공용 클라우드 서비스를 모두 고려한 하이브리드 IT 체계를 목표 아키텍처로 검토하고 추진한다[23].

•• **그림 7.11** IT 서비스 아키텍처 구조[24]

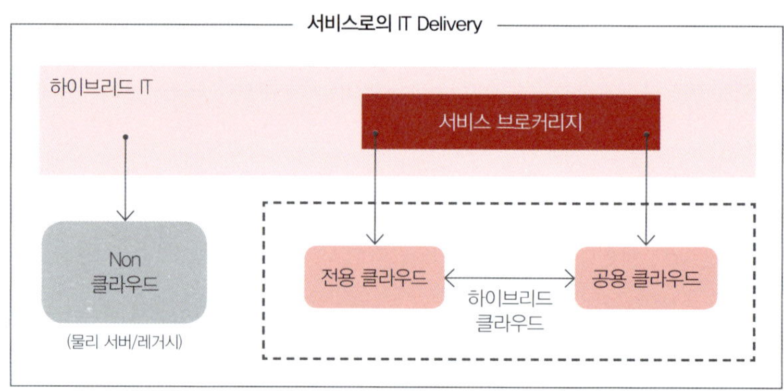


하이브리드 IT는 다양한 클라우드 방식을 포용하면서 클라우드와 Non-클라우드를 아울러 서비스로 제공하는 IT를 강조하고 있으며, 다양한 IT 서비스 방식에 대한 통합적 IT 운영 및 관리 방식이 더욱 더 중요해질 것이다. 즉 향후 IT 조직은 투자하여 자체 확보한 IT 자산 그리고 제3자로부터 임대하여 사용중인 IT 서비스에 대하여 자산 vs. 임대, 내부 시스템 vs. 외부 시스템을 하나의 서비스 틀에서 통합적으로 운영 관리한다.

Cisco사는 하이브리드 클라우드의 운영 관리를 위한 솔루션으로 InterCloud를 제시한

---

23 기업 내 클라우드 서비스를 도입함에 있어 기존 Unix 시스템 기반의 업무 및 사업 시스템을 운영하는 경우 많은 관리자들은 어떻게 Unix-to-x86으로 전환할 것인가에 대하여 고민하게 된다. 이 과정에서 서비스 제공자가 x86 기반의 클라우드 인프라만을 제공하기 때문에 이를 전환한다라는 보이지 않는 논리에 근거하는 경우가 많다. 기업 내 IT 아키텍처 관점에서 Unix, x86, 제3 자 서비스 자원 등을 모두 고려하고, 이러한 다양성이 최적화 관점에서 의미가 있다면, 하이브리드 관점에서 어떻게 일관성 있게 서비스로 제공하고 받을 수 있을 것인가에 대하여 고민해야 한다. 물리 서버와 가상 서버, Unix 서버와 x86서버, 전용 클라우드 와 공용 클라우드, 다수의 외부 클라우드 등을 하나의 운영 체계에서 관리될 수 있는 방향을 지향해야 한다. 그러나, 일부 x86 서버 벤더 및 클라우드 운영 관리 플랫폼 벤더의 공급자 관점에 현혹하여 전체 IT 아키텍처의 방향성과 로드맵 없이, 시범 수준의 클라우드 전환을 전사적으로 추진하는 오류를 범하는 경우가 많다.
24 출처 : Garter Research, "Hybrid Clouds and Hybrid IT – The Next Frontier", 2013.

 **PART III**
클라우드와 ICT 서비스 혁신

바 있다. Cisco사의 InterCloud 아키텍처는 다음 그림과 같으며, 서비스 오퍼링상의 다양성(하이퍼바이저, 서버, 클라우드)에 대하여 일관성있는 서비스를 제공하는 구조이다. Cisco사의 InterCloud는 최종 사용자가 다양한 하이브리드 자원을 이용할 수 있는 셀프 서비스 포탈을 제공하며 온프레미스(on-premise)와 클라우드상의 인프라 간 워크로드 제공 및 상호 이동을 지원한다. 또한 하이브리드 클라우드 관점에서 일관성 있는 보안 정책을 시행할 수 있다. 또한 전용과 공용 클라우드상의 물리 및 가상 워크로드에 대한 단일 접점의 관리 통제(a single point of mgmt.)를 지원한다. 이러한 하이브리드 운영 관리 솔루션/서비스는 계절성 서비스 폭주에 대비하거나, 개발/테스트 및 운영 환경의 구축, 재해 복구 체계 구축 등의 유즈케이스에 매우 유용하다. 이러한 하이브리드 솔루션/서비스를 통하여, 기업의 전용 데이터센터에서 다수의 공용 클라우드까지 보안, 품질, 운영 정책 등을 캡슐화하여 하나의 클라우드 서비스 체계로 보다 쉽게 확장할 수 있다[A25].

●● **그림 7.12** Cisco의 InterCloud 아키텍처[25]

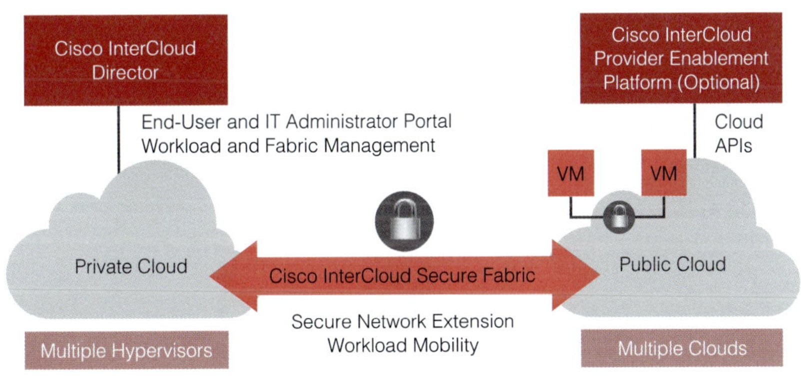


25 http://www.cisco.com/c/dam/en/us/products/collateral/switches/intercloud/at-a-glance-c45-730799.pdf

최근 많은 글로벌 기업들이 글로벌 시장을 대상으로 한 응용 서비스 제공에 필요한 인프라, 플랫폼 및 어플리케이션을 기획, 준비함에 있어 많은 클라우드 서비스 사업자를 대상으로 적합한 솔루션 및 서비스 오퍼링을 선택하여 이용해야 하는 부담이 있다. 이러한 관점에서 제3자 중개 서비스 기반하에 글로벌 클라우드 서비스를 이용하는 사례가 많아지고 있다. 즉, 클라우드 이용이 확산되면서 다양한 클라우드 플랫폼 솔루션과 서비스를 이용할 수 있도록 지원하는 클라우드 서비스 브로커리지(CSB, Cloud Service Brokerage)의 필요성이 대두되고 있다[26]. CSB는 개인과 기업 등이 클라우드 서비스를 이용함에 있어 필요한 제반 서비스(기획, 제공, 운영, 지원, 감사) 활동을 제공하는 역할로, 클라우드 서비스 공급자(제공자)와 수요자(이용자) 간의 솔루션과 요구사항을 매칭, 연계하여 통합, 중재 서비스를 제공하는 사업을 지칭한다[A30].

기업의 내부 IT 조직은 현장의 현업부서와 내외부 클라우드 서비스 사업자(또는 ICT 서비스 사업자)를 중재하는 역할로서 진화되어야 한다. 이러한 관점에서는 CSB는 광의의 ICT 서비스 브로커리지 사업 모델로 확장될 수 있다. SW 업계는 서비스형으로 사업 모델을 전환하면서 클라우드 서비스 사업자로 변모하고 있다. 기업의 CSB(내부 IT 조직, 또는 외부 CSB) 사업자는 해당 SW 제품 및 서비스 제공자와의 협상력과 기술력을 바탕으로 보다 효율적으로 쉽게 SW 이용을 서비스 형태로 제공하고, 더 나아가 서비스 지원 및 유지 보수 서비스를 제공하는 역할로도 진화될 것이다.

점차 다양한 클라우드 서비스가 등장함에 따라 기업의 요구사항에 맞는 클라우드 서비스(서버, 스토리지, 플랫폼, 어플리케이션)을 쉽게 확보하고 이용할 수 있도록 검색/구매/제공/지원하는 클라우드 서비스 브로커리지 사업이 활성화될 것이다. 이를 위해서는 이종 클라우드 서비스 간의 공통 인터페이스, 대규모 클라우드 자원 관리, 보안 관리 등의 기술이 필요하다. 클라우드 브로커리지 서비스가 확대되면 중소규모의 클라우드 사업자 간 연동을 통해 AWS와 같은 글로벌 클라우드 서비스 업체와 같은 수준의 신뢰성 확보가 가능

---

[26] 국내 기업으로 SoftwareInLife사(대표: 장선진)가 CSB 사업을 전개하고 있다.

하며, 대규모 투자가 필요한 클라우드 인프라를 보유하지 않고도 다른 사업자의 다양한 클라우드 자원을 확보한 것처럼 신규 글로벌 서비스 개발이 가능하다. CSB 서비스를 실현하기 위해서는 이기종 다중 클라우드상에서의 ID 통합 관리, 서비스 소싱, 브로커리지, 통합 보안 및 서비스데스크 기능에 대한 플랫폼 기반 운영이 필요하다[A18][27].

클라우드 서비스 브로커리지(CSB) 사업자는 공용 및 전용 클라우드 구조, IaaS(Infrastructure as a Service), PaaS(Platform as a Service), SaaS(Software as a Service) 등의 서비스 모델 그리고 클라우드 사업에 대한 이해, 각 사업자의 특성을 조합한 클라우드 서비스 전략을 수립하여 사용자, 기업 고객에게 맞춤형으로 서비스를 제공할 수 있는 노하우와 역량 등을 모두 확보하여야 한다. CSB(cloud service broker)는 클라우드 서비스들간의 군집, 통합, 커스터마이제이션 역할과 기능을 수행한다. 군집 역할은 최종 고객에게 여러 클라우드 서비스를 집적해서 제공하는 재판매하는 것이며, 통합 역할은 서비스 중재자로 클라우드 서비스와 내부 시스템을 연결하는 역할이다. 커스터마이제이션 역할은 고객의 필요에 맞게 클라우드 서비스를 조정, 클라우드에서 운용할 어플리케이션을 개발하는 것이다. 실제적인 클라우드 시장에서의 클라우드 서비스들간의 API 표준화 및 서비스 상호운영성 이슈가 있고, 상호연동되는 어플리케이션의 복잡성으로 인하여 서비스 브로커리지는 쉽지 않다[A17][B17].

글로벌 CSB 벤더는 다양한 역할과 전략으로 사업을 전개하고 있다. 국내 기업인 소프트웨어 인 라이프사는 클라우드 서비스 중개 사업을 위한 사이트(www.csb.io)를 오픈하고, 기업들의 다양한 클라우드 서비스 수요 및 요구사항에 대하여, 보다 빠르고 쉽게 구성하고 관리해주고 있다. 클라우드 서비스 수요자 관점에서 요구사항이 무엇인지, 그 요구사항에 가장 적절하고 적합한 서비스는 무엇인지, 어떻게 도입하고 적용해야 하는 지를 컨설팅 가이드하고 구축 및 운영을 지원하는 사업을 전개하고 있다.

27 TMFORUM(www.tmforum.org)에서는 다중 클라우드 환경에서의 서비스 운영 관리를 위하여 SM-API(Simple Management API)와 SLM(Service Lifecycle Management) 개념을 제시하였다. Frameworx SLM은 서비스 팩토리와 메타데이터 모델에 대한 요구사항과 우수 사례를 정의하고 있으며, ITIL V3와 연계되어 있다.

•• 그림 7.13 소프트웨어 인 라이프의 서비스 구성도(예)

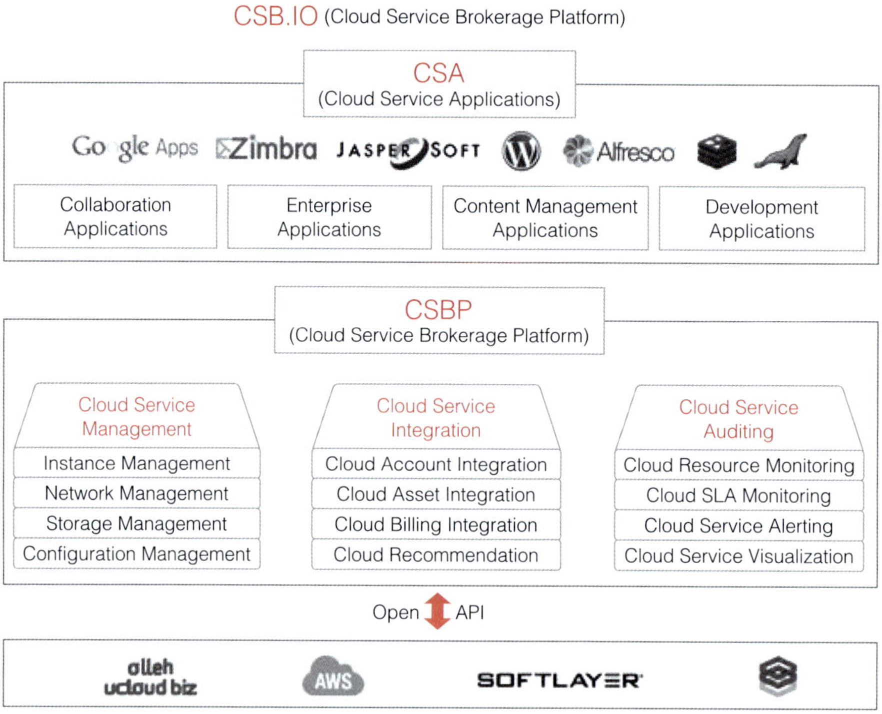

## 4. 서비스 운영 전략

클라우드 서비스는 클라우드 이전에 서비스로서 경쟁력을 가져야 한다. 즉 기존 유틸리티 서비스와 호스팅 서비스 대비 강점으로 제시한 클라우드의 5대 특성을 제공하면서도 서비스로서의 고객과 약속한 SLA 기반 운영 품질을 충족시켜야 한다. 이러한 서비스 경쟁력 강화를 위해서는 클라우드 서비스 운영 관리에 대한 프로세스 혁신을 지향해야 한다. 현재 많은 클라우드 서비스 제공사들이 기존 IT 서비스 운영과 별개의 서비스 오퍼링으로 서비스 운영 관리를 소홀하게 취급하는 경우가 있다. 이는 지속적인 클라우드 서비스 시장과 산업 활성화에 걸림돌이 되는 사항이다.

클라우드 서비스의 프로세스 혁신은 크게 2가지 측면에서 이루어져야 한다. 첫째, 클라우드 서비스 오퍼링이 가지는 특성들이 제대로 고객에게 전달되기 위한 서비스 수명주기 관리 프로세스 혁신이다. 둘째, 기존 ICT 서비스 오퍼링의 진화 관점에서, 시장과 기술의 변화 속에서 고객이 가지는 새로운 요구사항과 니즈를 기존 프로세스에 반영하여 개선하는 혁신이다. 이러한 2가지 측면의 혁신은 하나의 클라우드 서비스 프로세스 체계로 결합된다.

프로세스 혁신은 서비스 모델 혁신으로 발전되어야 한다. 즉 시장과 고객이 필요로 하는 신규 가치를 발굴하고 사업화하기 위한 제품 및 서비스 모델 혁신이 수반되어야 한다. 즉, 고객의 잠재수요와 요구사항을 면밀하게 분석하여, 고객 입장에서의 가치를 증진하고 신규 가치를 창출하는 신규 제품과 서비스를 도출해야 한다. 글로벌 시장에서의 선도 클라우드 서비스 사업자는 고객과 시장의 변화를 지속적으로 관찰하고 체계적으로 분석하고 적시에 그리고 과감하게 사업화하여 성공한 기업들이다. 이러한 서비스 모델 혁신은 지속적인 서비스 품질 개선과 증진을 위한 프로세스 혁신으로 선순환적으로 이어져 지속적인 서비스 창출과 사업 확대를 이루고 있다. 클라우드 서비스의 품질은 클라우드 서비스 제공자의 SLA에 입각한 운영 품질도 중요하지만 고객이 클라우드 서비스를 이용하는 목적과 기대치에 부합하는 것이 매우 중요하다.

클라우드 혁신의 본질은 서비스 운영상에서 있음에도, 기업 내 클라우드 서비스를 자체 구축하고 서비스하기 위해서 또는 서비스 제공자로서 서비스를 제공하기 위하여 필요한 운영조직을 초기부터 제대로 셋업하기는 쉽지 않다. 클라우드 서비스를 위한 개발 인력들이 대부분이 신규 인력들로 구성되어 있어, 기존 개발 및 운영 인력과의 커뮤니케이션 관점을 일치시키지 못하고 있다. 이에, 운영조직도 기존 레거시 IT 운영조직과 별도로 구성하기도 하지만, 이 운영조직도 클라우드 개발 조직과의 협업이 제대로 이루어지지 쉽지 않다. 이와 같이, 클라우드 환경에서의 개발과 운영을 기존 레거시 개발과 운영 조직과 함께 어떻게 조화롭게 구성하여 클라우드 혁신을 도출해낼 것인가가 매우 중요하다. 이에 포괄적인 IT 서비스에 대한 관리 틀(예: ITIL V3)로 클라우드를 접근하여야 하며, 이러한 과정에서 클라우드만이 가지는 속성과 특성을 개발과 운영 활동에 반영시켜야 한다. 또한 기존 레거시 IT 인력들의 가지는 신규 기술 적용에 대한 운영 리스크를 어떻게 최소화하면서 새로운 기술역량과 품질역량을 확보할 것인가에 대한 조직문화 프로그램도 지속적으로 가동하는 것이 필요하다.

### 4.1 클라우드와 ITIL V3

ITIL(IT Infrastructure Library)은 IT 서비스 관리에 대한 프레임워크 구현을 돕기 위한 문서들의 집합으로, ITIL은 전세계 IT 서비스 관리에 대한 사실상의 표준(de-facto standards)으로 자리잡고 있다[28]. ITIL은 아래 그림에서와 같이, 서비스 수명주기 관점에서 5개의 단계 영역 – 서비스 전략, 서비스 설계, 서비스 운영, 서비스 이행, 서비스 개선 영역으로 구성된다. ITIL은 ICT 서비스 업계에서 서비스 운영 관리 활동에 표준으로 적용하는 참조 모델 자료로서 널리 활용되고, ITSM 솔루션 영역의 토대로 활용되고 있다[29].

- 서비스 전략 – 서비스 관리를 전략적인 자원으로 설계, 개발, 구현하는 단계
- 서비스 설계 – 현재와 미래의 비즈니스 요구사항을 충족시킬수 있는 IT 서비스를 설계하는 단계
- 서비스 전환 – 신규 및 수정된 서비스를 운영으로 전환하기 위한 역량을 개발하고 개선하는 단계
- 서비스 운영 – 고객 및 서비스 제공자를 위한 가치를 확보할 수 있도록 서비스 제공 및 지원의 효율성과 효과성을 달성하는 단계
- 서비스 개선 – 설계 개선, 서비스 도입 및 운영에 의해서 고객을 위한 가치를 창

---

28 ITIL은 영국 정부기관 중의 하나인 CCTA 저작물이었으나, 현재는 OGC(Office of Government Commerce)가 소유자이다. OGC는 영국 정부기관들이 구매를 현대화하고 서비스의 개선을 지원하고 있다.
29 전세계 40여 개 국 이상에서 IT 서비스 관리 분야의 전문가 조직으로 활동 중인 itSMF가 있으며, itSMF는 IT 조직들이 자신들의 서비스 제공을 개선하는데 사용할 수 있는 정보와 경험을 교환하는 것을 촉진하고, 다양한 표준, 방법론, 품질 활동에 관여하고 있다. 이러한 활동 중의 하나가 ITIL이며, itSMF는 ITIL 활용과 확산에 대하여 OGC 및 APM Group과 협력하고 있다. (itSMF의 웹사이트 : www.itsmf.or.krwww.itsmfi.org)

●● **그림 7.14** ITIL V3[30]

과거 많은 기업 IT 조직이 내부적으로 기술 중심 업무에 집중하는 반면 현재 IT 조직은 비즈니스 조직의 요구사항에 따라 IT 서비스 품질 향상에 역량을 집중하고 있으며 고객 지향적인 접근 방식을 채택하고 있다. 클라우드 서비스 환경에서도 서비스의 도입부터 폐기까지의 활동에 ITIL 체계하에서의 서비스 운영 관리에 대한 요구사항과 필요성이 증대되고 있다.

클라우드 컴퓨팅을 ICT 서비스 제공 모델상의 ICT 서비스 제공자가 클라우드 서비스 제공자로의 패러다임 변화로 인식하고, 기존 ITIL V3을 검토 보완해서 적용해야 한다. 이 경우, IT 운영 관리 틀은 변화되지 않는다. 다만 기존 IT 조직의 역할이 클라우드 서비스

---

30 출처 : www.itil.org

사업자로 이전되면서 주요 운영 관리 단계별로 활동 관점, 주체, 역할이 보완되어야 한다 [A66].

### 서비스 전략 단계

서비스 전략 단계는 서비스 관리를 전략적 자원으로 설계하고, 개발하고, 구현하는데 관련한 방향과 지침을 제공하는 핵심 단계이다. 어떤 일을 하는 방법을 생각하기 전에, 어떤 일을 해야 하는 이유를 먼저 생각하는 단계이다. 서비스 전략 단계에서는 고객과 기회의 이해, 서비스 분류 및 가시화, 제공할 서비스와 전략적 자산의 개발, 구현 준비 활동을 수행한다[M22].

서비스 전략 단계에서의 주요 프로세스는 재무 관리, 수요 관리, 서비스 포트폴리오 관리가 있다. 재무 관리 프로세스는 경영진이 효율적이고 비용 효과적인 서비스를 제공할 수 있는데 필요한 핵심 정보를 제공한다. 수요 관리 프로세스는 공급을 수요에 연계시키고, 가능한 한 정확하게 수요를 예측하는 것을 목표로 한다. 서비스 포트폴리오 프로세스는 비즈니스의 니즈와 이에 대한 서비스 제공자의 대응 등을 명확하게 표현한다.

클라우드 서비스를 도입 제공함에 있어, 클라우드 서비스 모델 및 특성을 고려하여 도입 전환하고자 하는 IT 시스템의 적용 적합성 기준을 수립해야 한다. 이를 바탕으로 IT 시스템의 도입 전환 포트폴리오를 구성한다. 클라우드를 통한 비용 절감과 가치 창출의 효과를 달성하기 위한 클라우드 서비스 비용에 대한 재무관리 모형을 도출하고 정교화해야 한다. 일부 기업들이 IT 거버넌스 관점에서의 서비스 전략 단계를 소홀하게 하여, 전사적인 목표 아키텍처에 부합하지 않은 클라우드 서비스 도입이 추진되거나, 초기 예상하지 못한 서비스 비용으로 클라우드 도입 효과를 확보하지 못하는 사례가 발생하고 있다.

### 서비스 설계 단계

서비스 설계 단계는 변화하는 비즈니스 니즈와 수요를 충족시킬 수 있도록, 서비스 솔루션, 서비스 포트폴리오, 기술 아키텍처, 프로세스, 측정시스템 및 지표 등을 설계하는 단계이다. 특히 아키텍처 설계 활동은 조직 전반에 걸쳐서 적절한 IT 서비스와 솔루션을 배치하고, 구현하고, 개선하기 위한 IT 정책, 전략, 아키텍처, 문서, 계획 및 프로세스를 개발하고 유지 관리하는 전사 아키텍처 활동이다[M22].

서비스 설계 단계에서의 주요 프로세스는 서비스 카탈로그 관리(Service Catalog Mgmt.), 서비스 수준 관리(Service Level Mgmt.), 가용성 관리(Availability Mgmt.), 용량 관리(Capacity Mgmt.), 서비스 연속성 관리(IT Service Continuity Mgmt.), 정보 보안 관리(Information Security Mgmt.), 공급자 관리(Supplier Management)가 있다. 서비스 카탈로그 프로세스는 서비스 제공자 조직이 제공하는 IT 서비스에 대한 정보를 중앙집중적으로 관리하는 프로세스이다. 서비스 수준 관리 프로세스는 모든 현재의 IT 서비스에 대해서 합의된 IT 서비스 수준이 제공되고, 미래의 서비스가 합의한 실현 가능한 목표에 따라 제공되도록 하는 것이다. 가용성 관리는 비용 효과적인 방법으로 모든 서비스에서 제공하는 서비스 가용성 수준이 현재 및 미래의 합의된 비즈니스 니즈를 충족시키거나 초과하도록 하는 것이다. IT 서비스 연속성 관리 프로세스는 IT 기술 및 서비스 설비들이 요구되고 합의된 비즈니스 일정 내에 재개될 수 있도록 하는 프로세스이다.

서비스 설계 단계에서는 각각의 활동과 프로세스 영역에서 클라우드 서비스 관점을 고려하여 수정 보완하여 전개한다. 클라우드 서비스에 필요한 이미지를 서비스 카탈로그로 정교화해야 하며 서비스 제공자의 서비스 카탈로그에서 서비스 사용자 관점의 서비스 카탈로그를 전사 표준화 관점에서 구축한다. 많은 클라우드 서비스 사업자가 공시하는 SLA은 기업 내부 업무시스템의 서비스 수준보다 높지 않은 것이 현실이며 이와 관련하여 서비스 제공자와 별도의 SLA 협약을 가질 필요가 있다. 특히, 제3자 외부 클라우드 서비스 사업자의 서비스를 제공받는 경우에는 협약된 서비스 수준에 부합될 수 있도록 서비스 연속성 관리 활동도 함께 검토 설계한다. 이와 관련하여 서비스 워크로드의 패턴과 예상치를 근거로 클라우드 서비스의 확장성에 대한 서비스 정책을 수립한다. 또한, 서비스 워크로드에 따른 확장성은 서비스 용량 산정 시에도 반영되어야 하고, 실제 사용한 서비스 볼륨의 용량은 서비스 과금의 기준이 되므로 이에 대한 용량에 대한 추적 관리도 설계한다. 많은 클라우드 서비스 대부분이 현장에서의 개발자가 최종 사용자로서 사용하는 경우가 많으며, 이에 제공되는 서비스 및 사용자에 대한 인증과 권한 관리 등의 정보 보안 및 보호 정책도 설계한다.

### 서비스 전환 단계

서비스 전환 단계는 서비스 전환 계획 수립 및 준비, 빌드 및 테스트, 시범 추진(PoC), 배치에 대한 계획 수립 및 준비, 배치 및 전환, 서비스 전환의 검토 평가의 활동으로 구성된다[M22].

서비스 전환 단계의 주요 프로세스는 전환 계획 수립 및 지원, 변경 관리, 서비스 자산 및 구성 관리, 릴리즈 및 배치 관리, 서비스 확인 및 테스트, 평가 관리, 지식 관리가 있다. 서비스 전환 계획 수립 및 지원 프로세스에서는 서비스 설계 사양을 실현할 수 있도록 자원에 대한 계획을 수립하고 조정한다. 또한 전환 단계에서 서비스를 중단시킬 수 있는 위험을 식별하고 관리하고 최소화한다. 변경 관리 프로세스에서는 승인 받은, 계획된 또는 지원받고 있는 서비스나 서비스 구성요소들에 대한 변경 활동이 통제된 방법으로 배치/평가/계획/테스트/구현/문서화되도록 한다. 서비스 자산 및 구성 관리 프로세스에서는 서비스 자산과 구성항목을 분류하고 관리한다. 릴리즈 및 배치 관리 프로세스에서는 서비스 설계에서 명세한 서비스를 빌드 테스트하고 배치하여 고객들이 서비스를 효과적으로 활용할 수 있도록 하며, 서비스 확인 및 테스트 프로세스에서는 해당 서비스가 목적에 부합하고 사용에 부합하도록 한다.

클라우드 서비스 환경에서는 수시로 VM 생성/증가/삭제됨에 따라, 이에 따른 변경 관리와 서비스 릴리즈와 배치 관리 정책이 필요하다. 특히 서비스 워크로드에 따른 볼륨 확장(즉, 오토스케일링)에 따른 변경관리가 별도의 운영 관리자와 절차를 통하지 않고 이루어져야 함에 따른 내부 정책도 필요하다. 이러한 동적인 구성 변경이 수시로 발생함에 따라 서비스 자산 및 유지보수 기준이 필요하다. 특히, 소프트웨어가 제3자 서비스 형태로 제공되는 경우 SW 자산 및 유지보수에 대한 라이선스 정책은 SW 저작권자의 합의하에 적절한 라이선싱 과금이 될 수 있도록 협약한다. 클라우드 서비스 환경에서의 자원 릴리즈는 사용자 어플리케이션의 API를 통한 프로비저닝으로 이루어질 수 있는 바, 이에 대한 릴리즈 관리(역할, 책임, 절차)를 명확하게 해야 한다. 이는 타 시스템과 연계 연동되는 경

우에는 정보시스템의 릴리즈 순서는 어플리케이션의 기준정보에 영향을 줄 수 있고 아키
텍처의 일관성에도 영향을 줄 수 있기 때문이다.


### 서비스 운영 단계

서비스 운영 단계는 고객 및 서비스 제공자를 위한 가치를 확보할 수 있도록, 사용자와
고객에게 서비스를 합의된 수준으로 제공하고 관리하는 데 필요한 활동을 수행한다. 서비
스 운영 단계의 주요 프로세스로, 이벤트 관리, 인시던트 관리, 문제 관리, 요청 이행, 접
근 관리, 모니터링 및 통제, IT 운영 프로세스가 있다[M22].

클라우드 서비스 환경도 기존 IT 서비스 환경과 마찬가지로 서비스 운영 활동과 프로세
스를 진행하게 된다. 다만, 제3자 서비스 제공자와의 이벤트, 장애, 문제 등에 대한 상호
절차 및 역할 책임에 대하여 명확하게 설정한다. 또한 인프라 및 플랫폼 서비스를 기반으
로 어플리케이션 개발 및 운영 서비스를 클라우드 방식으로 제공하는 PaaS 또는 SaaS 서
비스의 경우, 어플리케이션 개발 수명주기(SDLC, SW Development Lifecycle) 자체를 관
리할 필요가 있다.


### 지속적인 서비스 개선 단계

지속적인 서비스 개선 단계에서는 비즈니스 요구사항을 보다 잘 충족시킬 수 있도록,
IT 서비스의 효과성과 효율성을 지속적으로 개선(튜닝)하는 단계이다. 지속적인 서비스
개선 활동은 데밍 사이클인 PDCA(Plan-Do-Check-Act) 사이클과 같은 접근 방법에 의
해서 지속적으로 개선 보완 활동을 수행한다[M22].

서비스 개선 단계에서는 서비스 개선 계획(SIP, Service Improvement Plan)을 수립하고,
이에 대한 실행 프로세스로 측정 대상과 측정 방법을 설정하고, 데이터 측정/처리/분석하
여 확보된 정보를 활용하고 보완 조치한다. 끝으로 서비스 개선에 대하여 보고한다.

클라우드 서비스 환경에서의 중요 측정지표는 무엇이고 어떠한 방법으로 측정할 것인
가에 대해 별도로 검토되어야 한다. 특히 제3자 공용 클라우드 서비스를 제공받는 경우에
는 더욱 더 그러하다. 클라우드 서비스에 대한 모니터링 및 리포팅은 서비스 제공자와 서

비스 사용자 모두에게 투명한 방법으로 함께 제공한다.

## 4.2 클라우드 서비스 운영 수준 관리

최근 클라우드 컴퓨팅 및 서비스 시장이 활성화되면서 서비스 이용자 그룹을 중심으로 서비스 제공자의 SLA에 대한 관심이 고조되고 있다. SLA(Service Level Agreement)는 클라우드 서비스 상품/오퍼링 제공에 있어서 서비스 제공자가 고객에게 제공해야 할 서비스의 유형, 내용 및 서비스 수준을 구체적으로 정의하고, 상호 간의 역할과 서비스 제공 과정에서 발생할 수 있는 문제 해결 과정을 명확히 기술함으로써 이용자와 클라우드 서비스 제공자 간에 협력 관계를 수립하는데 그 목적이 있다[K26]. 아마존 AWS의 경우, 초기 서비스 제공 시에는 가용성 외에 특별하게 제공되는 SLA 요소가 없었으나, 가용성, 성능, 보안 등의 아키텍처 요소들이 기존 IT 인프라에서와 같은 서비스 수준으로 제공될 수 있는 관리 서비스가 부각되면서 클라우드 서비스 분야에서의 SLA에 대한 측정, 관리, 계약 표준화에 대한 활동이 심화되고 있다. 국제 표준단체인 ITU-T에서 제시한 클라우드 컴퓨팅 관련 SLA와 국내 방송통신위원회에서 제시한 클라우드 서비스 사업자 대상 SLA 가이드를 참고한 주요 서비스 지표는 아래와 같다.

### 서비스 가용성 (Availability)

서비스 가용성은 운영 시간(예정된 가동시간) 대비 클라우드 서비스에 접속 가능한 시간(실제 가동시간)의 비율을 의미한다. 예정 가동시간은 사용자가 요구하는 서비스 가용 시간으로 정의되며 실제 가동시간은 장애 없이 서비스를 가동한 시간을 의미한다. 교대근무를 통한 24시간×365일 가동체계를 마련할 수 있고, 운영 시스템에 따라 실제 근무시간만을 서비스 시간으로 설정할 수도 있다. 점검, 패치 등에 따른 유지보수 시간을 서비스 가용성 측정 시 포함할 것인지 여부도 협의하도록 한다. 가용성 목표 수준은 클라우드 서비스의 특성 및 이용자 요구 등에 따라 달라져야 한다. 예컨대, 금융 기관의 경우 99.99%의 가용성을 보장하여야 할 수 있다. 일본 ASP/SaaS SLA 가이드라인('08년)은 99%를 보장할 것을 권고하고 있으며, Google Apps(Premier edition) 및 Amazon S3의 경우 월 가동률 99.9%를 보장하고 있다. Salesforce.com의 경우에는 개별적 협의에 따라 결정하고 있다. 이외에 가용성 항목과 대체 가능한 서비스 항목으로 평균 복구시간(MTTR)[31], 평균 고장간격(MTBF) 등을 활용할 수 있다.

### 서비스 장애

본 항목은 고객이 클라우드 서비스를 이용하는 도중에 발생하는 장애와 관련하여 장애 유형 및 목표수준을 기술함으로써 서비스 성능 최적화를 위한 제공자의 의무를 규정한다. 서비스의 장애란 서비스의 중단(또는 일정시간 이상 지속된 서비스 중단)을 의미하며, 서비스 측정 항목으로 장애 발생 건수, 장애 조치 시간 등을 사용한다. 예정된 장애는 계획된 클라우드 서비스의 유지 관리(예: SW/HW 업그레이드)를 위한 목적으로 야기된 사용상의 장애를 의미하며, 서비스 제공자는 예정일로부터 며칠 전까지 서비스 고객에게 장애 시기, 내용, 대처 방법 및 조치 시간 등을 예고한다. 불시의 장애는 예정된 장애 이외의 장애를 의미하며, 서비스 제공자는 클라우드 서비스에 불시의 장애가 발생하였을 경우, 즉시 서비스 고객에게 장애의 내용, 효과, 대처 방법 및 조치 시간 등을 알려야 한다. 서비스 제공자는 장애 발생이 월(또는 분기, 연간) 시간 이상 초과하도록 하여서는 아니 되며, 그 복구는 장애의 내용 및 정도에 따라 정하는 시간 내에 이루어져야 한다. 다만, 천재지변, 전쟁, 사변, 그 밖의 불가항력이나 이용자의 고의 또는 과실로 인하여 발생한 장애는 장애 발생 시간에서 제외한다.

### 데이터 백업 및 복구

서비스 제공자는 서비스 고객의 요청이 있는 경우 서비스 고객의 데이터 전부 또는 일부에 대하여 신뢰성, 비밀성, 가용성이 보장되도록 데이터를 보관하여야 하고, 보관 데이터가 손상될 경우에 대비하여 데이터의 백업 및 복구 체계를 갖추어야 한다. 클라우드 서

---

31 MTTR(Mean Time To Repair, 평균 복구 시간) : 기기 또는 시스템 장애가 발생한 시점부터 장애의 수리가 끝나 가동이 가능하게 된 시점까지의 평균 시간
MTBF(Mean Time Between Failure, 평균 고장 시간) : 기기 또는 시스템 장애가 발생한 시점과 다음 장애 간의 평균 간격

비스 이용으로 생성되는 자료의 주기적인 백업 절차 및 방법에 대해 기술하는 부분이다. 데이터를 완전히 백업할 것인지, 부분적으로 할 것인지 여부는 당사자 협의에 따른다. 서비스 측정 항목으로 백업 주기, 백업 준수율, 데이터 복구시간, 보존기한 등을 상호협의에 따라 정하여 상세히 기술한다. 백업 서비스의 경우, 고객이 선택적으로 백업대상 데이터를 정하고 요청 시 부가 서비스 형태로 제공하는 것도 가능하다.

### 서비스 확장성(Scalability)

사용자가 증가하거나 서비스 기능의 확장이 필요한 경우 서비스 고객은 서비스 제공자에게 또는 서비스 제공자는 서비스 고객에게 이 사실을 통지하고, 추가적인 확장 및 변경 내용을 협의하여 본 계약에 의한 서비스 수준이 유지될 수 있도록 서비스 제공자는 클라우드 서비스의 구조를 갖추어야 한다. 서비스의 확장과 변경에 따라 추가적으로 발생하는 소요 비용은 협의하도록 한다. 본 항목은 클라우드 서비스의 안정성 및 지속성을 보장하기 위한 항목으로서, 사용자 증가나 기능이 추가되어 확장이 필요한 경우 서비스 제공 사업자는 서비스가 유지될 수 있도록 시스템 구조는 물론, 이에 따른 변경 계획 및 소요 비용을 예측 대비하고 있어야 하며, 서비스 구조를 변경하는 경우 이용자에게 관련 프로세스를 상세히 알려주도록 한다.

### 보안(Security)

서비스 제공자는 서비스의 보안성을 확보하기 위하여 승인 받지 않은 사람의 서비스 접근을 제어하기 위한 인증 절차, 서비스 제공에 필요한 인프라-플랫폼-어플리케이션 구조에 대한 취약성 분석과 제거 절차 등 클라우드 서비스 보안을 위한 지침을 마련하여 서비스 고객에게 제시하고, 지침에 따라 서비스의 보안 유지에 최선을 다하여야 한다. 서비스 제공자는 공공기관이나 제3자에 의한 객관적인 인증,평가 내역 등이 있는 경우 서비스 고객에게 이를 제시한다. 보안 유지 활동의 실패는 고객에게 큰 손실을 끼칠 수 있으므로, 클라우드 서비스 제공자는 보안 정책에 따라 정보시스템을 통한 보안 유지활동을 철저하게 수행한다.

## 4.3 소프트웨어 라이선스 관리

클라우드 방식의 임대 서비스가 활성화되기 전에는 많은 기업들은 필요한 소프트웨어를 구매하여 사용하고 있었다. 그러나, 소프트웨어는 눈에 보이지 않는 무형의 특성 탓으로 대부분 자산으로 관리하지 않아 그 현황이 파악되지 않았고[32], 사용자도 SW는 무료로 사용하고 법적인 이슈가 제기되면 구매한다는 안일한 사고 의식이 많았다. 그러나, SW 불법 복제/설치/사용으로 인하여, 저작권사의 고소 고발과 사법기관의 조사 기소에 따른 법적 위험, 불법 사례가 매스컴을 통하여 대외적으로 알려지는 회사 브랜드의 대외 이미지 훼손 및 신뢰 손상 그리고 '정보시스템 및 업무'의 중단 등의 위험이 발생하고 있다.

기업 내 SW 불법 복제가 이루어지는 주된 원인이 사용자의 인식 부족과 관리체계의 미비이다. 즉 SW는 공짜로 사용해도 된다라는 인식과 법적 규제가 예상되거나 시행되면 그때 구입해도 된다라는 인식이 기업 내에 아직도 잔존하고 있는 것이 현실이다. 의도와 관계 없이 SW를 불법 복제/설치 사용하지 않고, 적법하게 SW 라이선스를 사용하는 기업의 조직문화를 구축하고, 이를 뒷받침해주는 SW 자산 관리(Software Asset Mgmt., SAM) 업무체계가 매우 시급하고 중요하다.

SW 자산은 기업 비즈니스의 가치를 지속적으로 증대시키는 자산으로써 식별 가능성, 통제 가능성, 경제적 효익 가능성, 측정 가능성 등의 특성을 모두 만족되도록 오너에 의하여 관리되어야 한다. SW 자산관리는 자산으로써 소프트웨어를 관리하고 통제하기 위한 정책을 수립하고, 이를 통하여 SW의 구매, 배포, 관리, 회수, 폐기에 이르기까지의 전반적인 라이프사이클 과정을 적용하는 것이다. 제대로 된 SW 자산 관리를 위해서는 초기 경영계획, 실행계획, 구매활동을 거쳐 자산으로 취득하는 과정에서 SW 자산에 대한 제반 정보가 데이터 품질 관점에서 철저하게 관리되어야 한다. 대부분의 기업들이 SW를 경비로 구매 처리하여 자산으로 관리하지 않거나, SW 자산으로 관리하면서 관리에 필요한 제반 정보를 등록 관리하지 않는 경우가 많았다. 이로 인하여 정품 SW를 구매하여 사용하면서

---

[32] KPMG의 SW 라이선스 관리 실태 조사 결과에서 볼 수 있듯이, 조사 대상 기업의 64%가 SW 현황을 파악하고 있지 못하거나 매뉴얼하게 관리하고 있는 실정이다. 이러한 상황에서 SW 라이선스 위험에 대하여 적시에 대응하지 못하고 사후 구매 방식으로 Ad-hoc하게 대응하고 있는 실정이다[A31].

도 저작권사의 SW 감사 시 정품 SW 구매 근거를 제시하지 못하는 사례도 발생하고, 실제 SW 사용 볼륨 대비 구매 볼륨이 적정했는지를 판단하지 못하는 경우가 많이 발생하였다.

클라우드 환경에서의 SW 자산관리 체계는 클라우드 서비스 사업자가 제공하는 SW를 빌려서 사용하는 경우와 서비스 이용 기업에 투자하여 구매하고 자산으로 확보한 SW를 사용하는 경우가 혼용되는 경우를 고려하여 재검토되고 재설계되어야 한다[33]. 또한 일부 SW 저작권사의 경우 클라우드 환경에서의 라이선스 정책, 즉 자산으로 확보한 SW를 특정 범주 내 이용자에게 서비스로 제공하는 모델의 허용 여부 및 이에 대한 가격 정책에 대하여 명확하게 제시하지 못하거나 불허하는 경우가 많아 기업의 클라우드 서비스 추진에 큰 걸림돌이 되고 있다.

### 가상화 환경에서의 SW 라이선스

소프트웨어 라이선스 관리 모델은 유지보수 중심의 소프트웨어 비즈니스 모델과 가상화 개념이 맞물려 한 단계 진화될 것이다. 가상화가 현실화되면, SW 라이선스를 대여/반납/회수 체계로 이용 관리한다는 것이다. 자산 개념에서는 필요 SW가 있으면 구매하고 설치하여 사용했으나 서비스 개념에서는 필요 SW 풀(Pool)에서 유휴 SW를 즉시 사용하는 개념으로 바뀌게 된다.

자원을 효율적으로 활용하기 위하여 가상화 관점에서 자원 및 자산을 관리하는 것은 기존 소프트웨어 자산 관리 체계에도 유효하다. 기존 자산 관리 체계 위에 서비스 관리(특히 라이선스 제공, 사용 측정) 체계가 덧붙여 관리되어야 한다. 또한 기존 자산 수명주기 체계상에 라이선스 이용 체계의 다양성을 내포하면서 ITSM 체계와 보다 밀접하게 맞물려 관리되어야 한다[34].

가상화의 트렌드 속에서 단기적으로 누가 수익을 벌어들이고 있으며, 장기적으로 어느 수익모델이 유효할지 살펴보아야 한다. SW 공급사 입장에서는 장기적이고 안정적인 비즈

---

[33] 클라우드 방식 이전에는 기업 내 필요한 SW는 모두 투자 자산으로 구매하여 사용하여야 했으며, 일부 비용 처리하여 구매한 SW도 자산으로 인식되어 관리되도록 제반 라이선스 관리 프로세스를 가동하였다. 그러나 클라우드 환경에서는 투자 자산으로의 SW와 클라우드 서비스 비용으로 임대한 SW 모두를 함께 고려하여 라이선스 관리하여야 한다.

니스 수익을 확보하는 지름길이며, 나아가서는 기업 전용의 가상 서버에서 SW 서비스를 제공하면서 동시에 공용 환경하에 불특정 개인 사용자에 대해서도 SW 서비스를 제공할 수 있게 된 것이다. 즉, 기존 SW 구매 모델에서의 SW 비즈니스를, 가상화 기술을 활용하여 서비스로의 장기적이고 안정적인 수익 모델 기반으로 전환하고 있다.

소프트웨어 자산 관리 체계에서의 라이선스 모델 체계는 사용자 기반의 과금 정책 기반의 SW 서비스 제공 모델로 지향되고 있다. 이는 초기 구매 비용보다 유지보수 비용 모델로 무게 중심을 옮기는 것과 같다. 이러한 서비스 제공 모델은 기존 SW 자산에 대한 투자보다는 SW 서비스 이용을 위한 비용 지출이 상대적으로 커질 것이다. 사용 고객의 관점에서 이러한 비용 체계는 기본적인 정보화 비용관리 또는 투자 성과 관리에 있어 비용 부과 체계를 구현할 수 있으며, 주어진 투자 대비 사용효율이 높은 SW 서비스의 경우와 그렇지 않은 SW는 극명하게 대조될 것이고, 이에 기반하여 SW 서비스 비용(단가)를 책정하여 부과하면 된다.

사내 가상화 기반 소프트웨어 서비스를 제공하기 위해서는, 임직원의 사업장 및 업무형태를 구분하여 SW 사용 현황을 파악하고, 이를 기반으로 표준 SW 기반 업무 환경 모델을 수립하는 것이 우선한다. 이를 기반으로 가상화 플랫폼 및 서비스 플랫폼을 구축하고 주요 SW 저작권사 및 공급사의 협약에 따라 라이선스를 공급하는 파일럿 적용을 추진해야 한다. 파일럿을 수행한 후에 따른 전사 총소유비용(TCO) 절감 및 사용자 만족도를 평가한 후 추진한다[35].

기존 전통적인 소프트웨어 서비스 체계에서의 SW 라이선스 이슈는 사용 중인 SW 라이선스 대비 구매한 SW 자산 볼륨의 차이에 기인하며, 클라우드 환경에서는 SW 라이선스 자체의 서비스 여부와 서비스 용량에 보다 민감할 것이다. 나아가, 서비스 사용자 관점에서 클라우드 SW 서비스의 품질에 대한 이슈도 제기될 것이다. SW 서비스도 하나의 콘텐

---

34 사실 ITAM 체계도 기존 IT자원 특히 인프라자원의 관리에서 재무와 구매 단의 비용관리를 강조하여 만들어진 솔루션이듯이, SAM도 SW 자원으로 사용 효율을 배제된 개념에서 사용효율과 사용효과를 따져야 하는 SW 자산으로 가치 평가를 받는 개념으로 발전되었듯이. 이제는 사용자 서비스 수준을 만족시키면서 사용자 서비스 개념으로 발전되어야 한다.
35 SW 저작권사 및 공급사는 노출된 사용자와 사용 볼륨으로 사용 기업의 기존 관행적인 SW 자산 볼륨보다 많은 볼륨을 공급할 수 있게 되었다.

츠 서비스로 이용될 수 있지만, 콘텐츠 생성/가공/응용의 1차적인 기능 서비스에서 매우 중요한 품질 관리 요구사항을 내포하고 있다. 기존 SW 라이선스를 그대로 사용하여 클라우드 서비스를 제공하는 것은 법제도적 관점의 잠재적 이슈를 그대로 안고 제공하는 것이나 다름없다. SW 저작권사와의 일차적인 서비스 제휴 및 협약을 통하여 라이선스 관련하여 이슈를 선행적으로 해결한다.

클라우드 서비스 사용자 및 제공자는 각각의 관점에서 아래 주요 SW 벤더의 라이선스 정책을 이해하고, 전환과 운영 비용 산정 그리고 라이선스 컴플라이언스 준수 관점에서 라이선스 볼륨 및 전환 방식 등에 대하여 상세 검토 분석한다.

Oralce사는 가상화 여부 관계없이 물리 서버의 코어 단위로 대가를 산정하며, 기존에 자산으로 구매 확보한 SW를 가상화 기반 라이선스로 이관이 가능하다. 단, 제3자 고객에게 라이선스를 서비스로 제공하는 경우, 서비스 사업자는 단가가 높은 호스팅 라이선스를 적용해야 한다. Oracle사의 경우, Oracle OVM 기반하에는 가상화 라이선스를 지원하지만, 그 외의 경우에는 지원하지 않고 있다. 또한 VMware, Citrix사의 솔루션 기반 가상 서버도 서버팜(server farm) 그룹핑 단위로 유지보수 계약이 허용되는 조건이 있다. Microsoft사의 경우 가상화 여부 관계없이 물리/가상 서버의 코어 단위로 대가를 산정한다. 기존에 자산으로 구매 확보한 SW를 가상화 기반 라이선스로 이관이 가능하며, 제3자 고객에게 서비스로 제공하는 경우, 서비스 사업자는 SPLA(Service Provider License Agreement) 계약을 도입해야 한다. IBM의 경우, 가상화 여부와 관계없이 물리/가상 서버의 Core 단위로 대가를 산정한다. 기존 SW를 PVU(Process Value Unit) 총량 내에서 가상화 기반 라이선스로 이관 가능하며, 제3자 고객에게 서비스로 제공하는 경우, 별도의 라이선스 제한이 없다. IBM의 경우, 가상화 라이선스 대가 방식을 지원하고 있으나, 감사 SW[36]를 설치해야 하는 부담이 있다.

---

36 ILMT(IBM License Matrix Tool) SW 설치

# 5. 클라우드 전환 가이드

다양한 형태의 기업 IT 구조에 여러 클라우드 컴퓨팅 기술, 서비스 모델, 그리고 배치 모델이 존재하는 상황에서 클라우드를 도입하고자 하는 기업의 필요와 목적에 부합하는 도입 유형을 도출하고, 그에 따른 기술, 비용, 정책을 이끌어내야 한다. 즉 클라우드는 전사적 관점에서의 경영과 IT를 모두 포함한 전략적 결정과 정책 수립이 선행되어야 한다. 그러나 클라우드 컴퓨팅 기술 역량과 선행 구축 경험 부족으로, 클라우드 서비스의 도입이 지연되거나 투자 비용 손실이 발생하는 등 시행 착오를 겪는 사례가 발생하고 있다 [K23]. 이에 클라우드 혁신 전환의 전략 수립과 이행 관련하여, 몇 가지 가이드를 아래와 같이 정리하고자 한다.

## 5.1 클라우드 도입 및 전환 적합성 진단

전략 수립 및 기획 단계에서 클라우드 서비스 도입 및 전환에 대한 적합성 여부를 평가해야 한다. 적합성 평가는 아래 도표에서와 같이 크게 전략 목표 부분과 구축 운영 부분 그리고 기술 지원 부분으로 구분하여 살펴본다. 전략 목표 부분은 클라우드 도입 기업의 경영 전략 및 목표에 대한 연계 여부와 대외 법제도상의 컴플라이언스 준수 여부에 대한 적합성 평가이다. 구축 운영 부분은 클라우드 서비스 구축 및 운영 시의 방향에 대한 적합성 평가로서 구축 시의 아키텍처와 솔루션 평가 그리고 운영상의 프로세스와 SLA 그리고 TCO 평가이다. 기술 지원 부분은 클라우드 서비스 도입이 활성화되어 있지만, 도입 기업의 IT 환경에 부합되지 않은 기술요소에 대한 검토와 IT 요구사항에 대한 기술 충족성에 대한 평가이다.

●● **표 7.6** 클라우드 서비스 도입 적합성 평가[37]

| 대분류 | 중분류 | 설명 |
|---|---|---|
| 정책적 요인 | 정책 부합성 | 도입하고자 하는 클라우드 서비스가 정부 정책 방향에 부합하는 정도 |
| | 목표 부합성 | 도입하고자 하는 클라우드 서비스가 추진 기관이 조직 목표와의 부합 정도 및 새로운 가치 창출 여부 |
| | 법제도 부합성 | 클라우드 서비스를 추진하기 위해 현재 법제도하에서의 적용 가능성이나 향후 개선 가능성에 대한 정도 |
| 프로세스 및 조직적 요인 | 업무 적합성 | 도입하고자 하는 클라우드 서비스가 기존 업무 특성 및 업무 프로세스를 반영하고 있는지 여부 |
| | 프로세스 및 표준화 | 클라우드 서비스 도입을 위한 내부 프로세스, 계약 조달 프로세스 및 관리 체계, 표준화 수준 정도 |
| | 조직 인지성 | 클라우드 도입에 필요한 내부 조직의 준비 상황 및 교육 수준 정도 |
| | 비용 경제성 | 클라우드 도입에 따른 도입, 운용성의 효율성, 유지 관리 측면의 비용 경제성 여부 |
| 기술적 요인 | 가용성 및 유연성 | 도입하고자 하는 클라우드 서비스의 부하 패턴 변화에 대한 대응, 안정적인 서비스 제공 가능성 여부 |
| | 기술 용이성 | 도입하고자 하는 클라우드 서비스가 일반적인 정보화 기술 요소들을 수용하기에 용이한 정도 |
| | 보안 충족성 | 도입하고자 하는 클라우드 서비스 특성에 따른 데이터의 저장 위치, 접근통제 등 데이터 보안 충족 여부 |

## 5.2 클라우드 모델별 도입 가이드

공용 클라우드 서비스는 제공 사업자가 직접 데이터센터에 클라우드 환경을 구축 운영하고 인터넷망을 통해 불특정 다수의 기업이나 개인에게 제공되는 클라우드 서비스이다. 공용 클라우드는 초기 구축 비용이 없으며 규모의 크기에 상관없는 동일 비용의 장점을 가지고 있는 반면, 개인정보에 대한 보안 문제나 프라이버시 문제 등이 존재한다. 공용 클라우드를 도입하는 초기에 보안이 필요 없고 프라이버시를 침해하지 않는 콘텐츠 및 데이

---

37 출처 : 방송통신위원회, "공공부문 클라우드 도입 적합성 자가진단도구 개발(안)", 2012.

터를 중심으로 서비스를 제공하는 서비스 업체들이 선호한다[K23].

전용 클라우드 서비스는 가상화, 표준화, 자동화 등 클라우드 기술을 활용하여 이용 기업의 방화벽 내 데이터센터에 자사 전용의 환경을 구축하는 것으로 컴퓨터 자원을 이용자가 유연하게 이용하는 서비스이다. 전용 클라우드는 주로 대기업에서 데이터 소유권을 확보하고, 프라이버시를 보장받고자 할 때 구축되는 방식으로 전용 클라우드는 기기들을 연결하고 수집되는 데이터들을 자체 클라우드에 저장하고 서비스하는 형태이다. 클라우드 구축을 위한 장비 및 하드웨어 비용과 별도로 유지 관리 비용을 필요로 하는 단점이 있으나, 기업에서 수집되고 생성되는 정보들을 공개된 공용 클라우드에 저장하기를 원하지 않는 기업에게는 이점이다[K23].

기업 내 IT 시스템을 클라우드 적용 또는 전환 시, 실제 워크로드 특성을 감안하여 전용 또는 공용 클라우드 방식 적용 여부를 판단한다. 웹 컨퍼런싱, 협업 어플리케이션, 글로벌 마케팅/영업/인사 관리, 해외법인 및 지사 인프라, 서비스 헬프 데스크, 교육 및 데모 시스템 영역이 공용 클라우드를 적용하기 적합한 업무 영역으로 분류된다. 데이터 분석, 정보 보안이 요구되는 시스템, 트랜잭션이 많은 시스템, 산업 도메인이 특화된 어플리케이션 등의 영역이 전용 클라우드를 적용하기 적합한 업무 영역으로 분류된다. 실제로 많은 기업들은 내부 업무 프로세스를 위한 워크로드에 대해서는 전용 클라우드 모델을 선호하고, 대외 커뮤니케이션 채널 영역에 대해서는 공용 클라우드 모델을 선호하고 있다.

## 5.3 데스크톱 가상화 서비스의 도입 가이드[38]

데스크톱 가상화(Virtual Desktop Infrastructure, VDI)는 하드웨어에 운영체제(OS)를 설치하여 사용하는 PC 사용 방식에서 물리적인 PC로부터 운영체제와 어플리케이션(SW) 등을 분리하여 중앙의 데이터센터에서 네트워크를 통하여 제공되는 가상 PC 서비스 환경을 접속하여 사용하는 방식이다. 이를 통하여, 언제 어디서나 다양한 물리 환경(PC, 노트북, 모바일 기기)를 통하여 VDI를 사용할 수 있고, 관리자는 수많은 사용자의 운영 체제,

---

38 출처 : 방송통신위원회, "민간 부문의 클라우드 도입 실무 가이드라인", 방송통신위원회, 2012.

어플리케이션, 데이터를 중앙집중적으로 단일 포인트에서 관리가 가능하다.

현재 외부 데스크톱 가상화 서비스의 단가는 자체 자산으로 물리 PC를 구매하여 사용하는 경우보다 저렴하지 않다. 그러나 공공기관 및 금융기관의 경우 논리적 망 분리를 포함한 업무환경에서 업무 데이터 및 시스템 접근에 대한 통제관리를 강화하기 위한 최적의 방안으로 내부 자체 구축 및 운영을 전제로 도입하고 있다. 데스크톱 가상화 서비스를 도입하기 위해서는 기술적 정책적으로 몇 가지 요소를 상세 검토한다.

- 데스크톱 가상화 도입 시 검토사항
  - 일반적인 클라우드 서비스 도입과 클라우드 전환과 같이, 도입 목적과 부합하는 대상 사용자 그룹과 업무 그룹을 명확하게 정의한다.
  - 현재 클라우드 시장에서 완전하게 해결되지 않은 SW 라이선스 이슈에 대하여 검토 점검한다.
  - 제3자 클라우드 서비스 사업자로부터 VDI 서비스를 제공받는 경우 VDI 환경에서 사용하는 어플리케이션과 SW가 기존 자산으로 획득한 것을 재사용하는 경우, 해당 SW의 저작권사의 라이선스 정책에 의거하여 사용하지 못하거나 사용에 따른 추가 비용을 부담해야 하는 경우가 있다.
  - VDI 서비스를 위하여 사용하는 물리 PC와 VDI 자체의 가상 PC에서의 SW 라이선스는 별도이다. Microsoft사의 윈도우와 오피스 라이선스가 대표적인 케이스이다.
  - Microsoft사와 같은 글로벌 SW 벤더들은 서비스 제공자가 불특정 이용자를 대상으로 라이선스를 제공할 수 있는 SPLA(Service Provider License Agreement)를 제공하고 있으며, 대부분 SPLA 비용이 매우 크기 때문에 최종 사용자를 위하여 해당 SW를 서비스로 제공하기에는 저렴하지 않은 수준이다.

실질적으로 시장에서의 정보 보안 및 보호 이슈가 활성화 요인이 되나 SW의 라이선스 이슈가 시장 확대를 가로막고 있다. 데스크톱 가상화 서비스에서 제공되는 가상 PC 환경에서 사용자가 다양한 SW를 설치하거나 다양한 환경 설정을 통하여 사용하고 있기 때문에, 데스크톱 가상화 서비스의 운영 관리는 서버 인프라의 운영 관리보다 관리포인트가 매우 많고 서비스 수준도 맞추기 쉽지 않다.

데스크톱 가상화 도입을 통하여 스마트오피스 환경을 쉽게 구축할 수 있고, 사용자는 언제 어디서나 업무환경을 제공받을 수 있으며 어플리케이션과 데이터의 중앙집중 관리를 통한 보안 통제가 용이하다. 데스크톱 가상화 서비스를 자체 구축하는 방안과 제3자 서비스를 이용하는 방안에 대한 장단점을 분석하고 전략적으로 접근해야 한다. 외부 서비스를 사용하는 경우 도입에 제반 기술/솔루션/아키텍처/보안 검토 과정 없이 빠르게 적용 가능하고, 자체 구축에 따른 초기 비용 부담 없이 단기적으로 서비스를 이용할 수 있다. 또한, 서비스 제공자가 제공하는 소프트웨어 환경(라이선스 환경)에 다소 종속적일 수 있으며, 서비스 인프라 특히 네트워크 인프라가 취약한 경우, 데스크톱 가상화 서비스의 전역적인 서비스 품질(Quality of Service, QoS)가 보장되지 않을 수 있다. 기업 내 중요 데이터가 외부 기관/사업자의 센터에 저장되어 있는 경우, 상황에 따라서는 빅브라더에 의한 데이터 감청에 노출될 수 있다는 점을 염두에 두어야 한다.

## 5.4 클라우드 도입 절차

클라우드 도입 절차는 타 솔루션 및 서비스 도입과 마찬가지로 적용 전략을 수립하고 분석 설계 그리고 구축 운영 단계로 구성되며 전사 아키텍처 관점에서 검토 기획되어 전환 계획을 수립하고 이행한다.

1) 도입 전략 수립 및 현황 분석
- EA 기반의 현행 아키텍처와 목표 아키텍처를 설정하고 이에 맞는 전환 전략을 수립한다.
- 기업의 클라우드 도입범위와 요구사항을 정의하고, 현재 보유하고 있는 IT 자원과 업무시스템(서비스), 프로세스, 데이터 관점에서 변화가 필요한 부분에 대한 환경/업무를 분석하고, 클라우드 기반 목표 아키텍처와 기능별, 분야별 요구사항

리스트를 정리한다.

2) 도입 대상 검토 및 선정

- 현황 분석 결과를 토대로 도입/전환 대상 업무영역과 기술 영역을 선정한다.
- 대상 영역별로 클라우드 솔루션 및 서비스 구조를 선정/선택한다.
  - 클라우드 솔루션이나 서비스 공급자와 요구사항에 대한 솔루션 적용 방안(일정, 비용, 기능) 등에 대하여 협의한다.
  - 대상 업무 영역별 요구사항에 맞는 상세 시나리오를 도출하고, 기능과 아키텍처 특성(성능, 가용성, 보안) 등에 대하여 테스트를 실시한다.

3) 분석 설계

  - 클라우드 시스템 아키텍처에 대한 설계뿐만 아니라 클라우드 도입에 따른 업무, 프로세스, 보안, 단말 인증을 고려하여 인프라–플랫폼–어플리케이션에 대하여 상세 설계를 실시하고, 개발 및 운영 환경까지도 구분하여 상세 설계를 실시한다.

4) 서비스 이관(마이그레이션)

  - 공용 클라우드 서비스를 이용하는 경우 사업자와 협의하여 서비스 환경으로의 이관되어야 하는 업무, 프로세스, 어플리케이션, 데이터의 이관을 실시한다.
  - 이관 과정에서 내부 타 업무시스템과의 연동, 보안 적용, 운영 관리 체계 등에 대하여 전체 시스템 통합 이슈를 점검하고 해결한다.

5) 적용 및 구축

  - 클라우드 솔루션을 도입하여 자체 전용 클라우드를 구축하는 경우 인프라 구축 및 플랫폼 구축, 네트워크 환경, 사용자 포탈 환경, 유관 시스템과의 연동, 사용자 및 서비스 인증, 어플리케이션과 데이터의 이관 등 제반 시스템 적용

및 전환 활동을 수행한다.

6) 단위 및 통합 테스트

- 분석 및 설계 단계에서의 인프라-플랫폼-어플리케이션-단말 분야에 대한 단
  위 테스트 및 통합 테스트를 실시한다.
- 클라우드 도입의 최대 걸림돌인 보안 이슈에 대한 대응 차원에서 보안 테스트
  는 기존 정보시스템 구축보다 강화된 보안 점검을 실시한다. 사용자 인증, 접
  근 제어, 데이터 암호화, 데이터 무결성, 가상 머신 무결성, 네트워크 보안 및
  웹 보안, DDOS 보안, 보안 정책 준수 여부 등을 상세 실시한다.

7) 운영 및 적용 전환

- 사용자 및 관리자 교육, 서비스 배포, 운영 및 거버넌스 활동을 실시한다.

## 5.5 ERP 시스템의 클라우드 전환

ERP 시스템의 클라우드 전환은 크게 2가지 방식으로 구분하여 살펴볼 수 있다. 즉, ERP 패키지를 도입하여 구축하고 운영 중인 것을 클라우드로 전환하는 것과 ERP 패키지 벤더가 제공하는 클라우드 서비스를 제공받는 것이다.

SAP사와 Oracle사의 경우 기존 패키지를 중소기업 대상으로 한 서비스형 상품을 출시하여 서비스를 제공하면서 타 솔루션/서비스 벤더를 인수하여 클라우드 서비스를 제공하고 있지만, 크게 활성화되지는 못하고 있다. 특히 국내 대기업은 물론 중견/중소기업 조차도 ERP의 클라우드 서비스를 선호하고 있지 않으며 대부분의 사용자 기업은 외국계 기업들이 많은 것이 현실이다. 이는 국내 기업들은 자사의 핵심 기업 정보를 외부 센터에 놓고 제3자 서비스 운영을 맡기는 것 자체를 여전히 꺼리고 있고 임대 서비스 영역에 대한 인식과 신뢰 부족으로 초기 정착이 어렵기 때문이다. 또한 패키지 라이선스를 구매하여 설치

운영하는 것과 비교할 때 장기적인 관점에서는 비용 차이가 크지 않음에도 기인한다[39].

SAP사는 중견/중소기업을 대상으로 한 ERP 솔루션인 "클라우드 SAP Business One[40]"에 가상화와 클라우드를 적용하여 서비스로 제공하고 있다. SAP사는 디스크가 아닌 메인 메모리상에서 데이터를 저장하고 연산하는 인메모리(In-memory) 기반의 HANA 플랫폼을 제공하면서, 'SAP HANA 클라우드 플랫폼'으로 확장하여 다양한 클라우드 포트폴리오를 제공하기 시작하였다. SAP HANA 클라우드 플랫폼은 SAP 솔루션을 공용 클라우드 PaaS 오퍼링으로 제공하는 개념이다. 또한 SAP사는 SAP ERP, SAP CRM, SAP BW와 같은 핵심 어플리케이션을 클라우드 기반의 서비스 형태로 이용할 수 있도록 'SAP HANA 엔터프라이즈 클라우드' 서비스 출시하였다. SAP HANA 엔터프라이즈 클라우드는 HANA 기반으로 SAP 솔루션을 가상 전용 클라우드 환경에서 관리 서비스로 제공하는 개념이다. 또한 SAP사는 SuccessFactor[41]를 34억 달러에 인수하고, Ariba를 43억 달러에 인수하였다. 그러나 SAP사는 클라우드 분야에서의 제품 및 서비스 투자를 위하여 클라우드 사업의 안정화 시점을 연기하였다[42]. 이는 기존 패키지 사업에 비하여 클라우드 서비스 사업을 통한 단기 이익 실현이 쉽지 않고, 장기적인 가입 유치, 상품 개발, 부가 이익 도출 등의 사이클 시간이 필요하기 때문이다.

기업 내부에서 운영중인 기존 ERP 시스템을 클라우드 인프라 환경으로 전환하는 것은 ERP 솔루션 벤더의 지원이 전폭적으로 이루어져야 실효성이 높다. 이는 ERP 아키텍처의 근본적인 조정 및 변화를 통하여 클라우드 서비스 구조의 이행이 쉽게 이루어질 수 있고, 보다 최적화된 시스템 구조를 가질 수 있기 때문이다. 그러나 ERP 솔루션 벤더의 관점에서는 기존 패키지 라이선스 비즈니스가 지속적으로 이루어지고 있는 상황에서, 중소기업

---

39 장기적인 관점에서 비용 차이가 크지 않은 것은 클라우드 서비스 단가가 비싸기 때문이며, 이는 서비스 수요 시장 자체를 확대하여 서비스 볼륨에 따른 단가 인하를 유도하지 못하였기 때문이다. 즉, 서비스 시장 확대 → 단가 인하 → 서비스 확산→ 비용 절감의 선순환 구조를 정착시키지 못했기 때문이다.

40 SAP Business One의 On Demand 모델로서 가입자 기반 라이선스 정책을 제공하고 있으면, 별도의 SAP 파트너사(Telco사 또는 솔루션협력사)가 서비스 라이선스 정책을 이용하여 제3자 서비스를 제공하고 있다. 이와 별도로, SAP사의 자체 클라우드 기반 SW인 SAP Business ByDesign 오퍼링은 SaaS 서비스로 중소기업을 대상으로 제공되고 있다.

41 SuccessFactor사는 기업이 인력을 관리할 수 있도록 지원해주는 클라우드 서비스를 제공하는 기업으로서, Salesforce.com에 이어 2번째로 큰 규모다.

42 출처 : http://www.zdnet.co.kr/news/news_view.asp?artice_id=20140122093111

이 아닌 중견/대기업을 대상으로 한 클라우드 전환에 있어 기존 ERP 패키지 자체의 구조적 변화 지원은 쉽지 않기 때문이다. 최근에 들어 SAP HANA 엔터프라이즈 클라우드 서비스를 제공하고 있으나, 많은 서비스 제공자들은 인프라의 가상화, ERP 이미지 관리 그리고 부하 패턴에 대한 최적화 단계를 거쳐 점진적으로 전환을 추진하고 있었다[43]. SAP ERP의 경우, 인프라의 가상화 단계에서는 SAP 인프라 자원(서버, 스토리지, 네트워크)를 가상화하여 클라우드 서비스로 제공하여, 자원을 즉시 제공하고 시스템의 가용성과 확장성을 확보하는 것이다. SAP 이미지의 수명주기 관리 단계에서는 SAP 이미지 카탈로그를 관리하면서 이미지 구성과 스냅샷을 관리하는 것이다. x86/Linux, IBM/AIX, HP/UX 기반 개발/테스트/품질/운용 환경을 제공하는 것으로, 개발테스트 환경을 보다 빠르게 제공하고 효율적으로 시스템 자원을 활용할 수 있다.

●● **그림 7.15** SAP ERP의 클라우드 전환 단계

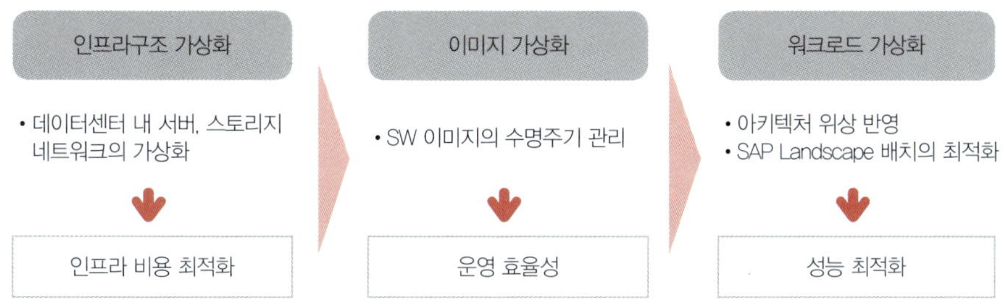


---

43 대기업의 경우, ERP 시스템의 클라우드 전환에 있어 운영 시스템보다는 개발 및 테스트 환경에서의 빠른 Deploy를 통한 개발 테스트 작업 경감을 1차 목적으로 클라우드 전환 적용을 시도하고 있다. 또한 ICT 서비스 사업자의 경우, 대기업의 ERP 패키지에 대한 기존 SI 및 ITO 서비스 사업을 약간 변형한 호스팅 기반 운영 관리서비스 사업 방식으로 서비스 오퍼링을 제공하고 있다.

# 기업
# IT 서비스의
# 혁신

# 1. 클라우드 거버넌스

빠르게 변화하는 글로벌 시장환경에서 민첩하게 대응하기 위하여 적용되는 클라우드 서비스를 원칙과 기준 그리고 프로세스 체계 없이 도입하는 경우, 클라우드 가치를 제대로 확보할 수 없는 상황이 존재한다. 많은 기업들이 글로벌 비즈니스를 위하여 국내 본사 외에 해외에 생산기지 또는 영업지점 형태의 해외 법인들을 설립하고 있다. 본사 및 해외 법인에서의 다양한 정보화 요구에 빠르게 대응해야 글로벌 시장에서의 요구사항에 제대로 대응할 수 있다는 것이다. 이 과정에서 정보 보안과 보호에 대한 원칙과 기준 그리고 레거시 IT 시스템과의 연동을 고려하여 제3자 공용 클라우드 서비스 도입을 현업 중심으로 검토하고 있다. 이와 같이 글로벌 경영이 시작되고 다양한 IT 아키텍처가 공존하는 시점에서 현장 부서의 다양한 IT 요구 채널을 통합하고 체계적인 포트폴리오 구성 및 과제 관리 그리고 IT 성과 관리 등을 수행할 수 있는 IT 거버넌스로의 변화가 필요한 시점이다. 정보화 과제의 수요 관리부터 서비스 운영까지의 단계에서 아키텍처 기반 IT 거버넌스 활동이 연계되어, 경영 전략과 목표에 부합하는 IT 운영이 전개된다.

정보 보안 및 보호, 전사 정보화 비용 및 투자 관리, IT 포트폴리오 관리 등이 현장 부서/전략기획 부서/운영조직 간의 커뮤니케이션을 통하여 초기 단계부터 통제되고 조정되어야 한다. 특히, 궁극적으로 클라우드 및 Non-클라우드 영역이 혼재되는 전사 정보시스템 구조하에서 인프라, 어플리케이션, 데이터 영역에서의 아키텍처와 기술 표준 그리고 IT 호환성 등을 고려해야 한다. 사업 현장에서의 다양한 클라우드 환경 및 이에 기반 정보화 과제 활동이 통합적 관리 관점에서 빠르게 검토, 심의, 추진되어야 한다. 또한 클라우드 서비스를 통한 IT 운영 효율화를 확보하기 위해서는 기존 IT 투자와 클라우드 서비스 비용을 모두 감안한 포트폴리오 구성을 통하여 최적화해야 한다. 특히 클라우드 서비스 비용이 예상과 달리 정보화 예산 범위를 벗어나 지출될 수 상황이 많으므로 제3자 클라우드 서비스의 도입과 사용에 대한 사전 사후 심의 및 모니터링 활동이 필요하다.

비즈니스 혁신과 연계하여 클라우드 컴퓨팅에 체계적으로 대응하기 위해서는 단편적인 인프라 중심의 아키텍처 고찰에서 전사 아키텍처 체계 기반의 전역적인 추진 방식이 요구된다. 클라우드 서비스를 제대로 도입하여 활용하기 위해서는 클라우드 거버넌스 체계를 정비하여 현장 부서와 CIO 오피스와의 커뮤니케이션 채널을 통합하고, 현장의 정보화 요구사항이 적시에 반영된 전략 및 계획을 수립하고, 경영목표에 맞는 정보화 과제 선정과 합리적인 포트폴리오를 구성하여 개발 및 운영 과제의 품질과 위험관리 역량을 향상시키는 방향으로 수행한다.

## 1.1 IT 거버넌스

IT 거버넌스는 경영진의 책임하에 조직 전략과 목표를 유지하고 확장하기 위한 IT 부분의 리더십, 조직, 프로세스에 관한 것으로 기업의 지속적인 성장에 있어서 IT 역할의 비중이 확대됨에 따라 IT 거버넌스의 중요성은 더욱더 커지고 있다[1]. IT 거버넌스의 핵심활동 영역은 전략적 연계, 가치 제공, 위험 관리, 자원 관리, 성과 측정의 영역이다.

●● 그림 8.1 클라우드 기반 기업 혁신 프레임워크

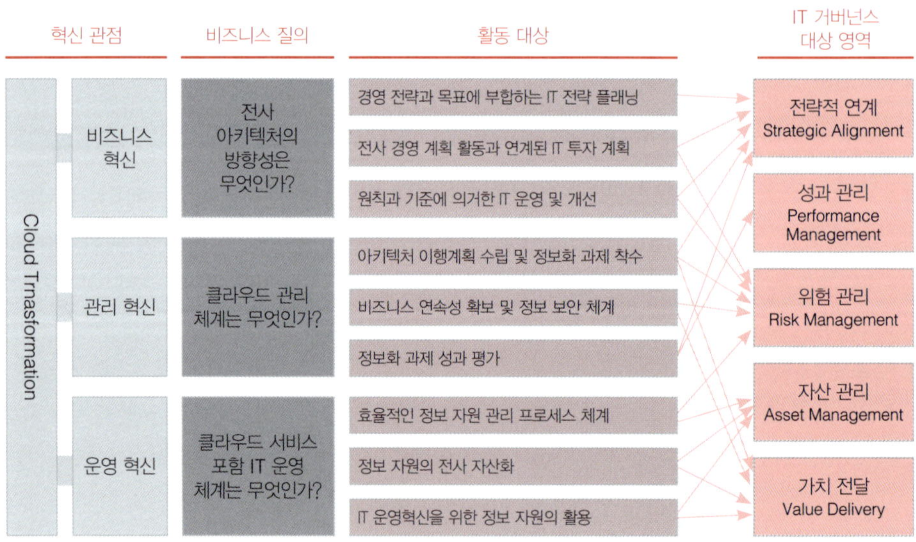

급격하게 변화하는 IT 기술과 다양한 분야에서의 IT 활용 그리고 IT 기반 신규 사업 전개에 따른 전사 경영진의 감사 및 통제 프레임워크로서 ISACA[2]에서 개발한 COBIT (Control Objectives for Information and related Technology)[3]이 많이 활용되고 있다. COBIT은 서비스 제공자와 사용자, 감사자뿐만 아니라 경영진과 비즈니스 책임자를 위한 종합적인 IT 거버넌스 지침서로서 고안된 것으로, 기업의 전략 목표 달성에 필요한 기업 정보를 정보 기준에 부합하여 제공하기 위하여 IT 프로세스와 IT 자원을 운영 관리 그리고 감사 통제하는 제반 프레임워크로 구성된다.

IT 자원은 어플리케이션, 정보/데이터, 인프라구조, 그리고 인력들로 구성되며, 비즈니스 요구사항은 정보 통제에 대한 정보 기준으로 효과성, 효율성, 기밀성, 무결성, 가용성, 준거성, 신뢰성으로 정의된다. 또한 IT 프로세스는 4개의 도메인으로 구성되며 비즈니스 목표와 연계된 IT 목표를 정의하고 목표 달성에 대한 결과를 측정하는 체계로 구성된다.

클라우드 컴퓨팅 도입 및 서비스 적용은 다른 IT 기술과 솔루션 도입과 달리 실무 책임자는 도입과 적용을 선호하지만 경영진은 클라우드의 본질과 활용에 대한 이해 부족과 성과 중심의 IT 통제 원칙으로 클라우드 도입과 적용에 다소 소극적이다. 이는 클라우드 컴퓨팅 및 서비스 솔루션이 기술 중심에서 출발하여 기업 혁신의 틀과 매개체로 진화하는 과정에서 기업 내 비즈니스 목표와 요구사항을 충족하는 클라우드 서비스 아키텍처, 클라우드 성과와 위험을 제대로 관리하지 못했기 때문이다.

---

1 IT 거버넌스는 구조, 프로세스, 및 관계 메커니즘의 종합적인 프레임워크로 구성된다. 구조는 IT 경영진 및 다양한 IT 위원회와 같은 책임성 있는 기능들의 존재를 의미한다. 프로세스는 전략적인 IT 의사결정 및 모니터링을 의미하며, 관계 메커니즘에는 비즈니스/IT 참여 및 파트너십, 전략적인 커뮤니케이션, 공유 학습 등이 포함된다.
2 ISACA : Information Systems Audit and Control Association
3 www.isaca.org/cobit

•• 그림 8.2 COBIT의 4가지 프로세스 도메인[4]

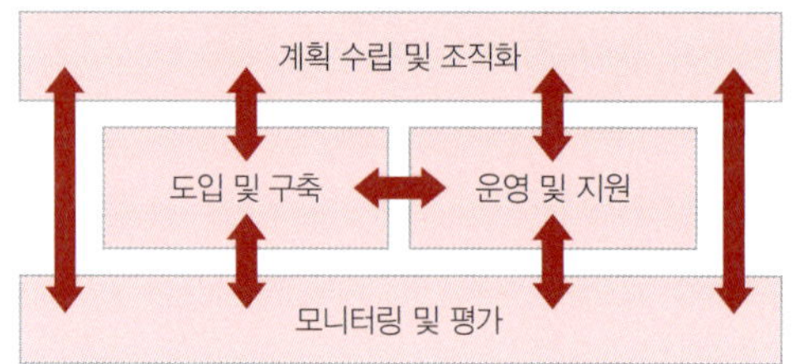

COBIT의 4개 프로세스 도메인에서의 클라우드 관련 주요 활동을 다음과 같이 수정하여 살펴볼 필요가 있다.


• 계획 수립 및 조직화

비즈니스 목표를 달성하기 위해서 클라우드 전략과 전술을 다루는 도메인으로 전략적 비전의 구현에 관해서 여러 관점에서 계획하고 의사소통하며 관리하기 위한 활동이 필요하다. 비즈니스 관점에서의 아래 질의에 대한 해답을 제공할 수 있어야 한다.


 – 클라우드와 비즈니스 전략이 연계되었는가?

 – 전사 차원에서 자원의 최적 사용을 하고 있는가?

 – 조직이 클라우드 목표를 이해하고 있는가?

 – 정보 보안 및 보호와 같은 클라우드 리스크를 이해하며 관리하고 있는가?

 – 클라우드 시스템의 특성과 서비스 품질이 비즈니스의 요구에 적합한가?


• 도입 및 구축

클라우드 전략을 실현하기 위한 클라우드 솔루션 및 서비스를 식별, 개발, 획득,

---

4 출처 : ITGI, COBIT (V4.1) Framework

 **PART III**
클라우드와 ICT 서비스 혁신

통합, 구현하는 도메인이다. 비즈니스 관점에서의 아래 질의에 대한 해답을 제공할 수 있어야 한다.

- 신규 클라우드 과제가 비즈니스의 요구를 만족시킬 수 있는가?
- 신규 클라우드 과제가 예산범위 내에서 적시에 솔루션 및 서비스를 공급할 수 있는가?
- 신규 클라우드 서비스가 구현/운영 시에 적합하게 동작할 수 있는가?
- 현재의 비즈니스 운영에 혼란을 최소화하고 변화에 민첩하게 대응 가능한가?

• 운영 및 지원

요구된 서비스를 실제적으로 공급하기 위한 도메인으로 서비스 공급, 재난 및 보안 관리, 사용자 서비스 지원, 데이터 관리, 운영 및 설비 관리 등을 포함한다. 비즈니스 관점에서의 아래 질의에 대한 해답을 제공할 수 있어야 한다.

- 클라우드 서비스가 비즈니스 우선순위와 부합하게 제공되는가?
- 클라우드 서비스 비용은 최적화되었는가?
- 서비스 최종 사용자들이 클라우드 서비스를 생산적으로 안전하게 사용할 수 있는가?
- 아키텍처 관점에서의 서비스 수준이 보안성, 무결성, 가용성이 적절하게 보장되는가?

• 모니터링 및 평가

정기적으로 클라우드 서비스 프로세스의 품질과 통제 요건 준수의 수준을 측정, 평가하는 도메인으로 비즈니스 관점에서의 아래 질의에 대한 해답을 제공할 수 있어야 한다.

– 사전에 문제를 탐지하기 위해 클라우드 서비스 성과를 측정하는가?

– 관리자가 내부통제가 효과적이고 효율적이라는 것을 보장하는가?

– 클라우드 도입 및 전환성과가 비즈니스 목표와 연계되고 있는가?

– 클라우드 서비스 관련 리스크, 통제, 준수, 성과를 측정하고 보고하고 있는가?

'11년, 클라우드 서비스(IaaS, PaaS, SaaS) 부분에서의 클라우드 배치 모델(Public, Private, Hybrid)에 따른 COBIT 프로세스 활동과 중요도를 『IT Control Objectives for Cloud Computing』 보고서를 통하여 제공하고 있다[B15].

COBIT은 소프트웨어공학센터(Software Engineering Institute)[5]의 CMMI(Capability Maturity Model Integration) 모델을 기반으로 IT 거버넌스 성숙도 모델을 제공하고 있으며, 성숙도 모델은 성과 달성보다는 역량 증진에 초점을 맞추고 있다. 이는 클라우드 서비스도 클라우드 도입에 따른 비용 절감의 성과보다는 IT 자원을 서비스화하고 이를 비즈니스 혁신 목표(신규 시장 확대 또는 사업 모델 변화)에 연계하여 빠르게 기술과 시장의 변화에 대응하고 선도할 수 있는 역량 관점의 성숙도를 적용하는 것이 타당하다.

클라우드 거버넌스 체계를 통하여 경영자 측면에서는 비즈니스 목표 및 성과 중심의 클라우드 사업 추진이 가능하고 객관적 기준에 의하여 클라우드 서비스 과제에 대한 투자 의사결정이 용이해지며 클라우드 투자 계획 및 성과에 대한 거시적인 이해와 신뢰도가 향상될 수 있다. 또한, 현장 부서의 IT 요구사항에 대하여 클라우드로 신속하게 대응해 줄 수 있어 업무효율이 향상되고, 정보화 요구사항에 대한 처리 과정이 투명해지고 IT 신뢰도가 향상된다. 클라우드 거버넌스의 주체인 CIO 오피스의 관점에서는 클라우드 과제 관련하여 정보의 신속한 조회/분석/공유를 통한 현업 대응력이 향상되고, 클라우드 포함 IT 과제의 성과 평가에 대한 기준과 프로세스를 표준화하여 현장 부서와의 커뮤니케이션을 도모할 수 있고, 실시간 클라우드 서비스에 대한 가시성을 확보하여 제반 위험을 조기 감지할 수 있다.

---

5 www.sei.cmu.edu

## 1.2 클라우드 거버넌스

'13년 기업 클라우드 도입 현황 보고서[6]에 따르면 많은 기업들이 신속성, 민첩성, 유연성 확보를 위하여 클라우드 도입을 검토 추진하고 있으나 현장에서의 무단 클라우드 구축, IT 서비스의 비효율적 운영, IT 컴플라이언스 이슈 발생, IT 비용 증가의 경우가 많이 발생하고 있다고 지적하였다. 이는 클라우드 서비스에 대하여 현업 및 IT 현장에서의 거버넌스 활동이 체계적으로 적용되지 못하고 있기 때문에 발생한다.

●● 그림 8.3 클라우드 거버넌스 부재 관련 설문조사 결과[7]

| | |
|---|---|
| 허가 없이 무단으로 클라우드 구축 / 사용 | • 국내기업 85% (전체 77%)<br>– 국내기업 52%가 기밀 정보 노출 경험 (전체 40%)<br>– 국내기업 30%가 계정 탈취, 웹 속성 변경 등을 경험 |
| 클라우드 백업 / 복구 복잡성 및 비용 증가 | • 국내기업 55%가 데이터 손실 경험 (전체 43%)<br>– 국내기업 64%가 복구 실패<br>– 전체 22%는 클라우드 데이터의 심각 손실 시 복구 기간이 3일 이상 |
| 비효율적인 클라우드 스토리지 활용 | • 국내기업 43%가 파일을 클라우드로 이전하는 과정이 복잡<br>• 전체 기업이 클라우드 스토리지 활용율은 17% |
| 클라우드 컴플라이언스 준수 여부 우려 | • 국내기업 52% (전체 49%)가 컴플라이언스 준수 고민<br>• 전체 23% 기업이 클라우드 정보 보호 위반으로 벌금 납부 경험 |
| 클라우드 SSL 인증 관리 복잡 | • SSL 인증 관리가 쉽다고 평가한 기업은 국내 12% (전체 27%)<br>• 전체 40% 기업이 파트너 인증 관련 자사 컴플라이언스 기준 충족 |

클라우드 거버넌스는 IT 거버넌스 체계를 클라우드 영역에 적용하여 클라우드 수명주기상의 도입과 활용에 대한 제반 원칙, 기준, 프로세스를 의미한다. 아래 그림은 클라우드 아키텍처와 거버넌스에 대한 주요 활동에 대한 개념 모델이다. 아키텍처와 거버넌스는 상

---

6 시장조사기관 ReRez , 29개 국 3,236개 기업 대상 (중소기업 1,358개, 한국 100개 기업 포함)
7 참고 : ReRez 시장조사기관, "2013 State of Cloud Survey"

호 연계되어 있으며, 초기 수준으로 클라우드 도입 및 전환하는 경우 다음 그림의 과제를 중심으로 '솔루션, 비용, 효과' 등의 활동에 집중하고 있으나, 클라우드 서비스에 대한 기업 내 성숙도가 높아지는 경우 '포트폴리오, 아키텍처, 참조 모형, 리스크' 등의 아키텍처 관련 활동으로 궁극적으로는 '로드맵, 비즈니스 전략, 프로세스, 원칙' 등의 전략 및 거버넌스 관련 활동으로 옮겨가야 한다.

●● **그림 8.4** 클라우드 아키텍처와 거버넌스 연계

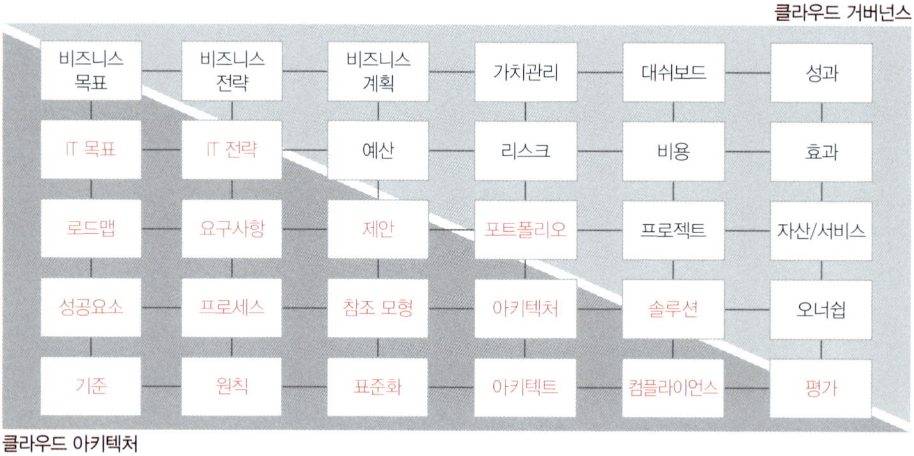

클라우드 거버넌스 체계는 IT 거버넌스 체계와 마찬가지로 4P(Policy, Product, People, Process) 관점에서 원칙과 정책, 대상, 역할과 조직, 프로세스로 구성된다. 첫째, 정책(Policy) 관점에서 클라우드 서비스 원칙과 기준 그리고 클라우드 목적/목표를 정의한다. 둘째, 상품(Product) 관점에서 클라우드 서비스 적용 대상에 대하여 분류한다. 적용 대상은 인프라, 시스템, 업무, 사용자 영역 등을 고려하여 포괄적으로 정의한다. 셋째, 인력(People) 관점에서 클라우드 서비스 이용 및 제공상의 역할과 책임을 정의한다. 클라우드 서비스 제공자, 관리자, 이용자의 역할과 책임을 명확화한다. 넷째, 프로세스(Process) 관



**PART III**
클라우드와 ICT 서비스 혁신

점에서 클라우드 서비스 제공 및 이용 프로세스와 절차를 정의한다. 특히 클라우드 서비스 이용 신청 및 심의 절차 그리고 이와 관련한 상세 기준과 규정을 정의하고, 클라우드 이용 프로세스를 지원하는 시스템을 개발하고 운영한다.

●● **그림 8.5** 클라우드 거버넌스 개선 방향

| 거버넌스 체계 | | 개선 방향 |
| --- | --- | --- |
| 원칙과 정책 (Policy) | • 클라우드 서비스 원칙과 기준<br>– 클라우드 원칙, 정책 기준<br>– 전사 추진 목적, 목표<br>– IT 자원 표준화 | 전사 아키텍처 관점의 『클라우드 퍼스트』 적용 원칙 수립 |
| 관리 대상 (Product) | • 클라우드 서비스 이용 대상<br>– 업무 시스템, 사업 시스템 HW 서버<br>– HW 서버에 탑재되는 SW 플랫폼 (Web–WAS–DBMS) | HW 서버 및 SW 표준화, 업무시스템과 사업시스템에 적용 |
| 역할과 조직 (People) | • 클라우드 서비스 이용/제공상의 역할과 책임<br>– 현업 부서/정보전략 부서의 R&R | 클라우드 서비스 브로커로서의 전사 IT관련 부서의 역할과 책임 확립 |
| 프로세스 (Process) | • 클라우드 서비스 이용 프로세스/절차 및 시스템<br>– 서비스 이용 신청 및 심의 절차<br>– 클라우드 서비스 수명주기 단계 상세 기준/규정 | 클라우드 서비스 이용 및 관리 절차 수립 |

클라우드 기반 기업 혁신 프레임워크는 전사 혁신의 일환으로 클라우드를 도입함에 있어, 비즈니스 서비스 혁신, 모델 혁신[M14]을 제대로 지원하고 제공하기 위해서는 '서비스 전략 – 서비스 관리 – 서비스 운영' 관점에서 클라우드 도입 전략과 그 방향성을 정해야 한다. 클라우드의 도입 목적과 목표를 비즈니스에 연계하여 검토하고 추진하는 거버넌스 체계하에서의 전략 수립이 중요하다. 클라우드 기반의 IT 혁신에 있어 기본 출발점으로 IT 정보화 계획 및 투자 계획이 매우 중요하기 때문이다. 이러한 거버넌스 체계하에서 클라우드로의 장기적인 이행을 수행함에 있어 대명제는 클라우드의 기본 핵심은 서비스이고 서비스의 기본 요소는 품질이라는 점이다. 즉 운영 혁신 관점에서 기본 품질의 서비스로서 클라우드를 제대로 현장에서 운영하기 위한 거버넌스 요소로 정보 자원을 어떻

게 확보하고 자산화하고 효율적으로 관리할 것인가이다. 전사 아키텍처 중심으로 어플리케이션, 데이터, 인프라에 대한 거버넌스 활동이 필요하다. 또한 관리 혁신 관점에서 클라우드로의 전환과 적용을 어떻게 정보화 과제 활동으로 연계하여 거버넌스할 것이다. 이를 위해서는 정보화 과제 중심의 클라우드 거버넌스 활동으로 현장을 포함하여 전사적으로 ITIL V3 기반의 서비스 설계/전환/운영 틀을 적용한다.

### 아키텍처 중심의 클라우드 거버넌스

클라우드 서비스를 제대로 도입하고 운영 관리하기 위해서는 전사 아키텍처상의 서비스, 데이터, 기술 아키텍처 영역에서의 분류체계, 표준화, 자원 관리에 대한 개선 보완이 필요하다. 특히 제3자 외부 클라우드 서비스를 사용하는 경우에는 더욱더 그러하다. 다음 그림은 아키텍처 관점에서의 IT 거버넌스 활동에 있어, 클라우드 서비스를 감안하여 개선되어야 할 주요 활동이다. 이러한 거버넌스 활동은 클라우드와 연관하여 빅데이터, 모빌리티 영역과 연관하여 고려한다.

•• **그림 8.6** 아키텍처 관점에서의 거버넌스 개선 포인트[9]

| | |
|---|---|
| **• 메타 모델 변경 : TRM, DRM, SRM**<br>　– 클라우드 서비스 부문 반영<br>　– 클라우드 서비스 자원에 대한 속성 관리 | **• IT 거버넌스 체계 재정립**<br>　– 전사 아키텍처 기반 클라우드/빅데이터 관점 반영<br>　– 사업 단계별 사업/프로젝트 관리 지침 수립 |
| **• 기술 참조 모형(TRM) 개선**<br>　– 클라우드 인프라 운영 환경 표준화<br>　– TRM에 클라우드 기술 표준화 반영 | **• 아키텍처 수립 및 솔루션 구성의 점진적 추진**<br>　– 실행(빠른 구축 및 명확한 운영) 중심으로 업무 영역별 추진 → 전사 연계/연동 추진 |
| **• 데이터 참조 모형(DRM) 개선**<br>　– 비정형 데이터 반영을 위한 분류체계 정비 | **• 전사적인 데이터 거버넌스/관리 체계 정비**<br>　– 데이터 교환(내부화, 외부화, 중개화) 관리<br>　– 데이터 수명주기 및 품질 관리 체계 수립 |
| **• 서비스 참조 모형(SRM) 개선**<br>　– 서비스 유형/방식/모델이 따른 분류체계 정비<br>　– SOA 기반의 컴포넌트화 및 매쉬업 체계 반영 | **• 신기술 도입에 따른 보안/보호 요소 적용**<br>　– 신기술 도입 및 자원 공유에 따른 정보 보안 및 정보 보호 체계 반영 |

**9** 참고 : 한국정보화진흥원, "IT 환경변화에 따른 EA 역할과 방향 연구", 2013.

　전사 아키텍처 운영 관리 활동은 계획, 관리, 컴플라이언스 그리고 평가 단계로 이루어지면서, IT 거버넌스의 세부 활동과 연관된다. 특히 IT 프로젝트 수명주기 관리와 IT 포트폴리오 & 프로젝트 관리 활동과는 매우 밀접하게 연관된다. 클라우드 서비스의 도입(구축)도 이에 해당된다.

●● **그림 8.7** 정보화 활동 중심의 클라우드 거버넌스

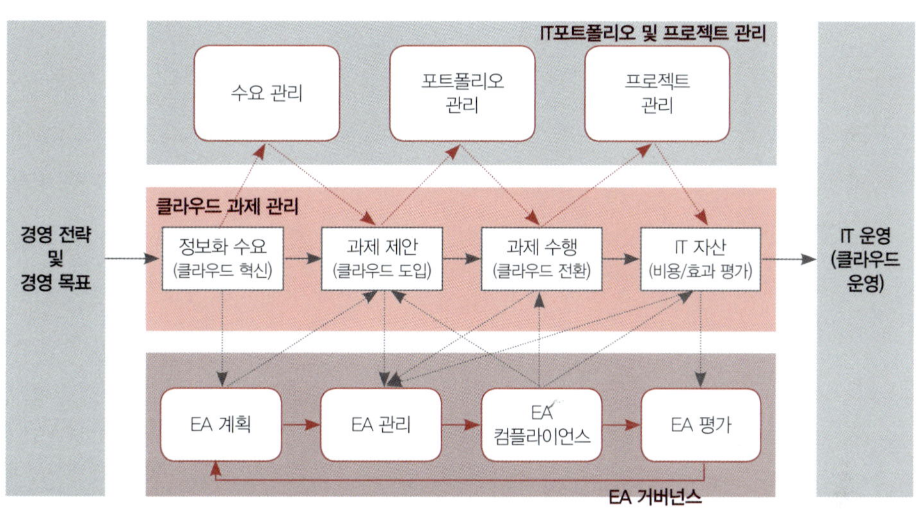


　클라우드 서비스 도입을 위해서는 전사 관점의 비즈니스 전략과 IT 혁신 전략 그리고 현장에서의 정보화 수요 및 요구사항을 수집하고, EA 계획 관점에서 목표 아키텍처를 도출해야 한다. 현행 많은 클라우드 서비스 프로젝트들이 목표 아키텍처 없이 클라우드 전환 단계(표준화, 통합화, 자동화)를 수행하는 수준으로서, 클라우드 서비스 도입에 따른 클라우드 가치 확보를 목표 지향적으로 확보하고 있지 못하다. 목표 아키텍처는 전사 관점에서의 아키텍처 원칙과 기준에 의거하여 설정되고, 보안 및 상호운영성 등의 아키텍처

기준을 준수하는 아키텍처로서 현행 아키텍처에서 목표 아키텍처로의 이행을 위한 정보화 과제(공용 클라우드 서비스 도입, 전용 클라우드 구축)를 도출하고 이를 수행한다.


## 2. IT 조직 모델의 변화

기업 내 클라우드를 전용 클라우드 방식으로 구축함에 있어, 많은 기업들은 데이터센터 내의 서버들을 가상화 환경으로 고도화하고, 비즈니스 사용자가 가상 머신(VM) 환경을 요청할 수 있는 포탈을 제공하면서 사용 환경을 모니터링할 수 있는 수준으로 1차 추진하고 있었다. 이러한 수준의 클라우드 환경에서는 IT 자원 요청에 대응하여 충분하게 대응할 만큼의 용량을 미리 갖추고 있고, IT 운영 관리 인력이 사용자 요청 및 시스템 부하에 대하여 프로비저닝과 스케일 업/다운하고 있다. 엄밀한 의미에서 클라우드는 아니고 가상 리소스 풀 방식을 사용하고 있는 것이다. 비즈니스 환경이 예상치 못하게 변화하여 셀프 프로비저닝이나 탄력적인 자원 풀이 지원되지 않는 상황이 발생하게 되면 현장의 현업 사용자는 이에 대비하여 제3자 외부 클라우드 서비스를 IT 조직과 협의 없이 그리고 통제받지 않고 사용하게 되는 결과를 초래할 수 있다.

클라우드 서비스의 본질은 클라우드 컴퓨팅의 기술적 구조보다는 비즈니스 현장에서의 사용자가 필요한 시점에 필요한 IT 자원을 적시에 효율적으로 공급하는 것에 있다. 이러한 관점에서 가상 리소스 풀 방식은 기존 IT 구조에 가상화를 얹혀 제공하는 것뿐이며, IT 자원의 공급 방식을 혁신하는 것은 아니다[10]. 사실, IT 조직의 입장에서는 시스템의 안정적인 운영을 추구하는 보수적인 관점에서 가상화 단계를 넘어선 운영 자동화에 대한 불신을 가지고 있었으며 또한 궁극적인 역할 전환에 따른 부담감도 없지 않았다.

---

**10** 가상 리소스 풀 방식도 광의의 개념에서는 클라우드 서비스로 정의되어야 하지만, 전부는 아니다. 현실적으로 많은 기업의 내부 MIS 시스템들의 워크로드는 일정하고, 탄력적인 자원 공급을 요구하는 경우는 드물다. 그러나, 기업의 대 고객 서비스용 시스템들은 최종 사용자가 컨슈머 사용자로서 워크로드가 일정하지 않고, 매우 탄력적인 IT 자원 공급 체계가 요구되는 영역이다.

클라우드 환경에서의 IT 조직은 조금 더 비즈니스와 연계된 조직으로서 IT 자원의 운영 관리에서 IT 서비스의 공급 관리 관점으로 그 역할이 전환되고 해야 할 일이 많아지는 점을 간과해서는 안된다. 비즈니스와 보다 밀접한 클라우드 서비스를 제대로 운영하기 위해서는 IT 조직의 역할과 프로세스가 변화되어야 하고 이에 맞는 거버넌스, 기술 기획, 운영 관리 등의 업무를 수행해야 한다.

기업 내 IT 관련하여 어플리케이션 및 인프라의 개발 부서와 운영 부서 사이에는 그 역할과 책임상에서 갈등의 차이가 존재하고 있다. 개발 부서는 프로젝트를 납기 내에 완료함에 있어 운영부서의 비협조가 큰 걸림돌로 여기고 있고 운영부서는 개발 산출물이 운영으로 전환 수행되기 위해서 필요한 개발 품질, 시스템 가용성, 운영 용이성을 개발 부서에서 제대로 제공해주지 못하고 있다고 생각한다. 개발과 운영 사이의 차이를 보다 밀착된 협업 커뮤니케이션을 통하여 해결하고자 했던 DevOps 접근 방식은 대기업 및 글로벌 IT 조직에서는 다소 정착하기 쉽지 않다. 이는 기존 글로벌 대기업들의 IT 시스템은 레거시 기술 기반으로 명확한 역할과 책임을 강조한 프로세스와 조직 기능을 전제로 구축되고 운영되어 왔기 때문이다. 많은 기간 동안 익숙해져 있는 IT 개발 및 운영에 대한 조직 문화를 DevOps 기반의 체계로 혁신하는 데에는 강력한 CIO 스폰서십을 바탕으로 IT 부서 목표를 적기 서비스 공급(Time-to-Service Delivery)과 같은 목표로 재설정하는 것부터 시작되어야 한다. 또한 IT 시스템의 품질은 개발과 운영 모두의 문제로서 초기 단계부터의 협업이 진행되도록 한다.

## 2.1 IT 서비스 조직 모델의 변화

ICT 서비스 조직은 자체적인 IT 자원 확보, 서비스 개발 그리고 운영을 수행하는 조직이었으나 클라우드 서비스 환경에서는 IT 자원에 대하여 클라우드 기반 내/외부 소싱 업무가 점점 중요해지고 비중에 커지고 있다. 즉 시장과 기술 변화에 대하여 기업 내부 현장에서 보다 빠르고 용이하게 활용될 수 있도록 적정 서비스 사업자 및 솔루션 선정과 SLA 관리 그리고 서비스 계약 등 IT와 비즈니스의 연계(전략 기획, 관계 관리, 수요 관리, 과제 관리, 서비스 수준 관리, 소싱) 역할이 확대되고 있다. 정보화 과제 수명주기 관점에서는 정보화 과제를 제공하는 개발과 운영 중심의 활동보다는 기업경영 목표와 IT를 연계하는 전략과 평가 중심의 활동이 더욱 중요해지고 강화되고 있다.



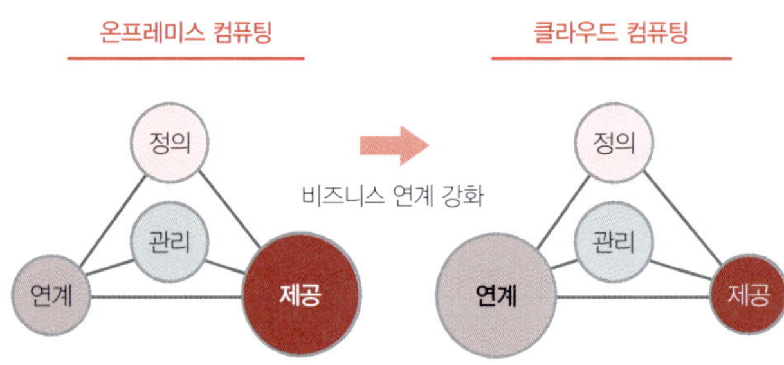



클라우드 서비스의 공급과 수요 관점에서 IT 부서는 전통적인 인프라/플랫폼/어플리케이션에 대한 직접적인 구축 및 운영 서비스를 제공하면서 동시에 내부 전용 클라우드에 대한 서비스 제공자, 외부 공용 클라우드에 대한 서비스 소비자 그리고 내외부 클라우드에 대한 서비스 중개자 역할을 수행하게 된다. 즉 클라우드 기반의 IT 부서는 기업의 비즈니스에 연계되어 현장에 IT 자원을 공급하는 ICT 서비스에 대한 총괄적인 서비스 브로커 역할을 수행하게 된다. 전사 아키텍처 관점에서는 최고 전사 아키텍트(Chief Enterprise Architect)를 중심으로 도메인별 아키텍트의 역할이 점점 중요해지게 된다[11]. 특히, 비즈니스 아키텍트(Business Architect, BA)는 현장에서의 IT 자원에 대한 서비스 수요에 대하여 적정 서비스 방식과 방안에 대하여 커뮤니케이션하고 가이드하고 거버넌스하는 매우 중요한 역할자가 될 것이다.

---

11 Chief Enterprise Architect는 기업 내에서 클라우드 기술과 전사 아키텍처 그리고 IT 거버넌스를 총괄하는 아키텍트라고 재정의될 수 있다.

## 2.2 클라우드 운영 모델 – DevOps

전통적인 IT 조직 체계에서는 SW 개발 조직과 서버 인프라의 운영 조직으로 구분된다. 개발 조직의 목표는 빠르게 신규 기능을 만들고 수정하는 것이며 운영 조직의 목표는 개발된 서비스/인프라에 대하여 안정성 있게 유지하는 것에 있다. 즉, 개발 조직은 잦은 SW 업데이트가 필요하고 운영 조직은 서비스/인프라의 변경을 최소화해야 한다는 점에서 양 조직은 상호 간에 상충되는 조직 미션을 가지고 있다. 그러나 최근의 인터넷, 모바일, 소셜 기술 및 시장의 변화에 빠르게 대응하고. SW 제품에서 서비스로의 변화에 부합하기 위해서는 사용자의 요구사항에 보다 빠르게 민첩하게 대응해야 하는 것이 필수이나 현실은 그렇지 못하다[K28].

•• 그림 8.9 현행 어플리케이션 수명주기 관리 체계의 문제점[12]

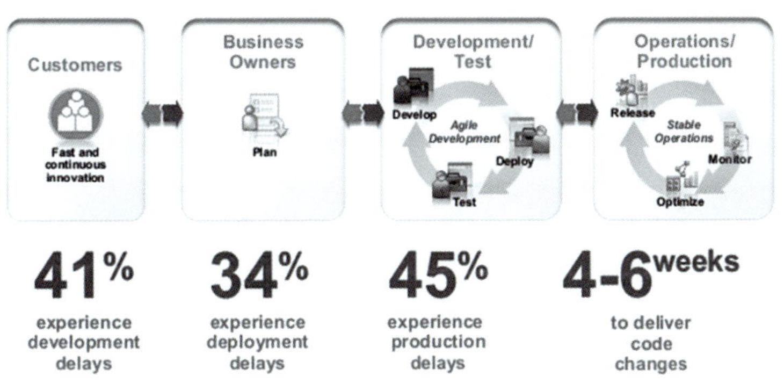



SW 개발 및 운영 과정의 문제점에 대하여 SW 개발자들과 IT 운영자들 사이의 의사 소통, 협업, 융합을 강조한 SW 개발 방법론으로 DevOps가 제시되고 있다. DevOps는 개발 및 운영 조직 간의 상호 커뮤니케이션 및 협업에 관한 것으로 최근 애자일, 오픈소스, 클

---

12 출처 : IBM, "DevOps in the Cloud", 2013.

라우드 기술에 의해서 그 필요성이 대두되었고 모바일, 소셜, 빅데이터 등의 신기술 및 신 시장에서의 어플리케이션 개발에 많이 활용되기 시작하였다[13]. 위키피디아에서는 다음과 같이 DevOps를 정의하고 있다. DevOps는 소프트웨어 개발자와 운영자 사이의 의사소 통, 협업, 융합을 강조한 소프트웨어 개발 방법론이며 소프트웨어 개발과 IT 운영 간의 상 호 의존관계에 대한 산물이다[14].

DevOps는 개발과 운영을 자동화하는 도구를 설치 사용한다고 해서 만들어지지 않는 다. 조직문화 관점에서 개발에서 운영까지를 하나의 통합된 프로세스로 묶어내고, 툴과 시스템을 표준화하고 통합하여 의사소통의 효율성을 확보하고, 매뉴얼 작업을 자동화하 여 코드 통합, 테스트, 릴리즈 과정을 자동화시키는 것이 필요하다[K28].

●● **그림 8.10** DevOps는 개발, 운영, 품질 활동의 교집합

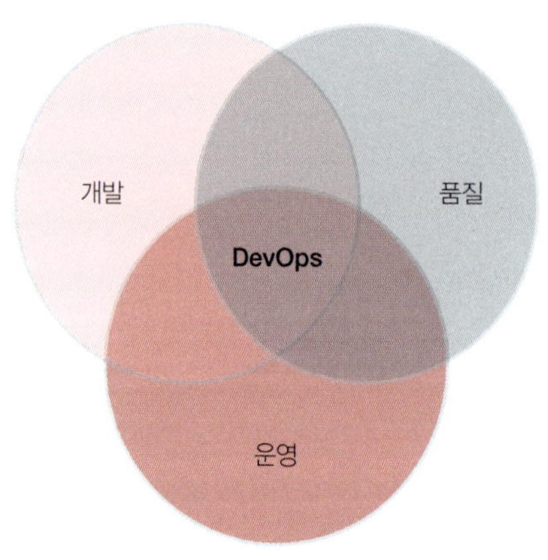



**13** DevOps는 '09년 devopsdays.org를 조직하면서 사용하기 시작하였으며, 민첩한 SW 개발 및 운영의 방법으로 알려지고 전 파되었다.
**14** 출처 : http://en.wikipedia.org/wiki/DevOps#Devops_Days

DevOps를 SW 개발 문화로서 인정하고 조직에 정착되는 것이 중요하다. 개발자와 운영자는 상호 간에 존중하고 신뢰를 가져야 한다. 각자의 전문성과 책임을 인정하고 상호 간에 투명하게 공유하고 협업해야 한다[K28]. 즉 개발자는 운영 인프라를 신뢰하고 따라야 하고, 운영자는 신규 개발한 기능을 배포함에 개발자를 신뢰해야 한다. 또한 개발자는 신규 기능과 코드가 기존 운영 인프라에 어떻게 영향을 미치는 지에 대하여 알려주어야 하고, 운영자는 개발자가 운영 인프라상에서 어떻게 배포할 것인지에 대한 방식과 방법을 이해시켜야 한다. 특히, 시스템 장애로 서비스가 중단되는 경우, 무엇이 문제이고 원인인지를 파악하고 시스템을 복구하는 데 있어 개발자와 운영자의 상호 지식과 역량은 보완되어야 하고, 상호 협력되어야 한다. 이러한 과정에서 개발 배포 사이클이 더욱더 빠르게 개선될 수 있다.

『IT OPS & DEVOPS Productivity Report 2013』에 따르면, 기존 전통적인 IT 운영체계와 대비하여, 서비스 요청 처리, 의사 소통, 행정 지원 등의 지원 업무에 적은 시간을 사용하는 반면에 테스팅 및 복구 계획 수립 등의 본 업무에 보다 많은 시간을 사용하고 있다[A70]. 또한 실제적인 장애 복구 및 어플리케이션 릴리즈에 걸리는 시간이 절반에 그치는 것으로 파악되었다.

NetFlix사는 '12년 기준으로 3,000만 명 이상의 가입자를 보유하고, AWS에서 10,000여 개 이상의 인스턴스를 10여 명 정도의 DevOps팀으로 관리하고 있다. Yahoo사에 합병된 FlicKr는 초당 4만 장 이상의 사진이 업로드되는데 DevOps를 통하여 모든 배포 및 운영을 자동화하여 하루에도 10여 번씩 이상을 배포한다. 또한 음악 스트리밍 서비스 업체인 Spotify사도 강력한 DevOps 개발 문화를 갖추고 오픈소스 도구를 활용하여 배포와 운영을 자동화하여 관리하고 있다[K28].

## 2.3 IT 서비스 총괄부서의 역할

클라우드 서비스에 대한 거버넌스를 총괄하는 정보전략 부서, 클라우드 서비스를 실 사용하는 현장 부서 그리고 제공하는 클라우드 서비스 사업자가 주요 정보화 활동 단계(정책-계획-도입-이용-대가-감사)별 역할은 표 8-1과 같다. 단순하게 클라우드 서비스 영역만을 고려한 역할과 책임에 대한 검토보다는 기존 시스템과 클라우드 시스템이 상호 공존하는 하이브리드 IT 환경을 감안하여 총괄적인 서비스 브로커로서의 역할과 책임이 필요하다



●● **표 8.1** 클라우드 서비스에 대한 역할 및 책임(예)

| 구분 | 상세 업무 | 정보전략 | 현장부서 | CSP사업자 |
|---|---|---|---|---|
| 정책 | 클라우드 서비스 정책 및 원칙 수립 | ● | | |
| | HW 및 SW 플랫폼 전사 표준 수립 | ● | | |
| | 정보화 포트폴리오 관리(과제 관리 포함) | ● | | |
| 계획 | IT 자산 투자 계획 심의(서비스 수요 포함) | ● | | |
| 도입 | IT 자산 도입 심의(표준 준수 포함) | ● | | ● |
| | 서비스 계약 및 권한 설정 | ● | ● | |
| 이용 | 서비스 신청 | | ● | |
| | 서비스 이용 | | ● | |
| | 서비스 지원 | | | ● |
| | 서비스 준비 및 제공 | | | ● |
| | 서비스 이용 모니터링 | ● | ● | ● |
| 대가 | 서비스 대가 체계 수립 | ● | ● | ● |
| | 서비스 비용 지불 | ● | ● | |
| 감사 | SW 컴플라이언스 관리 | ● | ● | ● |

정보전략 부서는 서비스 브로커로서의 역할로서 현장 부서와 클라우드 서비스 사업자(CSP, Cloud Service Provider)간의 중재 역할을 수행하면서 클라우드 서비스에 대한 거버넌스 활동(정책 및 원칙 수립, 전사 표준 SW 체계 수립, 정보화 과제 포트폴리오 관리, 투

자 심의 및 서비스 계약, SW 컴플라이언스 관리, 서비스 비용 관리 등)을 수행하게 된다[15]. 많은 현장 부서에서 서비스 사업자와 직접 커뮤니케이션하여 서비스를 제공받는 경우 전 사적 관점에서 비효율성과 컴플라이언스 이슈가 발생할 수 있기에 정보전략 부서에서는 현장 부서의 서비스 소싱 및 이용에 대한 빠른 지원과 함께 통제 관리도 함께 수행해야 한다.

## 3. 클라우드 서비스 거버넌스

### 3.1 클라우드 서비스 프로세스

클라우드 서비스 프로세스는 크게 서비스 제공자가 서비스 이용자의 요청에 대하여 대 응하여 서비스가 제공되는 관점과 이를 기업 내 정보전략 관리자가 서비스 거버넌스를 수 행하는 관점으로 나누어 살펴볼 수 있다. 다음 그림에서 볼 수 있듯이 서비스 이용자가 신 청 프로세스를 거쳐 서비스 이용 신청하였을 때 서비스 제공자는 서비스 상품 카탈로그로 관리되는 서비스에 대한 이미지를 클라우드 자원에 매핑하여 이를 제공하게 된다. 또한 서비스 이용자의 서비스 사용에 대한 모니터링, 운영 및 관리 지원을 거쳐 사용내역에 대 한 이용 과금을 청구한다.

---

15 현실적으로 정보전략 부서의 역할은 조직 구도에 따라서 크게 달라진다. 기존 IT 시스템을 운영하는 부서의 업무 연장선에서 있 는 경우, 클라우드 서비스 도입에 공격적이지 않을 수 있으면, 현업 부서 주도의 클라우드 서비스 도입과 마찰을 빚을 수도 있다. 또한 정보전략 업무를 경영관리 업무의 연장선에서 수행하는 경우에는 현업 부서와의 비즈니스 커뮤니케이션과 전략적 추진은 수월할 수 있어도, 현행 IT 운영 체계를 고려하지 않은 클라우드 서비스 도입으로 IT 운영 부서와의 마찰이 있을 수 있다. 무엇보 다도, 클라우드 서비스를 왜 도입해야 하는 가에 대해서는 전사 부서 및 현업 부서 모두 공감대를 가지고 커뮤니케이션 을 하는 것이 원활한 클라우드 서비스 도입과 이를 통한 효과 달성에 매우 중요하다.

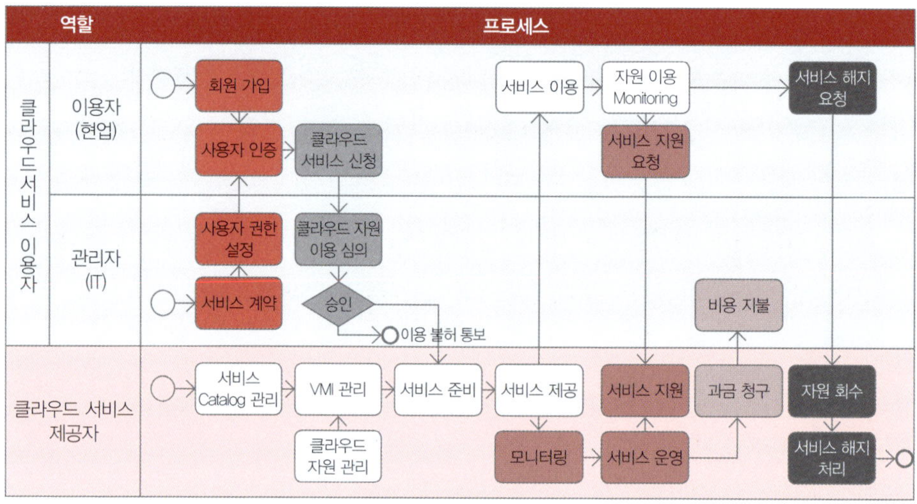


•• 그림 8.11 클라우드 서비스 절차/프로세스

다음 그림은 서비스 이용자가 기업 내 거버넌스 관점에서 클라우드 서비스 수명주기를 정보화 활동으로 표현한 것이다.

•• 그림 8.12 클라우드 서비스 이용 및 운영 프로세스

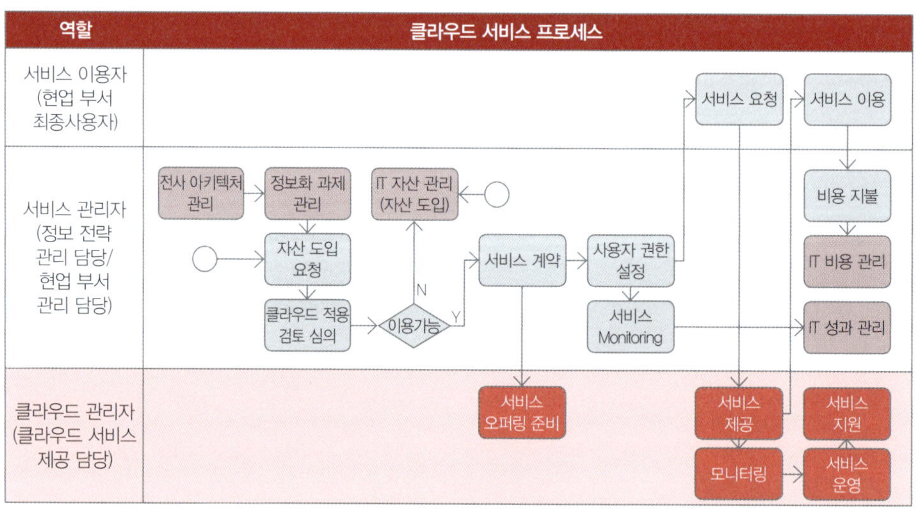

표 8-2는 주요 정보화 단계별로 클라우드 서비스 관련 세부 절차와 기준을 명시한 사례이다. 정책 수립 및 계획 단계에서는 HW 및 SW 표준화 정책을 수립하고, 현장에서의 서비스 수요를 조사 파악하고 정보화 예산에 반영한다. 도입 및 이용 단계에서는 클라우드 서비스의 모델(배치 및 서비스 모델)을 정하고, 서비스 사업자(내부 서비스 제공 부서 포함)가 제공하는 서비스 상품을 현장에서 주어진 예산 한도 내에서 필요할 때 사용할 수 있는 절차를 제공하고, 절차에 의거하여 이용할 수 있도록 한다. 단, 예산 한도를 사전 또는 인식하지 못하고 초과하는 경우에 대한 예외 및 사후 승인 절차를 제공한다. ITIL V3의

**●● 표 8.2 클라우드 서비스 세부 절차 (예)**

| 구분 | 상세 업무 | 세부 절차 기준 |
|---|---|---|
| 정책 | IT 전략 수립<br>– 클라우드 정책 및 원칙 수립<br>– HW 및 SW 플랫폼 표준 수립<br>정보화 포트폴리오 관리 | 표준 플랫폼은 업무시스템 중심으로 정보전략에서 수립한다. 클라우드 서비스를 위한 표준 플랫폼은 정보화 거버넌스 부서(정보전략 부서)에서 현장에서의 서비스 수요를 바탕으로 수립한다. |
| 계획 | IT 자산 투자 계획 심의<br>(서비스 수요 포함) | 정보전략 부서는 매년 상시적으로 차년도 서비스 수요를 조사한다. |
| 도입 | IT 자산 관리 – 도입 심의(표준 준수 포함)<br>서비스 계약 및 권한 설정 | 업무시스템에 대한 자산 도입 및 표준 준수는 정보전략에서 심의하고, 자산 도입 및 클라우드 서비스 적용 여부를 결정한다. 사업시스템에 대한 자산 도입에 대한 클라우드 서비스 적용 검토를 실시하고, 서비스 예외시 자산 도입 절차를 이행토록 한다. |
| 이용 | 서비스 신청/서비스 이용/서비스 지원/<br>서비스 준비 및 제공/서비스 이용 모니터링 | 클라우드 서비스 사업자의 서비스 이용 절차 매뉴얼을 준용한다. |
| 대가 | 서비스 이용 현황 관리<br>서비스 비용 관리 | 업무시스템에 대한 차년도 서비스 대가는 정보전략 부서와 클라우드 서비스 사업자가 정기적으로 협의하고 조정한다. 사업시스템을 위한 서비스 대가는 매년 말에 수립 공유하고, 연초에 사업부별로 년 단위로 대가 협의한다. |
| 감사 | 컴플라이언스 관리 – 라이선스 감사 | 클라우드 서비스로 제공되는 SW 라이선스(기존 라이선스 재활용 또는 사업단내 라이선스 공급)에 대한 컴플라이언스는 클라우드 서비스 사업자가 총괄 책임을 가진다. 다만, 클라우드 서비스로 제공되는 인프라 및 플랫폼상에 자체 설치 운영되는 SW에 대한 컴플라이언스 책임은 정보전략 부서가 거버넌스한다. |

SLA 및 모니터링 기능 등의 IT 거버넌스 기능을 외부 클라우드 서비스 제공자가 제공하는 아웃소싱 형태로 진화되고 있으나 기업 입장에서는 포괄적이고 통합적인 체계로 일원화되어 지원되어야 한다.

주요 정보화 활동으로 IT 전략 수립, 전사 아키텍처 관리, 정보화 과제 관리. IT 비용 관리 그리고 IT 자산관리 활동에서의 클라우드 서비스 관리 프로세스는 다음과 같다.

### IT 전략 수립

•• **그림 8.13** IT 전략 수립 활동

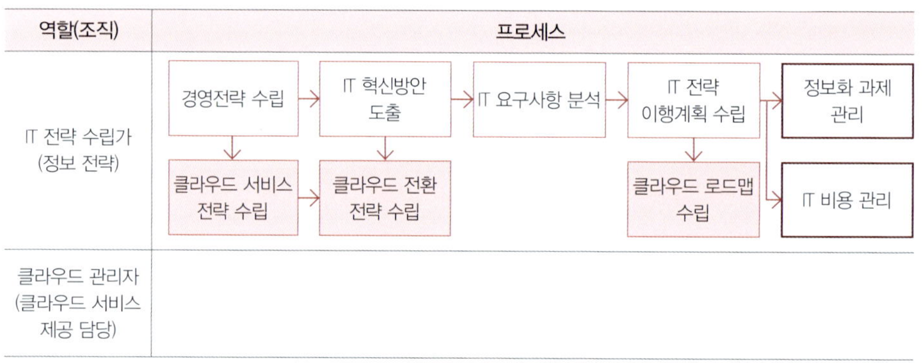


IT 전략 수립 활동은 전사적인 관점에서의 클라우드 서비스 도입 및 전환 전략을 수립하고 이행 로드맵을 수립하는 활동이다. 이 활동과 연관하여 정보화 과제를 수립하고 과제 비용을 산출하여 전사 정보화 계획을 완성한다.

**●● 그림 8.14** 전사 아키텍처 관리 활동

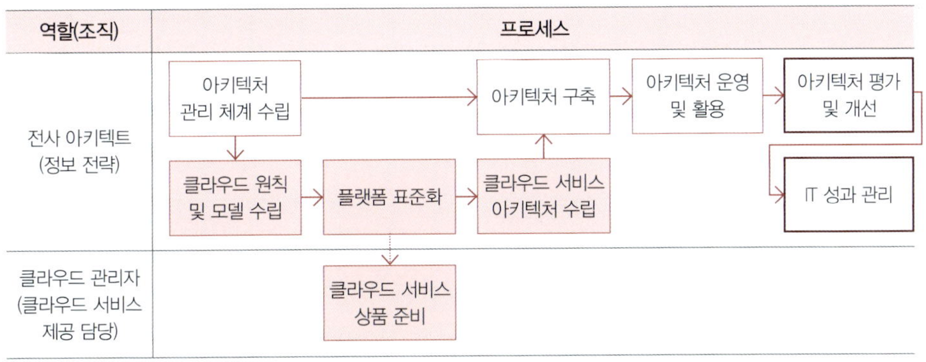



전사 아키텍처 관리 활동은 전사적인 클라우드 서비스 도입과 전환과 관련한 현행 아키텍처의 현황을 파악 분석하고, 제품과 기술의 표준화 활동을 거쳐 목표 아키텍처를 수립한다. 최종적으로는 업무시스템별 이행 로드맵을 도출한다. 클라우드 서비스 제공자가 내부 서비스 부서인 경우 해당 관리자는 플랫폼 표준화 및 목표 아키텍처 기반 요구사항을 접수하고 클라우드 서비스 상품을 준비한다.

**●● 그림 8.15** 정보화 과제 관리 활동

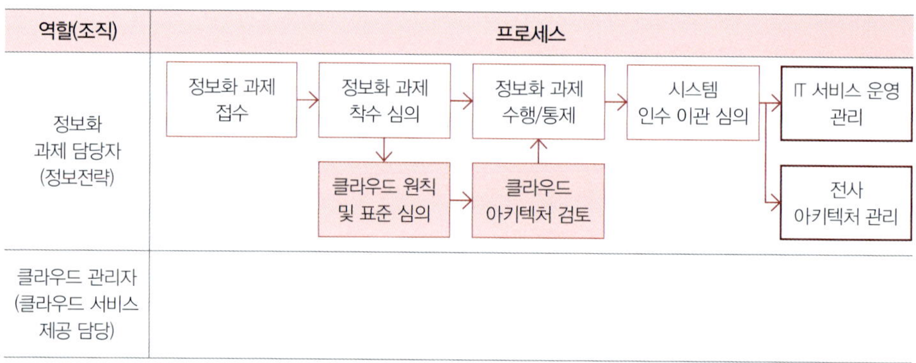


정보화 과제를 정의하고 수행 평가하는 과정으로 전사적으로 정의된 클라우드 원칙과 표준이 제대로 준수되고 있는 지에 대하여 검토하고 평가한다. 정보화 과제를 통하여 구축하고자 하는 정보시스템의 아키텍처가 클라우드 서비스 아키텍처 기반인 경우, 서비스 품질 특히 운영 품질상에 이슈가 없는 지에 대하여 사전, 사후 아키텍처 평가 기준에 의거하여 관리 감독한다.

●● **그림 8.16** IT 비용 관리 활동

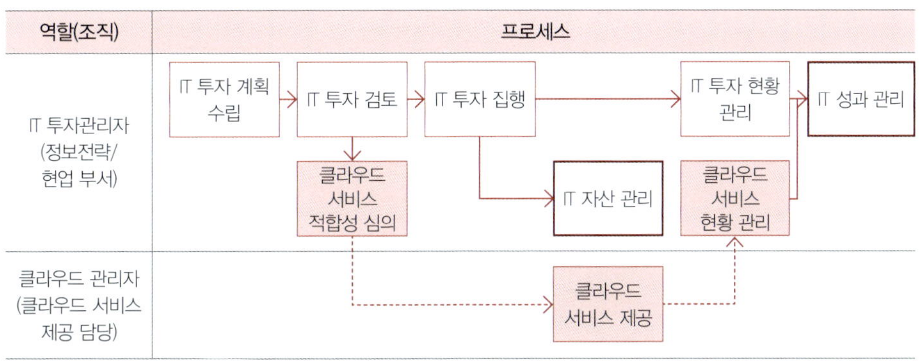


    클라우드 서비스를 내부 전용 클라우드 방식으로 도입하는 경우 클라우드 인프라 및 플랫폼 도입에 따른 자산 투자가 발생하고 외부 공용 클라우드 방식으로 도입하는 경우 서비스 비용이 발생하게 된다. 실 예산을 집행하여 자산을 투자하거나 서비스 계약을 하기 전에 해당 정보시스템의 클라우드 도입 전환이 적합한 지, 클라우드 서비스 도입 방식과 형태가 적합한 지 그리고 서비스 과금 및 계약 방식에 문제가 없는 지에 대하여 검토 심의 한다. 또한 제공받은 클라우드 서비스는 초기 이용에 대한 요구사항을 제대로 충족하고 있는 지와 예상한 시나리오대로 제대로 이용하고 있는 지에 대하여 그 현황을 상시 모니터링한다. 예외적인 서비스 이용 패턴이 발견되거나 또는 이용 볼륨을 초과하는 경우 해당 서비스 초과 이용에 대한 별도의 추가 결재 승인을 받도록 통제 관리한다.

**●● 그림 8.17** IT 자산 관리 활동

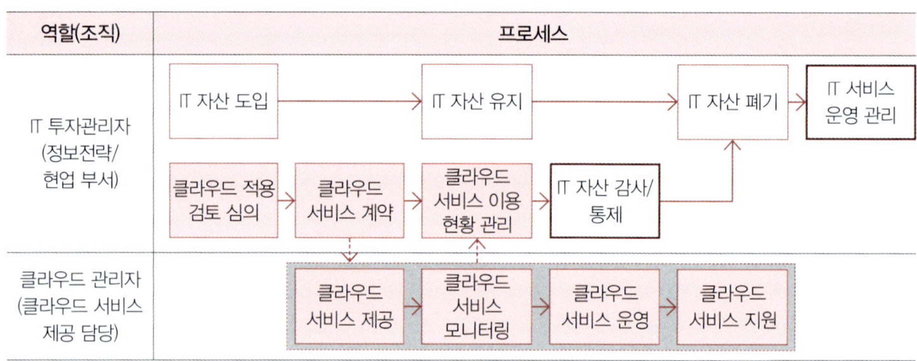


외부 공용 클라우드를 이용하여 도입하는 경우 별도의 IT 자산에 대한 관리는 필요 없다. 클라우드 서비스로 이용하고 있는 IT 자산이 외부 서비스 제공자의 자산이기 때문이다. 다만 IT 자산 관리 활동 범주로서, 클라우드로 이용되고 있는 서비스 자원에 대한 총량 볼륨과 이용 현황은 지불해야 하는 정보화 예산과 관련하여 상시 관리한다.

### 3.2 클라우드 성숙도 관리

클라우드 서비스에 대한 CMM(Capability Maturity Model)은 다음 그림에서와 같이 가상화, 배치, 최적화, 강화, 상품화 단계로 구분할 수 있다. 또한 서비스 관점에서는, 초기 단순 IaaS 서비스를 이용하여 가상화된 VM을 이용하는 수준에서 클라우드 관리 플랫폼 기반하에 서버 이미지가 배치되는 수준으로 그리고 자동화 및 최적화 수준을 거쳐 ITIL 기반의 상시 서비스 운영 수준으로 고도화된다.

많은 기업들은 초기 단순 IaaS 수준에서 가상 서버를 활용하는 단계에 있으며, 최근 클라우드 도입 검토가 많이 이루어지면서 클라우드 관리 플랫폼(예: 오픈스택 또는 클라우드스택)기반으로 배치되고 자동화되는 수준으로 고도화되고 있다. 그러나 서비스 품질 관점에서 정형화된 서비스 운영 및 지원 체계하에서 고품질 관리 서비스를 제공/이용하고 있지는 못하다. 고품질 정보시스템 운영 서비스를 제공하기 위한 ITIL V3와 같은 정형화된 서비스 운영 체계를 도입 적용하고 있지 못하다. 이는 기존 Non-클라우드 서비스 운영 관리 방식과의 일원화된 서비스 체계가 확립되지 못하고 있음에도 기인한다.

클라우드 서비스에 필요한 몇 가지 요소로서 데이터센터, 서버, 플랫폼, 어플리케이션, 콘텐츠 등이 있지만 궁극적으로 서비스 품질을 실질적으로 좌우하는 것은 서비스 운영 품

---

16 참고 : IBM,"IBM SmartCloud : Building a Cloud Enabled Data Center", IBM Redbooks, 2013.

질과 네트워크 품질이다. 서비스 운영 품질은 서비스 산업이 가지는 근원적이고 근본적인 필수조건으로 하루아침에 확보될 수 있는 사항이 아니다. 기존 서비스 운영 역량을 클라우드 서비스에 접목하기 위한 노력이 늦기 전에 병행되어야 한다. 이는 클라우드 서비스의 첫 번째 키워드는 서비스이기 때문이다.

가트너 리서치사는 서버 가상화에 대한 5단계 성숙 단계를 기술(가상화)-운영(VM)-어플리케이션-서비스-공급망으로 발전 키워드를 제시하였다. 현재 클라우드 서비스 수준 관점에서는 VM에 대한 운영 관리 관점에서 자동화에 초점을 맞추고 있는 상황이며, 비즈니스 환경에 보다 밀착되어 시장 민첩성을 확보하기 위해서는 프로세스와 맞물려 있는 어플리케이션을 중심으로 어플리케이션 수명주기 관리, 서비스 품질 관리 수준으로 상향되어야 하고, 이러한 모든 것이 서비스 개념으로 제공됨에 따라 서비스 공급망에 대한 정책 및 거버넌스 활동으로 발전되어야 함을 피력하고 있다.


## 4. 클라우드 혁신 사례

### 4.1 공공 및 정부기관

영국 정부는 미래전략인 디지털 브리튼(Digital Britain)에서 '12년까지 정부에서 사용하는 전산자원을 클라우드 컴퓨팅 기반으로 제공하기 위한 본격적인 범정부 차원의 G-Cloud 계획을 '09년 6월에 발표하였다. 이를 통해 정부 IT 서비스들의 공유시스템인 웹 스토어 등을 구축하고, 디지털 통합국을 신설하여 지원할 예정이다.

일본은 가스미가세키 클라우드 계획을 추진 중에 있으며 기술 표준화, 기업 등에 대한 지원사업 방안 연구를 위해 총무성 주관의 민관합동 연구를 진행 중이다. 이를 통해 정부 정보시스템을 통합·집약화하고 각 정보시스템의 보유 데이터를 연계하여, '15년까지 디지털기술에 의한 새로운 행정개혁 추진을 목표로 하고 있다. 또한 일본 경제무역산업성(METI)은 클라우드 컴퓨팅 확산을 위해 대규모 데이터센터를 구축하기로 하고, 여기에 국내외

자국 기업들을 대거 참여시킬 계획이다. METI는 미국의 Google, Amazon 등에 버금가는 규모의 데이터센터를 구축할 계획이다. 이를 위해 향후 5년 간 클라우드 컴퓨팅 관련 투자 규모를 30%나 늘어난 1조 7,000억 엔(약 22조 3,130억 원) 수준으로 예상하고 있다.

미국 국방부 산하 정보시스템계획국(DISA)은 서버, 웹 어플리케이션 플랫폼 등 필요한 개발 환경을 인터넷을 통해 제공하는 클라우드 서비스 개발 인프라 및 테스트 환경인 RACE(Rapid Access Computing Environment)를 구축('08년 10월)하여 미국방성과 군에 공유가 가능하고 유연한 IT 인프라를 제공하고 있으며 '09년 9월부터는 개발 및 테스트 프로젝트에서도 사용되고 있다. 또한 미국 연방총무청(GSA)에서도 『10년까지 전 공공기관을 대상으로 StoreFront』라는 단계별 클라우드 컴퓨팅 도입 계획을 발표하여 민간의 클라우드 서비스를 연계 활용하는 하이브리드 클라우드도 도입예정이다.

대만은 경제부 주도로 클라우드 컴퓨팅 산업을 육성하기 위해 'TCCC(Taiwan Cloud Computing Consortium)'를 '10년 4월 발족하였다. TCCC는 클라우드 컴퓨팅 관련 소프트웨어 및 SaaS, PaaS, IaaS 등 3가지 서비스를 위한 어플리케이션을 조기 개발하여 클라우드 컴퓨팅 관련 종합 솔루션을 제공할 수 있는 역량 확보를 목표로 하고 있다.

중국은 소프트웨어 산업경쟁력 강화를 위해 클라우드 컴퓨팅 기술을 활용하여 컴퓨팅 자원을 제공하는 우시(Wuxi) 소프트웨어 개발단지를 '08년 5월부터 추진하고 있으며, 클라우드 컴퓨팅 기반의 개발 및 테스팅 환경 제공을 통해 소프트웨어 개발단지 입주 기업과 개발자에게 효과적인 리소스 관리 및 라이선스 공유 등을 지원할 예정이다. 또한 중국의 둥잉(Dongying) 지방 정부는 공공부문에 클라우드 컴퓨팅 플랫폼을 도입하여 대규모 석유 산업에 의존하던 경제구조에서 고도의 IT 기술 기반의 경제구조로의 전환을 추진 중에 있다.

국내에서는 클라우드 서비스 산업 육성을 위해 '09년 12월 방송통신위원회, 지식경제부, 행정안전부 3개 부처가 공동으로 『범정부 클라우드 컴퓨팅 활성화 종합계획』을 수립하였으며, 4대 분야, 10대 세부 중점과제를 선정하여 '14년까지 세계 최고 수준의 클라우드 컴퓨팅 강국 실현을 목표로 하고 있다.

정부 중앙 행정기관의 18,000여 대의 정보시스템 자원을 운영하고 있는 정부통합전산센터는 정보자원의 효율적 도입과 운영을 통한 비용 절감과 대국민 서비스 향상을 동시에 실현하기 위하여 클라우드 센터로의 도약을 추진하고 있다. 이에 정부통합전산센터는 "세계 1위 전자정부 서비스를 선도하는 세계 최고 수준의 클라우드 컴퓨팅 서비스 실현"을 비전으로 하여, 전자정부 업무의 60%를 클라우드로 전환하여 IT 운영 예산을 40%이상 절감한다는 목표하에서 G-클라우드 구축사업을 전개하고 있다[L16].

**•• 그림 8.19** 정부통합전산센터 G-클라우드의 개념 구조[17]

| G-클라우드 서비스 | 인사관리 | 전자결재 | 행정전자 서명 | 통합인증 등 | 사무용 솔루션 | 업무처리 솔루션 | G-클라우드 관리 |
|---|---|---|---|---|---|---|---|
| | 문서관리 | 총 12개 | 행정정보 공동이용 | 공공정보 활용지원 | | | 사용자 서비스 포탈 |
| | 부처 공통행정업무 | | 전자정부 공통기반업무 | | 민간 솔루션 검증 · 연계 | | 미터링 관리 |
| G-클라우드 플랫폼 | 원격지 AP 개발 플랫폼 | | 스마트오피스 플랫폼 | | 정부 소통망 플랫폼 (메신저 · 화상회의) | | 서비스 리포팅 |
| | 모바일 앱 플랫폼 | | 웹하드 플랫폼 | | N-스크린/공공 SNS 플랫폼 | | 운영 자동화 관리 |
| G-클라우드 플랫폼 | 시스템 소프트웨어(OS, WAS, Middleware 등) | | | | | | 보안 관리 |
| | x86 자원 풀 | | | UINX 자원 풀 | | | |
| | 네트워크 자원 풀 | | 보안 | | 스토리지 자원 풀 | | 인프라 관리 |

G-클라우드는 중앙 행정기관의 전자정부 서비스를 위하여 공용 자원 풀에서 필요한

17 출처 : NIPA, "공공부분 클라우드 컴퓨팅 적용사례", 2014

만큼 요청한 자원과 서비스를 제공하는 클라우드 서비스로서 자원 공유화, 관리체계 자동화, 기술 표준화, 서비스 신속 제공을 목표로 인프라/플랫폼/어플리케이션 서비스 영역을 모두 포괄한다. G-클라우드는 Apache, 웹투비, JBoss, 제우스, 큐브리드, 알티베이스, 티베로, RHEL 등과 같은 국내 SW 및 오픈소스 SW를 전략적으로 채용하여 서버 인프라로서 제공하고 있다. 특히 정부 부처의 공통기반 행정업무는 SaaS 구조의 어플리케이션 서비스로 제공하는 것을 목표로 하고 있다.

정부통합전산센터는 '11년부터 대전센터와 광주센터에 대하여 기초 인프라를 구축하기 시작하여 x86 / Unix 서버 풀, Linux/Windows 가상화, 오픈소스 SW 기반 미들웨어 도입, 클라우드 운영 관리 등을 도입 구축하였다. 또한 어플리케이션 개발 및 운영 환경 측면에서는 전자정부 프레임워크를 클라우드 환경으로 제공하여 활용하도록 하였다. 현재, 대국민 서비스용 시스템뿐만 아니라 정부부처 내부 행정시스템들의 G-클라우드로 서비스되고 있다.

## 4.2 제조 및 서비스

글로벌 ICT 선도 기업인 Cisco사는 비즈니스 환경에 대한 빠른 대응, IT 유지보수 및 확장성, IT 예산 감축을 위하여 '08년도부터 5년에 걸쳐 전 업무영역을 클라우드(특히 x86 기반 클라우드)로 전환하였다. 기존 165개 국가에 산재된 90여 개의 데이터센터를 20여 개로 센터 규모로 통합하고 글로벌 원격 관리체계로 전환하였다. 기존 HP-UX 서버와 Solaris 서버를 x86 기반의 클라우드로 전환화였다. 이 과정에서 HP-UX 기반의 패키지 및 SAP ERP 시스템도 x86 서버로 마이그레이션(migration)하여 클라우드화하였다. 다만, 중요 데이터베이스는 하이퍼바이저 기반의 가상화가 적용되지 않은 베어메탈(Bare-Metal) 서버로 전환 적용되었다.

Cisco사는 클라우드화를 통하여, 기존 2개월 소요되었던 인프라 및 플랫폼 자원을 15분만에 제공하게 되었고, Oracle DBMS 및 Weblogic WAS에 대한 설치 이미지를 자동 생성 제공할 수 있게 되었다. 이러한 클라우드 전환 과정에서 기존 12,000여 명의 IT 인력 중 상당수 인력은 현장 부서로 배치되어 4,500명 수준의 IT 부서 규모로 감축되었다.

제조 산업영역에서의 대기업 연구소는 연구과제 또는 연구부서별로 값비싼 워크스테이션을 구매하여 억대의 고가 연구개발용 소프트웨어를 직접 설치하여 사용하는 경우가 많다. 이로 인하여, 컴퓨팅 설비 구매에 따른 제반 업무로 인한 생산성 저하, 연구 활동 및 결과물에 대한 대외 보안 문제 발생 가능성, 기업 전사적 관점에서의 전체 연구개발 컴퓨팅 이용률 저하, 개별 구매에 따른 연구개발 자산 현황 파악 불가 등의 IT 이슈가 발생하고 있다. 이러한 R&D 슈퍼컴퓨팅 사용 실태는 연구 부서 및 인력들이 빌려 쓰는 개념보다는 연구장비에 대한 소유 의식이 강하고, 원격 장비에 대한 접속 및 네트워크 속도가 기존에 매우 느렸고 번거로웠던 상황 그리고 연구개발 업무의 특성상 사내 IT 조직보다는 연구조직이 해당 장비와 SW에 대한 전문 지식을 가지고 있었던 점 등으로 표준, 통합, 서비스 기반의 R&D 컴퓨팅 환경 조성이 쉽지 않았기 때문이다[L14]. 이에 대하여 기업 내 개별 도입되었던 슈퍼컴퓨팅 장비와 R&D(설계 해석 포함) 소프트웨어를 사내 중앙에서의 병렬 서버 클러스터로 통합하고, 전용망 및 인터넷을 통하여 사내의 개별 연구 부서 및 인력들에게 컴퓨팅 서비스를 제공하는 'R&D 클라우드 서비스'가 해결 방안으로 적극 검토되어 왔다.

국내 포스코사의 경우 개인별, 부서별 자원 구매와 운영으로 중복 투자가 발생하고, 고가의 SW 사용 효율이 저하되며 연구원 자체의 구매 및 유지보수 업무가 가중되고 특히 연구 결과물의 내부 보안성이 취약해지는 문제가 발생되는 것에 대한 대안으로 R&D 클라우드를 도입하였다. 포스코사는 포항, 광양, 송도, 분당, 서울 지역의 CAD/CAE 업무환경 전체를 R&D 클라우드 환경으로 통합하고, 웹 브라우저 기반 고속 원격 접속 환경과 연구 결과물의 중앙 저장 환경을 구축하였다[18].

---

18 공유 경제는 생산과 소비 중심의 상업 경제와 대치되어, 공유 경제는 생산된 재화를 구성원간 공유하는 경제 활동이다. 최근 스마트폰, 소셜 네트워크 등의 정보통신 기술의 발달에 따른 상호 거래 비용의 감소로 신사업으로의 성장 가능성에 대하여 높이 평가되고 있다. 〈출처 : Lawlence Lessig 하버드 교수의 REMIX〉

**•• 그림 8.20** 포스코사의 R&D 클라우드 도입 개념[19]

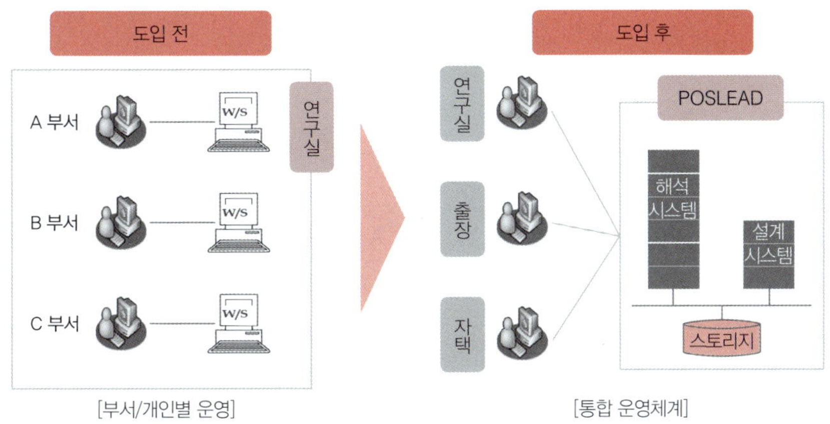

 포스코사는 R&D 클라우드 도입을 통하여, 초고성능 컴퓨팅 환경을 구축하였다. 즉, 기존에 개별적으로 구매가 어려웠던 SW 라이선스 및 장비를 사용할 수 있게 되었고, 개별 워크스테이션 대비 통합 컴퓨팅 환경을 이용할 수 있어 기존 대비 1.5~5배 이상의 컴퓨팅 속도 향상을 확보하였다. 또한 거버넌스 없이 분산되었던 IT 자원 통합을 통하여 연간 15억 원 이상의 운영 비용을 절감하였으며, 연구 결과물을 과제 관점에서의 중앙 통합 관리로 보안 자료의 외부 유출을 차단하고, 내부 인력들간의 정보 공유를 확대할 수 있게 되었다. 또한 최종 사용자인 연구원은 언제 어디서나 연구장비 환경에 접근할 수 있고, 기존 연구 장비의 운영 유지보수 업무에서 벗어나 연구에 매진할 수 있게 되었다[L14].

### IBM 사례 – ROI 분석

 IBM사는 혁신 포탈(TAP Innovation Portal)을 클라우드 기반으로 구축하였다. 클라우드 적용 전에는 수작업 형태의 개발환경을 구축하는데 필요한 시간은 보통 4주에서 12주 소요되었으며 개발자가 어플리케이션을 구축하고 배포할 목적으로 보안을 준수하는 소프

**19** 출처 : 권대석, "제조업 경쟁력 강화를 위한 R&D 클라우드", 2013.

트웨어 스택을 구축하기 위해서는 추가적인 기간이 필요하였다. 또한 IT 환경 자체를 관리하기 위해서는 숙련된 운영 관리 인력이 투입되어야 했다. 클라우드를 적용 후에는, 개발자가 자신의 HW 플랫폼, CPU, Memory, Storage, OS, Middleware와 함께 프로젝트 팀 구성원 및 이들의 관련 역할을 정의하는 양식을 작성하여 클라우드 포탈에서 작업 요청서를 제출하고, 클라우드 관리자는 포탈에서 요청서를 접수하여 승인한다(또는 거부하거나 수정을 요청한다). 클라우드 관리자에 의해서 요청이 승인되면, 클라우드 시스템은 자동 프로비저닝 기능을 이용하여 요구사항에 맞는 가상 서버를 생성하고 제공한다

IBM사는 클라우드 적용으로 클라우드 기술 및 사업 혁신을 위한 전체적인 도입시간을 단축하였고, HW 및 SW 플랫폼의 설계, 조달 및 구현을 위한 인력 비용을 크게 절감할 수 있었다. 서버 개수는 488대에서 55대로, 관리자는 15명에서 2명으로 감축되면서 연간 비용이 3.9M$에서 0.6M$로 절감되었다.

●● **그림 8.21** IBM사의 클라우드 전환 효과 (예)

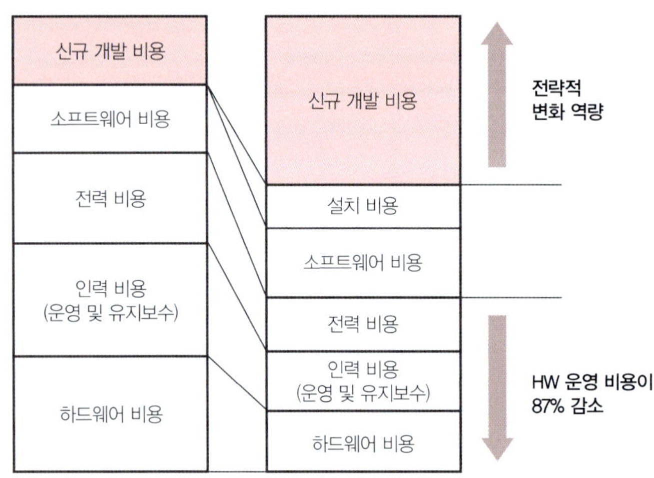

## 4.3 금융 서비스 – 은행권[20]

호주 Commonwealth 은행은 약 400만 명의 온라인 뱅킹 고객을 보유하고 있는 호주 은행으로 IT 관리 문제를 해결하기 위한 방안으로 클라우드 컴퓨팅을 도입하였다. 인터넷 및 모바일 뱅킹 비중이 급속하게 확대됨에 따라 어플리케이션 개발 및 스토리지 증설 문제에 봉착하게 되었다. 회사는 직접 IT 투자를 하는 대신에 IaaS 방식의 클라우드 컴퓨팅 시스템을 도입하기로 결정하였다[L13].

클라우드 컴퓨팅을 도입하기 전에는 기본 IT 인프라 투자 대 전략적 IT 투자 비중이 50:50이었으나, 도입 이후에는 26:74 비중으로 전략 부분의 투자 비중이 증가되었고, 동시에 기존 IT 관리인력의 업무부하가 감소하여 영업 등 직접 성과 창출이 가능한 부분으로 전환 배치하였다. 또한 IT 인프라 전환 또는 신규 설치에 소요되는 시간이 기존 6주에서 최대 3개월까지 소요되었으나 도입 이후에는 최대 48시간 이내로 단축되었다. 연평균 1억 달러(호주 달러)의 IT 인프라 투자 및 관리 비용이 절감되었다[L13].

●● 표 8-3 해외 은행의 클라우드 컴퓨팅 활용 현황[21]

| 은행 | 도입 내용 |
| --- | --- |
| Deutsche Bank | 빅데이터 활용을 위한 하둡 기반 데이터 분석 클라우드 시스템 도입 |
| BBVA | 전세계 직원 간 협업을 위한 클라우드 기반 업무시스템 도입(Google Apps) |
| Common Wealth | 사내 개별적으로 관리하던 300여 개 DB를 클라우드 컴퓨팅 기반으로 통합 |
| USAA | 각 계열사(보험, 은행, 카드)에 통합 클라우드 기반 인증서비스 도입(Verisign) |
| Bankinter | 모바일 뱅킹 및 리테일 뱅킹 업무를 지원하는 클라우드 시스템 도입(Amazon AWS) |
| Asia Pacific Bank | 정보계 BI를 포함한 업무 전반을 금융 클라우드 컴퓨팅 전문기업에 아웃소싱 |
| Barclays | e메일을 포함한 인트라넷과 정보계 BI 중 빅데이터 분석 클라우드 시스템 도입 |


20 출처 : 우리금융경영연구소
21 출처 : 김종현, "국내외 은행의 클라우드 컴퓨팅 도입 배경 및 시사점", 2014.

PART IV
클라우드의
미래

CHAPTER 09
클라우드와 융합

CHAPTER 10
클라우드의 미래

# 09

# 클라우드와 융합

# 1. 기술 융합

컴퓨팅 패러다임이 메인프레임, 퍼스널 컴퓨팅, 인터넷 및 모바일 컴퓨팅에 이어 클라우드 컴퓨팅으로 발전되면서 빅데이터, 소셜 컴퓨팅, 사물인터넷 등 ICT 메가트렌드의 중심축으로서 다양한 IT 진화의 토대 역할을 수행하고 있다. 즉, 클라우드 컴퓨팅 그 자체로 IT 요소를 단순 대체하는 컴퓨팅 모델로 보기보다는 최근 주목 받고 있는 소셜, 모바일, 빅데이터, 사물인터넷 등의 기술 패러다임과 맞물려 컴퓨팅 모델과 아키텍처 기저를 형성하는 토대로 인식되고 있다.

컴퓨팅 패러다임은 기존 서버/클라이언트 모델의 진화 형태인 클라우드/클라이언트 모델의 관점에서 IT 기술의 토대로서 클라우드를 바라볼 필요가 있다. 즉, 클라우드에 연결되고 접속되는 클라이언트는 기존 인터넷 환경에 접속된 데스크톱 외에 유무선 통신 및 인터넷 환경에서 접속이 가능한 다양한 스마트 디바이스(예: PC, 모바일, 태블릿, TV, 시계, 사물인터넷 단말로의 가전제품 등)로 확장된다. 클라이언트 환경은 모바일 플랫폼, 자체적인 어플리케이션 웹 환경, TV 플랫폼 환경, 사물인터넷 플랫폼 및 어플리케이션이 될 수 있다. 클라우드/클라이언트 모델에서는 클라이언트의 컴퓨팅 환경을 보다 클라우드 부분으로 전이할 수 있으며 이를 가능하게 하기 위해서는 클라우드 영역에서 클라이언트 어플리케이션을 위한 플랫폼 서비스가 보다 강화되어야 한다[1].

빠르게 변화하는 기술과 시장 변화에 민첩하게 대응하고 선도하면서 글로벌화를 추진하는데 매개체이면서 토대가 될 수 있는 것이 클라우드이다. 이러한 목적과 목표에 부합하는 어플리케이션/응용 서비스 도메인은 모바일, 소셜, 빅데이터, 사물인터넷과 같은 개인 사용자 대상 서비스 도메인 영역과 교육, 의료, 제조, 자동차, 건설 등의 타 산업에서의 ICT 기술 응용 및 융합 도메인 영역이다.

클라우드 컴퓨팅은 ICT 서비스 산업에 있어 파괴적 혁신의 기술이며 서비스 상품이다.

---

1 출처 : http://www.dbguide.net/knowledge.db?cmd=view&boardUid=177244&boardConfigUid=20&boardStep=
&categoryUid=574

즉, 단기적으로는 성능과 품질은 다소 낮더라도 저가의 IT 자원을 필요할 때 즉시 제공함에 따라 기존 고객 및 신규 고객에 대하여 기존 ICT를 전환하거나 신규 ICT로서 도입하는 사업을 전개하고 있다[2]. 나아가, 기존 IDC 중심의 호스팅 상품 대비 성능과 운영 품질을 향상시키면서 ICT 서비스의 주류 상품으로 이동하고 있는 것이다. 클라우드 산업은 ICT 비용 절감의 관점에서 파괴적 혁신을 주도하였으나. 클라우드 서비스의 본질로서 필요할 때 즉시 서비스를 용이하게 제공받는 특성을 잘 살려 개인의 삶과 기업 경영에 있어 저렴한 비용으로 기존보다 더 많은 가치 또는 신규 가치를 제공하는 방향으로 접근하지 못하고 있다.

클라우드 산업은 기존 가치를 보다 저렴하게 제공하는 것 외에 파괴적 혁신의 틀에서 소비되지 않던 잠재 가치를 사업화하여 제공하는 것이 필요하다. 기존 ICT 서비스(IT 자원의 공급망 관점)에서 인프라 중심의 구축 및 운영 아웃소싱에서, 인프라 외에 플랫폼과 어플리케이션을 포함하는 포괄적인 서비스로의 발전되어야 한다. 기존 데이터센터 산업의 연장선에서 벗어나 업종 산업에서의 기술 융합을 통하여 빅뱅 수준의 파괴적 혁신으로 한 단계 발전시킬 수 있다. 즉, 빅데이터, 모바일, 소셜, 사물인터넷 등의 신기술 패러다임과 클라우드를 융합하여 보다 편리하게 보다 빠르게 생성하고 제공할 수 있는 신규 융합서비스 시장과 산업을 창출할 수 있다. 즉 클라우드 산업을 이와 같은 빅뱅 수준의 파괴적 혁신의 툴로서 활용되어야 소비자의 관점에서도 비교적 저렴한 가격에 높은 수준의 품질을 가지고 있으면서 기존에 보지 못했던 편리한 서비스 상품을 접하게 되고, 제공자의 관점에서도 저가의 대체재 판매보다 가치 중심의 판매와 이익 극대화를 통하여 시장 지배자의 지위에서 시장 구도를 바꿀 수 있다. 이를 위해서는 플랫폼 기반의 생태계장에서 개방형 모듈과 API 기반의 서비스 생산과 소비가 선순환적으로 구동되는 체계가 필수적이다.

---

2 예로, 미국 공공시장의 경우, IBM사 주도의 호스팅 사업이 Amazon사 주도의 클라우드 사업으로 빠르게 전이되고 있다.

## 1.1 클라우드 허브 기반 비즈니스 모델

ICT 서비스 가치사슬 C-P-N-D(Contents-Platform-Network-Device) 관점에서 파악할 때 단말기기 부분에서 모바일의 스마트 기능 확대, 네트워크 부분에서의 모바일 망(4G)의 확산과 Wi-Fi 망의 확산으로 시간과 장소의 제약 없이 모바일 기기 및 서비스 경험이 확산되고 있다. 궁극적으로 현행 모바일 중심의 단말 영역은 BYOD(Bring Your Own Device) 개념으로 발전하면서 동시에 사물인터넷 서비스의 단말 영역으로 확대되어 다양한 단말기기들이 출현하고 상호 연계되고 있다. 플랫폼 부분에서는 Apple iOS와 Android OS에 대한 한계를 넘어서기 위한 시도로써 HTML5 기반 통합 플랫폼 적용이 시도되고 있다[L06]. 이러한 모바일 중심의 플랫폼 영역은 사물인터넷과 맞물려 다양한 플랫폼이 상존하고 제3의 플랫폼 영역으로 전이될 것이다. 콘텐츠 부분에서는 언제 어디서나 기기 및 OS에 제약을 받지 않고 일관된 서비스를 제공받기 위한 인프라로서 클라우드를 도입 적용하고 있다. 즉, 많은 콘텐츠 및 서비스가 클라우드와 연동되어 제공됨에 따라, 특정 기기 및 OS에 특화된 구조는 플랫폼 중심으로 변화될 것이며, 최근 빅데이터 및 사물인터넷 환경과 맞물려 ICT 산업 전반의 생태계의 구심점으로서 활용될 것이다. 네트워크 영역은 모바일 콘텐츠 볼륨이 증가하고 있고, 사물인터넷에 따른 실시간 메시징과 대용량 데이터에 대한 빅데이터 분석 처리를 글로벌 환경에서 제대로 수행하기 위해서는 네트워크 대역폭은 크게 늘어나야 하고, 이에 대한 기술 적용 및 사업화가 빠르게 진행될 것이다.

다음 C-P-N-D 관점의 클라우드 생태계 그림에서와 같이 네트워크 효과 관점에서 많은 다양한 기기들이 접속하여 사용되어야 선순환적인 생태계가 완성되며, 이를 위해서는 다양성에 대한 추상화와 캡슐화를 제공하는 클라우드는 더욱 더 중요해지고, 이에 제대로 부합하기 위해서는 클라우드 자체는 개방성을 가져야 한다. 또한 클라우드 사용자 및 콘텐츠에 대한 정보 보안과 보호에 대한 중요성도 커질 것이며, 제반적인 ICT 기술과 사업은 솔루션 또는 서비스 사업으로 고도화될 것이다. 이러한 가치사슬 기반의 클라우드 생태계는 ICT 서비스 사업자의 궁극적인 목표 지향점이며 신규 사업으로 실현될 것이다[3].



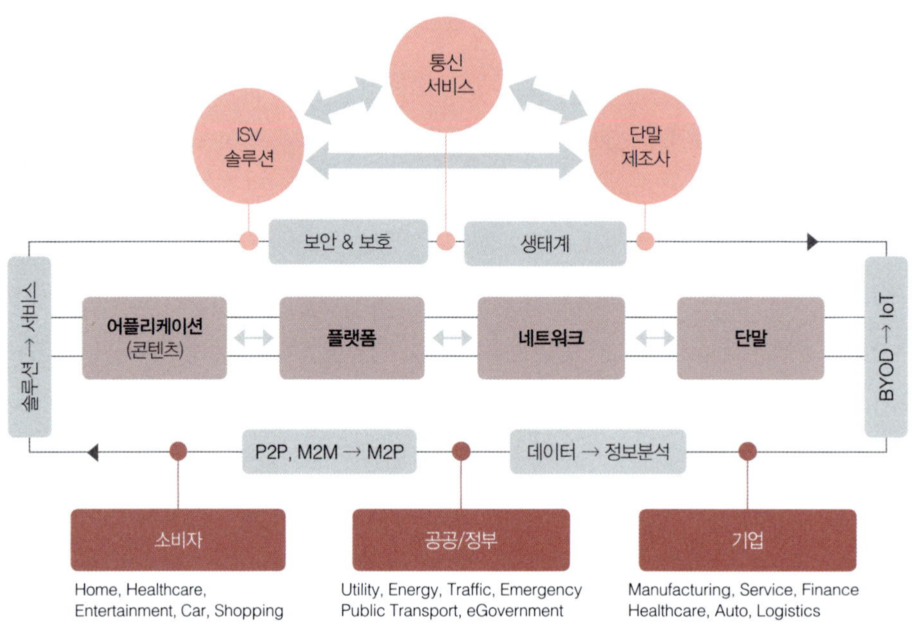


클라우드 컴퓨팅 기술/서비스는 다른 메가트렌드 기술의 서비스 허브로서 그 역할을 수행할 수 있고 수행되어야 한다. 그림 9-2는 다양한 기술과의 클라우드 융합 사례를 도식화하기 위한 것이다. 클라우드는 빅데이터와의 융합에 대하여 데이터 허브, 모바일과의 융합에 대하여 어플리케이션 허브, 사물인터넷과의 융합에 대하여 데이터 네트워크 허브,

---

3 많은 ICT 사업자들은 생태계의 중요성을 알고 있지만, 단기적으로 사업과 직접 연관되지 않는 다는 이유로 생태계 구축에 게을리 하는 경우가 있다. 중장기적인 관점에서 ICT 사업자가 가지는 C-P-N-D 가치사슬상의 많은 파트너들이 함께 사업과 이익을 공유 하면서 역량과 시장을 확대하는 계기로 삼아야 한다. 특히 클라우드 응용 비즈니스의 경우에는 어플리케이션 단에서 다양한 응용 서비스가 발굴, 구현, 제공되어야 한다. 무엇보다도 플랫폼(네트워크 기반 플랫폼 또는 스마트 단말 기반 플랫폼) 중심의 서비스 생 태계에 많은 중견 중소 기업들이 참여할 수 있도록 개방형 API와 사업 및 서비스 모델을 개발하고 제공해주어야 한다.

소셜과의 융합에 대하여 분산 컴퓨팅 토대 및 허브 역할을 가지게 된다. 또한 다음 그림에서의 ❶번과 같이 모바일+소셜 융합서비스, ❷번과 같이 소셜 네트워크 분석, ❸번과 같이 사물인터넷 데이터 분석, ❹번과 같이 사물인터넷 메시지의 모바일 기기로의 실시간 중계 등에 클라우드가 데이터 및 어플리케이션 서비스의 허브 역할을 수행할 수 있다. 클라우드는 최신 ICT 기술 자체의 융합 토대로서 활용되고 있는 상황이고, 타 업종 산업들 간의 융합 토대로서도 활용되고 있다.

●● **그림 9.2 융합 플랫폼으로의 클라우드**

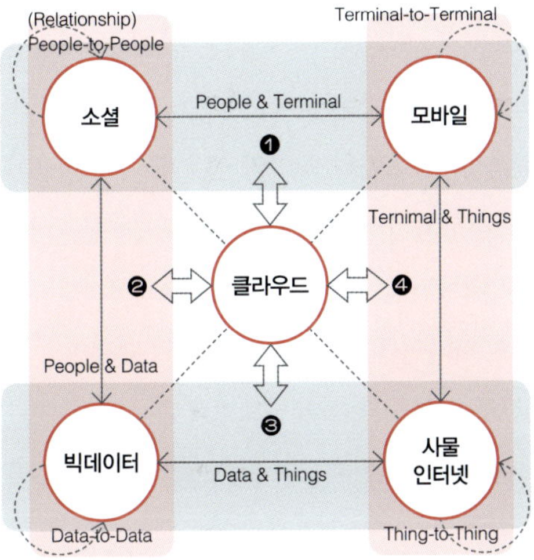

## 2. 클라우드와 모바일

모바일 클라우드는 클라우드 컴퓨팅 개념을 모바일 영역에 대하여 확대 적용한 것으로 정의한 것으로 모바일 서비스를 클라우드 환경에 맞게 플랫폼화하여 제공하고, 다양한 콘텐츠와 서비스를 시공간의 제약 없이 언제 어디서나 사용할 수 있도록 제공하는 개념이다[4]. 클라우드 서비스의 관점에서는 개인 소비자를 대상으로 모바일 환경에서의 많이 사용되는 콘텐츠의 저장 및 공유, 스트리밍 등의 서비스를 제공하는 서비스가 대부분이다. 최근 모바일 클라우드에서 제공되는 서버, 스토리지, 소프트웨어 등의 IT 자원을 모바일 단말기기를 이용해서 활용할 수 있도록 해주는 협의의 모바일 클라우드가 정의되고 있다. 이는 기존 모바일 단말기의 한계와 제약을 벗어나 클라우드 컴퓨팅 파워를 언제 어디서나 이용하는 증강된 서비스이다[K01]. 대표적인 예가 가상 단말 방식의 모바일 플랫폼이다. 이를 통하여 모바일 단말기기 및 네트워크의 제약을 극복하기 위해서 모바일 단말에서의 콘텐츠 및 어플리케이션 작업을 클라우드에서 수행할 수 있다. 클라우드 자원을 활용하여 모바일 단말의 기기 제약(예: 모델 및 OS 호환)을 극복하고, 모바일 가상 환경에서의 기업 어플리케이션을 제공하여 보안을 강화할 수 있다.

일반적인 모바일 클라우드는 일반 클라우드 서비스의 분류와 마찬가지로 모바일 SaaS, 모바일 PaaS, 모바일 IaaS로 구분하여 살펴볼 수 있다. 모바일 SaaS의 경우 모바일 사용자를 위한 스토리지 서비스, 콘텐츠 자동화 서비스, 모바일 오피스 서비스가 있으며, Apple사의 iCloud 서비스와 Google사 Docs 서비스가 대표적인 예다[K01]. 그 외 스마트 모바일기에서 사용되는 대부분의 앱 어플리케이션들은 모바일 SaaS 형태로 개인향 클라우드 서비스를 제공하고 있다. 다만, 대부분의 앱들은 무료 방식으로 제공되거나 초기 가입비만을 지불하는 유료 방식으로 제공되고 있으며, 일부 유료 앱들은 월별 정액료 기반으로 서비스를 제공하고 있다.

모바일 PaaS 서비스로는 클라우드 상에서 모바일 앱/웹 개발 환경을 제공하는 서비스, 모바일 앱 또는 웹을 위한 SDK 및 API를 제공하는 서비스 그리고 단말과 클라우드 서버 간의 분할 실행을 제공하는 서비스가 있다[K01]. 대표적인 모바일 PaaS로는 Appcelerator Titanium 서비스가 있다[5]. 또한 Parse는 Mobile Backend as a Service 개념으로 모바일 앱

---

개발자를 위한 서버 부분을 서비스로 제공하고 있다. 이외, 모바일 PaaS 영역에서 실제 단말의 앱과 클라우드 간의 협업 실행을 제공하는 증강 실행 기술도 있다.

모바일 IaaS는 실제 단말이나 클라우드상에서 모바일에 특화된 가상 머신(VM)을 생성하여 사용자에게 제공하는 것으로, 프로비저닝 요청에 대하여 가상 단말을 생성하고 가상 단말에서 실행할 수 있는 앱을 VM 이미지로 생성하거나 사용자가 직접 배포할 수 있는 환경을 제공한다. 최근 클라우드 사업자가 클라우드 인프라를 이용하여 가상 단말을 제공하고, 사용자들은 개인 단말을 통하여 자기의 가상 단말을 접근하여 사용할 수 있다.

### 개인향 모바일 클라우드

개인향 모바일 클라우드는 모바일 환경에 클라우드 컴퓨팅 기술을 적용한 클라우드로서, 모바일 응용 서비스 개발자와 모바일 단말 사용자에게 서버 기반의 어플리케이션과 콘텐츠 서비스를 제공한다. 최근 네트워크 인프라와 모바일 단말기 보급의 확산, 단말기 간의 연동을 통한 N-스크린[6] 서비스 구현, 모바일 단말기의 한계를 극복하는 클라우드 컴퓨팅 기술 등으로 모바일 클라우드가 확산되고 있다[K22]. 모바일 클라우드는 기존 인프라/플랫폼/어플리케이션 서비스 영역에서 기존 클라우드 모델과 유사하지만 클라이언트 부분인 모바일 단말에 특화된 서비스를 제공한다.

모바일 서비스 플랫폼은 모바일 클라우드상의 다양한 모바일 단말(예: 스마트폰, 태블릿, 노트북, 스마트 TV)로 어플리케이션 및 콘텐츠를 서비스를 제공하는 플랫폼이다. 모바일 단말 제조사가 자체 모바일 생태계 구축을 위하여 OS 플랫폼에서 제공하는 스토리지 클라우드 서비스가 대표적인 예다[7]. 또한 모바일 SaaS 방식으로 제공되고 있는 개별적인 모바일 어플리케이션도 모바일 클라우드 플랫폼에서 개발-배치-운영되고 있다. 이러한 모바일 클라우드에서는 모바일 단말 종류와 관계없이 콘텐츠 저장과 처리가 가능하고 언제 어디서나 어플리케이션과 콘텐츠를 사용할 수 있어 지속적으로 그 사용이 증가하고

---

6 N-스크린은 TV나 PC, 태블릿, 스마트폰등 다양한 기기에서 하나의 콘텐츠를 끊김 없이 이용할 수 있게 해주는 서비스이다. 사용자가 구입한 콘텐츠가 단말기가 아니라 서버에 저장되어 있기 때문에 언제 어디서나 다양한 단말기로 불러와 이용할 수 있다.
7 Apple사의 iCloud, KT사의 uCloud가 대표적인 예이다.

있다.

다음 그림은 대표적인 개인향 모바일 클라우드로서 모바일 단말에서 콘텐츠를 언제 어디서나 저장, 공유, 동기화할 수 있는 퍼스널 클라우드를 도식화한 것이다[8].



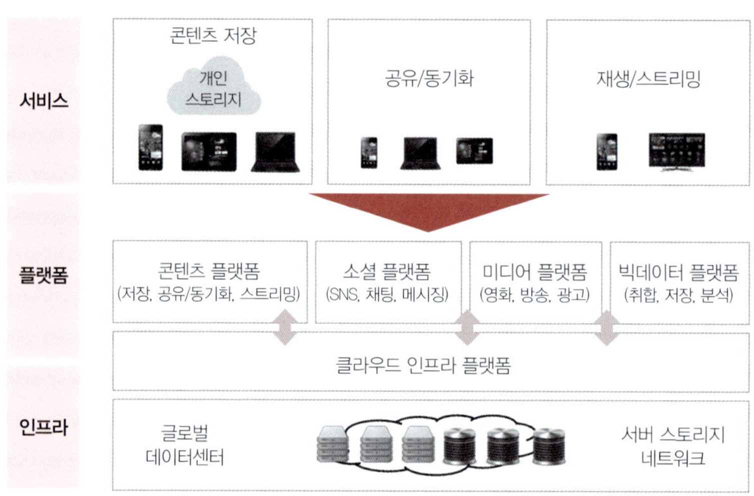


기존 통신미디어 서비스의 가치사슬인 C-P-N-D(Contents-Platform-Network-Device)에서 플랫폼 영역의 기능이 모바일 운영체계 중심으로 옮겨 가면서 모바일 사용자는 모바일 단말 종류에 관계없이 모바일 어플리케이션을 이용할 수 있게 되었고, 결과적으로 모바일 어플리케이션 및 콘텐츠의 생산–유통–배포–이용 영역에 대한 큰 생태계가

---

8 이러한 모바일 클라우드는 Personal Cloud 형태로서 Google, Microsoft, Apple, DropBox, SugarSync사가 제공하고 있으며, 국내 Naver의 N Drive, KT사의 uCloud, SKT의 Tcloud가 이에 해당된다.

형성된 바 있다[9]. 또한 C-P-N-D의 플랫폼 기능이 운영체계 플랫폼에서 클라우드 플랫폼으로 한 단계 더 개념화되면서 단말 및 운영체계 종류에 관계없이 사용 가능한 환경이 조성되고, 더 큰 모바일 생태계가 구축될 것으로 예상된다.

모바일 클라우드의 구조는 모바일 플랫폼을 클라우드상에서 구동하면서 모바일 어플리케이션의 개발/배치/운영을 지원한다. 현재, 많은 기업들은 기업 어플리케이션을 개인 사용자의 앱 사용처럼 언제 어디서나 안전하게 기업 어플리케이션과 콘텐츠를 사용할 수 있도록 임직원과 고객을 대상으로 모바일 업무 및 서비스 환경을 조성하고 있다. 이는 기존 인터넷 기반 온라인 서비스 사업자 외에도 전통 산업 영역에서의 오프라인 서비스 사업자도 'Click & Mortar' 플레이어로서 모바일 서비스를 제공한다는 의미이다[L43]. 이를 위해서는 기업 모빌리티용 플랫폼과 이를 클라우드 기반으로 서비스하기 위한 클라우드 플랫폼이 필요하며 최근에는 MEAP(Mobile Enterprise Application Platform) 플랫폼으로 통합하는 추세이다. 즉 모바일 단말 관리, 모바일 어플리케이션의 개발 배치, 사용자 및 서비스의 인증과 보안 등이 하나의 통합된 클라우드 플랫폼으로 제공되거나 클라우드 서비스(mobile PaaS로 분류)로 제공되고 있다. 이러한 모바일 서비스 플랫폼은 모바일 영역에서의 어플리케이션 플랫폼 구조와 서비스 형태를 따라가고 있으며, 많은 어플리케이션 플랫폼 벤더들은 완전하지는 않으나 모바일 환경에서 어플리케이션 수명주기 관리도 지원하고 있다.

개인 컨슈머 대상의 모바일 클라우드 서비스 오퍼링에서 볼 수 있듯이, 기존에는 사진 동영상 등의 콘텐츠를 저장하고 보관/공유하는 수준의 스토리지 서비스 위주이었으나, 최근에는 개인 소비자의 편익 증진을 위하여 클라우드에 저장된 콘텐츠를 다양한 기기에서 다양하게 재생하는 서비스(예: N-스크린 서비스[10])로 진화하고 있다. 이는 기존의 클라우드 이용 방식은 단순하게 콘텐츠를 저장 보관하는 수준으로 클라우드에서 제공되는 인

---

9 모바일 플랫폼 전쟁으로 비유되면서, Google, Apple, Samsung, Microsoft사의 모바일 OS 플랫폼단 에서의 생태계 확보 전쟁은 아직도 진행형이며, OS단에서 클라우드 단까지 포함하는 구조로 진화되고 있다.
10 N-스크린은 TV나 PC, 태블릿, 스마트폰 등 다양한 기기에서 하나의 콘텐츠를 끊김 없이 이용할 수 있게 해주는 서비스이다. 사용자가 구입한 콘텐츠가 단말기가 아니라 서버에 저장되어 있기 때문에 언제 어디서나 다양한 단말기로 불러와 이용할 수 있다.

프라 자원 즉 서버, 스토리지, 네트워크의 용량 또는 대역폭을 할당 받아 사용하는 개념이다. 최근에는 클라우드에 저장 보관된 콘텐츠에 대하여 클라우드에서 제공하는 플랫폼 서비스를 사용하여 다양하게 2차 생산 및 가공하여 이용하는 방식으로 진화되고 있다. 즉, 인프라 중심의 소비의 클라우드에서 플랫폼 중심의 생산의 클라우드로 진화되고 있다[11].

이와 같이 기존 패키지 소프트웨어/어플리케이션/콘텐츠를 언제 어디서나 다양한 모바일 기기에서 사용하기 위해서는 클라우드 서비스가 필수적이다. 기존 콘텐츠를 업로드/다운로드하는 소비의 클라우드 서비스에서는 다소 지연이 발생해도 문제 되지 않는다. 그러나, 2차 가공, 재생산하는 클라우드에서는 서비스 품질이 매우 중요하며 특히 네트워크 지연 이슈는 많은 문제가 된다[L42]. 즉 플랫폼 토대 위에서 생산의 클라우드 개념으로 진화되고 있는 모바일 클라우드로 제공되는 서비스에서 네트워크(C-P-N-D의 N) 품질은 매우 중요하며 이에 성능 및 가용성을 보장하기 위한 데이터센터 및 네트워크 서비스 역량을 한층 더 고도화한다.

삼성전자는 Dropbox사와의 제휴를 통하여 일정 볼륨의 스토리지를 클라우드 서비스로 제공하고 있으며 네이버 인터넷 및 포탈 서비스 업체는 N-Drive를 통하여 PC와의 동기화 서비스와 네이버 오피스 기능과의 연동 등의 추가적인 기능들을 제공하고 있다. 또한 최근 통신 서비스사는 모바일 PaaS 서비스로 모바일 앱과 웹 개발에 필요한 서버단의 공통 기능을 API와 단말 플랫폼별 SDK 형태로 개발자에게 제공하는 플랫폼 서비스를 제공하고 있다[K01].

---

11 Google Docs, Microsoft Office 365, Adobe Creative Cloud 등이 대표적 예이다. Amazon사는 클라우드 드라이브 서비스에 동기화 기능을 추가시키면서, iCloud, Dropbox가 주도하고 있는 해당시장에 합류하였다[K04].

# 3. 클라우드와 빅데이터

스마트폰의 본격적인 성장에 따라 대용량 콘텐츠 증가와 다양한 단말과 OS상에서의 콘텐츠 연계가 필요하고[12] 기하급수적으로 늘어나는 빅데이터를 시간과 공간의 제약[13]을 받지 않고 빠르게 저장, 분석, 이용해야 하는 요구에 비용 효율적인 대안으로 클라우드 서비스의 도입과 활용이 확산되고 있다.

IT 패러다임은 과거 HW 중심에서 현재 SW 중심으로 그리고 향후 데이터 중심으로 변화할 것으로 예상되며, 이러한 추세의 반증으로 빅데이터 기술에 대한 관심이 모아지고 있다. PC 시대의 전산화 패러다임에서 초고속 인터넷 시대 그리고 스마트폰의 확산에 따른 모바일 시대를 거쳐 지능화 시대로 진입하고 있고 범위의 경제시대에서의 다양성과 변화의 흐름을 정확하고 진단하고 분석하고 결정하는 실시간 경제 패러다임으로 옮겨 가고 있다. 특히 모바일 기기를 통한 다양한 센싱 정보, 소셜 미디어를 통한 개인 커뮤니케이션 정보, 클라우드 컴퓨팅을 통한 데이터 축적 등으로 데이터의 양이 폭발적으로 증가하고 있어, 빅데이터의 기반이 급격하게 확대되고 있다[14].

빅데이터는 '형식이 다양하고 생성속도가 매우 빨라 기존의 관리 및 분석 체계로는 처리하기 어려운 정도의 대용량 데이터의 집합을 지칭한다. 빅데이터 기술에 대한 정의는 많은 기관별로 다소 상이하나, 용량–다양성–속도(Volume–Variety–Velocity)의 3V 특성을 가지는 데이터에 대하여 경제적 가치를 창출하는 제반 활동으로 정의할 수 있다. 용량은 대규모 데이터 볼륨을 의미하고, 다양성은 웹 로그 정보, 소셜 커뮤니케이션 정보, 위치 정보, 센서 정보 등의 다양한 정보에 대하여 정형 및 비정형(텍스트 및 멀티미디어) 정보를 포함한다. 또한 속도는 센서 정보 및 스트리밍 정보 등 실시간 생성 정보의 실시간 데

---

12 스마트폰에서의 대용량 콘텐츠 저장 및 처리에 한계가 있어 서버에서 저장하고 재생 처리하는 방안과, 다양한 모바일 기기 및 OS간에 어플리케이션과 콘텐츠를 웹 플랫폼 기반하에 상호 공유하기 위한 방안으로 클라우드를 이용한다[L38].

13 저자는 클라우드 컴퓨팅을 주어진 IT 자원을 제공/사용함에 있어 시간(overriding)과 공간(overloading)의 축 관점에서 가상화 기술과 분산 기술을 객체지향적으로 캡슐화하고, 자동화 기술을 활용하여 시간/공간/비용 모두를 최적화한 컴퓨팅 개념으로 규정한다.

14 전세계 디지털 정보량이 '11년 1.8 제타바이트(zetabyte)의 데이터가 '15년에는 7.9 제타바이트로 증가하고 '20년에는 50배 급증할 것이라고 예상하고 있다[L25].

이터 처리, 분석, 활용을 의미한다.

최근 HW 및 SW의 발전 그리고 클라우드 컴퓨팅 기술의 발전으로 빅데이터 관리와 분석이 가능하게 되었다[15]. 즉 빅데이터의 특성상 대용량 데이터를 저장 분석하기 위해서는 여러 대의 컴퓨팅 환경이 유기적으로 연계/연동되어 있는 분산 컴퓨팅 환경이 필요하며, 이러한 환경을 클라우드 컴퓨팅 기술과 서비스로 해결 가능하다. 클라우드 컴퓨팅 기술 특히 가상화 기술을 활용하여, 이전에는 불가능하였던 대용량 데이터를 저장하고 분석하기 위하여 필요한 컴퓨팅 환경을 손쉽게 제공받을 수 있는 것이다.

빅데이터는 미래사회의 불확실성에 대한 미래 통찰력, 위험 대응력, 스마트 경쟁력 그리고 융합 창조의 특성에 비즈니스 가치를 창출하는 핵심 기술로서 평가되고 있다. 최근 이동통신 기지국의 통화량을 분석하여 인구가 밀집된 지역을 중심으로 심야 버스 노선의 증설 계획을 수립한 성과가 가시화되어 서비스 확대가 진행되고 있다. 이는 공공 교통 데이터를 분석하여 심야 버스 노선을 효율적이고 효과적으로 배치하여, 교통 약자의 안전 귀가를 도모하고 상대적으로 소득이 낮은 심야 경제활동 인구의 교통비를 절감하는 효과를 얻을 수 있는 대표적인 빅데이터 활용 사례이다[L25].

### 빅데이터 아키텍처와 플랫폼

빅데이터 처리 과정은 크게 5단계, 데이터 수집 및 통합, 데이터 전처리, 데이터 저장 및 관리, 데이터 분석, 정보 가시화 단계로 구성된다. 데이터 수집 및 통합 단계에서는 새로운 데이터 생성, 네트워크에 산재해 있는 외부 데이터 수집, 내외부 이종 데이터 통합 등 데이터 형태와 소재와 무관하게 확보한다. 데이터 전처리 단계에서는 이전 단계에서의 데이터를 정제하여 분석 가능한 형태로 구조화하여 분석의 정확성을 높이고 심층분석을 가능하게 한다. 전처리 단계에서의 정확성 여부가 정보 검색 및 활용 방향에 결정적이다. 데이터 저장 및 관리 단계에서는 웹 데이터, 소셜 미디어, 비즈니스 데이터 및 센싱 정보 등

---

15 빅데이터 기술은 매우 복잡하여 근사 추론에 의해서 풀어가야 하는 문제 유형으로서 휴리스틱 접근 방법 등의 인공지능 기술이 활용된다. 즉. 빅데이터 플랫폼은 다양한 대규모 데이터로부터 학습. 추론. 인지 등의 인공지능 과정을 통하여 분석 결과를 해석하고 의사 결정을 내리는 Human-Reasoning 시스템과 유사한 구조를 가지게 된다[L25].

의 증가하는 다양한 형식의 데이터를 실시간으로 저장 및 관리할 수 있는 분산 컴퓨팅 기술이 사용된다. 오픈소스 SW인 하둡 소프트웨어가 이 단계에서 많이 사용된다. 데이터 분석 단계에서는 빅데이터에 내재된 가치를 추출하기 위하여 필요한 대규모 통계처리, 데이터 마이닝, 그래프 마이닝 등의 분석 기술, 기계학습 그리고 인공지능 기술을 활용하여 다양한 심층 분석을 수행한다. 정보 가시화 단계에서는 비전문가가 데이터 분석을 수행할 수 있는 환경을 제공하거나, 분석 결과를 함축적으로 표시하고 직관적으로 인지할 수 있도록 한다.

빅데이터 처리를 위한 기본 인프라로 클라우드를 활용 검토하고 있다[M20]. 즉 빅데이터 인프라 및 플랫폼은 클라우드 컴퓨팅 영역에서의 분산 개념을 바탕으로 구현될 수 있다. 초기 소셜 및 모바일 서비스는 글로벌 대규모 사용자 및 서비스 지원을 위한 클라우드형 분산시스템을 기반으로 제공되어 왔으며, 아마존 AWS에서도 클라우드 서비스로 제공한다[L08].

기존 분석계 및 데이터웨어하우징 외에, 비정형 대규모 데이터의 실시간 처리를 위한 빅데이터 인프라 및 플랫폼은 기본적으로 NoSQL, 하둡과 같은 분산 스토리지/파일시스템과 경량 서버 인프라를 많이 활용하고 있다. 기존 콘텐츠 저장 및 조회를 위한 객체 스토리지 클라우드 및 서버 클라우드를 활용하여 빅데이터 체계를 지원할 수 있으나 근본적으로는 처리하고자 하는 데이터의 수집, 저장, 분석, 서비스를 위한 본질적인 특성에 맞게 인프라 및 플랫폼을 구성하는 것이 바람직하다.

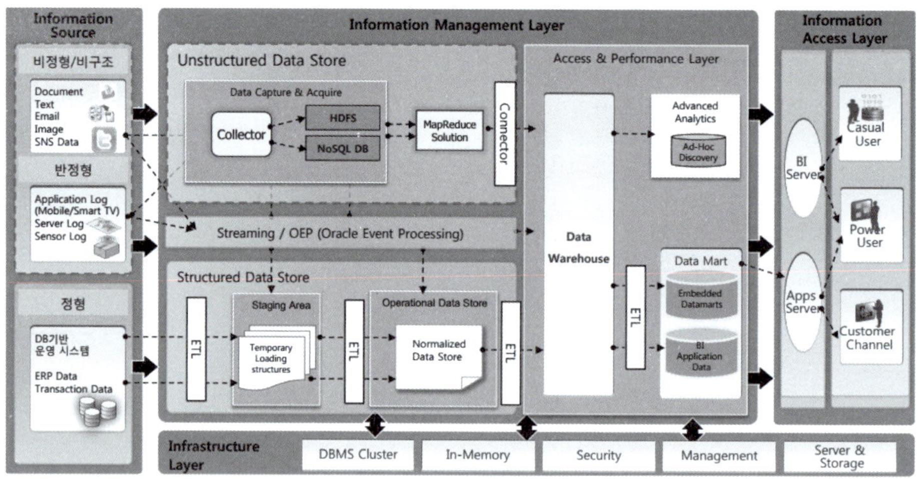


최근 빅데이터 플랫폼으로 오픈소스 분산 저장 및 분석 처리 솔루션인 하둡이 많이 활용되고 있다. 하둡 생태계에서 핵심 솔루션은 HDFS(Hadoop Distributed File System), Map-Reduce이다. 하둡은 확장성 및 유연성의 장점은 있으나 복잡한 프레임워크, 기술 미성숙, 어플리케이션 부재, 기술인력 부족 등으로, 실 서비스 운영 관리가 쉽지 않은 상황이다. 이에 전문 벤더에 의한 솔루션 구축 및 운영을 추진하는 사례가 많아지고 있다.

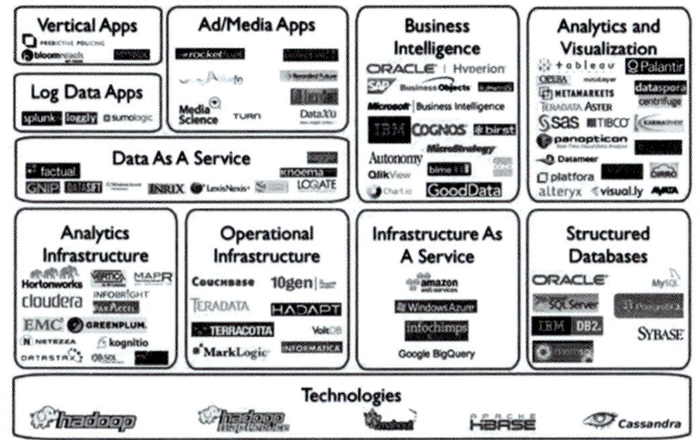

많은 사람들이 빅데이터 처리와 관련하여 하둡 솔루션만을 생각하고 있다. 이는 잘못된 것으로 데이터는 정형 데이터와 비정형 데이터로 구분되고 실시간 처리 또는 배치 처리에 따라서 다른 기술과 기법을 적용하는 것이 타당하다. 즉 빅데이터는 이러한 다양한 형태의 데이터를 다양한 방법으로 처리할 수 있어야 한다[M16]. 소셜 커뮤니케이션과 사물인터넷으로부터의 다양한 비정형 데이터는 기업 내부의 정형 데이터와 연계 통합되고 분석되어야 진정한 가치를 가지는 정보를 도출할 수 있는 구조를 가져야 한다. 가장 쉬운 예가 인터넷 온라인 상품에 대한 평가가 다양한 소셜 네트워크에서 소비자 평판으로 이루어질 때, 이에 대한 평판 결과는 실시간 온라인 CRM(Customer Relationship Mgmt.) 시스템과 연계되어 마케팅, 영업, 운영 활동과 연계되는 것이다.

---

16 출처 : http://www.forbes.com/sites/davefeinleib/2012/06/19/the-big-data-landscape/

## 4. 클라우드와 사물인터넷

미래 사회의 새로운 패러다임으로 만물이 인터넷에 상호 연결되어 통신하는 사회 즉, 초연결사회가 부상하고 있다. 즉, 사람, 프로세스, 데이터, 사물이 상호 연결되어 지능화된 네트워크를 기반으로 신규 가치와 혁신을 창출하는 사회로 다가가고 있다. 초연결사회를 실현하는 핵심 기술은 사물인터넷, 빅데이터 그리고 클라우드이다.

사물인터넷은 주변 사물들이 유무선 네트워크로 연결되어 유기적으로 정보를 수집 및 공유하면서 상호 작용하는 지능형 네트워크 기술 및 환경을 의미한다. 즉 인간과 사물, 서비스 등 분산된 구성요소들 간에 언제 어디서나 인위적인 개입 없이 상호 협력적으로 센싱, 네트워킹, 정보 교환 및 처리 등의 지능적 관계를 형성하는 사물 공간 연결망이다. '99년 사물인터넷 개념을 최초 제안한 RFID 전문가 케빈 애쉬톤(Kevin Ashton)은 네트워크 상의 최종 디바이스는 인간, 차량, 교량, 전자 기기, 문화재, 자연 환경 등이 모두 사물인터넷의 구성요소에 포함된다고 설명하고 있다[K15].

사물과 인터넷의 결합이 빠르게 진행되면서 인터넷에 연결된 사물 단말기기는 기하급수적으로 증기하고 있으며 '10년 40억 개에서 '20년에는 800억 개로 증가할 것으로 전망하고 있다[17]. 사물인터넷 관련 시장 규모가 '20년에는 8조 9천억 달러에 이를 것으로 예상하고 있다[18]. 또한 무선 네트워크, 통신모듈 및 센서, 스마트 단말 등의 기술 발전 및 보급 확산으로 사물인터넷의 영향력은 전체 산업분야는 물론, 일상생활까지 광범위하게 확대될 것이다. 사물인터넷 관련 주요 사업자들은(예: ARM, IBM, Cisco 등) 하드웨어 및 기술 상용화를 위하여 필요한 센싱 및 네트워크 기술 개발에 총력을 기울이고 있다.

인터넷에 바로 연결되는 사물인터넷 기술이 확산되면서 사물인터넷과 클라우드 컴퓨팅 그리고 빅데이터의 결합이 빠르게 진행되고 있다. 사물인터넷을 통하여 생성된 데이터는 클라우드 환경에서 제대로 활용할 수 있다는 것이다. 이는 보편적인 접근성과 규모의 경

---

17 출처 : IDATE, 2013년 9월
18 출처 : IDC, 2013년 10월

제를 제공하는 클라우드가 사물인터넷의 최적 플랫폼 대안으로 평가되기 때문이다.

사물인터넷(IoT)과 유사한 기술 개념으로는 M2M(Machine-to-Machine), WoT(Web of Things), IoE(Internet of Everything), USN(Ubiquitous Sensor Network) 등이 있다. 개념적으로 사물에 부착된 통신장치를 통해 네트워크에 연결되거나 사물 간에 통신 네트워크를 구성하여 정보를 공유한다는 점은 동일하지만 기술 개념 구조 측면에서 다소 상이하다.

M2M 기술은 2000년대 초반 RFID 기술을 시작으로, 무선통신기술과 결합하여 원격지의 사물, 사람, 환경 등의 상태 정보를 확인할 수 있도록 지원하는 제반 솔루션으로 확장되어 사용되었다. 기술 발전으로 사람의 제어 없이 사물 장치가 사람을 대신하여 통신할 수 있도록 배치하는 것이 M2M이다. IoE는 기존 M2M/IoT에서 진화된 만물 인터넷이라 불리우며 사물뿐 아니라 사람, 업무 및 데이터까지 즉 모든 것들이 네트워크 상에 연결되어 새로운 가치와 비즈니스를 창출하는 기회를 창출하고자 하는 개념이다[19]. WoT는 사물들 사이의 커뮤니케이션 프로토콜로써 웹 기술을 사용하려는 개념이다. 즉, 사물이 웹에 통합되고, 웹상의 각각의 사물은 접근 가능한 하나의 서비스로 보여질 수 있도록 하는 개념이다. URL을 입력하여 웹 서버가 실행되고 있는 특정 서버의 특정 페이지에 접속할 수 있는 것과 같이 각각의 사물에 웹 서버를 탑재하면 URI, HTTP, REST, RSS 등과 같은 웹 기술을 이용하여 디바이스 및 서비스에 접근 가능하며 각각의 서비스를 이용하여 새로운 매쉬업 서비스도 가능해진다.

빅데이터는 사물인터넷의 연결 사이를 흐르는 데이터 속 가치를 찾아내는 역할을 수행하며 클라우드는 데이터 및 가치의 저장, 보관, 처리, 제공에 있어서의 서비스 인프라 역할을 수행한다. 즉 사물인터넷 상의 많은 사물기기가 스마트 디바이스 기술의 발전으로 점점 보편화되고, 이에 따른 상황 정보가 실시간으로 폭발적으로 증가할 것이며 이를 효과적으로 처리하고 서비스로 제공하기 위해서는 빅데이터 및 클라우드 기술이 필수적이

---

19 출처 : Directions 2014 : Transformation Everywhere – Battles for Leadership in the 3rd Platform Era, Korea, 2014.

다. 특히, 데이터의 양적 확대와 더불어 가치 있게 데이터 분석하고 유의미한 가치 정보를
도출하는 실시간 분석 알고리즘이 필수적이다.

### 사물인터넷의 응용

사물인터넷의 응용분야는 크게 사람, 집, 일터, 도시 그리고 산업으로 구분하여 살펴볼
수 있다. 사람과 관련하여 건강 분야에서의 응용으로 스마트폰, 스마트워치, 밴드형 기기
등을 통해 사람의 동작이나 건강 상태를 모니터링할 수 있다. 또한 하이킹, 조깅, 사이클
등의 활동과도 연계시킬 수 있다. 다음으로 사람이 사는 집이다. 외출 중에 밥솥을 작동시
키고, 집안에 들어가면 가전제품이 알아서 켜지고, 현관문을 스마트폰이나 RFID 태그 내
장 액세서리로 열고 닫을 수 있다. 또한 냉난방기가 알아서 온도를 맞추고, 환기를 하는
식의 동작이 자동으로 이뤄진다. 사람이 집안에 있느냐 없느냐에 따라 대기전력을 자동으
로 차단하거나 허용되지 않은 침입자를 감시한다. 도시의 경우 교통현황을 모니터하고,
신호체계를 상황에 따라 유동적으로 제어할 수 있고, 도시 공해 정도를 상시 점검하여 조
기 경보하거나, 개별 차량의 주차 안내도 가능하다. 산업 속의 사물인터넷은 R&D, 제조,
유통, 서비스 등의 각 기업 활동과 관련하여 설비를 제어하거나, 재고를 관리하고 서비스
사용자의 상황을 점검하고 제어할 수 있다. 자연 환경에서의 사물인터넷으로 환경 오염
및 자연 재해를 상시 감시하고 사전 파악하는 조기경보시스템의 구축과 자연 생태계의 상
태 추이를 점검하고 예방하는 시스템을 구축할 수 있다.

대표적인 예로, 웨어러블 단말 기반의 헬스 케어 분야이다. '12년 Nike사는 모바일 단말
과 연동되어 사용자의 운동내역을 기록하고 관리하는 NIKE+FuelBand를 발표하였다. 미
국 Corventis사[20]는 일회용 밴드형태의 심장박동 모니터링 필름(PiiX)을 이용하여 환장의
심장 이상 여부를 판단하고 이상 여부가 발견되는 경우 환자에게 가장 적합한 의사를 연
결해주는 심장박동 모니터링 기계(NUVANT Mobile Cardiac Telemetry)를 개발하였다.

---

실시간 심장 운동 상황의 감지를 통하여 돌연사의 가능성을 낮출 수 있다. Hapilabs사[21]는 포크(일명 HAPIFORK)에 부착된 센서를 통하여 식사 시간과 사용 빈도 등을 기록하여, 식사 속도가 빠를 경우 경고음으로 안내한다. 이를 통하여, 일상적인 식습관의 개선을 점진적으로 확보할 수 있다. 미국 24eight사[22]는 환자들의 쓰러짐을 방지하는 스마트 슬리퍼를 개발하여 노년층이 갑자기 쓰러질 경우 병원이나 가족에게 알림 서비스하여 빠른 의료 대응이 가능하도록 하였다.

하기스사의 기저귀 교체 여부를 파악하는 착용형 단말 TweetPee를 개발하였다. 이를 통하여 기저귀 상태를 지속적으로 모니터링하고 실시간으로 정보를 분석하고 전달한다. 이를 통하여 보육자가 보다 편리하고 경제적으로 기저귀를 관리하고 영유아는 보다 쾌적하고 위생적인 생활 환경을 가질 수 있다.

에너지 분야에서도 다양한 제품 및 서비스가 출현하고 있으며, Philips사는 온라인상에서 자유롭게 제어가 가능한 스마트 전구 휴(Hue)를 발표하였다. 휴는 사용자가 원하는 색상 표현과 조도 조절이 가능한 스마트 LED 조명으로 사용자 기분과 활동, 공간에 따라 맞춤형 연출이 가능하고, 기존 대비 80% 이상의 에너지 절감 효과를 기대할 수 있다. ARM사는 영국 본사의 주차장 조명, 회의실 온도 그리고 물 관리 시스템에 대한 정보를 효율적으로 관리하기 위한 사물인터넷 환경을 구축하였다. NEST사는 실내환경과 사람의 생활 패턴을 학습하여 지능적으로 냉난방을 제어하는 장치를 개발하여, 수동 조작 없이 자동으로 적정 온도로 조절하는 인공지능 냉난방 조절 장치와 연기를 감지하여 연기 및 가능 누출 시 경고음을 울리는 화재경보기를 개발하였다[23].

---

21 www.hapi.com
22 www.24eight.com
23 Google사는 '14년 1월 NEST사를 32억 달러에 인수한 바 있다.

자동차 산업 분야에서는 무인 주행차량 개발과 맞물어 사물인터넷 기술이 적극적으로 활용되고 있다. Google사는 상황을 감지하여 스스로 주행하는 구글 카(Google self-driving car)를 개발하고 있으며 각종 스마트 기기와 연계되어 무선 차량 점검서비스, 원격 시동 및 도어 제어 등이 가능하고 다양한 교통정보와 위치정보의 분석을 통한 최적 경로의 탐색도 가능하다[24]. 구글 카의 핵심은 IT 기술을 활용하여 운전자의 조작 없이 스스로 주행환경을 인식하여 목표지점까지 자동 운행할 수 있도록 설계된다는 것이다. Cisco사는 버스 내부에 설치된 시스코 네트워크 장비와 카메라를 통하여 버스 내부의 상황을 실시간으로 전송하는 Connected Bus 개념을 제시하였다. 교통사고와 연관된 운전자의 운행 습관을 파악하고, 올바른 운행 습관을 유도할 수 있다.

---

24 최근 Google사는 현대, 아우디, 혼다, GM 등의 자동차 업체들과 안드로이드 운영체계 연합을 결성한 바 있다. 예로, 각 자동차 모델에 맞는 안드로이드 시스템 개발을 통하여 자동차내 네비게이션 창에서 안드로이드 앱을 사용할 수 있도록 하겠다는 것이다.

또한 도시 및 정부 차원에서도 사물인터넷 기술에 관제 및 재해 분야에 적용하고 있다. 미국 뉴욕시의 경우, 시민의 안전을 위하여 범죄 및 테러 현장 주변의 CCTV 영상에서 범죄 정보를 분석하는 시스템을 통하여 실시간으로 범죄를 감시하고 있다. 또한 뉴욕시는 하수 범람 사고를 막기 위하여 하수도에 센서를 설치하고 하수의 범람 수위를 실시간으로 점검하고 사전 통제하고 있다.

최근 스마트 컨버전스와 맞물려, 사물인터넷을 이용한 클라우드 기반의 스마트 홈 시장이 주목받고 있다. 이는 정보 가전 시장에서 네트워크 기능이 장착된 정보 가전의 비중이 점점 증가하고 있기 때문이다. 이에 에어컨, 냉장고, 세탁기, 오븐 등의 백색가전에 네트워크 기능을 탑재한 가전이 많아지고, 고령화 및 1인 가구 확산 등의 사회적 변화로 사물인터넷 기반의 스마트 홈 서비스에 대한 관심이 증가되고 있다. 즉, 가정 내 가전 기기들로부터 데이터를 수집하여 에너지 사용패턴과 가정 내 생활패턴 등을 분석하여 사용자 개개인에 대한 맞춤형 서비스를 제공하는 것이 조금씩 실현되고 있다. 해외 Google, Apple, Microsoft사는 콘텐츠 미디어 중심으로 N-스크린 서비스와 같은 스마트 홈 서비스 제공을 위한 플랫폼 및 서비스 개발을 추진하고 있다[25].

### 클라우드 기반 사물인터넷

기업들은 데이터 스트림과 모든 사물을 디지털화하고 서비스화하여 관리, 수익성, 운영, 확대 등의 기본 모델을 창출해야 하며, 해당 기본 모델을 바탕으로 다양한 산업에 적용 시켜야 한다. 핵심 단말기기로부터의 데이터를 저장하고 처리함에 빅데이터 기술을 활용하고, 최종 사용자로의 서비스 제공을 위해서 클라우드 아키텍처, 플랫폼 그리고 기술과 결합되어야 한다. 즉 기존 사물인터넷 디바이스와 디바이스 간의 연결에서 클라우드 인프라 및 플랫폼을 거쳐 디바이스와의 연결이 이루어지는 형태로 진행될 것이다. 이는 원거리 사물인터넷 디바이스 간의 통신 연결을 의미하며, 스마트 컨버전스 영역에서의 다양한 플랫폼 및 어플리케이션 서비스 모델을 지원할 수 있게 된다.

많은 사물인터넷상의 데이터들이 클라우드 기반 분산 컴퓨팅 환경에서 센싱, 저장, 처리되어 최종 사용자의 콘텍스트 정보와 맞물려 분석된 정보를 토대로 클라우드 기반 어플리케이션들이 실시간으로 제어되고 구동된다.

아래 그림은 서비스 구조에 대한 개념도이다. 사물기기에서의 센서 디바이스에서의 정보가 메시지 브로커를 거쳐 실시간 분배되고, 서비스 플랫폼과 어플리케이션은 메시지 브로커를 거쳐 연산 결과를 전달하거나 사물기기에 대한 제어 명령을 전달한다. 이때 서비스 플랫폼의 하부 인프라 및 공통 서비스 플랫폼의 역할을 클라우드 서비스 구조로 대체되면서, 사물기기 및 센서의 상태 정보, 제어 정보, 서비스 관련 가공 정보 및 관련 정보들이 중앙 집중적인 클라우드 환경에서 저장되고 처리된다.

---

25 Google사는 안드로이드 중심의 개방형 플랫폼을 중심으로 가정 내 전자 제품의 제어를 위한 프로토콜의 집합인 Anroid@home 프레임워크를 공개하고 USB 호스트 기능이 추가된 Android 3.1 버전을 배포하였음. Microsoft사는 자사 서비스 플랫폼과 단말 간 Window Media Center를 중심으로 N-Screen 서비스가 가능하도록 하고 있으며, 기기 간 제어 및 미디어 공유 서비스를 제공하고 있음. Apple사도 자사 서비스 플랫폼과 단말 간 iTunes 유통 플랫폼 중심으로 N-Screen 서비스를 제공하고 있다.

•• **그림 9.8** 사물인터넷을 위한 클라우드 서비스 아키텍처 개념도[26]

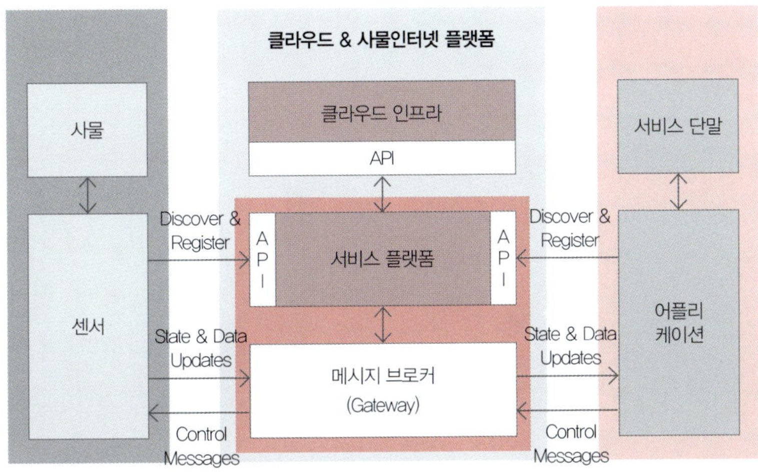

사물인터넷 기반 서비스로 인한 데이터 급증에 대하여 기존 클라우드 인프라 및 플랫폼이 실시간에 가깝게 대응하기 위해서는 기존 클라우드 컴퓨팅 패러다임을 확장하여 디바이스와 클라우드와의 통신 연결을 최적화할 필요가 있다. 즉, 유연성, 규모, 속도 및 모빌리티에 따라 데이터를 분산하고 처리할 수 있는 새로운 시스템을 만들어 데이터가 생성한 가치를 효율적이면서 효과적으로 전달할 수 있는 모델로 검토해야 한다. 예로 Cisco사가 제시한 분산 컴퓨팅 모델 '포그'이다. 포그 컴퓨팅이란 클라우드 컴퓨팅 및 서비스를 네트워크 엣지 단으로 확장하는 패러다임으로, 최종 사용자와의 근접성, 고밀도의 지리적 분포도, 모빌리티 지원 등에서 클라우드 컴퓨팅과는 큰 차별점이 있다. 포그 컴퓨팅은 서비스가 네트워크 단말이나 셋톱박스, 액세스 포인트 등 엔드 디바이스가 직접 사용되는 곳에서 호스팅하는 개념으로 고객 필요 또는 환경에 따라 서비스 지연을 줄이고 서비스 품질을 높일 수 있다.

---

26 참고 : Geoffrey C. Fox 외, "Architecture and Measured Characteristics of a Cloud Based Internet of Things API", Indiana University

# 클라우드의 미래

# 1. 클라우드의 미래

클라우드 서비스 모델은 미래 경제 키워드 중 하나인 공유 경제[1]와 같은 맥락에서 개인의 삶뿐만 아니라 기업 그리고 산업 전반에 큰 영향을 미치고 있다. 즉, 언제 어디서나 다양한 기기로부터 필요한 정보와 콘텐츠를 상황에 맞게 맞춤형으로 제공받고 이용하여 개인의 삶을 향상 시키고 기업의 IT 비용을 절감시키면서 시장의 변화에 빠르게 대응하고 있다. 또한, 클라우드 서비스의 활성화와 보편적 접근으로 개인과 기업 소비자가 언제 어디서나 쉽게 이용할 수 있게 되고, 타 산업과의 융합을 촉진시켜 신규 서비스 혁신을 촉발하고 있다.

●● 그림 10.1 클라우드의 미래 – 개인 / 기업 / 산업

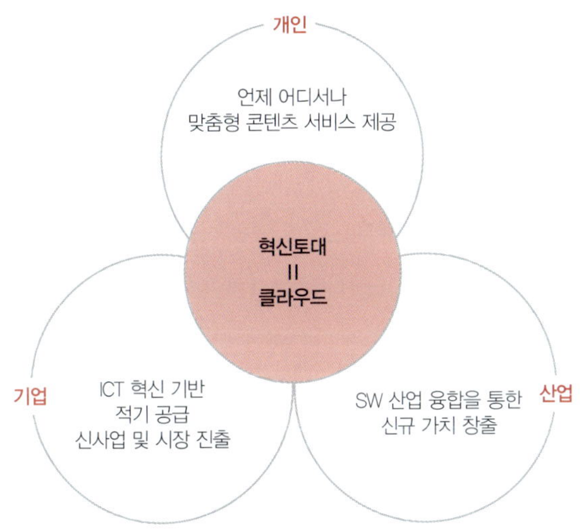


---

1 생산과 소비 중심의 상업 경제와 대치되어 공유 경제는 생산된 재화를 구성원 간 공유하는 경제 활동이다. 최근 스마트폰, 소셜 네트워크 등의 정보통신 기술의 발달에 따른 상호 거래 비용의 감소로 신사업으로의 성장 가능성에 대하여 높이 평가되고 있다. 〈출처 : Lawlence Lessig 하버드 교수의 REMIX〉

## 1.1 스마트한 삶

클라우드가 방대한 데이터, 콘텐츠 그리고 상황인지 정보를 저장하고 있어 개인의 상황에 맞는 맞춤형 서비스를 실시간으로 제공받는 스마트한 개인 생활이 가능하다. 가정에서의 체온, 혈압, 움직임 등을 고려하여 공기 공조 풍향/풍량을 자동 조절할 수 있고, 기업에서는 가상 환경에서의 업무환경 제공으로 원격/재택 근무가 가능하다. 또한 자동차를 운전하는 경우에도 운행 최적화 정보를 제공받고, 보행 중에는 개인적인 관심사에 따라 마케팅 정보(예: 식당, 쇼핑)를 실시간으로 제공받을 수 있다.

대용량 서버를 소유하고 이용하지 않으면 불가능했던 서비스들이 저사양 단말기기에서도 이용 가능해졌다. Google의 음성검색, 번역 서비스가 대표적인 예다. 대용량 데이터 처리를 클라우드 기반 서버 사이드에서의 처리가 가능해짐에 따라, 클라이언트 사이드에서 사용자가 이용할 수 있는 단말들이 다양한 형태로 출현하고 있다. 스마트폰, 태블릿, 고해상도 TV, 사물인터넷 단말 기기가 그 예다. 중앙의 클라우드 자원을 활용하여 제공되는 콘텐츠 서비스 또는 앱 서비스가 다양한 단말기기에 최적화된 형태로 제공될 수 있기 때문이다.

## 1.2 애자일 기업

기업은 효율적인 자원 활용을 위한 인프라로서 클라우드를 활용하여 IT 비용을 절감하고 동시에 시장 변화에 보다 빠르게 대응할 수 있게 되었다. 이는 기업의 사업 영역(ICT, 제조, 서비스, 유통, R&D 등)에서 필요한 IT 자원을 클라우드 기반 공급망을 통하여 보다 빠르고 저렴하게 공급받아 시장의 요구에 맞게 제품과 서비스를 출시 제공할 수 있게 된다. 기업의 내부 업무 관점에서는 서로 다른 부서 간의 협업에 필요한 자료 및 데이터 공유가 용이하게 되었고, 특히 글로벌 환경에서의 연구개발 활동, 제품 및 서비스의 개발과 제공에 전사적인 글로벌 협업이 가능하게 되었다.

클라우드 도입에 따른 단기적인 비용절감도 중요하지만 장기적인 신규 가치창출의 토대로서 클라우드를 활용할 것이다. 클라우드에 기반한 변동비용 비즈니스 모델은 기업이 막대한 자본 투자 없이도 불확실한 글로벌 서비스 시장변화에 신속하게 대응하여 신규 상품/서비스를 개발하고 신규 시장의 개척이 가능하다.

기업 임직원들은 인터넷상의 클라우드에 접속하여 언제 어디서나 가상 업무환경에서 업무를 수행하는 스마트워크를 실현할 수 있다. 기존 모바일 오피스 환경은 단말 UI 환경의 한계와 협소한 오피스 저장 공간의 문제가 있었으나, 클라우드를 통하여 이러한 문제를 해결하면서 스마트워크 환경에서의 업무 사용자가 늘고 있다.

### 1.3 산업 융합

산업 융합은 산업 및 기술 간의 창의적인 결합과 복합화를 위하여 기존 산업을 혁신하거나 새로운 사회적 시장가치가 있는 산업을 창출하는 활동을 의미한다[L06]. 기존 산업과 교육, 의료, 주거 등의 사회적 환경에 ICT 특히 SW를 융합하여 미래 성장동력을 발굴하는 과정에서 IT 인프라 자원의 확보와 연동에 많은 애로점이 있어 불가능했던 것들이 클라우드를 통하여 보다 쉽게 그리고 빨리 이루어질 수 있게 되었다. 클라우드가 산업 융합을 촉진하고 있는 것이다.

클라우드가 교육, 의료, 제조, 서비스, 자동차, 공공 등의 다른 산업과의 융합을 통하여 산업 혁신이 가속화되고 새로운 융합형 비즈니스 기회가 창출되고 있다. 클라우드의 진정한 가치는 신규 시장 개척 및 신규 서비스 출시를 통하여 기존에 없던 가치를 창출하고 지속화하는 것에 있다. 이는 IT 산업과 다른 산업과의 융합[2], 특히 SW 융합 영역에서 불확실한 글로벌 시장을 상대로 신규 서비스를 출시하고자 할 때 가장 유용하다.

SW 융합 영역은 다른 산업의 고도화/스마트화(예: 스마트 생산, 스마트 빌딩, 스마트 홈/가전, 스마트 카, 스마트 선박, 스마트 타운 등)와 개인 삶의 가치 증진(예: 의료, 교육, 민원, 관광, 교통 등) 등에 대한 영역이다. 하나의 큰 생태계 구조에서 클라우드 기반 개방형 플랫폼을 토대로 SW 융합 영역에서의 클라우드 적용은 대기업과 중소기업과의 생태계 구축을 가속화하여 발전적인 산업 구조를 형성할 것이다. 산업 관점에서 미디어, 의료(헬스 케어), 자동차, 교육, 공공, 제조/서비스 등 주요 산업에서의 디지털화(모바일, 소셜,

---

2 참고 : 이인식 저, 기술의 대융합[M18]

빅데이터, 기기화) 확산으로 업종 영역에서의 데이터와 콘텐츠의 생성/배포/저장/관리 플랫폼의 역할로서 클라우드가 지속적으로 확산될 것이다.

## 2. 클라우드 산업 활성화

최근 몇 년간 클라우드는 데스크톱 가상화와 서버 스토리지를 제공하는 인프라 서비스를 제외하고는 의미 있는 실체로서 제대로 접근되지 못했다. 클라우드를 단순한 데스크톱 단말, 서버 및 스토리지 개념에서 벗어나 다양한 단말과 콘텐츠를 통합적으로 관리될 수 있는 통합 서비스 개념으로 발전시키지 못했기 때문이다. 이를 위해서는 IT 조직의 역할 변화, 다양한 단말과 서비스의 통합 관리 그리고 콘텐츠의 통합 관리에 대하여 심도 있는 고민과 함께 신규 서비스 상품을 지속적으로 발굴하고 사업화해야 한다.

현재까지의 많은 클라우드 컴퓨팅에 관한 논의와 사례는 IT 관점에서 이루어져 왔다. 그러나 클라우드 컴퓨팅은 서비스로서 비즈니스 관점에서 활성화되어야 현재의 시장 캐즘(chasm)을 극복할 수 있다. 즉, 서버 및 스토리지 등의 인프라 중심에서 플랫폼, 어플리케이션, 프로세스 등의 응용 서비스 영역을 더욱 더 저렴한 비용으로 민첩하게 운영할 수 있게 해주고, 기업 내 데이터와 콘텐츠의 공유와 이용으로 이해관계자들과의 협업을 촉진시켜야 한다. 이를 위해서는 기업과 기업 간, 기업과 산업 간, 산업과 산업 간의 업종 융합에 대한 IT 토대로서 클라우드를 활용함과 동시에 소셜 네트워크, 빅데이터 분석, 모바일 기기 등의 기술과의 결합을 통하여 현재의 플랫폼, 어플리케이션, 프로세스 영역에서의 비즈니스 기회를 창출하고 이를 효율적으로 운영하는 것이 필요하다.

현재의 클라우드는 장님이 코끼리를 만지면서 벌어지는 이야기처럼 각자 이해관계 속에서 다른 관점의 클라우드 개념을 고수하고 있다. 데이터센터 및 인프라 운영자는 서버, 스토리지, 네트워크의 가상화 및 비용 효율성만을 추구하고 어플리케이션 개발자는 SW 개발 수명주기상에서의 개발 및 테스트 환경만을 고수하고, 서비스 운영자는 서비스 운영상의 품질만을 생각하면서 클라우드를 논하고 있다. 나무를 보는 시각에서 숲 전체를 조망하는 관점으로 클라우드를 접근해야 클라우드라는 코끼리의 실체를 파악하고 제대로 이용할 수 있다.

클라우드 컴퓨팅 시장에서는 보다 빠르게 필요 자원을 공급받는 측면에서 클라우드 서비스에 대한 사용 결정 권한이 사내 IT 조직에서 현장의 현업 조직으로 이동하고 있다. 이러한 최종 사용자로의 IT 권한 위임과 이동 그리고 클라우드 서비스 모델의 다양성으로 인하여, IT 조직이 가지고 가야 할 서비스 관리와 거버넌스는 한층 더 다양하고 복잡해질 것이다.

대기업 중심으로 많이 추진되고 있는 IaaS 서비스의 경우 낮은 수준의 클라우드 표준 구조와 서비스 운영 모습으로 하향 평준화되고 있는 것은 기존의 IT 운영상의 의존성, 위험성, 복잡성을 줄일 수 있으나 고차원 고품질의 운영을 요하는 기존 IT 서비스 체계를 대체할 수는 없다. 또한 IT 인프라 중심의 클라우드 서비스는 기존 IT 서비스 시장 자체를 잠식하면서 성장하고 있어, 시장 자체의 확대와 활성화라는 캐즘(chasm)을 극복하지 못하고 있다. 클라우드 서비스 공급자는 시장 수요자의 요구사항에 맞게 솔루션 제공자로서, 클라우드 서비스 수요자도 클라우드 활용상의 다양성에 대하여 고찰하고 다각도로 이용하는 솔루션 이용자로서 클라우드 서비스를 추구해야 한다.

클라우드 서비스의 활용과 관련하여, 데이터 및 콘텐츠의 허브로서 다중 기업들이 프로세스 및 어플리케이션을 활용하는 사례를 검토할 수 있다. 가트너 리서치사가 제시한 사례로서 여러 화물 운송 기업을 위한 공동 구매나 중앙 운송 계획을 지원하는 것이다. 즉 다수의 기업들이 어플리케이션 공유를 통하여 얻을 수 있는 부가가치는 비즈니스 프로세스를 최적화할 수 있는 가용 데이터 볼륨이 증가하게 된다. 이는 개별적인 운송 최적화를 뛰어넘어 전역적 최적화가 가능하게 된다. 앞으로의 클라우드는 플랫폼, 어플리케이션, 프로세스 영역에서의 리엔지니어링 토대로서 재검토되어야 한다.

## 2.1 산업 진화 단계

클라우드 서비스의 첫 번째 개념은 클라우드가 아니라 서비스이다. 즉 클라우드 서비스 제공자는 완성도 있게 서비스 수요자에게 제대로 서비스를 제공할 때 서비스 대상인 클라우드가 그 의미를 가진다. 클라우드 구름 안에서의 클라우드는 단순한 안개(기술, 아키텍처)일 뿐이며 클라우드 구름 밖에서의 클라우드는 서비스로서 인지되어야 한다. 이러한 관점에서 기존 IT 서비스 운영 및 관리 체계는 클라우드 서비스의 수명주기에 대한 관리 틀로서 활용되고, 동시에 플랫폼 기반 ICT 사업 구조의 혁신과 산업 융합을 통한 산업 구조의 혁신 토대로서 제공되어지고 있다.

클라우드 산업이 활성화되기 위해서는 1단계 클라우드 기술 혁신, 2단계 아키텍처 중심의 서비스 혁신, 3단계 플랫폼 기반의 ICT 사업 구조 혁신, 4단계 서비스 및 산업 융합을 통한 산업 구조 혁신의 단계로 진행되어야 한다. 현재 클라우드 산업은 1, 2단계를 넘어 3, 4단계로 진입하기 위한 전환점에 있다.

현행 클라우드 시장과 산업이 3, 4단계 즉 클라우드 플랫폼 기반 ICT 산업으로 진화하고, SW 융합 산업으로 활성화되기 위해서는 산업경제 관점에서의 전략적인 육성 활동이 필요하다. 클라우드 컴퓨팅 기술은 하드웨어, 소프트웨어, 네트워크 기술을 바탕으로 소셜 네트워크, 빅데이터, SW 융합 영역에서 통합 서비스로 발전하고 있다. 이는 클라우드 서비스로 제공되는 대상 어플리케이션이 하나의 큰 플랫폼 기반하에서 서비스되고 있음을 의미한다. 이를 위해서는 클라우드의 플랫폼화와 플랫폼의 클라우드화 전략 구사가 필수적이다. 즉, 클라우드 운영 관리 플랫폼 자체에 대하여 제대로 된 플랫폼 전략을 구사하고 클라우드 서비스 대상이 어플리케이션들이 플랫폼 기반하에서 개발, 배치, 운영되도록 한다.

### 1단계) 기술 혁신 단계

기술 혁신 단계는 가상화와 같은 클라우드 기술을 활용하는 단계로서 클라우드 솔루션 및 서비스 공급자 중심으로 시장과 산업이 형성되는 단계이다. 기술 혁신 단계에는 기술 및 솔루션 방향에 대한 공급자의 경쟁이 치열하고, 서비스 수요자 및 이용자는 이러한 기술과 솔루션을 어떻게 서비스로 활용할 수 있는 것인가에 대하여 고민하게 된다.

클라우드 서비스 상품을 가치를 생성하는 서비스(예: 가상 서버 생성)와 가치를 제공하는 서비스(예: 가상 서버 전달 제공)로 구분할 때 기술 혁신 단계에서는 기술을 활용하여 가치를 생성하는 것에 치중하게 된다. 그러나 무엇이 보다 근원적이고 본질적인 클라우드 서비스 인지는 살펴봐야 한다. 클라우드 서비스 상품은 클라우드 자원 가치를 어떻게 고객의 요구사항에 맞게 전달 제공하는가가 중요하다. 수동적으로 기술을 활용하여 내부 IT 자원 운영의 효율화 보다는 능동적으로 프로세스 민첩성 확보를 위한 혁신 전략의 실행 수단으로 활용하는 것이 그 예이다.

서비스 혁신 단계는 클라우드 기술 중심에서 서비스 중심으로 그리고 공급자/제공자 중심에서 수용자/이용자 중심으로 어플리케이션, 플랫폼, 인프라 요구사항에 대한 전략적 대안으로서 제시되고, 전사 아키텍처 관점에서 이용하는 단계이다. 클라우드가 할 수 있는 것과 없는 것을 IT 혁신 관점에서 잘 구분하고 활용해야 한다. 클라우드 서비스 수요자 입장에서 클라우드를 통해서 무엇을 얻고자 할 것인가를 명확하게 정의하고, 이를 정보화 과정에서 전사 아키텍처 관점에서의 목표 아키텍처와 전이 계획을 수립한다. 즉 클라우드는 서비스 수요자 기업의 전략, 목표, 업무의 요구사항에 대한 전략적 아키텍처 토대에서 활용된다. 이전의 클라우드 서비스 제공자의 기술 중심의 서비스 오퍼링을 통해서 기술 검증 및 솔루션 평가가 이루어졌다면 2단계에서는 수요자 기업의 아키텍처 로드맵에 의거하여 클라우드 도입과 적용을 추진한다. 이 과정에서 기술 참조 모형 및 표준 프로파일 도메인 영역에서의 기술 표준화 및 통합화 전략은 선행적인 클라우드 이행 전략 수립 활동으로 수행된다.

서비스 제공자는 서비스 이용자에 대하여 기술 솔루션을 제공하는 것도 중요하지만 서비스 운영 품질에 대한 기본적인 신뢰를 제공할 수 있어야 한다. 다음 그림에서와 같이 클라우드의 본질적인 가치를 제대로 제공하기 위해서 서비스 제공자는 T(Trust－공생적 협력 관계), R(Reliable－서비스 지속성과 운영 품질 보장), U(Universal－언제 어디서나 서비스 접속), S(Secured－데이터 보안 및 보호), T(Tailored－요구사항에 맞춤형 서비스 제공)의 개념을 확보하고 서비스 이용자에 대하여 신뢰(TRUST)를 제공해야 한다.

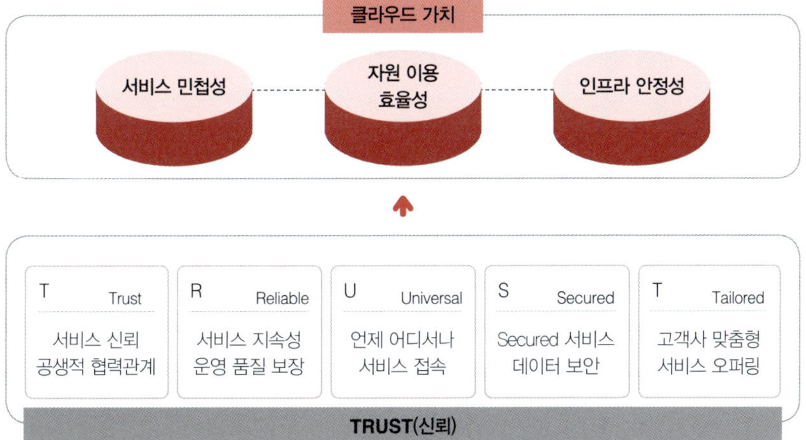


### 3단계) ICT 재구조화

ICT 재구조화 단계는 클라우드를 기반으로 기존 ICT 산업 자체를 재구조화하는 단계로서 모든 것은 클라우드 기반으로 옮겨진다는 것을 전제로 한다. 클라우드 산업이 하부 인프라 중심으로 전개되면서도 일부 대형 사업자를 제외하고는 데이터센터 산업(센터 비즈니스 + 부가 비즈니스)이 빠르게 확산되지 못하고 있다. 그러나 어플리케이션 및 콘텐츠 서비스 관점에서는 플랫폼 및 인프라 서비스를 토대로 글로벌 시장을 공략하는 ICT 서비스 생태계에 참여할 수 있다.

클라우드 컴퓨팅 기술은 기존 HW, SW, NW 기술을 바탕으로 소셜 네트워크, 빅데이터, SW 융합 영역에서 통합 서비스로 발전하고 있다. 이는 클라우드 서비스로 제공되는 대상 어플리케이션이 하나의 큰 플랫폼 기반하에서 서비스되고 있음을 의미한다. 클라우드의 플랫폼화 전략은 크게 2가지 관점에서 고찰되어야 한다. 첫째, 클라우드 운영 관리 플랫폼 자체에 대하여 제대로 된 플랫폼 전략을 구사한다. 둘째, 클라우드 서비스 대상이 어플리케이션들이 플랫폼 기반하에서 개발, 배치, 운영되도록 한다.

즉 클라우드 컴퓨팅 기술을 바탕으로 클라우드 서비스를 제공하기 위한 제반 요소, 즉 클라우드 운영 관리, 어플리케이션 개발–배치–운영 등을 플랫폼화하고 플랫폼 활성화 전략을 구사하여 내부 플랫폼 역량을 확충하면서 클라우드 기반 서비스 발굴 및 개발을 촉진시켜야 한다. 이 과정에서 클라우드 산업과 타 산업과의 연계 그리고 ICT 산업 특히 SW 산업에서의 상생 생태계를 구축할 수 있다.

### 4단계) 산업 재구조화

클라우드 컴퓨팅 및 서비스 산업이 국내 시장만을 목표로 하는 경우, 신규 산업으로의 볼륨은 크지 않고 기존 산업의 경쟁력 제고 수단으로만 의미 부여 받을 수 있다. 해외 선진 기업과 같이 클라우드 산업이 아닌 클라우드 기반 서비스 산업으로 글로벌 시장을 목표로 시장 전략을 구사할 때 산업 정책 자체가 의미가 있다.

글로벌 시장 변화와 고객 요구사항을 보다 빠르고 쉽게 접근하기 위해서는 일차적으로 기존 플랫폼의 클라우드화를 통해서 가능하다. SW 융합 영역 – 스마트 카, 스마트 의료, 스마트 홈, 스마트 타운, 스마트 제조 영역의 플랫폼을 클라우드로 보다 쉽게 적용하고 이용할 수 있게 하여, SW 융합 영역을 신규 가치 창출이 가능한 산업으로 육성할 수 있다.

대표적인 SW 융합서비스는 자동차, 의료, 홈 네트워크 산업 분야로서 대국민 생활과 밀접하게 관련되어 있으면서, 일자리 창출이 촉진할 수 있는 신성장 산업 영역이다. 즉 SW 융합은 자동차 분야의 스마트 카, 의료 분야의 스마트 헬스 케어, 주거 분야의 스마트 홈, 에너지 분야의 스마트 그리드, 교육 분야의 스마트 교육, 건설 분야의 스마트 빌딩/타운, 제조 생산 분야의 스마트 제조 등이 대국민 생활과 밀접하게 관련되어 있다.

SW 융합은 기존 산업에서의 업종 플랫폼을 클라우드화하여 가능하며 이러한 관점에서 클라우드는 기술 전략 중심의 사업방식에서 응용 서비스 전략 중심으로 전환되어야 한다. 즉, 기업의 서비스 혁신 관점에서 클라우드는 혁신의 목표가 아니며, 혁신의 실행과 실현을 위한 수단으로 활용한다. 다양한 업종과 산업에서 고도화된 서비스 플랫폼을 클라우드화 즉 인프라 서비스, 플랫폼 서비스 그리고 어플리케이션 서비스화하여 서비스 간 융합 및 산업 간 융합이 자연스럽게 구현될 수 있으며, 이 과정에서 서비스 기업의 경영 혁신과 함께 서비스 사용자를 위한 다양한 신규 사업 아이템을 발굴할 수 있다.

클라우드 산업 육성에 있어 플랫폼 전략 구사는 매우 중요하고 필수적이다. 플랫폼 전략은 보유 자산을 플랫폼화하여 가치 복합체를 창출하고, 플랫폼 기반 기업생태계의 상호작용을 적절히 관리하면서, 플랫폼 확장을 위한 일련의 의사결정 활동으로서, 크게 3가지 전략으로 구분된다[L41]. 첫째, 아키텍처 전략이다. 보유 자산을 플랫폼 기반 아키텍처로 새롭게 구성하여 사용자를 끌어들이는 토대로 만드는 것이다. 둘째, 거버넌스 전략이다. 플랫폼 생태계의 참여자들에 대한 사업 기회, 수익 배분 체계를 적절하게 구축하고 관리하는 것이다. 셋째, 재구조화 전략이다. 플랫폼을 수익 사업 관점으로 재편하여 그것을 기반으로 서비스 가치사슬을 견고히 하고 생태계 영역을 확장하는 것이다.

## 2.2 클라우드 산업 활성화

클라우드 산업 진화 단계에서 언급된, 기술, 서비스, 플랫폼, 융합의 개념이 산업 생태계 관점에서 맞물려 진화되어야 산업 자체가 활성화될 수 있다. 공급자와 수요자, 대기업과 중소기업, 산업과 산업이 서비스 생태계에서 공존하고 상호 진화되어야 한다.

글로벌 시장환경의 끊임없는 변화에 대하여, 기업은 기본적인 IT 운영에 따른 비용과 위험을 클라우드 외부 공급자에게 이전할 방법을 찾아야 한다. 클라우드 공급자는 자신들의 서비스에 대한 거대한 수요를 축적하고, 데이터센터에 투자함으로써 규모의 경제를 실현하여 더욱 더 저렴한 가격의 IT 서비스를 제공할 수 있다. 기업의 비즈니스를 지속적으로 유지하고 성장하기 위해서는 단순하게 IT 비용을 절감하고 영업 비용을 낮추는 것은 큰 효과가 없다. 만약, IT 운영을 전략적 수단이 아닌 단순한 비용 부문으로만 접근한다면 해당 기업은 적시에 신규 상품/제품/서비스를 출시할 수 없을 것이며 고객과 시장의 변화와 요구에 제대로 부응하지 못하면서 신규 위기(위협과 기회)에 대해 신속하게 대응하지 못할 것이다. 즉 IT 운영을 전략적인 관점에서 변화와 요구에 민첩하게 대응할 수 있는 클라우드 컴퓨팅 환경으로 이동하여 절약한 비용과 자원을 기존 상품 개선 및 신규 상품 개발에 더욱 더 투자하고 고객과 시장과의 커뮤니케이션을 더욱 더 진화시켜 지속적인 혁신과 이익 창출을 얻을 수 있다.

클라우드의 진정한 가치는 IT 비용 절감의 효과를 제공한다는 점도 있지만 비즈니스 민첩성을 확보하기 위한 혁신 전략을 지원한다는 데 있다. 특히, 글로벌 시장에서의 플랫폼 기반 서비스 사업의 경우에는 글로벌 커버리지, 플랫폼의 접근 용이성, 빠른 서비스 개발 및 이용이 중요하며 시장의 변화와 고객의 요구사항에 빠르게 인지 분석하고 반응하는 것이 매우 중요하다. 이러한 경우에 클라우드 컴퓨팅이 제대로 된 전략 지원의 도구가 될 수 있다. 특히 중소기업의 경우 글로벌 시장에서의 신규 비즈니스 구축 및 신제품 개발에 클라우드 컴퓨팅 기술과 서비스를 이용하여 글로벌 시장을 공략할 수 있다. 몇 년 전 만에 해도 글로벌 인프라를 구축하고 운영할 역량과 여력이 없던 중소기업이 제3자 클라우드 서비스를 이용하여 글로벌 고객을 대상으로 서비스를 제공하고 원격에서 서비스를 지원할 수 있다[3].

산업 간 융합이 이루어질 플랫폼은 ICT 특히 SW이며 서비스의 빠른 확산과 효율성을 위하여 클라우드 도입은 촉진될 것이고 필수화될 것이다. ICT 기반 플랫폼으로서 많이 활용되는 모바일 ICT 환경 즉 모바일 플랫폼도 하나의 거대한 글로벌 SW 플랫폼으로서 발전될 것이며 이를 위해서는 'Global One Cloud'화가 필수적이다[4]. 즉 모바일 생태계에 참여하는 사업자 및 사용자 그리고 사물 체계가 자연스럽게 언제 어디서나 연결되고 서비스 활용 과정에서 신규 가치를 창출하고 선순환되는 글로벌 생태계가 조성될 것이다. 이러한 플랫폼 기반 생태계가 클라우드 기반으로 전환되는 추세이며, 이를 통하여 대기업 중심의 생태계를 중견기업 및 중소기업 중심으로 전이하여 다양한 영역에서의 신규 산업 및 일자리 창출이 가능할 것이다. 기존 산업과 SW 산업이 융합화되면서 신규 산업 및 일자리 창출이 지속화되기 위해서는 쉽게 생태계에 참여할 수 있어야 하고, 지속적으로 가치 선순환이 이루어질 수 있도록 해야 한다. 이를 위해서는 클라우드 기반의 SW 융합화가 명확한 대안으로 검토될 수 밖에 없다.

클라우드 산업은 기존 IT 자원 즉 서버 사이드의 인프라(서버, 스토리지, 네트워크), 플랫폼(어플리케이션 플랫폼, 서비스 플랫폼) 그리고 어플리케이션 영역과 클라이언트 사이

---

3 실제로 국내 사업을 해외(예: 중국) 거점에서의 생산 제조 유통 판매로 확대하는 경우 필요한 IT 인프라는(전용 센터 계약을 요구하지 않는다면) 1주일 이내로 확보 가능하다. 특히 온라인 유통 및 서비스 사업의 경우에는 더욱 더 빠르게 진행할 수 있다.
4 Apple, Google, Microsoft, 삼성전자의 클라우드 서비스 전략이 그 예이다.

드의 단말 자원을 제공하고 이용하는 산업 구조에서 더 나아가 SW 융합 영역에서의 스마트 모바일, 스마트 가전, 스마트 카, 스마트 의료, 스마트 제조, 스마트 타운 등에서의 모든 디바이스와 연동/연계/접속되어 사물인터넷 체계의 핵심구조로 활용될 것이다. 즉, 유비쿼터스 컴퓨팅의 기반 구조로서 발전될 것이며 이러한 로드맵은 IT 컴퓨팅 패러다임이 내부, 외부 그리고 B2B, B2C 구분 없이 하나의 큰 컴퓨팅 체계로 발전될 것이다.

대기업-중견기업-중소기업 간의 클라우드 생태계 구조는 SW 융합서비스 분야에도 그대로 적용된다. 중소기업은 신규사업 가치 및 아이템의 발굴과 사업화를, 중견기업은 전문 플랫폼 역량 확보 및 사업 확대를 그리고 대기업은 인프라 확보 및 글로벌 커버리지 구축의 역할을 분담 수행하는 것을 생각할 수 있다. 이러한 생태계의 중심에는 SW 개발자가 있으며, SW 개발자는 창조적인 사업 아이디어를 클라우드 인프라 기반 개발 플랫폼을 활용하여 빠르게 글로벌 서비스로 출시할 수 있다는 점은 창조경제의 핵심 방향과도 일치한다.

클라우드 서비스 산업은 그 자체로는 ICT 서비스 산업에 포함되지만 타 산업 및 경제에 대한 파급효과가 큰 만큼, 전략적으로 활성화되어야 한다. 이를 위해서는 4가지 관점에서 활성화 방향을 구체적으로 고찰한다.


첫째, 서비스 시장 확대이다. 기존 클라우드 시장은 규모의 클라우드 인프라 중심에서 어플리케이션 서비스 플랫폼과 콘텐츠 서비스 중심으로 다양화하여 상향 확대되어야 한다. 또한 초기 시장 활성화를 위해서는 클라우드 컴퓨팅 선진국인 미국의 경우와 같이 국가 주도의 클라우드 서비스 도입이 절실하다[5].

둘째, 상생 생태계 구축이다. 대기업 중심의 클라우드 인프라 플랫폼과 중견 중소기업 중심의 SW 융합 어플리케이션이 하나의 큰 생태계로 선순환되도록 해야 한다. 특히 클라우드는 궁극적으로 서비스로 제공되어야 하며 서비스는 기본 운영품질을 요하는 만큼 이

---

[5] 미국 오바마 정부의 Cloud First 정책과 같이 정부 주도의 클라우드 시장 활성화 정책이 필요하다. 그 결과로서 미국 CIA는 아마존사의 클라우드 서비스를 도입하기도 하였다. 그러나, 정부 주도의 공공기관 클라우드 도입은 쉽지 않은 것이 현실이기도 하다. 2014년 미국 연방정부의 IT 정책 우선순위 조사 결과에 따르면 미국 오바마 정부가 공공 부문의 클라우드 도입을 촉진하고 있으나 실질적인 가시화가 더딘 것으로 확인되고 있다. 이는 미국 공공기관의 경우에도 IT 조직문화가 장애물로 작용하고 있으며 클라우드 전환에 대한 혁신 부담감을 가지고 있는 것으로 판단된다.

에 대한 대기업의 역할과 다양한 가치 차별화를 위한 중소기업 주도의 킬러 어플리케이션 개발을 상호 존중해야 한다.

셋째, SW 융합 전략이다. 규모의 경제 논리와 함께 범위의 경제를 추구하기 위해서는 SW 융합 영역에서의 클라우드 활용과 응용이 필요하다. SW 융합 영역(엔터테인먼트, 가전, 자동차, 빌딩, 타운, 항공, 의료, 생산, 제조 등)에서의 신규 사업화에 필요한 서비스 및 플랫폼 개발이 클라우드 기반하에서 쉽게 이루어질 수 있고 구축된 플랫폼이 클라우드를 통하여 실현될 때 보다 다양한 파트너, 이용자들이 참여하는 SW 생태계를 쉽게 구축할 수 있다.

넷째, 글로벌 서비스이다. 글로벌 시장에서의 서비스 수요자의 니즈와 요구사항에 즉각적으로 반응하고 대응할 수 있는 플랫폼 토대는 반드시 글로벌 커버리지를 가지고 서비스를 제공해야 한다. 국내 클라우드 인프라의 글로벌화와 함께 국내 인프라와 해외 인프라와의 기술적 사업적 연동이 필요하며, 즉, 글로벌 커버리지 확보를 위한 서비스 브로커리지 및 전략적 제휴 활동은 필수적이다.

과거 초고속통신망 중심의 인터넷 생태계는 유무선 인프라 보급, 전자상거래 활성화, 모바일 단말 사업의 글로벌 선도 등을 이루었으나 소프트웨어 분야에서는 글로벌 벤더에 대한 종속과 의존도가 점점 많아지고 깊어지고 있다. 최근 클라우드 컴퓨팅 기술에 대한 관심과 함께 국내기업들이 클라우드 서비스 사업에 총력을 벌이고 있지만, 대부분 국내 사업자들은 지역적 한계를 극복하지 못하고 제한적으로 서비스 제공할 뿐 클라우드 서비스의 핵심인 PaaS를 제대로 제공하는 기업은 거의 없다. 기업 관점에서는 경쟁력 확보와 국가적으로는 산업 및 경제 육성을 위해서는 클라우드 산업 육성과 SW 융합 산업화가 필요하며 이를 실현하기 위해서는 클라우드의 플랫폼화를 통한 SW 생태계 구축 및 플랫폼의 클라우드화를 통한 SW 융합 확산이 필수적이다. 늦었지만 더 이상 늦지 않게 지금이라도 시작해야 한다.

클라우드 활성화를 위한 정책은 기업이 개별적으로 추진하기 어려운 것들 또는 추진함에 걸림돌이 되는 것을 해결해주는 방향으로 설정되는 것이 바람직하다. 하나의 예로, 10여 년 동안 한 분야에서 구축 및 운영 사업을 해온 중소기업이 그동안의 역량을 자산화하여 글로벌 영역에서의 서비스 사업화를 추진할 때 클라우드가 필요하지만 쉽지 않은 요소가 몇 가지 있다. 첫째, 쉽고 빠르게 사업 모델을 개념 증명 또는 시범화하여 마케팅까지 시뮬레이션/테스팅해보는 것이다. 이를 위한 클라우드 지원 센터가 확대 육성되어야 한다.

둘째, 클라우드화를 위하여 필요한 인력 부재이다. 인프라는 많은 로컬/글로벌 사업자를 활용하면 되지만 플랫폼단에서 기존 서비스를 재구조화하거나 서비스 운영을 해보지 않은 상황에서 인력 확보부터 정착화까지 많은 두려움을 가지게 된다.

셋째, 하나보다는 여러 기업들이 함께 그룹(또는 커뮤니티, 연합체)으로 움직이는 것이 필요한데 그러한 생태계 틀이 없고, 이러한 그룹핑을 할 수 있는 매개체가 없다. 최근 연구개발 활동도 여러 기업들이 수평적/수직적 관계에서 협업 수행하듯이 서비스 영역도 마찬가지이다. 한 기업이 모든 것을 수행할 수도 있지만 여러 기업들이 모여 하나의 서비스(어플리케이션 – 플랫폼 – 인프라 – 운영 관리 – 마케팅 등)를 복합 구성하는 것도 대안으로 반드시 검토 육성되어야 한다.

### 2.3 클라우드 경쟁력 확보

'08년 글로벌 금융위기는 전세계 경제의 침체를 가져왔으나 최근 불황을 벗어나고 있다. 이러한 배경에는 ICT 산업 특히, 모바일, 인터넷, 소셜, SW 융합 산업이 혁신에 혁신을 거듭하면서 발전하면서, 전체 산업 구조의 변화와 발전의 토대를 마련해주고 있기 때문이다. ICT 산업에서의 혁신 패러다임은 기존 하드웨어 중심의 생산 경쟁력은 향후 글로벌 서비스 경쟁에서 더 이상 살아 남을 수 없는 상황이 되었다. 선진국의 소프트웨어 및 서비스 기업들이 창의, 도전 그리고 혁신으로 뭉쳐 하나의 큰 문화를 이루면서 고부가가치 창출을 통하여 기업/산업/국가 발전을 이루고 있듯이 늦었지만 장기적으로 소프트웨어 기반의 ICT 산업을 육성하여 보다 큰 ICT 생태계를 구축하고 이를 기반으로 많은 중견/중소 기업들의 가치 창출을 유도하고 지원해야 한다[L45].

첫째, 단기 및 장기 관점에서의 전략 검토이다. 궁극적으로 향후 5년 안으로 클라우드 컴퓨팅 자체가 'Just Computing' 되는 상황이 도래할 것이며, 어떠한 필요충분적인 원천기술을 확보하여 국내 클라우드 산업이 글로벌 시장을 선도할 수 있도록 검토한다.

적극적인 관점에서는 하이퍼바이저, 매니코어(Many-core), 네트워크, 소프트웨어 정의, 빅데이터, 서비스 관리, 서비스 브로커리지, 보안 등의 요소기술에 대한 역량과 솔루션 확보가 지속적으로 수행되어야 하며 시장에서의 Top 3 제품 솔루션을 확보해야 한다. 이는 기존의 SW 제품 솔루션을 확보하여 SW 제품 영역에서의 시장 리더가 아닌 글로벌 ICT 서비스 시장에서의 선도 리더로서 전체 IT를 선도 지배할 수 있는 좋은 기회가 될 수 있다. 소극적인 관점에서는 현재 클라우드 관련 플랫폼 솔루션에 대한 라이선스 비용이 그 효용성 대비 3–4배의 가격(라이선스 비용)으로 구매되고 있는 상황에서 해외로의 국부 유출을 방지하기 위한 대안 솔루션 개발이 장기적으로 추진되어야 한다. 단순한 연구개발 역량 확보가 아니라 시장에서의 상용 솔루션 확보가 궁극적인 목표가 되어야 한다. 단기적으로는 국내 클라우드 시장 자체의 활성화가 필요하다. 이를 위해서는 클라우드 컴퓨팅의 본질과 서비스 산업에 대한 이해가 필요하다. 무엇이 중요하고 무엇이 필수이고 무엇이 현실적인 가를 빨리 파악하여 잠재 시장을 발굴하고 현재 시장에서의 신뢰 확보가 급선무이다.


둘째, SW 기반의 ICT 생태계의 중심에는 SW 플랫폼과 콘텐츠가 있으며 인프라 및 단말 토대를 형성해주는 것이 바로 클라우드이다. 즉, 클라우드는 많은 창의와 혁신이 내재된 SW 플랫폼의 토대이며 기술 및 업종 융합의 인프라로서 작용할 것이다. 이에, 클라우드 기반 SW 플랫폼과 콘텐츠 및 어플리케이션 산업은 글로벌 서비스 경쟁 시장에서의 보다 쉽게 글로벌 경쟁력을 가질 수 있게 하며, 또 하나의 플랫폼 응용 헤게모니를 구축할 수 있다. 향후 시장 경쟁에서의 통합 플랫폼 및 플랫폼 응용에 대한 요구사항에 대하여 보다 민첩하게 대응하고 이에 대한 경쟁우위를 확보할 수 있는 계기가 예상되는 바, 국가 차원의 공정 경쟁 체계로의 규제 및 산업 육성과 지원 체계가 전략적으로 필요하다[L45]. 이를 위해서는 SW 플랫폼과 어플리케이션 시장에 대한 육성 지원과 공정 경쟁을 상시 모니터링하면서 시장 활성화를 유도하고, 시장 지배적인 사업자에 대한 정책을 이용자와 개발자 관점에서 제고한다. 또한 기반이 되는 인프라(네트워크) 및 단말 산업이 콘텐츠 및 플랫폼 산업의 경쟁력 자체를 증진할 수 있도록 산업 구조 및 법 제도를 개편해야 한다.

초기 Google, Apple사 등의 빅브라더 주도의 플랫폼 경쟁과 단말 시장 주도를 콘텐츠 경쟁이 주도하는 구도로 변화시키기 위해서는 다양성이 존재해야 한다. 특히 단말과 플랫폼상의 다양성은 여러 형태와 방식의 세분화된 플랫폼들로 세분화될 것이다. 또한 사용자 관점에서 여러 형태의 플랫폼을 하나의 틀과 체계로 통합하여 이용자 상황에 맞춤형으로 제공하는 플랫폼 응용체계 또한 발전될 것이다. 시장이 활성화되면 될수록, 시장 이용자의 다양한 요구사항에 대응할 수 있는 플랫폼 응용과 어플리케이션에 대한 중소기업의 적극적인 사업 전개가 요구된다.

플랫폼 기반 시장 구조로의 혁신을 위해서는 기반이 되는 시스템 소프트웨어 분야에 대한 기술력을 민간 부분에서 자생적으로 확보하는 것은 쉽지 않다. 원천기술 확보 관점에서 국가의 지속적인 투자와 지원이 필요하다.


셋째, 클라우드 컴퓨팅 기술 기반하에 클라우드 서비스 시장 자체를 확대하는 것은 그리 크지 않으며, 클라우드를 토대로 한 서비스 플랫폼(모바일, 빅데이터, 소셜 등) 및 응용 서비스(모바일, 기업 어플리케이션, 업종 영역)에서의 시장 확대 및 가치 창출이 신산업 도출 및 일자리 창출 관점에서 매우 의미가 있다. 즉 클라우드 산업 발전에 대한 논의는 레이어 및 모듈 기반으로 나누어서 수행되어야 한다. 인프라, 플랫폼, 응용 서비스, 클라우드 관리 플랫폼, 보안, 서비스 운영 관리 등이 그 예다.

인프라단에서는 무엇보다도 글로벌 인프라 확보이다. 이는 국내에서의 데이터센터 산업의 육성을 위하여 해외 서비스 사업자의 센터를 국내로 유치하여 허브로서의 역할로 촉진하는 것은 장기적인 관점에서 추진되어야 하지만, 상위 플랫폼 및 응용 서비스가 꽃을 피워 열매를 얻기 위해서는 필수 인프라 확보는 선행 해결되어야 한다. 이는 플랫폼 및 응용 서비스단에서의 성공적인 시장 진출 및 확대는 하부 인프라 특히 클라우드 데이터센터의 확보를 촉발하기 때문이다. 단기적으로는 자체 확보보다는 글로벌 커버리지 확보를 위한 인프라 서비스 활용이 필요하고, 장기적으로는 자체 확보(예: 인수, 구축, 제휴)를 통한 비즈니스 지속성 및 차별성을 추구한다.

플랫폼단에서는 커뮤니티 육성 특히 우수 개발인력의 저변 확보가 시급하다. 이는 플랫폼 자체가 오픈소스 기반이든 아니든 이를 개발하고 응용하기 위해서는 플랫폼 개발과 아키텍처 인력이 많아야, 플랫폼 기반 응용 서비스 개발이 촉진되기 때문이다. 하고 싶어도 플랫폼 개발 및 기반 응용 서비스 개발이 엄두가 나지 않는 경우도 많다. 물론 많은 응용 서비스들은 기존 산업표준 API를 활용하여 개발하지만, 이는 응용 서비스 수준이고, 플랫폼 기반하에 제대로 된 생태계를 구축하기 위해서는 인력 양성 및 확보가 시급하다. 이를 위해서는 개별 기업보다는 국가 차원의 다양한 과제를 수행함으로써 제대로 조기에 확보될 수 있다.

응용 서비스단은 단기적으로 접근될 수 있고, 일자리 창출을 위해서 그리고 장기적인 산업 경쟁력 및 신산업 확보를 위해서는 기본적인 시장 규모를 정의하는 응용 서비스를 많은 기업들이 클라우드 기반으로 제공할 수 있도록 한다. 이를 위해서는 보다 빠르고 쉽게 클라우드 인프라와 플랫폼을 접근하여 이용 활용할 수 있도록 해야 한다. 그러나 문제는 그러한 응용 서비스 기업들이 클라우드 존재와 이용 방법에 대하여 너무 모르고 있다는 것이며, 전략적인 차원에서 클라우드 활용을 계몽하고 프로모션해야 한다.

C-P-N-D 가치사슬 상에서 기존 디바이스 중심에서 고부가가치의 콘텐츠 및 어플리케이션 중심으로 이동하기 위해서는 플랫폼 사업자 주도에서 콘텐츠 사업자 주도의 시장 개편이 필요하며 이를 위해서는 플랫폼 기반의 네트워크 효과에 영향을 받지 않는 고부가가치의 문화 콘텐츠 산업 육성이 필요하다. 장기적인 관점에서 C-P-N-D 가치사슬을 지배하는 콘텐츠 산업 영역을 육성한다.


넷째, 클라우드 서비스의 공급망 관점에서 서비스 공급자, 수요자, 중개자 역할을 고객 기업과 제공 기업 관점에서 고찰하고, 이들 간의 가치 흐름을 원활하게 해주어야 한다. 이러한 역할 기업간의 가치 흐름을 방해하는 실질적인 장애물은 소프트웨어 라이선스와 보안 이슈이다. SW 라이선스의 경우, 글로벌 상용 벤더사는 기존 기득권을 가지고 있는 SW

제품 시장의 보호를 위하여 클라우드 서비스용 라이선스에 대하여 융통성을 제공하지 못하고 있다. 또한 그러한 SW 제품 솔루션은 대부분이 외산 제품들이다. 이에 대한 근원적인 문제 해결 노력을 SW 아키텍처 표준화 및 이에 기반하여 적절하고 적합한 라이선스 정책을 글로벌 차원에서 경주해야 한다. 보안 이슈도 검토되어야 한다. 응용 서비스에 따라서는 보안 이슈가 중요한 영역도 있고 그렇지 않은 영역도 있다. 보안 이슈는 서비스 영역별로 융통성 있게 적용하고 추진되어야 한다. 이에 대한 정책적 융통성이 명확하게 설정되어야 서비스 출시에 대한 법 제도와 보안 이슈에 대한 불안감 없이 착수 추진될 수 있다.

:: 참고문헌 ::

[A01] Shuvanker et al., "Cloud Computing Explained", The Open Group, 2011.

[A02] Blythe Aronowitz et al., "Cloud Computing – Storms on the Horizon", Deloitte, 2011.

[A03] James Staten, "Don't Move Your Apps to the Cloud", Forrester Research, 2012.

[A04] John R. Rymer et al., "The Forrester Wave : Enterprise Public Cloud Platforms Q2 2013", Forrester Research, 2013.

[A05] KPMG, "The Cloud : Changing the Business Ecosystem", KPMG in India, 2011.

[A06] Frost & Sullivan, "Getting more out of the cloud with Platform−as−a−Service", www.frost.com, 2012.

[A07] Everest Group, "Enterprise Cloud Adoption Survey 2013", Everest Research EGR−2013−4−O−0856, 2013.

[A08] IBM, "Digital Economy Rankings 2010 – Beyond e−readiness", Economist Intelligence Unit, 2010.

[A09] James Comport 외, "Under Cover: How leaders are accelerating competitive differentiation", IBM Center for Applied Insights, 2013.

[A10] Paul Krill, "9 cloud development platforms on the rise", www.infoworld.com, 2012.

[A11] Patrick Chanezon, "Introducing Cloud Foundry : The Open Platform as a service", VMware, 2012.

[A12] Snehal S. Antani, "Private Cloud [R]Evolution – Customer journey to the private cloud", IBM CCRA Workshop, 2012.

[A13] David Mitchell Smith, "Hype Cycle for Cloud Computing, 2012", Gartner Research, 2012.

[A14] Nagarajan R, "Data Center Transformation", Cisco, 2013.

[A15] Pietro Iannucci and Manv Gupta, "IBM SmartCloud : Building a Cloud Enabled Data Center", IBM Redbooks, 2013.

[A16] LyerSreekanth, "Building Your Cloud Using IBM Cloud Computing Reference Architecture.", IBM India, 2011.

[A17] Benoit Lheureux, "Cloud Services Brokerage: How intermediation is lowering barriers to cloud adoption", Gartner Research, 2012.

[A18] Michele Cantara, "Hype Cycle for Cloud Services Brokerage, 2012", Gartner Research, 2012.

[A19] Bryan Che, "On The Road To Open Hybrid Cloud", Red Hat, 2013.

[A20] Anshu Kak, "Cloud Computing – IBM Cloud Computing Reference Architecture", IBM, 2013.

[A21] IBM, "Getting cloud computing right", IBM Thought Leadership White Paper, 2011.

[A22] Pietro Iannucci et al., "IBM Smart Cloud : Builing a Cloud Enabled Data Center", IBM Redbooks, 2013.

[A23] McKinsey Global Institute, "Big Data: The next frontier for innovation, competition, and productivity", McKinsey&Company, 2011.

[A24] Adnan Bhutta, "소프트웨어 정의 인프라", IDG ITWorld Report, 2014.

[A25] Cisco, "Cisco Intercloud", http://www.cisco.com/c/en/us/products/switches/intercloud/at-a-glance-listing.html, 2014.

[A26] Glen Robinson et al., "Using Amazon Web Service for Disaster Recovery", Amazon AWS, 2012.

[A27] Robert Desisto, "Creating Practical SaaS Strategies", Gartner Symposium 2013, 2013.

[A28] Yefim Natis, "How Cloud, Mobile, & Information Redefine the Enterprise Application Architecture", Gartner Symposium 2013, 2013.

[A29] Daryl Plummer, "The Cloud Computing Scenario : End of the Beginning Goes From Cloud to Ground and Back", Gartner Symposium 2013, 2013.

[A30] Thomas Bittman, "Hybrid Clouds and Hybrid IT : The Next Frontier", Gartner Symposium 2013, 2013.

[A31] Kyle Hilgendorf, "Developing a Cloud Adoption Strategy and Maturity Plan",
Gartner Symposium 2013, 2013.

[A32] Philip Allega et al., "Executive Briefing: Enterprise Architecture", Gartner Symposium.

[A33] Yefim V. Natis et al., "Platform as a Service: Definition, Taxonomy, and Vendor Landscape,
2013", Gartner Research, 2013.

[A34] Yefim V. Natis, "Hype Cycle for Cloud Application Infrastructure Services (PaaS)",
Gartner Research, 2012.

[A35] Yefim V. Natis, "Gartner Reference Model for PaaS", Gartner Research, 2011.

[A36] Yefim V. Natis, "Gartner aPaaS Report Card: Choose YourCloud Application Platform
Wisely", Gartner Research, 2013.

[A37] Yefim V. Natis, "Gartner Reference Model for Elasticity and Multitenancy",
Gartner Research, 2012.

[A38] Yefim Natis, "Cloud Computing Powered by Platform as a Service", Gartner Symposium/
ITxpo, 2012.

[A39] Massimo Pezzini et al., "Productivity vs. Control: Cloud Application Platform Must Split to
Win", Gartner Research, 2011.

[A40] Richard Watson, "Platform as a Service (PaaS) for Private Cloud", Gartner Research, 2012.

[A41] Lauren E. Nelson, "State of Cloud Platform Standards: Q1 2014", Forester Research, 2014.

[A42] Fang Liu et al., "NIST Cloud Computing Reference Architecture", NIST Special Publication
500−292, 2011.

[A43] Peter Mell et al., "The NIST Definition of Cloud Computing.", NIST Special Publication
800−145, 2011.

[A44] Michael HoganLiu et al.,"NIST Cloud Computing Standards Roadmap.", NIST Special
Publication 500−291, 2011.

[A45] Thomas Lee, "Architecture and Practices on Cloud Interoperability and Portabilty",
Hong Kong Computer Society, 2013.

[A46] Cloud Computing Use Case Discussion Group, "Cloud Computing Use Cases White Paper",
http://cloudusecases.org , 2010.

[A47] Thomas Spatzier, "OASIS TOSCA", OpenStack Design Summit 2013, 2013.

[A48] Jeanne W. Ross, Peter Weill, David C. Robertson, "Enterprise Architecture as Strategy",
HBS Press, 2006.

[A49] Fabio Castiglioni, "Enterprise Architecture in the age of Cloud Services",
IBM developerWorks, 2012.

[A50] Mike Walker, "Why Enterprise Architecture Must Drive Cloud Strategy & Planning?",
Open Group Conference San Francisco, 2013.

[A51] Christopher J Harding, "Using the Cloud in Enterprise Architecture",
The Open Group, 2012.

[K07] Emmanouli D. Tritsiniotis, "Get Ready for the Cloud: Tailoring Enterprise Architecture for
Cloud Ecosystems", Universiteit Twente Master's Thesis, 2013

[A53] Yu He, "The Lifecycle Model for Cloud Governance", University of Twente Master's
Thesis, 2011.

[A54] Remco Boksebeld, "The Impact of Cloud Computing on Enterprise Architecture and Project
Success", Hogeschool Utrecht Master's Thesis, 2010.

[A55] CAPGEMINI, "Operating in the Cloud and Enterprise Architecture",
Capgemini Consulting, 2011.

[A56] Fabio Castiglioni, "Enterprise Architecture in the age of cloud services",
IBM DeveloperWorks, 2012.

[A57] Eric Marks, "ITSM and Cloud Computing: Integrating ITSM and Cloud into Enterprise IT
Governance", Agile Path TR, 9999.

[A58] Laurent Lachal, "Cloud Governance : an Overview", OVUM TR, 2010.

[A59] Zacharias Enslin, "Cloud Computing: COBIT−mapped benefits, risks, and controls
for consumer enterprise", Stellenbosch University Master's Thesis, 2012.

[A60] INFOSYS, "Business Clouds with EA Transformational Project Case Studies",

The Open Group India Conference, 2011.

[A61] James Odell et al., "Object Management Group Cloud Computing Standards: Building a

Multi-View Specification", OMG, 2009.

[A62] Petruch K. et al., "Cloud Computing Governance Aspects", Deutsche Telekom AG, 2011.

[A63] Gene Leganza, "EAs are Seeing the Beginning of Cloud's Impact on IT",

Forrester Reseach, 2009.

[A64] Hrishikesh Trivedi, "Cloud Adoption Model for Governments and Large Enterprises",

MIT Sloan School of Management Working Paper CISL#2013-12, 2013.

[A65] Steve Speicher, "DevOps in the Cloud: Addressing Integration Challenges", IBM, 2013.

(ref: http://www.slideshare.net/sspeiche/cscc-dev-ops-in-cloud-oslc-integration?ref=

http://open-services.net/resources/presentations/devops-in-the-cloud-addressing-

integration-challenges/

[A66] Amit Kumar, "Cloud Computing - Alignment to Service Management (ITIL V3)", Atos,

2013.

[A67] Serge Thorn, "Cloud Computing requires Enterprise Architecture and TOGAF9 Can Show

the Way", Architecting the Enterprise Ltd., 2011.

[A68] Serge Thorn, "Cloud Computing requires Enterprise Architecture and TOGAF 9 Can Show

the Way", Architecting the Enterprise Ltd., 2011.

[A69] Warren Chan et al., "Enterprise Risk Management for Cloud Computing",

www.coso.org, 2012.

[A70] iREBELLABS, "IT OPS & DEVOPS Productivity Report 2013 - Tools, Methodologies,

and People", http://zeroturnaround.com, 2013.

[A71] Jayavardhana Gubbi et al., "Internet of Things : A Vision, Architectural Elements, and

Future Directions", The University of Melbourne, 2012.

[A72] Geoffrey C. Fox, "Architecture and Measured Characteristics of a Cloud Based Internet of

Things API", Community Grid Laboratory Indian University, 2012.

[A73] Philippe Julio, "Hadoop Architecture", Sun Microsystems, 2010.


[B01] Americal Council for Technology, "The Role of Enterprise Architecture in Federal Cloud Computing", ACT SIGEA, 2011.

[B02] ACT SIGEA, "The Role of Enterprise Architecture in Federal Cloud Computing", American Council for Technology, 2011.

[B03] BSA, "2013 BSA Global Cloud Computing Scorecard", BSA, 2013.

[B04] COSO, "Enterprise Risk Management for Cloud Computing", COSO, 2012.

[B05] CSA, "Top Threats to Cloud Computing V1.0", Cloud Security Alliance, 2010.

[B06] DMTF, "Cloud Infrastructure Management Interface Model and RESTful HTTP-based Protocol", DMTF, 2012.

[B07] DMTF, "Cloud Infrastructure Management Interface", DMTF Technical Note, 2012.

[B08] ETSI, "Cloud Standards Coordination - Final Report", ETSI, 2013.

[B09] FAA, "FAA Cloud Computing Strategy V1.0", FAA, 2012.

[B10] GSA, "Guide to Understanding FedRAMP Version 1.0", 2012.

[B11] ITIF, "How much will PRISM cost the US cloud computing industry?", ITIF, 2013.

[B12] ITGI, "COBIT Framework", IT Governance Institute, 2007.

[B13] ITU-T, "Part 1: Introduction to the cloud ecosystem", ITU-T FG Cloud TR V1.0, 2012.

[B14] ITU, "Cloud computing framework for end-to-end resource management", ITU-T Y.3520, 2013.

[B15] ISACA, "IT Control Objectives for Cloud Computing: Controls and Assurance in the Cloud", ISACA, 2011.

[B16] NIST, "Cloud Architecture Reference Models : A Survey", NIST CCRATWG 004 v2, 2011.

[B17] TMFORUM, "Multi-Cloud Service Management - Technical Guide", TMFORUM TR196, 2013.

[B18] The OPEN GROUP, "Guide – Cloud Computing Portability and Interoperability", The Open Group, 2013.

[B19] The OPEN GROUP, "The Open Group Cloud Work Group", The Open Group, 2011.


[K01] KCA, "개방형 모바일 클라우드 기술 및 시장 동향", 한국방송통신전파진흥원, 2013.

[K02] KCA, "IT와 신소비 문화의 만남 – 공유 경제(Sharing Economy)", 한국방송통신전파진흥원 동향과 전망 통권 제67호, 2013.

[K03] KISA, "클라우드 서비스 융복합 모델 발굴 및 사업화 추진 연구", 한국인터넷진흥원 KISA–WP–2010–0044, 2010.

[K04] KISA, "아마존의 클라우드 서비스 동향", 글로벌 방송통신 동향리포트, 2013.

[K05] KISA, "스마트워크 도입을 위한 정보보호 수립 기준 연구", 한국인터넷진흥원 KISA–WP–2011–0013, 2011.

[K06] KISDI, "클라우드 서비스 이용 현황", KISDI STAT REPORT 14–01–02, 2014.

[K07] NIA, "IT환경변화에 따른 EA 역할과 방향 연구", 한국정보화진흥원, 2013.

[K08] NIA, "향후 10년간 IT 기반 10대 비즈니스 트렌드 – 맥킨지 보고서를 중심으로", 한국정보화진흥원, 2013.

[K09] NIA, "모든 것이 연결되는 새로운 창조사회 – IoT 중심의 초연결 글로벌 선진 사례", 한국정보화진흥원, 2014.

[K11] NIA, "창조경제 국민행복 실현을 위한 ICT융합서비스 글로벌 동향과 시사점", 한국정보화진흥원, 2013.

[K12] NIPA, "SW 아키텍처 참조 모델 – 클라우드 시스템을 기반으로한 통합 로그/데이터 수집 참조 모델", 정보통신산업진흥원, 2012.

[K13] NIPA, "공개 SW 라이선스 가이드", 정보통신산업진흥원 공개SW역량프라자, 2014.

[K14] NIPA, "클라우드/빅데이터 분야 공개 SW 솔루션 목록", 정보통신산업진흥원 공개SW역량프라자, 2013.

[K15] NIPA, "사물인터넷 산업의 주요 동향", 정보통신산업진흥원 해외 ICT 정책동향(2013년 06

호), 2013.

[K17] NIPA, "본격 경쟁에 돌입한 클라우드 OS 4개 진영의 장단점 비교", 정보통신산업진흥원 최신 ICT 동향, 2013.

[K18] TTA, "ICT표준화전략맵 Ver.2014 – 콘텐츠/플랫폼", 한국정보통신기술협회, 2013.

[K19] TTA, "클라우드 데이터센터 구축 지침", TTA 정보통신단체표준 TTAK.KO−09.0093, 2013.

[K20] TTA, "다중 클라우드 관리를 위한 유즈케이스 및 상호 작용", TTA 정보통신단체표준 TTAK.OT−10.0327, 2012.

[K21] TTA, "클라우드 컴퓨팅 상호운용성 이슈와 요구 사항", TTA 기술보고서 TTAR−10.0035, 2012.

[K22] TTA, "모바일 클라우드 기본 기능 및 요구사항", TTAK.KO−10.0619, 2012.

[K23] 방송통신위원회, "민간 부문의 클라우드 도입 실무 가이드라인", 방송통신위원회, 2012.

[K24] 미래창조과학부, "ICT R&D 중장기 전략", 미래창조과학부, 2013.

[K25] 방송통신위원회, "클라우드서비스인증제" 방송통신위원회 보도자료, 2012.

[K26] 방송통신위원회, "클라우드서비스를 위한 SLA 가이드", 방송통신위원회, 2012.

[K27] 방송통신위원회, "클라우드 서비스 정보보호 안내서", 한국인터넷진흥원 안내해설 제2011−8호, 2011.

[K28] 소프트웨어공학센터, "DevOps의 이해와 구현", 정보통신산업진흥원, 2013.


[L01] NKIA, "클라우드와 ITSM의 변화", ITSMF 발표자료, 2012.

[L02] 그레고리 페트리, "기업 클라우드 사용에 증대한 영향을 미칠 3가지 요소", www.itdaily.kr, 2013.

[L03] 최은정, "클라우드 혁명이 바꾸는 미래", 삼성경제연구소 경영노트, 2013.

[L04] 강현지, "기업용 클라우드의 진정한 가치", LG Business Insight, 2011.

[L05] 정해식, "클라우드 컴퓨팅 최근 동향", 정보통신산업진흥원 IT SPOT ISSUE, 2013.

[L06] 신동형, "2014년 ICT Trends", LG경제연구원, 2013.

[L07] 김유진, 심진보, "클라우드 서비스의 경제적 가치와 소비자 니즈 분석",
 ETRI TR11-026, 2011.

[L08] 최은정, "클라우드 혁명이 바꾸는 미래", 삼성경제연구소, 2013.

[L09] 박효제, 이보경, "해외 ICT 사업자의 M&A 동향 분석 및 시사점", KT경제경영연구소

[L10] 류한석, "클라우드 컴퓨팅 빅6의 동향과 PaaS의 가치", KT DIGIECO, 2012.

[L11] 박종훈, "클라우드 서비스들의 연평균 가동중단 시간은 7.3시간", NIPA 최신 IT 동향, 2012.

[L12] 유선실, "개인용 클라우드(Personal Cloud) 서비스 동향", 제24권 12호 통권 534호 정보통신정
 책연구원, 2012.

[L13] 김종현, "국내외 은행의 클라우드 컴퓨팅 도입 배경 및 시사점", 우리금융경영연구소 CEO
 Report, 2014.

[L14] 권대석, "제조업 경쟁력 강화를 위한 R&D 클라우드 – POSCO 사례를 중심으로",
 CLUNIX, 2013.

[L15] 강신아, "클라우드 컴퓨팅 활용 사례와 ROI 분석", IBM PULSE 2010, 2010.

[L16] 정병주 외, "공공부분 클라우드 컴퓨팅 적용사례",
 정보통신산업진흥원 ICT기획시리즈, 2014.

[L17] 문현석 외, "오픈소스 클라우드 운영체제 – 오픈스택의 이해", IDG Tech Report, 2012.

[L18] 정현준, "가상화 기술의 동향 및 주요 이슈(I)", 정보통신정책연구원, 2013.

[L19] 나연묵 외, "클라우드 컴퓨팅 기술 스택 및 산업 현황", 한국산업기술평가관리원, 2012.

[L20] 차영태, "클라우드 컴퓨팅 보안 기술동향과 산업전망", 한국산업기술평가관리원, 2012.

[L21] 송석현, "클라우드 컴퓨팅 SLA에 대한 고려사항", TTA Journal Vol.139, 2012.

[L22] 최원영, "공개 SW 기반의 레드햇 PaaS 솔루션 OpenShift", Red Hat, 2013.

[L23] 장승재 외, "미 연방정부 클라우드 서비스 보안인증제도(FedRAMP) 분석",
 정보통신산업진흥원, 2013.

[L24] 백동영 외, "오픈스택 및 오픈소스 영향력", 정보통신산업진흥원 주간기술동향, 2013.

[L25] 조영임, "빅데이터의 이해와 주요 이슈들", 한국지역정보화회지 제16권 제3호, 2013.

[L26] 김동한, "빅데이터의 핵심 플랫폼, 기업용 하둡 동향",

정보통신산업진흥원 주간기술동향, 2013.

[L27] 서정훈, "빅데이터 구축을 위한 하둡과 에코시스템",

정보통신산업진흥원 주간기술동향, 2013.

[L28] 프라모드 사달게이 외,『빅데이터 세상으로 떠나는 간결한 안내서 : NoSQL』,

인사이트, 2013.

[L29] 김사혁, "빅데이터 산업 생태계 분석 동향", 정보통신정책연구원 제23권13호 통권558호,

[L30] 김동한, "빅데이터의 핵심 플랫폼, 기업용 하둡 동향", 정보통신산업진흥원, 2013.

[L31] COMPASS, "오픈소스 클라우드 경쟁현황 및 전망", KCA, 2012.

[L32] 조철회 외, "사물인터넷 기술, 서비스 그리고 정책", 정보통신산업진흥원 주간기술동향, 2013.

[L33] 고승곤, "클라우드 기반 스마트홈 서비스", 아펙스씨앤에스, 2013.

[L34] 최계영, "SW 미래전략", 정보통신정책연구원, 2013.

[L35] 김민식 외, "ICT 산업의 발전과 빅뱅파괴 혁신의 이해", 정보통신정책연구원, 2013.

[L36] 강홍렬 외, "클라우드 컴퓨팅: 산업적 의의와 전략 방향", 정보통신정책연구원, 2011.

[L38] 권애라, "클라우드 서비스 확산에 따른 IT 생태계의 변화와 대응 방안".

현대경제연구원, 2012.

[L40] 이영로, "클라우드 환경의 컴퓨팅 서비스와 표준화", 국가기술표준원, 2013.05.

[L41] 김창욱, "기업생태계와 플랫폼 전략", 삼성경제연구소, 2012.

[L42] 성승창, 이선미, "소비의 클라우드를 넘어 생산의 클라우드로", KT경제경영연구소, 2013.

[L43] 로아컨설팅, "비즈니스 플랫폼 MAP으로 본 ICT 시장의 플랫폼 경쟁 현황",

KT DIGIECO, 2013.

[L44] 김정환 외, "클라우드 컴퓨팅 산업동향 및 도입효과", 정보통신산업진흥원 IT Insight, 2010.

[L45] 주재욱, 정부연, 유승한, "소프트웨어 플랫폼 경쟁구조 변화요인 분석", 정보통신정책연구원

기본연구13-11, 2013.

[L47] 홍효진, "ICT융합서비스 글로벌 동향과 시사점", 한국정보화진흥원, 2013.

[L48] 이승관, "클라우드 환경 하의 IT융합 추진 방향", 정보통신산업진흥원, 2013.

[L49] 임용재 외, "스마트인터넷 서비스를 위한 클라우드와 빅데이터",

한국방송통신전파진흥원, 2013.

[L50] 임현덕, "창조경제 실현을 위한 클라우드 컴퓨팅 활성화 정책 방향", 한국인터넷진흥원, 2013.

[L51] 이창범 외, "클라우드 컴퓨팅 활성화를 위한 법제도 개선방안 연구", 한국인터넷진흥원, 2010.

[L52] 정제호 외, "클라우드 컴퓨팅 활성화를 위한 법제도 개선방안", 정보통신산업진흥원, 2010.

[L53] 고영하, "클라우드 컴퓨팅 발전법의 주요 내용 및 개선방향에 관한 소고", 한국인터넷진흥원

Internet & Security Focus, 2014.

[L54] 장승재 외, "미 연방정부 클라우드 서비스 보안인증제도(FedRAMP) 분석", 정보통신산업진흥

원 주간기술동향, 2013.

[L55] 신선영 외, "국내 공공 클라우드 서비스 적용 우선순위 도출에 관한 연구: 해외 공공부분 클라

우드 사례의 SRM 매핑을 통해", Internet and Information Security 제3권 제3호, 2012.

[L56] 한국정보통신기술협회. "공공부분 클라우드 기반 스마트 사무환경 구축 참조 모델",

TTA 정보통신단체표준 TTAK.KO-10.0620, 2012.

[L57] 이승윤, "국내외 클라우드 컴퓨팅 표준화 동향", TTA Journal Vol 139, 2012.

[L58] 이강찬 외, "클라우드 컴퓨팅 표준화 동향 및 전략", Internet and Information Security 제3권

제3호, 2012.

[L60] 진원경, "구름을 품은 ITSM: 클라우드와 ITSM의 변화", 2012 itSMF & ISACA Korean

Conference, 2012.

[L61] 박준성, "Next Enterprise Application Architecture under Convergence of Cloud, Mobile,

Social, and Big Data", KOSTA 2014 IT Strategy Seminar, 2014.


[M01] Zaigham Mahmood et al., "Cloud Computing for Enterprise Architectures", Springer, 2011.

[M02] Christopher Barnatt, "클라우드 컴퓨팅", 미래의창, 2010.

[M03] John Rhoton, "Clous Computing Explained", Recursive Press, 2010.

[M04] Kai Hwang et al., "Distributed and Cloud Computing", Morgan Kaufmann, 2011.

[M05] Pethuru Raj, "Cloud Enterprise Architecture", CRC Press, 2012.

[M06] ReeseGeorge, "Cloud Application Architecture", OREILLY, 2009.

[M07] Jan Baan, "Business Operations Improvement", Cordys, 2010.

[M08] Tim Mather et al., "Cloud Security and Privacy", O'Reilly, 2010.

[M09] Jeanne W. Ross et al., "Enterprise Architecture ad Strategy", HBS Press, 2006.

[M10] Ronald L. Krutz et al., "Cloud Security – A Comprehensive Guide to Secure Cloud Computing", Wiley Publishing Inc., 2011.

[M11] Michael Hugos, "클라우드 컴퓨팅과 신속경영", 나남, 2011.

[M12] ZhangRaju, Z. JohnJagmohan. "스마트 프라이싱", 럭스미디어, 2011.

[M13] 앤서니 T. 벨트 외, "미래코드, 클라우드 컴퓨팅", 전자신문사, 2011.

[M14] IBM BCS, "지속적 성장을 위한 비즈니스 모델 혁신 전략", 한국경제신문, 2005.

[M15] 니시다 케이스케, "구글을 지탱하는 기술", 멘토르, 2008.

[M16] 네트워크타임즈, "IT 혁신 플랫폼 Cloud & BigData 비즈니스 가치를 극대화하라", 화산미디어, 2012.

[M17] 민옥기 외, "훤히 보이는 클라우드 컴퓨팅", 전자신문사, 2009.

[M18] 이인식, "기술의 대융합", 고즈윈, 2010.

[M19] 신현석, "클라우드 컴퓨팅 어플리케이션 아키텍처", 지앤선, 2010.

[M20] 황승구, "빅데이터 플랫폼 전략", 전자신문사, 2013.

[M21] 조용호, "플랫폼 전쟁", 21세기북스, 2011.

[M22] 황경태 외, "ITIL V3 기반의 IT 서비스 관리", Van Haren Publishing, 2008.

[M23] 임춘성, "테크로 비즈니스 디자인", 청람, 2011.

[M24] 구본재 외, "경영혁신을 위한 IT 거버넌스", 네모북스, 2006.

[M25] 김성철 외, "컨버전스2.0과 비즈니스", 삼성경제연구소, 2007.

[M26] 손욱, "지식을 넘어 창조로 전진하라", 리더스북, 2007.

[M27] 신순철 외, "창조경영", 이코북, 2007.

[M28] 이쿠지로 노나카 외, "지식창조기업", 세종서적, 1998.